사롱와
교과서

Shigoto ga Hakadoru Python Jidoshori no Kyokasho
Copyright ⓒ 2020 Kujira Hikodukue

Original Japanese edition published by Mynavi Publishing Corporation
Korean translation rights arranged with Mynavi Publishing Corporation through The English Agency
(Japan) Ltd. and Danny Hong Agency
カバーイラスト：2g (https://twograms.jimdofree.com)
ブックデザイン：三宮 暁子 (Highcolor)

이 책의 한국어판 저작권은 대니홍 에이전시를 통한 저작권사와의 독점 계약으로 (주)제이펍에 있습니다.
저작권법에 의해 한국 내에서 보호를 받는 저작물이므로 무단 전재와 무단 복제를 금합니다.

파이썬 자동화 교과서

1쇄 발행 2022년 7월 19일

지은이 구지라 히코즈쿠에
옮긴이 문지현
펴낸이 장성두
펴낸곳 주식회사 제이펍

출판신고 2009년 11월 10일 제406-2009-000087호
주소 경기도 파주시 회동길 159 3층 / **전화** 070-8201-9010 / **팩스** 02-6280-0405
홈페이지 www.jpub.kr / **원고투고** submit@jpub.kr / **독자문의** help@jpub.kr / **교재문의** textbook@jpub.kr

소통기획부 김정준, 이상복, 송영화, 권유라, 송찬수, 박재인, 배인혜
소통지원부 민지환, 김정미, 서세원 / **디자인부** 이민숙, 최병찬

진행 이상복 / **교정·교열** 박지영 / **내지디자인** 이민숙 / **내지편집** 백지선 / **표지디자인** nuːn
용지 에스에이치페이퍼 / **인쇄** 한승문화사 / **제본** 일진제책사

ISBN 979-11-92469-19-5 (93000)
값 27,000원

제이펍은 독자 여러분의 아이디어와 원고 투고를 기다리고 있습니다. 책으로 펴내고자 하는 아이디어나 원고가 있는
분께서는 책의 간단한 개요와 차례, 구성과 저(역)자 약력 등을 메일(submit@jpub.kr)로 보내주세요.

파이썬
자동화
교과서

구지라 히코즈쿠에 지음 문지현 옮김

제이펍

차 례

이 책은 일상에서 활용할 수 있는 다양한 자동화 기법을 소개합니다. 목차를 살펴보면 단일 서적으로는 꽤 많은 주제(문서 작성, 스크레이핑, 브라우저 조작, 메일·SNS 전송, Flask, 데스크톱 앱, 정규식, 키보드·마우스 조작 등)를 다룹니다. 여담이지만 번역을 하기 전에 같은 주제의 책을 살펴보며 사전 조사를 하는데요, 이 범위를 다 포괄하는 책이 없어서 주제마다 다른 서적을 참고했던 기억이 납니다. 제목처럼 '자동화 교과서'로 삼기에 손색이 없는 책이라고 생각합니다.

자동화 서적은 보통 파이썬 문법 설명으로 시작하지만 이 책은 바로 본 주제로 들어갑니다. 대신 초심자도 이해할 수 있도록 코드마다 친절한 설명이 달려 있습니다. 본문에서 다루지 못한 파이썬 문법은 부록에 요약하여 서술합니다. 만약 파이썬에 익숙하지 않다면 부록을 빠르게 읽고 앞 장부터 순서대로 따라가보기를 권합니다. 저자는 책 곳곳에서 파이썬 활용 팁을 안내하고 앞에 나온 내용을 뒤에서 심화하는 방식으로 내용을 전개합니다. 자동화 예제를 따라가다 보면 자연스레 파이썬에도 익숙해질 것입니다.

원래 4장의 스크레이핑 예제는 저자가 운영 중인 서예 게시판(https://uta.pw/shodou)을 기반으로 집필되었습니다. 덕분에 외부 사이트에 의존하지 않고 실습을 할 수 있다는 장점이 있었지요. 하지만 스크레이핑 결과에 일본어가 포함되어 역서에 그대로 넣기에 어려웠습니다. 이를 국내 상용 사이트로 대체하자니 책의 많은 부분을 덜어내야 했기에 아쉬움이 남았습니다. 책을 외부 사이트에 맞추기보다는 원서의 내용을 최대한 살리고 싶었고, 출판사와 논의 끝에 간단한 데모 앱을 만들었습니다. 데모 앱(책 소개 사이트)에는 Flask와 Jinja2를 사용했고 기존 예제를 재사용할 수 있도록 서예 게시판의 구조를 참고했습니다.

예제 소스 저장소의 `requirements.txt` 파일에는 장별로 필요한 라이브러리 및 버전을 명시했습니다. 여기에 기재된 버전은 번역 시점을 기준으로 한 것으로, 출간 이후 버전을 명시하지 않고 설치했을 때와는 버전이 다를 수 있습니다. 또한 번역 시점에서는 모든 예제가 정상 동작하는 것을 확인했으나, 추후 환경 변화에 따라 책과 같은 결과가 나오지 않을 수도 있습니다. 만약 실습 중 라이브러리 버전 충돌로 에러가 발생한다면 `requirements.txt`에 기재된 버전으로 재설치하거나, 연관된 라이브러리에 이슈가 없는지 검색해보기 바랍니다.

이 지면을 빌려 부족한 역자에게 책을 맡겨준 제이펍 출판사에 감사의 인사를 드립니다. 번역을 하며 스스로도 많은 배움이 있었습니다. 또한 제 손을 떠난 원고가 많은 분의 노고로 책이 되어가는 모습을 지켜볼 수 있어서 감사했습니다. 무엇보다 이 책의 첫 번째 독자가 되어 다양한 자동화 아이디어를 살펴보는 일이 무척 즐거웠습니다. 부디 이 책을 보는 여러분께도 그 즐거움을 온전히 전달했기를 바라겠습니다.

문지현

강찬석(LG전자)

현업에서 많이 활용될 법한 자동화 기법들을 많이 소개합니다. 특히 보고서를 자동으로 만들어주는 기법이나 메일을 자동으로 보내는 내용은 실제로도 저런 기능이 구현되어 있으면 좋았겠다 싶었던 내용이라 좋았습니다.

 공민서

업무 자동화는 프로그래밍하는 입장에서 가장 좋은 동기부여가 아닐까 합니다. 자신의 반복적인 업무를 자동화함으로써 만족감을 크게 느낄 수 있을 뿐만 아니라, 프로그래밍하는 것이 곧 퇴근 시간을 앞당기는 것이기 때문입니다. 매주 결산해야 하는 보고서를 월요일 아침 9시 전에 상사에게 자동으로 보고하게 하면 편안한 주말이 보장되기도 하겠죠.

 김용현(Microsoft MVP)

파이썬의 각종 라이브러리와 도구를 이용한 자동화의 모든 것이 담겼습니다. 업무 자동화에 관심 있는 독자뿐만 아니라 C++/자바에 익숙한 개발자가 매우 실용적인 목적으로 파이썬을 훑고 싶을 때 대단히 유용합니다.

 김태근(연세대학교 대학원 물리학과)

파이썬은 그 간결함과 쉬운 문법으로 모든 분야에서 널리 사용되는 언어입니다. 이 책은 그 특성을 가장 잘 이용했습니다. 문법부터 시작하는 다른 책들과는 달리, 가장 일상적이면서도 효율적인 분야들을 엄선하여 파이썬으로 자동화하는 방법을 단계별로 친절하게 설명합니다. 그 과정에서 비개발자의 진입 장벽을 낮추고 개발자의 흥미를 돋우는 두 마리 토끼를 모두 잡았습니다. 이 책을 접하는 누구나 파이썬의 매력에 매료될 거라 자부합니다.

신진규(페이하다)

초보자도 업무에 사용할 수 있도록 불필요한 내용은 최대한 덜어내고 필요한 것만 쉽게 설명했습니다. 깔끔한 번역에 더해 국내 저서라고 느껴질 만큼 국내 환경에 맞게 수정된 예제가 인상적이었습니다.

 양성모(현대오토에버)

반복되는 업무를 파이썬 프로그램을 작성하여 자동화하는 방법을 소개합니다. 매일 똑같은 엑셀, 문서, 메일 작업에 지친 사무직 분들에게 특히 많은 도움이 될 것 같습니다.

 이석곤(아이알컴퍼니)

단순 반복 작업을 파이썬으로 자동화하는 방법을 배울 수 있습니다. 복잡한 엑셀 업무, 웹 검색과 온라인 콘텐츠 스크레이핑, 메일과 SNS 자동화 등 다양한 실무 예제를 통해서 파이썬 코드로 자동화하는 방법을 상세히 설명합니다. 특히 프로그래밍 지식이나 경험이 많지 않은 사람도 코드를 한 줄 한 줄 입력하며 따라 할 수 있도록 충분히 주석을 달고 쉽게 설명합니다. 코딩이 처음이라도 파이썬으로 업무를 자동화하는 데 큰 어려움이 없으리라 생각합니다.

 정현준(매드업)

전반적으로 자동화가 필요한 프로그래밍 초보자들을 위해 자세히 설명해서 좋았습니다. 설치 혹은 OS 관련 문제를 겪을 수도 있겠지만 대상 독자가 대부분 윈도우를 사용할 거란 점을 감안하면 역시 큰 문제가 없을 거라고 예상합니다. 여러모로 업무 자동화를 위해 필요한 부분을 잘 설명했다고 생각합니다.

 황시연(SW 개발자)

사무 업무를 하다 보면 일정한 '틀'이 생기기 마련입니다. 그때마다 일일이 작성하면 오타도 나고 생산성이 떨어지지만, 이 책을 통해 파이썬으로 문서를 자동화하면 작업을 수월하게 할 수 있습니다. 예제마다 소스 코드와 자세한 주석으로 프로그램의 동작 원리가 한눈에 들어와서 초보자들도 쉽게 자신의 틀에 적용할 수 있도록 도와줍니다.

제이펍은 책에 대한 애정과 기술에 대한 열정이 뜨거운 베타리더의 도움으로
출간되는 모든 IT 전문서에 사전 검증을 시행하고 있습니다.

이 책은 파이썬으로 자동화할 수 있는 다양한 일을 소개합니다. 특히 엑셀, 웹, 메일, SNS 등 사무 업무와 밀접한 애플리케이션의 조작 방법을 자세히 담았습니다. 책의 내용을 실제 업무에 적용한다면 이제껏 수작업으로 해왔던 작업을 컴퓨터에 맡길 수 있습니다.

필자는 실제로 다양한 일을 프로그래밍으로 자동화합니다. 지겹고 단순한 업무도 프로그래밍을 사용하면 즐겁고 빠르게 처리할 수 있습니다. 효율적인 자동화 루틴을 구축해두면 업무 시간 단축은 물론, 날이 갈수록 성취감이 배가되어 일이 즐겁게 느껴집니다.

프로그래밍이라고 하면 막연히 어렵게 느끼는 분들도 계실 겁니다. 하지만 이 책의 예제를 바탕으로 코드를 조금씩 수정하는 정도라면 크게 어렵지 않습니다. 실무에 적용할 때 참고할 수 있는 주석과 설명도 충분히 넣었습니다.

프로그램을 만들 수 있다면 아무리 지엽적인 문제도 스스로 해결할 수 있습니다. 필자는 예전부터 '사용할 사람이 직접 프로그램을 만드는 것이 이상적'이라고 말해왔습니다. 범용 소프트웨어로는 개인의 지엽적인 필요를 충족할 수 없을 때가 많기 때문입니다. 프로그래밍으로 자신만의 문제를 해결할 수 있는 능력은 업무를 넘어 개인의 삶에 큰 도움이 됩니다.

이 책은 업무 자동화의 노하우를 가득 넣은 선물 상자입니다. 부디 이 책을 디딤돌로 삼아 무궁무진한 업무 자동화에 도전해보기를 바랍니다.

대상 독자

- 프로그래밍으로 즐겁게 업무를 처리하고 싶은 분
- 엑셀, 워드, 웹 브라우저 등을 사용하는 사무 관련 업무를 자동화하고 싶은 분
- 업무 자동화의 핵심을 알고 싶은 분

구지라 히코즈쿠에クジラ飛行机

예제 파일

이 책에서 사용하는 예제 파일은 다음 URL에서 다운로드할 수 있습니다.

https://github.com/mjh117/pyauto-textbook

예제 파일에 포함된 데이터 및 프로그램, 파일 등은 모두 저작물로서, 저작권은 각 저작자에게 있습니다. 이 책을 구입하신 분의 개인 학습 용도 외로는 허용되지 않으므로 주의해주십시오. 개인 사용·영리 목적에 상관없이 데이터의 복제 및 재배포는 금지됩니다.

소스 코드 실행

이 책에서는 다음과 같은 표기가 등장합니다. 코드마다 실행하는 소프트웨어가 다르므로 유의해주세요.

커맨드라인

커맨드라인(2-1절 참고)을 실행하고 다음과 같은 식으로 입력합니다.

```
pip install -U openpyxl==3.0.4
```

IDLE 셸

윈도우나 macOS는 IDLE 셸(1-2절 참고)을 실행하고 다음과 같은 식으로 입력합니다. 소스 내용 중에 >>>는 IDLE 셸 화면에 표시되는 기호(프롬프트)를 의미하므로 입력하지 않습니다.

```
>>> import openpyxl
```

편집기

IDLE 또는 비주얼 스튜디오 코드(1-3절 뒤의 칼럼 참고) 등의 텍스트 편집기를 실행하고 다음과 같은 식으로 입력합니다. 편집기에 따라서 프로그램 실행 방법이 다르므로 해당 페이지 설명을 참고해주세요. 또한 소스 코드 위에 파일명이 표기된 코드는 이 책의 예제 파일로서, 앞에서 소개한 예제 파일 URL에서 다운로드할 수 있습니다.

src/ch2/hello_excel.py

```
# 라이브러리
import openpyxl as excel
```

1

파이썬으로 업무를
자동화해보자

파이썬 프로그래밍으로 단순 반복 작업을 자동화해보자. 1장에서는 파이썬 설치 및 실행 방법을 소개한다. 본격적인 업무 자동화에 앞서 기초적인 파이썬 사용법을 익혀보자.

대응 OS 윈도우/macOS/리눅스 **난이도** ★☆☆☆☆

파이썬은 배워두면 업무에 톡톡히 도움이 되는 프로그래밍 언어이다. 1-1절에서는 파이썬이 무엇이고 파이썬으로 어떤 일을 할 수 있는지 소개한다. 그리고 파이썬 프로그래밍을 활용한 업무 자동화에 관해 알아본다.

키워드 **파이썬/프로그래밍**

프로그래밍을 할 수 있었더라면

프로그래밍을 할 수 있는가 없는가는 업무 생산성과 속도에 큰 영향을 미친다. 프로그래밍을 할 수 없는 사람이 온종일 작업할 양을 프로그래밍을 할 수 있는 사람은 단 2시간 만에 끝내는 모습을 흔히 볼 수 있다.

필자는 프로그래머로 일하기 전 작은 부동산 회사에서 전산 담당으로 근무했다. 당시 동료들이 프로그램을 사용하면 금방 끝날 일을 하나하나 수작업하는 모습을 자주 보았고 '모두가 프로그래밍을 할 수 있다면 일찍 퇴근할 수 있고 업무 생산성도 높아질 텐데'라는 생각이 들었다.

이 책에는 그동안 필자가 업무 현장에서 축적한 '사무자동화 노하우'를 충실하게 담았다. 분명 독자 여러분의 업무에 도움이 될 만한 프로그램이 있으리라 생각한다. 단순 업무를 자동화해 더 능동적이고 생산적인 일에 집중해보자.

업무를 자동화하려고 컴퓨터를 사용하는 것인데…

이미 대다수의 사람이 컴퓨터를 사용해 일하고 있다. 이제 컴퓨터 없이는 일하기가 어려울 정도이다. 컴퓨터가 도입되면서 많은 분야가 자동화되었고 다양한 업무 전용 애플리케이션이 활용되고 있다.

하지만 컴퓨터는 융통성이 없는 대상이다. 사용자의 특수한 상황은 아랑곳하지 않고 반드시 정해진 방식으로 조작해야만 일을 처리한다. 그래서 컴퓨터를 쓰면서도 가위와 풀로 자르고 붙이던 시절과 다르지 않게 데이터를 하나하나 복사하고 붙여넣기하며 일하는 경우가 많다. 분명 사람의 일을 덜고자 사용하는 도구인데 어느 순간부터 사람이 컴퓨터에 맞춰 일하고 있다.

그럴 때 프로그램을 사용하면 업무가 훨씬 수월해진다. 조작이 까다로운 애플리케이션을 사용할 때도 실행 과정을 자동화해두면 클릭 한 번으로 금세 일을 끝낼 수 있다.

프로그래밍을 할 수 있다면 업무가 즐거워진다

사무 업무에는 엑셀Excel이 자주 쓰인다. 엑셀은 데이터 관리와 수치 계산에 특화한 툴이다. 그런 엑셀에 프로그래밍이 더해지면 상당히 강력한 도구가 된다. 웹에서 다운로드한 자료를 엑셀로 저장하거나 기존 엑셀 파일을 수정하는 등 여러 방면으로 활용할 수 있다. 귀찮은 단순 작업을 자동화하면 업무도 더 즐거워진다.

파이썬이란?

이 책은 업무 자동화를 위해 **파이썬**Python이라는 프로그래밍 언어를 사용한다. 파이썬은 현재 세계적으로 상당히 인기 있는 프로그래밍 언어이다.

파이썬은 2021년 IEEE 스펙트럼에서 발표한 프로그래밍 언어 순위[1]에서 1위, 2022년 4월 TIOBE Index의 순위[2]에서도 1위를 차지하며 크게 주목받고 있다.

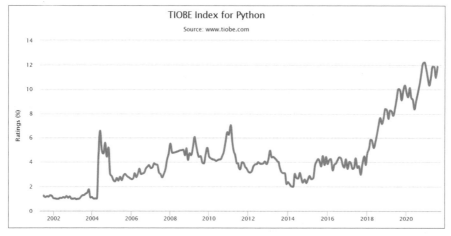

최근 더욱 상승세인 파이썬

파이썬은 1991년 네덜란드 출신의 컴퓨터 프로그래머인 귀도 반 로섬Guido van Rossum이 **만인을 위한 프로그래밍 언어**를 목표로 개발했다. 그의 바람대로 파이썬은 평이한 문법과 우수한 성능으로 큰 호응을 얻으며 전 세계에서 널리 쓰이고 있다.

---

1   https://spectrum.ieee.org/top-programming-languages/#toggle-gdpr
2   https://www.tiobe.com/tiobe-index/

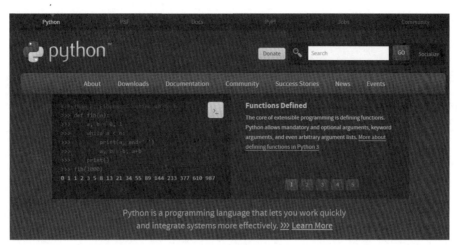

파이썬 웹사이트

파이썬 웹사이트
https://www.python.org

파이썬이 다른 언어에 비해 우수한 점

세상에는 파이썬 외에도 C/C++, 자바, 자바스크립트 등 수많은 프로그래밍 언어가 있다. 다른 언어와 비교했을 때 파이썬은 어떤 장점이 있을까?

파이썬으로 짠 코드는 다른 언어에 비해 간결하고 가독성이 좋다. 이는 파이썬 문법이 프로그래밍 언어 중에서도 상당히 평이하게 구성되었기 때문이다. 덕분에 같은 처리를 할 때도 다른 언어보다 더 간단하게 기술할 수 있다.

파이썬으로 짠 프로그램은 **누가 작성해도 비슷한 코드가 나온다는 것**도 큰 장점이다. 다른 사람이 작성한 코드를 쉽게 이해할 수 있어서 학습이나 협업에 유리하다.

또한 이후에 자세히 설명하겠지만, 라이브러리가 풍부하다는 점도 파이썬의 장점이다. 사무자동화에서 과학 계산에 이르기까지 다양한 분야의 라이브러리가 갖춰져 있다. 이를 손쉽게 다운로드해 자신의 프로그램에서 사용할 수 있다.

게다가 파이썬은 오픈소스로 공개되므로 윈도우, macOS, 리눅스, iOS, 안드로이드 등 다양한 OS와 기기에서 작동한다.

파이썬 사용의 이점을 정리하면 다음과 같다.

- 프로그램이 단순하고 간결해진다.
- 누가 프로그램을 작성해도 비슷한 코드가 된다.

- 풍부한 라이브러리를 제공한다.
- 오픈소스이기 때문에 무료이며, 대부분의 OS에서 작동한다.

파이썬으로 할 수 있는 일

현재 파이썬은 취미나 업무는 물론이고 전문 연구에 이르기까지 다양한 분야에서 사용된다. 파이썬의 풍부한 라이브러리를 활용하면 다양한 목적의 프로그램을 만들 수 있다. 이 책의 주제인 사무자동화 외에도 데이터 분석, 과학 계산, IoT, AI와 같은 여러 분야에서 활용되고 있다.

파이썬이 이렇게 큰 인기를 끌게 된 데에는 AI 분야에서의 성과가 큰 몫을 했다. 기존에도 자동화 분야로 유명한 파이썬이었지만, 과학 계산 라이브러리가 풍부하게 갖춰지면서 AI 연구자들의 큰 호응을 얻게 되었다. 이러한 발전에 힘입어 **AI 하면 파이썬**이라는 공식이 생겼고 현재와 같은 인기를 얻게 되었다.

다음 분야는 파이썬 라이브러리가 특히 잘 갖춰져 있다.

- AI 분야(머신러닝, 딥러닝)
- 데이터 처리, 데이터 분석, 과학 계산 등
- 스크레이핑(웹상의 데이터를 자동으로 취합)
- 웹 서비스/웹 애플리케이션 작성
- 업무 효율화, 업무 자동화
- 데스크톱 애플리케이션 제작

덧붙여 파이썬이 사용된 유명 웹 서비스로는 인스타그램, 유튜브, 드롭박스 등이 있다. 또한 구글이 자사 소프트웨어에 파이썬을 애용한다는 사실은 유명하다. 이처럼 여러 대기업의 선택을 받는다는 점에서 파이썬의 높은 활용도와 편의성을 짐작할 수 있다.

어떤 일을 자동화할 수 있을까?

이 책의 주제는 '사무자동화'이다. 파이썬을 사용하면 다음과 같은 사무 업무를 자동화할 수 있다.

- 파일 처리(복사, 삭제, 검색 등)
- 데이터 압축·해제 및 암호화
- 각종 데이터 파일 읽기

- 엑셀 조작

- 메일 송수신

- 네트워크 처리(데이터 송수신과 스크레이핑)

- 데이터베이스 조작

- 그래프와 보고서 작성

여기서 나열한 예는 극히 일부로, 파이썬으로 구현할 수 있는 사무자동화 처리는 무궁무진하다.

PyPI에 공개된 방대한 라이브러리

파이썬은 파일 관련 처리 등 기본적인 기능을 이미 탑재하고 있다. 하지만 그 밖의 기능은 **PyPI** Python Package Index에서 따로 다운로드해 사용한다. PyPI 웹사이트를 살펴보면 어떤 라이브러리가 등록되어 있는지 확인할 수 있다. 이 책의 집필 시점에는 321,477개의 프로젝트가 등록되어 있다.

> **PyPI 웹사이트**
> https://pypi.org/

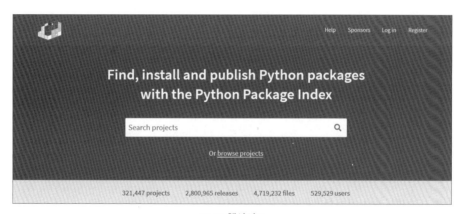

PyPI 웹사이트

파이썬에는 PyPI 웹사이트에 등록된 라이브러리를 자신의 프로그램에 다운로드할 수 있는 **pip**라는 명령어가 있다. 이 명령어의 사용 방법은 2장에서 소개한다.

반복되는 작업은 자동화하자

그렇다면 어떤 업무를 자동화하면 좋을까? 지금까지 파이썬으로 할 수 있는 일을 여럿 소개했지만, 그렇다고 세상의 모든 일을 자동화할 수는 없다.

어떤 일을 자동화할지는 각자 놓인 상황에 따라 다르다. 하지만 **반복해서 발생하는 일**은 자동화해야 할 업무임이 틀림없다.

예를 들어 매주 월요일 오전에 정기 미팅이 있고 미팅 1시간 전에 멤버들에게 공지한다고 해보자. 연락처에서 참가할 멤버를 찾아 메시지를 보내는 작업은 무척 번거로운 일이다. 게다가 같은 일을 매주 반복해야 한다. 이런 반복 업무는 매주 멤버들에게 메일을 보내는 프로그램으로 처리해보자. 파이썬을 사용하면 간단히 자동화할 수 있다.

물론 자동화가 항상 정답인 것은 아니다. 프로그램을 만드는 것보다 수작업으로 하는 편이 수월하다면 프로그램을 사용할 필요가 없다.

그렇지만 반복 발생하는 일이라면 시간과 노력이 들더라도 프로그램으로 작성하기를 추천한다. 사람은 시간이 지나면 일의 순서와 방법을 잊기 마련이다. 반면에 일을 순서에 맞춰 실수 없이 수행하는 것은 프로그램이 가장 잘하는 일이다.

게다가 수작업으로 한 땀 한 땀 수행할 때는 지루한 일도 프로그래밍으로 술술 처리하면 일이 즐거워진다. 일을 즐길 수 있다면 프로그램으로 만들어두는 편이 장기적으로 봤을 때 더 이득일 것이다.

이런 작업은 프로그램으로 만들자

정리하자면 다음과 같은 일은 프로그램으로 처리하면 좋다.

- 수작업보다 프로그램으로 처리하는 편이 빠른 일
- 반복해서 발생하는 일
- 수작업으로 하면 실수가 잦은 일
- 단조롭고 지겨운 일
- 순서가 복잡해서 시스템화하고 싶은 일
- 프로그램으로 만들면 재미있는 일

이 책은 이러한 프로그램을 만들 때 도움이 되는 다양한 팁을 제시한다.

마무리

이 절에서는 파이썬이 무엇이고 파이썬으로 어떤 일을 자동화할 수 있는지 알아봤다. 이 책은 업무 시간 단축에 도움이 되는 다양한 노하우를 소개하고 있으니 실제 업무에서 적극 활용해보자.

파이썬 설치하기

대응 OS 윈도우/macOS/리눅스   난이도

파이썬을 설치하는 방법은 간단하다. 인스톨러를 다운로드하고 실행하기만 하면 된다. 1-2절에서는 파이썬을 설치하고 프로그램을 실행해보자.

키워드 **파이썬 설치**

파이썬 및 IDLE 설치하기

파이썬은 윈도우 운영체제뿐만 아니라 macOS와 리눅스에서도 작동한다. 다만 OS마다 설치 방법이 조금씩 다르므로 이 절에서는 OS별로 파이썬을 설치하는 방법을 안내한다.

또한 파이썬에는 기본적으로 **IDLE**이라는 GUI 툴이 포함되어 있다. 이 툴을 사용하면 대화식으로 파이썬 명령어를 실행할 수도 있고 기존에 저장한 프로그램을 불러와서 실행할 수 있다.

지금부터 파이썬 및 IDLE을 설치하는 방법을 알아보자.

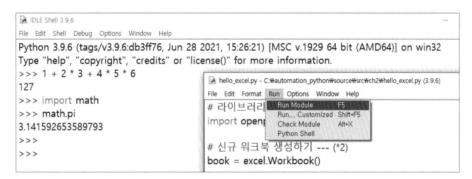

IDLE로 파이썬 프로그램 실행

윈도우에 파이썬 설치하기

파이썬 공식 웹사이트에서 인스톨러를 다운로드하고 실행하면 파이썬이 설치된다.

파이썬 인스톨러 내려받기

파이썬 공식 웹사이트에 접속해서 윈도우용 파이썬 인스톨러를 다운로드한다.

> **파이썬 웹사이트**
> https://www.python.org/

사이트 상단에 있는 [Downloads] 메뉴에 마우스 커서를 올리면 OS 목록이 나오는데 그중 [Windows]를 클릭한다. 그리고 [Python 3.x(x는 최신 버전 숫자)]를 클릭하면 다운로드가 시작된다.

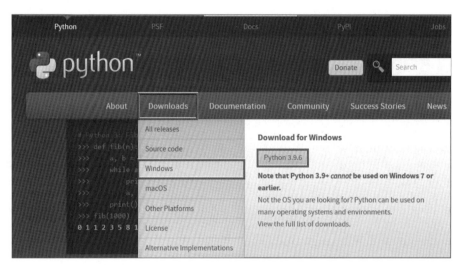

인스톨러 다운로드

[TIP] **파이썬 버전은 반드시 3.x로 선택하자**

이 사이트에 공개된 파일 중에는 파이썬 2.7.18 버전도 있다. 파이썬 2는 지원이 곧 종료되는 구버전으로, 현재는 호환성을 위해서만 배포되고 있다. 참고로 이 책의 예제는 파이썬 3.9에서 검증했다. 버전에 따라 작동이 달라질 수 있으므로 인스톨러를 다운로드할 때 유의하자.

인스톨러 실행하기

인스톨러로 파이썬을 간편하게 설치할 수 있다. 다운로드한 인스톨러를 더블클릭해 실행해보자.

인스톨러 창이 뜨면 하단에 있는 [Add Python 3.x to PATH]에 체크한다. 그리고 화면 중앙의 [Install Now]를 클릭한다.

인스톨러로 간편하게 설치

인스톨러에서 [Install Now]를 클릭했을 때 '사용자 계정 컨트롤' 대화상자가 뜰 수 있다. [예]를 클릭한다.

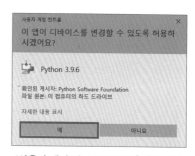

'사용자 계정 컨트롤'이 뜨면 [예]를 클릭

인스톨러 창에 'Setup was successful'이라고 표시되면 제대로 설치를 완료한 것이다. 인스톨러 창 오른쪽 아래의 [Close] 버튼을 선택하고 설치를 완료한다.

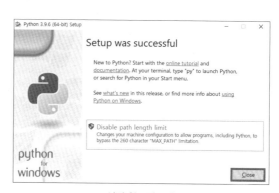

설치 완료된 모습

윈도우에서 IDLE 실행하기

설치가 완료되면 파이썬 기본 개발 도구인 IDLE을 실행해보자. 윈도우 시작 메뉴에서 [Python 3.x] 폴더를 보면 IDLE이 설치되어 있다. 이를 클릭해 실행한다.

IDLE 실행

python3 명령어 설정하기

커맨드라인에서 파이썬을 실행하는 명령어를 사용할 수 있다. 파이썬은 2와 3 두 버전이 있고 하위 호환을 위해 macOS 등에서는 python과 python3 명령어를 구분해 쓰기도 하지만, 윈도우에서는 python으로 기본 설정되어 있을 것이다. 이 책에서는 통일성을 위해 윈도우에서도 python3 명령어를 사용할 수 있다고 가정하고 설명한다.

윈도우에서도 python3 명령어를 실행하려면, 먼저 텍스트 편집기에 다음과 같이 작성하고 python3.bat라는 이름으로 저장한다.

```
python.exe %*
```

이제 이 파일을 python.exe가 있는 폴더로 옮기면 된다. 파이썬이 설치된 폴더를 열기 위해 앞에서 살펴본 것처럼 시작 메뉴에서 [IDLE (Python 3.x...)]을 찾아 우클릭하고 [자세히 > 파일 위치 열기]를 선택하면 시작 메뉴의 바로가기 폴더가 열린다. 그 폴더에 있는 것은 실제 실행 파일이 아니라 바로가기이므로, 여기서 다시 [IDLE (Python 3.x...)]을 우클릭해 [파일 위치 열기]를 클릭하면 실제 파이썬 파일이 설치된 폴더가 열린다.

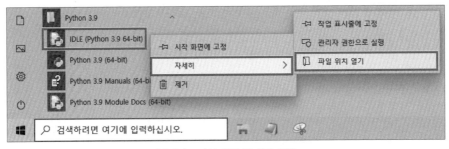

[자세히 > 파일 위치 열기]를 선택

이 폴더에 앞에서 만들어놓은 python3.bat 파일을 붙여넣기한다(관리자 권한이 필요할 수 있다). 이제 윈도우에서도 python3 명령어를 사용할 수 있다.

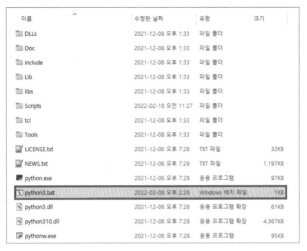

python3.bat 파일을 추가

COLUMN | **마이크로소프트 스토어에서 설치하는 방법**

참고로, 윈도우 10을 사용한다면 마이크로소프트 스토어Microsoft Store에서 파이썬을 설치할 수도 있다. 다만 이 책에서는 앞에서 소개했던 것처럼 인스톨러로 설치하는 방법을 권장한다.

마이크로소프트 스토어에서 파이썬을 설치하려면 먼저 시작 메뉴에서 'Microsoft Store'를 찾아 실행하고 'python'을 검색한다.

마이크로소프트 스토어에서 'python' 검색

마이크로소프트 스토어에는 파이썬이 여러 개 등록되어 있다. 그중 최신 버전을 선택해 [설치] 버튼을 클릭한다.

Python 3.x 설치

마이크로소프트 스토어에서 파이썬을 설치하면 커맨드라인에서 파이썬을 실행할 수 있는 python.exe와, GUI 로 파이썬 프로그램을 작성하고 실행할 수 있는 IDLE이 함께 설치된다. 또한 윈도우 시작 메뉴에는 표시되지 않 지만 라이브러리를 설치할 수 있는 pip 명령어도 함께 설치된다.

윈도우에서 파이썬 삭제하기

파이썬을 삭제하려면 윈도우의 [설정 > 앱]으로 들어간다. 그러면 설치된 앱 목록이 표시되는데 그중 'Python 3.x'를 선택하고 [제거]를 클릭한다.

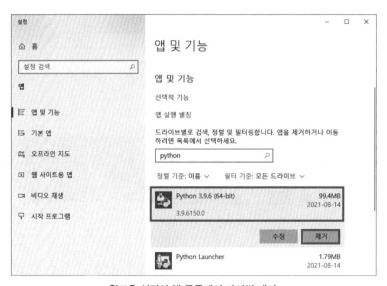

윈도우 설정의 앱 목록에서 파이썬 제거

macOS에 파이썬 설치하기

macOS 역시 파이썬 웹사이트에서 macOS용 인스톨러를 다운로드해 실행한다.

파이썬 인스톨러 내려받기

파이썬 공식 웹사이트에 접속한다.

> **파이썬 웹사이트**
> https://www.python.org/

사이트의 [Downloads] 메뉴에서 [macOS]를 선택하고 [Python 3.x]를 클릭한다. 그러면 Python 3.x 인스톨러가 다운로드된다.

python-3.9.6-macos11.pkg

macOS용 인스톨러

인스톨러 실행하기

인스톨러를 더블클릭해 설치를 진행한다. 기본적으로 인스톨러 창 오른쪽 아래의 [계속] 버튼을 클릭하면 설치가 완료된다.

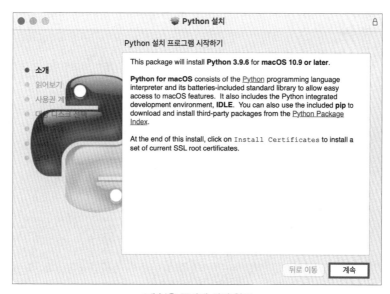

'계속'을 클릭해 설치 완료

설치가 완료되면 파인더의 응용프로그램을 실행해보자. 'Python 3.x'라는 폴더가 생성되었음을 확인할 수 있다.

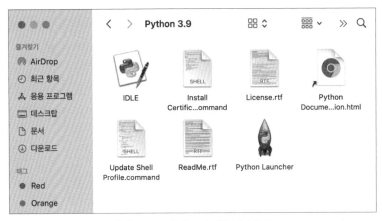

'응용 프로그램'에서 파이썬 폴더 확인

이 책에서는 pip 명령어를 사용해 추가 모듈(라이브러리)을 다운로드한다. 이를 위해 Update Shell Profile.command를 더블클릭해 셸에서 pip 명령어를 실행할 수 있도록 설정한다. 또한 최신 SSL 증명서를 사용할 수 있도록 Install Certificates.command도 더블클릭해 증명서를 설치한다.

macOS에서 IDLE 실행하기

파이썬을 설치하면 IDLE도 함께 설치된다. [파인더 〉 응용 프로그램]의 'Python 3.x' 폴더에서 'IDLE'을 찾아 실행해보자.

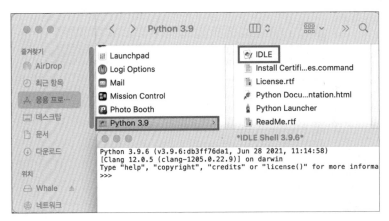

macOS에서 IDLE 실행

macOS에서 파이썬 삭제하기

macOS에서 파이썬을 삭제하려면 [파인더 〉 응용 프로그램]에서 'Python 3.x' 폴더를 휴지통에 넣는다.

리눅스에 파이썬 설치하기

대부분의 리눅스 시스템에는 기본적으로 파이썬이 설치되어 있다. 리눅스에서도 파이썬으로 다양한 작업을 자동화할 수 있다. 나아가 파이썬에 익숙해지면 리눅스를 다룰 때도 도움이 되는 부분이 있다. 파이썬에서 사용하는 규칙 중에는 리눅스에서 가져온 것들이 있기 때문이다.

리눅스는 커맨드라인 중심의 시스템이다. 리눅스에서 파이썬 프로그램을 실행하려면 터미널Terminal 을 열어서 다음 명령어를 입력한다.

```
cd (프로그램 경로)
python3 (프로그램 파일명)
```

이 책에서 소개하는 프로그램의 대부분은 리눅스에서도 실행할 수 있다. 하지만 실제 업무에서는 대부분 윈도우 PC를 사용하므로 리눅스에서 실행하는 방법을 자세히 설명하지는 않는다.

덧붙여 리눅스에는 처음부터 파이썬이 설치되어 있지만 IDLE은 설치되어 있지 않다. 이 책은 프로그램 실행에 IDLE을 사용하므로, 예를 들어 우분투 데스크톱으로 실습을 하려면 IDLE을 설치해야 한다.

우분투 데스크톱에서 IDLE을 설치하려면 터미널을 열고 다음 명령어를 입력한다.

```
sudo apt update
sudo apt install -y idle3
```

설치가 완료되면 애플리케이션 목록에서 'IDLE'을 찾아 실행한다. 또는 터미널에서 `idle`이라는 명령어를 입력해 실행할 수 있다.

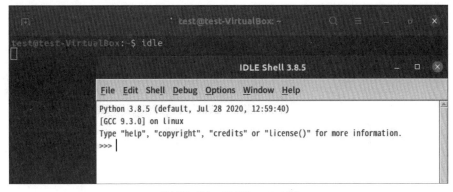

우분투 데스크톱에서 IDLE 실행

마무리

지금까지 OS별로 파이썬을 설치하고 IDLE을 실행하는 방법을 살펴봤다. 다음 절에서는 IDLE에서 파이썬 프로그램을 작성하는 방법을 소개한다.

COLUMN **손바닥 크기의 PC, 라즈베리 파이**

라즈베리 파이Raspberry Pi라는 손바닥만 한 크기의 PC가 있다. 이 소형 PC는 보통 5만 원 정도에 살 수 있으며 리눅스를 OS로 사용할 수 있다. 또한 표준 OS인 '라즈베리 파이 OS(구 Raspian)'에는 파이썬이 기본 설치되어 있는데, 이를 모듈과 연동하면 다양한 작동을 처리할 수 있다. 예를 들어 웹 카메라를 연결해 얻은 영상을 파이썬으로 처리하거나, 센서로 얻은 데이터를 분석해 보고하는 식으로 활용할 수 있다.

라즈베리 파이에 익숙해지려면 약간의 노력이 필요하지만, 가격 대비 성능이 우수하므로 서브 머신으로 활용하면 편리하다. 필자도 작업실에서 라즈베리 파이를 항상 구동하면서 여러 가지 업무를 처리한다.

라즈베리 파이

COLUMN **윈도우에서 리눅스가 작동한다?!**

윈도우 10에는 WSLWindows Subsystem for Linux라는 기능이 있다. 이 기능을 활용하면 별도의 리눅스 머신을 마련하지 않아도 윈도우에서 손쉽게 리눅스를 실행할 수 있다. 윈도우에 파이썬을 직접 설치하기 꺼려진다면 WSL에서 파이썬을 실행하는 것도 방법이다. 다만 이 책은 WSL 사용을 다루지 않으므로 자세한 설명은 생략한다. 흥미가 있다면 검색을 해보기를 추천한다.

COLUMN **다양한 실행 환경의 파이썬**

파이썬을 실행할 수 있는 환경은 다양하다. 앞서 소개한 대로 파이썬 공식 사이트 또는 마이크로소프트 스토어에서 설치하면 표준 파이썬을 다운로드할 수 있다. 그 밖에도 다양한 목적에 맞게 재구성된 파이썬 배포판이 존재한다. 아나콘다Anaconda는 유용한 파이썬의 라이브러리를 한데 모아놓은 배포 환경으로, 라이브러리 간의 종속성을 알아서 관리해준다는 장점이 있다. 파이썬을 다른 플랫폼에서 구현한 환경도 있다. 자바 런타임에서 작동하는 Jython과 닷넷 프레임워크.NET Framework에서 작동하는 IronPython이 그렇다. 이들을 사용하면 각 플랫폼의 라이브러리를 활용해 파이썬 프로그램을 만들 수 있다. 또한 Cython은 파이썬 프로그램을 C/C++ 언어로 변환해 컴파일하는 언어이다. 다만 이러한 파생 파이썬은 공식 파이썬과 호환성이 없을 수 있으므로 주의해야 한다.

1-3 | IDLE로 프로그램 작성하기

대응 OS 윈도우/macOS/리눅스   **난이도** ★☆☆☆☆

이제 파이썬 프로그램을 작성해보자. 이 책에서는 IDLE 기반으로 실습하므로 IDLE의 파이썬 셸과 편집기에서 프로그램을 작성하는 방법을 안내한다.

키워드 | **IDLE / 파이썬 셸**

파이썬의 기본 개발 도구 IDLE 알아보기

앞 절에서는 파이썬을 설치하고 IDLE을 실행해봤다. 이제 IDLE에서 파이썬 프로그램을 작성하고 실행해보자.

IDLE 실행하기

IDLE은 파이썬에 기본적으로 포함된 개발 도구이다. 윈도우에 파이썬을 설치하면 그림과 같이 IDLE이 함께 추가된다.

파이썬에 기본 포함되는 IDLE

IDLE을 실행하면 다음과 같은 창이 뜬다.

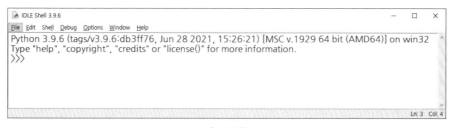

IDLE을 실행한 모습

IDLE에는 다음과 같은 기능이 있다.

- 파이썬의 대화식 실행 환경인 **파이썬 셸**Shell 기능
- 파이썬 프로그램을 작성하는 편집기 기능
- 작성한 프로그램을 실행하는 기능

IDLE을 처음 실행하면 파이썬 셸이 나타나고 [File 〉 New File] 메뉴를 클릭하면 편집기가 나타난다. IDLE 셸과 편집기 모드에는 프로그램 작성·실행·저장 기능이 있다. 두 모드의 차이점은 실행 방식이다. 셸 모드는 프로그램을 한 줄씩 대화식으로 실행하므로 간단한 테스트에 적합하다. 편집기에서는 프로그램을 여러 줄로 작성하고 편집할 수 있다.

지금부터 IDLE의 두 가지 모드로 프로그램을 작성하고 실행해보자.

파이썬 셸에서 프로그램 작성하기

IDLE을 실행하고 파이썬 셸을 사용해보자. 셸 창에 표시된 >>> 다음에 파이썬 명령어를 작성하고 Enter 키를 누르면 바로 결과가 출력된다.

간단한 예로 2 + 3 * 4를 입력하고 Enter 키를 눌러보자. 곧 계산 결과인 14가 표시된다.

수식을 입력하고 Enter 키를 눌러서 결과 표시

같은 방식으로 2의 1,234승을 계산하는 2 ** 1234를 입력하고 [Enter] 키를 눌러보자.

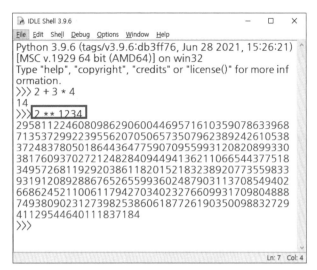

IDLE에서 파이썬 프로그램을 한 줄씩 실행

그림과 같이 2958...로 시작하는 매우 큰 자릿수의 숫자가 출력된다. 사실상 계산이 맞는지 확인하기도 어렵지만, 순식간에 이렇게 큰 자릿수의 계산이 실행된다는 점에 주목하자.

이처럼 '셸'이란 사용자와 컴퓨터가 대화하는 창구(인터페이스) 역할을 하는 소프트웨어이다. 사용자는 파이썬 셸을 통해 즉석에서 파이썬 명령어를 입력하고 확인하면서 프로그램의 작동을 확인할 수 있다.

파이썬 셸을 전자계산기로 활용하기

이처럼 파이썬 셸을 사용하면 계산식을 빠르게 실행할 수 있다. 이 점을 활용해 IDLE을 '성능 좋은 전자계산기'로 사용해보자. 실제로 필자는 자주 계산기 대용으로 사용한다. 계산 결과뿐만 아니라 계산 과정이 그대로 남아 있어 편리하다. 변수와 함수를 사용할 수도 있어서 복잡한 계산도 간단하게 기술할 수 있다.

IDLE 실행 로그 저장하기

파이썬 셸에서 실행한 명령어와 그 결과를 파일로 저장할 수 있다. IDLE 메인 메뉴에서 [File 〉 Save As]을 클릭하면 저장된다. 셸에서 계산식을 실행해보고 그 과정 전체를 저장해보자.

편집기에서 프로그램 작성하기

파일 생성하기

IDLE의 편집기를 사용해보자. 먼저 IDLE을 실행하고 메뉴의 [File > New File]을 클릭해 새 파일을 생성한다.

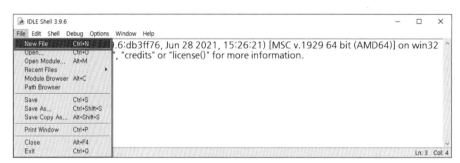

IDLE에서 새 프로그램 작성

파일 편집하기

편집기가 열리면 다음 내용을 입력해보자. 이 프로그램은 print() 함수로 안내 메시지를 출력하고 input() 함수로 문자열을 입력받는다.

앞으로 다음과 같이 상단에 파일명이 있는 코드는 IDLE 또는 비주얼 스튜디오 코드(이번 절의 칼럼 참고) 등 텍스트 편집기로 작성하고 실행한다.

src/ch1/test_idle.py

```
msg = '출력할 메시지를 입력해주세요'
print(msg)
instr = input()
print('입력 내용:',instr)
```

작성이 완료되면 메뉴 [File > Save]을 클릭해 test_idle.py라는 이름으로 적당한 곳에 저장한다. 그리고 메뉴 [Run > Run Module]을 클릭하거나 F5 키를 눌러서 프로그램을 실행한다.

프로그램을 실행하면 파이썬 셸 창이 뜨고 '출력할 메시지를 입력해주세요'라는 문자열이 출력된다. 다음 줄에서는 사용자의 입력을 기다린다. 여기에 적당한 값을 입력하고 Enter 키를 누르면 다음 줄에 사용자가 입력한 내용이 다시 출력된다.

프로그램 실행

저장한 파일 열기

파일을 열 때는 메뉴에서 [File 〉 Open]을 선택한다. 그리고 파일 선택 창에서 test_idle.py를 찾아 파일을 연다.

IDLE 단축키

메뉴 [Options 〉 Configure IDLE 〉 Keys]에서 등록된 단축키를 확인하거나 새로운 단축키를 등록할 수 있다.

대상	단축키	의미
IDLE 셸	실행할 행을 클릭한 후 Enter	특정 행 다시 입력하기
	Alt + P	직전 명령어부터 차례로 탐색
	Alt + N	최초 명령어부터 차례로 탐색
편집기	Alt + 3	주석 처리
	Alt + 4	주석 해제
	Ctrl +]	들여쓰기 오른쪽 이동
	Ctrl + [	들여쓰기 왼쪽 이동

마무리

이 절에서 파이썬 프로그램을 작성하고 실행하는 두 가지 방법을 살펴봤다. 이후 특별한 설명이 없을 때는 IDLE 편집기에서 예제 파일을 작성해 실습을 진행하자. 파이썬 셸은 그때그때 작동을 테스트할 때 활용할 수 있다.

COLUMN 비주얼 스튜디오 코드로 쾌적한 개발 환경 구성하기

IDLE의 간이 에디터만으로도 이 책의 예제를 실행하는 데는 문제가 없다. 하지만 macOS에서는 IDLE의 한국어 입력이 매끄럽지 않기 때문에 다른 에디터가 필요할 수도 있다.

그럴 때 추천하고 싶은 도구가 마이크로소프트에서 무료로 공개한 **비주얼 스튜디오 코드**Visual Studio Code(이하 VSCode)이다. VSCode는 프로그래밍에 특화된 에디터로, 마켓플레이스Marketplace에서 다양한 확장extension을 설치할 수 있다. 멀티플랫폼에 대응해 윈도우는 물론 macOS와 리눅스에서도 작동한다.

> **비주얼 스튜디오 코드 웹사이트**
> https://code.visualstudio.com

언어 설정을 한국어로 변경

VSCode가 설치된 직후에는 언어 설정이 영어로 되어 있다. 이를 한국어로 변경하려면 한국어 언어팩 확장을 설치해보자. 먼저 화면 왼쪽에 있는 '확장' 아이콘을 클릭한다.

그리고 '확장'의 검색란에서 'Korean Language Pack for Visual Studio Code'라고 검색한다. 목록에서 해당 항목을 클릭해서 오른쪽 탭에 설명이 표시되면 [Install] 버튼을 눌러 설치한다.

VSCode를 재시작하면 한국어로 변경된다.

한국어 언어팩 설치

파이썬 확장 프로그램 추가

VSCode에서 파이썬 파일을 열면 처음부터 구문 강조 색상이 입혀진다. 하지만 파이썬 확장을 추가하면 조금 더 편리한 기능을 사용할 수 있다. '확장'의 검색란에서 'ms-python.python'을 찾아 VSCode에 설치해보자.

파이썬 확장 설치

파이썬 프로그램 실행

확장을 추가하면 파이썬 프로그램을 실행할 수 있다. 에디터에서 파이썬 파일을 열고 메뉴에서 [실행 > 디버깅하지 않고 실행]을 클릭하면 실행된다. 최초 실행할 때는 파이썬을 어떤 형식으로 실행할지 묻는데, 이때 'Python File'을 선택한다.

파이썬 확장을 사용하면 편집 중인 프로그램을 실행할 수 있을 뿐만 아니라, 브레이크 포인트를 걸어서 프로그램을 한 행씩 실행하는 디버깅 기능을 사용할 수 있다. 메뉴에서 [실행 > 디버깅 시작]을 클릭하면 디버깅 모드로 실행된다(이때도 최초로 실행할 때는 'Python File'을 선택한다).

그리고 화면 위쪽에 표시되는 패널로 디버깅을 수행할 수 있다. 각 행 번호의 왼쪽을 클릭하면 브레이크 포인트가 설정된다.

디버그 기능

또한 파이썬 확장에는 프로그램 자동 완성 기능이 있어서 코드를 빠르게 입력할 수 있고, Formatter 기능을 사용하면 코드를 손쉽게 정렬할 수도 있다. 그 외에도 테스트, 리팩터링 기능 등을 제공하며 파이썬 개발을 강력하게 보조하고 있다.

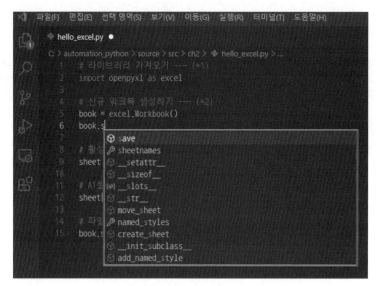

프로그램 보완 기능

이 책의 예제를 실행할 때 주의할 점

IDLE에서 프로그램을 실행하면 print() 함수 등의 출력 결과는 파이썬 셸에 표시된다. VSCode를 사용할 경우 프로그램 결과는 화면 하단의 '터미널' 패널에 표시된다.

VSCode 출력 결과는 화면 하단에 표시

또한 VSCode의 [파일 > 폴더 열기]를 선택해 프로그램이 있는 폴더를 열면, 해당 폴더 내의 파일이 탐색기에 표시된다. 그때 열린 폴더(현재 디렉터리)가 작업 폴더(1-4절 참고)가 된다.

이 책은 예제 프로그램이 있는 폴더를 작업 폴더로 삼아 실행할 것을 상정한다. 예를 들어 2장의 프로그램을 실행할 때는 ch2 폴더를 열고 파일을 탐색기에서 선택해 실행하자.

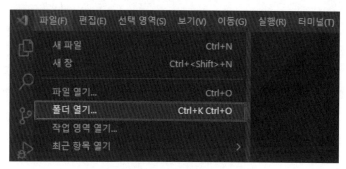

[파일 > 폴더 열기]를 선택

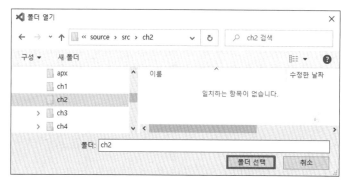

프로그램이 있는 폴더를 선택하고 [폴더 선택]을 클릭

1-4 파이썬 프로그램 실행하기

 대응 OS 윈도우/macOS/리눅스 　난이도 ★★★☆☆

이 절에서는 파이썬 프로그램을 실행하는 방법을 소개한다. 배치 파일 또는 기본 앱 설정을 이용하면 편집기를 거치지 않고 빠르게 프로그램을 실행할 수 있다.

키워드 **커맨드라인/배치 파일**

프로그램에 따라 손쉽게 실행하기

일반적으로 파이썬 프로그램을 실행할 때는 IDLE 등의 편집기로 내용을 확인하고 실행하는 것이 안전하다. 특히 웹에서 다운로드한 파일은 반드시 내용에 문제가 없는지 확인한 뒤에 실행해야 한다.

하지만 자신이 만든 프로그램이나 늘 사용하는 프로그램을 좀 더 빠르게 실행하고 싶을 때도 있다. 그럴 때는 더블클릭으로 프로그램을 실행하도록 설정하면 편리하다. 여기서는 기본 앱을 변경하는 방법과 검증된 프로그램을 빠르게 실행하는 방법을 소개한다.

더블클릭했을 때 편집기로 열기

윈도우에 파이썬을 설치하면 파이썬 파일이 Python(python.exe)에 연결된다. 따라서 파이썬 파일을 더블클릭하면 프로그램이 곧바로 실행된다. 하지만 이 설정을 그대로 두면 웹에서 받은 악성 파이썬 파일을 무심코 실행할 위험성이 있다. 이는 윈도우에서 VBScript나 JScript가 기피되는 이유이기도 하므로 추천하지 않는다. 부주의하게 낯선 프로그램을 실행하지 않도록 기본 앱 설정을 변경해보자.

윈도우에서 기본 앱을 변경하는 방법

기본 앱 설정은 간단하게 변경할 수 있다. 탐색기에서 파이썬 파일을 우클릭하고 컨텍스트 메뉴에서 [속성]을 선택한다. 그리고 속성 창에서 [연결 프로그램] 항목을 확인한다. 만일 여기에 Python이 연결되어 있다면 [변경] 버튼을 클릭해 다른 프로그램으로 연결한다.

연결 앱을 다음 경로의 idle.bat으로 변경하면 .py 파일을 더블클릭했을 때 IDLE 편집기로 연결할 수 있다.

```
(파이썬이 설치된 위치)\Python\Python39\Lib\idlelib\idle.bat
```

파이썬 파일을 IDLE에 연결

또는 앞에서 소개한 에디터 비주얼 스튜디오 코드에 연결할 수도 있다. 이런 식으로 프로그램을 실행할 때 편집기를 거치도록 설정하면 프로그램을 안전하게 사용할 수 있다.

파이썬 파일을 VSCode에 연결

배치 파일로 실행하기

기본 앱은 편집기로 연결했지만 자주 사용하는 파일은 빠르게 실행하고 싶을 때가 있다. 그럴 때는 배치 파일에 파이썬 실행 명령을 작성한다. 그리고 배치 파일을 더블클릭하면 파이썬 프로그램을 바로 실행할 수 있다.

다음 예제는 대화상자(6-2절 참고)를 띄우고 [확인] 버튼을 누르면 종료되는 프로그램이다.

src/ch1/check.py

```python
import tkinter as tk
from tkinter import messagebox as mb

# tkinter 창 숨기기
tk.Tk().withdraw()

# 메시지 표시
mb.showinfo("프로그램 실행", "check.py 파일이 실행되었습니다.")

quit()
```

IDLE에서 프로그램을 실행해보면 다음 그림과 같이 메시지 박스가 뜬다.

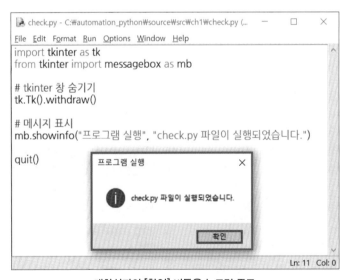

대화상자의 [확인] 버튼을 누르면 종료

하지만 매번 IDLE에서 프로그램을 실행하려면 번거로우니 이 프로그램을 더블클릭으로 실행해보자.

먼저 배치 파일을 생성한다. 다음 내용을 텍스트 편집기에서 작성하고, 인코딩을 ANSI로 지정해[3] check.bat라는 이름으로 저장한다.

src/ch1/check.bat

```
@echo off

rem 메시지 출력
echo 메시지 박스의 '확인'을 선택하면 프로그램이 종료됩니다.

rem 파이썬 프로그램 실행
python3 check.py
```

배치 파일을 간단히 살펴보자. 배치 파일에 @echo off를 지정하면 커맨드 창에 명령어는 표시되지 않고 결과만 표시된다. rem 키워드는 주석을 나타낸다. echo는 커맨드 창에 메시지를 표시한다. 마지막 줄은 python.exe로 check.py를 실행하도록 하는 명령어이다.

그리고 파일 check.py와 check.bat를 같은 폴더에 복사한다. 그리고 파일 check.bat를 더블클릭하면 프로그램이 실행된다.

배치 파일로 간단하게 프로그램을 실행

3　[옮긴이] 배치 파일 내에서 한글을 사용할 경우 윈도우 명령 프롬프트에서 한글이 깨지는 것을 방지하려는 목적이다.

커맨드라인에서 실행하기

배치 파일은 윈도우 명령 프롬프트에서 실행할 수 있는 명령어를 텍스트 형식으로 저장한 파일이다. 배치 파일에 어떤 명령어를 실행할 수 있을지 먼저 명령 프롬프트에서 확인해볼 수 있다.

명령 프롬프트는 윈도우 시작 메뉴에서 [Windows 시스템 〉 명령 프롬프트]를 클릭하면 실행된다.

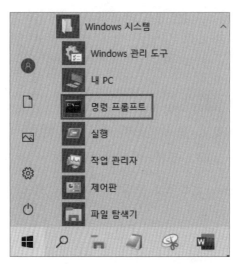

명령 프롬프트를 열고 파이썬 실행

명령 프롬프트에 다음과 같이 입력하면 특정 파이썬 프로그램을 실행할 수 있다.

```
cd (프로그램이 있는 폴더 경로)
python3 (프로그램명)
```

여기서 **cd**는 지정한 경로로 현재 작업 폴더를 변경하는 명령어이다(폴더 경로를 얻는 방법은 3-3절 [TIP] 참고).

macOS는 파인더에서 [응용 프로그램]을 클릭하고 [유틸리티 〉 터미널]을 실행한다. 명령 프롬프트와 터미널은 명령어 체계가 다르지만, 방금 설명한 파이썬을 실행하는 명령어는 동일하게 작동한다. 명령 프롬프트와 터미널처럼 명령어를 조작할 수 있는 소프트웨어를 '커맨드라인'이라고 한다.

macOS에서 프로그램을 손쉽게 실행하기

macOS는 기본적으로 파이썬 파일이 IDLE에 연결되어 있다. 따라서 자신이 만든 프로그램 또는 안전하다고 검증된 파일만 파이썬으로 열도록 설정하는 게 좋다.

macOS도 윈도우의 기본 앱과 같이 '다음으로 열기'를 변경할 수 있다. macOS는 파일 단위로 연결할 애플리케이션을 지정할 수도 있고 윈도우처럼 확장자 단위로 설정할 수도 있다.

여기서는 앞에서 만든 check.py 파일을 더블클릭으로 실행할 수 있도록 설정해보자. 순서는 다음과 같다.

1 '정보' 창 열기

먼저 파인더에서 check.py를 우클릭하고 팝업 메뉴에서 [정보 가져오기]를 클릭한다.

우클릭해 '정보' 창 열기

2 '다음으로 열기' 항목 선택

정보 창의 '다음으로 열기'에서 'Python Launcher.app'을 선택한다. 만약 'Python Launcher.app'이 목록에 없다면 '그 외'를 선택해 [응용 프로그램 〉 Python 3.x] 경로의 'Python Launcher app'을 선택한다. 여기서 [모두 변경] 버튼을 누르면 모든 파이썬 파일이 Python Launcher로 실행된다. 하지만 이는 안정성의 문제로 추천하지 않는다.

Python Launcher.app을 선택

❸ 파인더에서 check.py 더블클릭

설정을 마치면 파인더에서 check.py를 더블클릭한다.
그러면 오른쪽과 같이 프로그램이 실행된다.

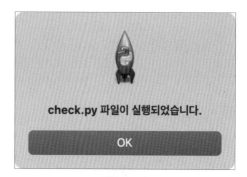

실행된 모습

마무리

여기서는 파이썬 프로그램을 더블클릭으로 실행하는 방법을 알아봤다. 이 방법은 빠르고 간편하게
프로그램을 실행할 수 있지만 보안이 취약해진다는 점에 유의해야 한다. 편리함과 안전성 간의 균형
을 고려해 설정하는 것이 좋다.

파이썬에서 날짜·시간 계산하기

대응 OS 윈도우/macOS/리눅스   난이도 ★☆☆☆☆

앞 절에서는 파이썬 프로그램을 작성하고 실행하는 방법을 소개했다. 여기서는 간단한 날짜·시간 계산 프로그램을 만들고 실행해보자.

키워드 IDLE/날짜·시간 계산/datetime

날짜·시간 계산 프로그램 알아보기

자동화 프로그램에서 빼놓을 수 없는 기능이 날짜·시간 관련 기능이다. 여기서는 파이썬 프로그래밍에 익숙해지기 위해 간단한 날짜·시간 관련 프로그램을 만들어본다.

파이썬에는 날짜·시간 관련 기능을 제공하는 datetime이라는 모듈이 있다. 이는 파이썬에서 제공하는 표준 라이브러리로, 따로 설치하지 않아도 바로 사용할 수 있다.

현재 시각 알아보기

먼저 현재 날짜와 시간을 표시하는 방법을 알아보자. IDLE에서 새 파일을 만들고 다음 프로그램을 작성한다.

src/ch1/dt_now.py

```python
# 날짜·시간 관련한 처리를 하는 모듈 --- ❶
import datetime

# 현재 시각 구하기 --- ❷
t = datetime.datetime.now()
print(t) # 현재 시각을 문자열로 출력
```

F5 키를 눌러 실행하면 다음과 같이 현재 날짜와 시간이 출력된다.

현재 시각을 구하는 프로그램 실행

프로그램을 확인해보자. ❶에서는 import datetime으로 datetime 모듈을 불러온다. 이 선언은 datetime 모듈을 임포트하므로 모듈 내 특정 클래스를 사용할 때는 **모듈.클래스** 형태로 참조해야 한다.

❷에서는 datetime 모듈 내의 datetime 클래스를 참조하고 now() 메서드를 호출한다. 여기서 첫 번째 datetime은 모듈명이고 두 번째 datetime은 클래스명이다. now()는 현재의 날짜·시간을 반환하는 메서드이다. 이를 변수 t에 받아서 print() 함수로 출력한다.

datetime은 모듈과 클래스의 이름이 같아서 처음에는 약간 헷갈릴 수 있다. 파이썬 설치 폴더의 datetime.py 파일[4]을 열어보면 datetime 클래스를 비롯해 date, time, timedelta 등 시간·날짜와 관련한 클래스들이 정의되어 있다. 그리고 datetime 클래스 내에는 현재 시각을 가져오는 now() 메서드가 정의되어 있다.

import 문 사용법 알아보기

앞의 프로그램에서 등장한 import 문은 다양한 형태로 사용할 수 있다. 여기서는 dt_now.py에 나왔던 import 문을 다른 방식으로 변경해보자.

from/import 문 선언

오른쪽 프로그램과 같이 from/import 문을 선언하면 특정 모듈의 일부(클래스, 변수, 함수)만을 불러온다. 여기서는 datetime 모듈에서 datetime 클래스를 가져왔다. 이렇게 선언하면 datetime 클래스를 참조할 때 모듈명을 생략하고 쓸 수 있다. 그래서 now() 메서드를 호출할 때 datetime.now()와 같이 작성했다.

import/as 문 선언

오른쪽 프로그램과 같이 import/as 문을 선언하면 해당 모듈의 별칭을 지정할 수 있다. 여기서는 datetime 모듈의 별칭을 dt로 지정해 now() 메서드를 호출할 때 dt.datetime.now()와 같이 작성했다.

4　파이썬 셸에서 import datetime; datetime.__file__을 입력하면 모듈이 설치된 경로를 얻을 수 있다.

from/import/as 문 선언

오른쪽 프로그램에서는 datetime 모듈에서 datetime 클래스를 불러왔고, 이 클래스에 dt라는 별칭을 부여했다. 그래서 now() 메서드를 호출할 때 dt.now()와 같이 작성했다.

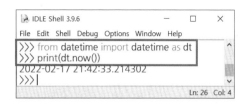

이처럼 같은 내용을 작성할 때도 import 문에 따라 코드가 조금씩 달라진다. 상황에 따라 적절한 import 문을 사용해보자.

```
# 모듈 불러오기
import 모듈1, 모듈2… # 쉼표로 여러 개의 모듈을 가져올 수 있다.

# 모듈에서 일부만 가져오기
from 모듈 import 모듈 일부
from 모듈 import * # 별표를 사용하면 모듈 전체를 가져올 수 있다.

# 별칭 지정하기
import 모듈 as 별칭
from 모듈 import 모듈 일부 as 별칭
```

날짜·시간을 특정 형식으로 출력하기

다음으로는 날짜·시간을 특정 형식으로 출력해보자. datetime 클래스의 strftime() 메서드를 사용하면 연·월·일만 출력하거나, 시간에서 초는 생략하는 등 원하는 형식을 지정해 날짜·시간을 출력할 수 있다.

src/ch1/dt_format.py

```
from datetime import datetime

# 현재 시각을 구하고 특정 형식으로 출력하기
t = datetime.now()
fmt = t.strftime('%Y년%m월%d일 %H시%M분%S초')
print(fmt)
```

프로그램을 IDLE에서 실행해보면 날짜·시간이 지정한 형식에 맞게 출력된다.

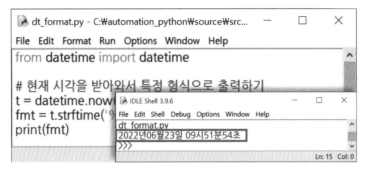

특정 형식에 맞게 현재 시각을 표시

strftime() 메서드 내에서는 오른쪽 표와 같이 날짜·시간의
포맷 코드를 지정할 수 있다.

포맷 코드	의미
%Y	연도(4자리)
%m	월(2자리)
%d	일(2자리)
%H	시(2자리)
%M	분(2자리)
%S	초(2자리)

datetime 객체에 특정 날짜·시간을 지정하고 싶을 때는 다음과 같이 작성한다.

src/ch1/dt_setdt.py

```python
from datetime import datetime

# 2023/01/01을 지정해 객체 생성
t = datetime(2023, 1, 1)
# 날짜·시간을 표시
print(t.strftime('%Y년 %m월 %d일')) # 결과 예 : 2023년 01월 01일
```

남은 날짜 계산하기

이제 간단한 날짜 계산을 해보자. 오늘부터 2025년 4월 13일까지 남은 일수를 계산해보자.

src/ch1/dt_delta1.py

```python
from datetime import datetime

# D-day 날짜를 지정 --- ❶
```

```
dday = datetime(2025, 4, 13)
# 오늘 날짜를 지정 --- ❷
now = datetime.now()
# 일수 계산 --- ❸
delta = dday - now
# 결과 출력 --- ❹
print('앞으로'+str(delta.days+1)+'일 남았습니다')
```

이 프로그램을 실행하면 '앞으로 **일 남았습니다'라는 결과가 출력된다.

프로그램을 자세히 확인해보자. ❶에서는 D-day 날짜를, ❷에서는 기준 날짜를 지정한다. 여기서는 오늘 날짜로 지정했다. ❸에서는 두 날짜 간 뺄셈을 통해 남은 일수를 계산한다. datetime 객체끼리 뺄셈을 하면 datetime.timedelta 객체가 반환된다. 이 객체의 days 속성을 참조하면 두 날짜 간의 차이를 얻을 수 있다. ❹에서는 이를 이용해 앞으로 남은 날짜를 출력한다.

남은 시간 계산하기

같은 방식으로 시간 계산을 할 수 있다. 다음 예제에서 22시에 취침해 다음 날 아침 8시 반에 일어 난다고 가정하고 수면 시간을 계산해보자.

src/ch1/dt_delta2.py

```
from datetime import datetime

# 취침 시간과 기상 시간을 지정 --- ❶
sleep_t = datetime(2023, 1, 1, 22, 0, 0)
wakeup_t = datetime(2023, 1, 2, 8, 30, 0)

# 시간 계산 --- ❷
delta = wakeup_t - sleep_t
sec = delta.seconds # 수면 시간을 초로 환산 --- ❸
hours = sec / (60 * 60)

# 결과 표시 --- ❹
print('수면 시간은'+str(hours)+'시간입니다.')
```

프로그램 실행 결과는 다음과 같다.

수면 시간은 10.5시간입니다.

프로그램을 확인해보자. ❶에서는 취침 시간과 기상 시간을 지정한다. 여기서는 2023년 1월 1일 밤

22시를 취침 시간으로, 2023년 1월 2일 아침 8시 30분을 기상 시간으로 지정했다. ❷에서는 시간의 차이를 계산한다. datetime 객체끼리 뺄셈을 하면 datatime.timedelta 객체가 반환된다. 이 객체의 seconds 속성을 참조하면 두 시간의 차를 초로 환산해 얻을 수 있다(❸). 또한 1시간은 3,600초이므로 sec를 3,600으로 나누면 수면 시간이 계산된다. 마지막으로 ❹에서 계산 결과를 출력한다.

N일 후 날짜 조사하기

다음으로 N일 후를 조사하는 프로그램을 만들어보자. 예를 들어 2025년 2월 27일의 3일 후는 몇 월 며칠일까? 눈치가 빠른 독자는 금방 답을 낼 수 없음을 알 것이다.

2월은 윤년인 해에는 29일, 평년인 해에는 28일이다. 따라서 단순한 덧셈으로는 구하지 못한다. 이때 datetime 모듈을 사용하면 손쉽게 계산할 수 있다.

src/ch1/dt_delta3.py

```python
from datetime import datetime, timedelta

# 기준 날짜 지정--- ❶
base_t  = datetime(2025, 2, 27)
# 3일 후를 계산 --- ❷
t = base_t + timedelta(days=3)
# 결과 표시 --- ❸
print(t.strftime('%Y/%m/%d'))
```

2025년은 윤년이 아니라 평년이다. 따라서 프로그램을 실행하면 다음과 같이 출력된다.

```
2025/03/02
```

프로그램을 확인해보자. ❶에서는 기준이 되는 날짜를 지정한다. ❷에서는 기준일로부터 3일 후의 날짜를 계산한다. 이처럼 timedelta 클래스를 사용하면 N일 후의 날짜를 쉽게 계산할 수 있다.

마무리

이 절에서는 파이썬 실행에 익숙해지도록 간단한 날짜·시간 계산 프로그램을 만들고 실행해봤다. 그리고 파이썬에서 날짜·시간 처리를 하는 datetime 모듈을 소개했다. datetime 객체끼리 뺄셈을 하면 날짜와 시간의 차이를 구할 수 있고 timedelta 객체를 이용하면 N일 후의 날짜를 쉽게 계산할 수 있다.

2

엑셀 조작을
자동화해보자

실무 현장에서 상당히 사용 빈도가 높은 애플리케이션이 '엑셀'이다. 엑셀은 그 자체로도 유용하지만 파이썬과 연계하면 더욱 강력한 도구가 된다. 파이썬 라이브러리를 사용하면 엑셀을 직접 열지 않고도 엑셀 내의 데이터를 관리할 수 있다. 2장에서는 파이썬으로 엑셀 파일을 자동 조작하는 방법을 살펴보자.

2-1 엑셀 라이브러리 설치하기

대응 OS 윈도우/macOS/리눅스　난이도 ★☆☆☆☆

2장에서는 파이썬으로 엑셀 파일을 조작하는 방법을 살펴본다. 이를 위해 openpyxl이라는 엑셀 자동화 라이브러리가 필요하다. 이 절에서는 먼저 openpyxl 라이브러리를 설치해보자.

키워드 엑셀/openpyxl

파이썬으로 엑셀 조작하기

1장 첫머리에서 언급했듯이 프로그래밍 활용 능력은 업무 시간을 크게 좌지우지한다. 특히 경리직과 사무직에서 그 차이가 더욱 두드러지는데 이들 직무는 엑셀을 사용하는 일이 잦기 때문이다. 엑셀은 자동화와 잘 어울리는 애플리케이션인 만큼 엑셀의 단순 작업을 프로그램으로 처리하면 업무 시간을 획기적으로 줄일 수 있다.

파이썬으로 엑셀을 조작하는 두 가지 방법

파이썬으로 엑셀을 다루는 방법에는 크게 두 가지가 있다. 하나는 파이썬에서 엑셀 파일을 조작하는 방법이고, 또 하나는 엑셀 애플리케이션 자체를 제어하는 방법이다. **openpyxl** 라이브러리는 전자의 방식으로 엑셀을 조작한다. 이 라이브러리는 엑셀의 작동을 모방해 직접 엑셀 문서를 다루기 때문에 엑셀이 설치되어 있지 않아도 사용할 수 있다.

pywin32 라이브러리는 후자의 방법을 사용한다. 이 방법은 VBA(매크로)가 엑셀을 자동화하는 방식과 비슷하다. 엑셀은 VBA로 자동화할 수 있도록 설계되어 있는데 이때 내부적으로 윈도우의 COM(ActiveX/OLE) 기술[1]이 사용된다. pywin32(win32com)[2] 라이브러리는 COM의 일종인 ActiveX를 사용해 매크로와 같은 기능을 구현한다. 이 방법은 엑셀 애플리케이션을 제어하기 때문에 PC에 엑셀이 설치되어 있어야 한다.

이 두 가지 방법을 표로 정리하면 다음과 같다.

1　옮긴이 COM이란 각각 다른 언어로 작성된 프로그램이 하나의 운영체제 안에서 서로 상호작용할 수 있도록 인터페이스를 마련해주는 기술이다. 3-7절에서 다시 살펴본다.

2　옮긴이 pywin32는 파이썬에서 Windows API를 사용할 수 있게 해주는 라이브러리이고, win32com은 그중에서 COM 기능을 지원하는 패키지 이름이다.

작동 원리	라이브러리	엑셀 필요 여부	작동 환경
엑셀 파일 조작	openpyxl	불필요	주요 OS에서 작동
엑셀 애플리케이션 제어	pywin32(win32com)	필요	윈도우에서만 작동

이 책에서는 첫 번째 방법인 openpyxl 라이브러리를 중심으로 살펴본다. openpyxl은 사용법이 간단해 기억하기 쉽다. 또한 업데이트가 활발하고 사용자가 많은 오픈소스이므로 작동이 안정적이며 참고할 수 있는 자료도 풍부하다.

운용상 제약이 적다는 점도 장점이다. openpyxl은 엑셀 애플리케이션의 유무나 OS 종류에 구애받지 않는다. 따라서 엑셀이 없는 PC나 저렴한 리눅스 기기[3]에서도 작동한다. 메인 PC는 주 업무에 사용하고 자동화 작업은 저렴한 보조 PC에서 실행하면 편리하다.

한편 openpyxl의 한계도 있다. openpyxl은 엑셀의 작동을 상당 부분 재현하지만 모든 기능에 대응하지는 않는다. 예를 들어 엑셀 기능 중 'PDF 출력'은 openpyxl로 구현할 수 없기 때문에 pywin32를 사용해야 한다. 그래서 이후 3-7절에서 간단하게 pywin32를 사용하는 방법을 소개한다.

평소에는 사용이 간편한 openpyxl을 사용하고, openpyxl에서 지원하지 않는 기능이 필요할 때는 pywin32를 보조로 사용해보자.

> **TIP** **엑셀 VBA에서 파이썬을 호출하는 xlwings**
>
> 이 책에서는 다루지 않지만 **xlwings**라는 엑셀 자동화 라이브러리가 있다. xlwings는 파이썬에서 엑셀을 자동 조작하는 기능뿐만 아니라 UDFsUser-Defined Functions 기능도 지원한다. UDFs란 엑셀 VBA에서 파이썬 스크립트를 호출할 수 있는 기능이다. 이를 활용하면 엑셀의 매크로 함수를 파이썬 함수로 대체할 수 있어서 무척 유용하다.
>
> ▎**xlwings 웹사이트**
> https://www.xlwings.org/

openpyxl 라이브러리 알아보기

앞서 소개한 대로 openpyxl은 파이썬에서 엑셀 파일을 직접 조작하는 라이브러리다. openpyxl을 사용하면 엑셀 데이터의 읽고 쓰기를 비롯해 다양한 엑셀상의 작동을 파이썬으로 구현할 수 있다.

▎**openpyxl 웹사이트**
https://openpyxl.readthedocs.io/

---

3   예를 들면 5만 원 정도에 구할 수 있는 라즈베리 파이 등의 리눅스 기기에서도 Python + openpyxl 라이브러리를 사용할 수 있다.

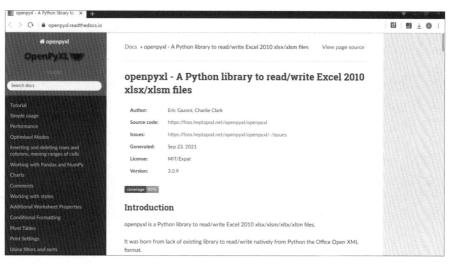

openpyxl 웹사이트

openpyxl로 할 수 있는 것

openpyxl을 사용하면 다음과 같은 엑셀 조작을 할 수 있다.

- 새 워크북 생성

- 기존 워크북 수정

- 워크시트 읽고 쓰기

- 워크시트 복사 및 삭제

- 셀 병합 및 분할

- 셀 서식 변경(테두리 선, 색상 등)

- 암호 설정 등 문서 보호

- 그림, 그래프, 메모 삽입

- 피벗 테이블 및 인쇄 설정

openpyxl 라이브러리는 이외에도 다양한 기능을 지원한다. 이 책에서 모두 다루면 좋겠지만 지면상 한계가 있으므로 사무자동화와 관련한 기능을 중심으로 소개한다.

openypxl 라이브러리 설치하기

이제 openpyxl을 설치해보자. 파이썬 라이브러리를 설치할 때는 **pip**라는 명령어(또는 pip3)를 사용한다. 이 명령어를 실행하려면 커맨드라인 소프트웨어가 필요하다.

곧이어 각각의 OS에서 커맨드라인을 사용하는 방법을 알아보겠다.

> **TIP** **파이썬 셸에서 pip 명령어를 실행할 수는 없을까?**
>
> 파이썬 셸에서 pip 명령어를 실행할 수는 없다. 커맨드라인과 파이썬 셸은 한 줄씩 명령어를 실행한다는 점에서 생김새가 비슷하지만, 받아들이는 명령어의 종류가 다르다. pip는 파이썬 코드가 아니라 실행 파일(pip.exe)이므로 커맨드라인을 사용해야 한다. 윈도우에서는 파워셸을, macOS에서는 터미널을 사용하자.

윈도우에서 openpyxl 설치하기

윈도우에서 사용할 수 있는 커맨드라인은 파워셸 PowerShell이나 명령 프롬프트이다. 특별한 이유가 없다면 파워셸 사용을 권한다. 파워셸은 윈도우 시작 메뉴의 [Windows PowerShell] 폴더에서 찾을 수 있다. 이를 클릭해 실행하자.

PowerShell 실행

파워셸이 열리면 다음 명령어를 입력하고 Enter 키를 누른다. 이 pip 명령어는 openpyxl의 3.0.4 버전을 설치한다는 의미이다.

```
pip install -U openpyxl==3.0.4
```

다음 화면은 파워셸에서 설치를 실행한 모습이다. 여러 내용이 표시되며 마지막에 'Successfully installed openpyxl-3.0.4'라고 표시되었다면 제대로 설치된 것이다.

![윈도우 파워셸에서 pip 명령어를 실행한 화면]

윈도우 파워셸에서 pip 명령어를 실행한 결과

'명령 프롬프트'로 설치하려면 시작 메뉴에서 [Windows 시스템 〉 명령 프롬프트]를 클릭한다. 창이 열리면 마찬가지로 pip 명령어를 입력해 설치한다.

![윈도우 명령 프롬프트에서 pip 명령어를 실행한 화면]

윈도우 명령 프롬프트에서 pip 명령어를 실행한 결과

macOS에서 openpyxl 설치하기

macOS의 커맨드라인은 **터미널 앱**(Terminal.app)으로 보통 **터미널**이라고 부른다. 이 앱에서 pip 명령어를 실행할 수 있다. 터미널은 파인더의 [응용 프로그램 〉 유틸리티] 폴더에 있다.

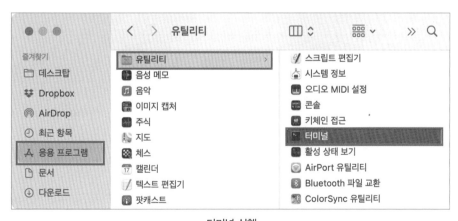

터미널 실행

그리고 다음 명령어를 입력해 openpyxl을 설치한다.

```
pip install -U openpyxl==3.0.4
```

다음 그림은 터미널에서 pip 명령어를 실행한 모습이다. 제대로 설치되었다면 마지막 줄에 'Successfully installed openpyxl-3.0.4'라고 표시된다.

```
● ● ●                    🖥 jpub — -bash — 68×13
jpubs-MacBook-Air:~ jpub$ pip install -U openpyxl==3.0.4
Collecting openpyxl==3.0.4
  Using cached openpyxl-3.0.4-py2.py3-none-any.whl (241 kB)
Collecting jdcal
  Using cached jdcal-1.4.1-py2.py3-none-any.whl (9.5 kB)
Collecting et-xmlfile
  Using cached et_xmlfile-1.1.0-py3-none-any.whl (4.7 kB)
Installing collected packages: jdcal, et-xmlfile, openpyxl
Successfully installed et-xmlfile-1.1.0 jdcal-1.4.1 openpyxl-3.0.4
jpubs-MacBook-Air:~ jpub$ ▊
```

macOS 터미널에서 pip 명령어를 실행한 결과

라이브러리 설치 확인하기

openpyxl이 잘 설치되었는지 확인해보자. 파이썬 IDLE을 실행하고 파이썬 셸에 다음과 같이 코드 두 줄을 입력한다. 맨 앞의 >>>는 입력을 기다리는 기호(프롬프트)이므로 그다음 부분부터 입력하면 된다.

```
>>> import openpyxl
>>> openpyxl.__version__
```

설치가 제대로 되었다면 다음 줄에 openpyxl의 버전이 출력된다.

openpyxl 버전 확인

첫 줄의 import (모듈명)은 파이썬 코드 내에서 그 모듈을 사용할 수 있도록 불러온다는 의미이다. 즉 앞에서 'import openpyxl'이라고 선언하면 openpyxl에 정의된 기능을 파이썬에서 사용할 수 있다.

만일 에러가 표시된다면

앞의 코드를 실행했을 때 다음과 같은 에러가 표시된다면 제대로 설치되지 않은 것이다.

```
Traceback (most recent call last):
File "<pyshell#4>", line 1, in <module>
import openpyxl
ModuleNotFoundError: No module named 'openpyxl'
```

설치가 안 되었다면 다음 내용을 유의하면서 설치를 다시 진행해보자. 특히 커맨드라인에서 pip 명령어가 제대로 실행되는지 확인한다.

1. 윈도우에서 파이썬을 설치할 때 [Add Python 3.x to PATH]에 체크하지 않았다면 pip 명령어를 사용할 수 없다. 체크하는 것을 깜빡했다면 파이썬을 삭제하고 다시 한번 설치해보자.

2. 컴퓨터에 버전이 다른 두 개의 파이썬이 있다면 문제가 발생할 수 있다. 이전에 설치했던 파이썬에 라이브러리가 설치되었을 가능성도 있으니 모든 파이썬을 삭제하고 다시 처음부터 설치해보자.

3. 설치된 파이썬의 버전을 확인해보자. 공식 사이트에서는 호환성 확보를 위해 오래된 버전인 2.x 버전도 배포되고 있으나 이 책에서는 사용하지 않는다. 자신이 설치한 버전이 2.x라면 삭제하고 3.x(3.9 이상) 버전으로 다시 설치하자.

마무리

이 절에서는 엑셀 자동화 라이브러리 openpyxl에 관해 알아보고 커맨드라인으로 설치를 진행했다. 이어서 2장과 3장에서는 openpyxl 라이브러리로 만들 수 있는 다양한 프로그램을 소개한다. 일단 2-2절에서 엑셀 데이터를 다루는 기본적인 방법부터 살펴본다.

2-2 기본적인 엑셀 데이터 다루기

 대응 OS 윈도우/macOS/리눅스 난이도 ★☆☆☆☆

2-1절에서는 openpyxl 라이브러리를 설치했다. 이 절에서는 openpyxl을 통해 엑셀 데이터를 읽고 쓰는 방법을 추려서 소개한다. 이후 2장의 남은 절에서는 엑셀 데이터 읽기와 쓰기에 관한 더 자세한 내용을 다룬다.

키워드 엑셀/openpyxl

신규 엑셀 문서 생성하기

먼저 새 엑셀 문서를 생성하는 프로그램을 만들어보자.

IDLE 편집기에서 다음 코드를 작성하고 F5 키를 눌러 실행해보자. 또는 이 책의 예제 폴더 ch2에서 excel_create.py 파일을 열어 실행할 수도 있다.

src/ch2/excel_create.py

```python
# 라이브러리 불러오기 --- ❶
import openpyxl as excel

# 새 워크북 생성 --- ❷
book = excel.Workbook()

# 활성화된 워크시트 가져오기 --- ❸
sheet = book.active

# 셀 A1에 값 입력 --- ❹
sheet["A1"] = "안녕하세요"

# 파일 저장 --- ❺
book.save("./output/hello.xlsx")
```

결과물을 output이라는 폴더에 저장하므로, 프로그램 실행 시 output 폴더가 존재하지 않으면 에러가 발생한다. 이는 이후 다른 예제도 마찬가지다. 프로그램을 실행하면 output 폴더에 hello.xlsx라는 엑셀 파일이 생성된다. 이를 엑셀에서 열어보면 셀 A1에 '안녕하세요'라고 입력된 결과를 확인할 수 있다.

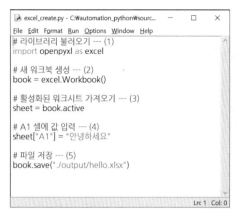
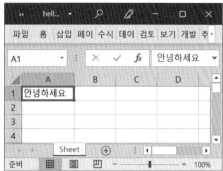

엑셀 문서 생성

주석을 제외하면 다섯 줄 정도의 코드로 엑셀 파일이 생성되었다.

프로그램을 확인해보자. ❶에서는 import/as를 사용해서 openpyxl 라이브러리를 excel이라는 이름으로 사용할 수 있도록 선언한다. ❷에서는 신규 워크북을 생성한다. ❸에서는 워크시트 중에서 활성화된 워크시트를 가져온다. ❹에서는 워크시트의 셀 A1에 '안녕하세요'라는 문자열을 입력한다. 마지막으로 ❺에서는 문서를 output 폴더에 hello.xlsx라는 이름으로 저장한다.

엑셀 문서의 구조와 명칭 알아보기

앞에서 살펴본 간단한 프로그램에는 엑셀 파일의 뼈대가 잘 드러나 있다. 다음 내용으로 넘어가기 전에 엑셀의 전체적인 구조를 확인하고 가자.

엑셀에서는 하나의 엑셀 문서를 **워크북**Workbook이라고 하고 줄여서 '문서' 또는 '북'이라고도 한다.[4] 워크북 안에는 2차원의 표가 있는데 이를 **워크시트**Worksheet라고 하며 간단히 '시트'라고도 부른다. 워크북은 워크시트를 여러 개 가질 수 있는데 엑셀 파일을 열었을 때 처음 보이는 시트를 **활성 워크시트**active Worksheet라고 한다. 신규 생성된 문서에는 기본적으로 하나의 시트가 들어 있으며 해당 시트가 활성 워크시트가 된다. 시트가 여러 개 있는 문서에서는 마지막으로 열었던 시트가 활성 워크시트이다. 워크시트는 행과 열로 구성되는데 행(가로줄)은 **로**row, 열(세로줄)은 **칼럼**column이라고 부른다. 행과 열이 교차하는 칸은 **셀**cell이라고 한다. 각 셀은 'A1'처럼 행과 열로 조합된 **셀 주소**를 가지고 있다.

4 　[옮긴이] MS 엑셀에서 워크북(Workbook)의 공식 번역어는 '통합 문서'이다. 하지만 서술의 편의와 용어 통일성(Worksheet의 공식 번역어는 워크시트임)을 고려하여 이 책에서는 '워크북'이라고 번역했다.

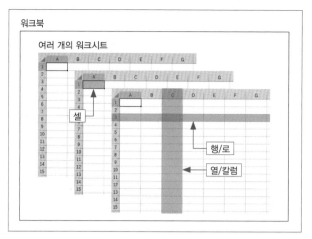

엑셀의 구조와 명칭

엑셀의 구조를 바탕으로 앞의 프로그램을 다시 한번 살펴보자.

- 새 워크북 생성: book = excel.Workbook()

- 활성화된 워크시트 가져오기: sheet = book.active

- 셀 A1에 값 입력: sheet["A1"] = "안녕하세요"

- 워크북을 hello.xlsx로 저장: book.save("./output/hello.xlsx")

이처럼 openpyxl의 기능은 엑셀의 구조와 밀접한 연관이 있으므로 엑셀의 각 구성 요소를 잘 기억해두자.

기존 엑셀 문서 열기

이번에는 기존에 있던 엑셀 문서를 읽어보자. 다음 예제는 앞서 생성한 파일 hello.xlsx의 셀 A1을 읽어서 화면에 출력하는 프로그램이다.

src/ch2/excel_read.py

```python
import openpyxl as excel

# 워크북(엑셀 파일) 열기 --- ①
book = excel.load_workbook("./output/hello.xlsx")

# 워크북에서 첫 번째 워크시트 가져오기 --- ②
sheet = book.worksheets[0]

# 시트에서 셀 A1 가져오기 --- ③
```

```
cell = sheet["A1"]

# 셀 A1의 데이터를 화면에 출력 --- ❹
print(cell.value)
```

조금 전과 동일하게 IDLE에서 코드를 작성하고 실행하면 다음과 같은 결과가 나온다.

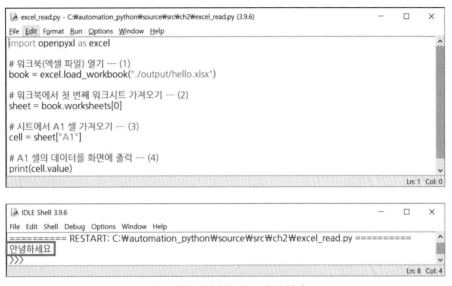

기존 엑셀 파일에서 셀 A1의 값 읽기

프로그램을 확인해보자. ❶에서는 기존 워크북(엑셀 파일)을 읽는다. ❷에서 `worksheets[i]`는 워크북의 `i`번 워크시트를 반환한다는 뜻으로, `i`는 0부터 시작한다. 즉 `worksheets[0]`은 순서상 첫 번째 워크시트를 가져온다는 뜻이다. ❸에서는 `cell` 변수에 셀 A1을 가져온다. ❹에서는 `cell`의 `value` 속성을 참조하여 셀 A1의 실제 데이터를 화면에 출력한다.

다시 한번 엑셀 파일을 읽고 쓰는 순서를 확인해보자. 워크북에서는 워크시트를 읽고, 워크시트에서는 셀을 읽은 다음, 읽은 셀 객체의 `value` 속성에 값을 쓰거나 읽는 방식이다.

엑셀을 다루는 방법과 순서 알아보기

마지막으로 openpyxl이 엑셀을 다루는 방법을 순서대로 정리한다. openpyxl에서 워크북-워크시트-셀의 순서로 엑셀 데이터에 접근하는 방법을 확실히 익혀보자.

프로그램에서 openpyxl 라이브러리를 사용하려면 다음과 같이 `import` 문을 선언해야 한다.

```
# openpyxl 라이브러리 불러오기
import openpyxl as excel
```

엑셀 데이터를 조작하려면 먼저 대상이 되는 워크북이 있어야 한다. 신규 워크북을 만들거나 기존의
워크북을 읽는 방법 중에 하나를 선택하자.

```
# (1) 신규 워크북 작성
book = excel.Workbook()

# (2) 기존 워크북 읽기
book = excel.load_workbook("파일명.xlsx")
```

워크북이 준비되면 다음은 워크시트 객체를 가져온다. 시트를 가져오는 방법에는 크게 세 가지가 있
다. 활성화된 시트 가져오기, (0부터 세어서) n번째에 있는 시트 가져오기, 시트명을 지정해서 가져오
기 중 선택한다.

```
# (1) 활성화된 시트 가져오기
sheet = book.active

# (2) n번째 시트 가져오기(n은 0번부터 시작해 왼쪽에서 몇 번째인지 지정)
sheet = book.worksheets[n]

# (3) 시트명을 지정해 가져오기
sheet = book["시트명"]
```

워크시트를 선택했다면 데이터를 읽거나 쓸 셀을 지정한다. 셀을 지정하는 방법에도 여러 가지가 있
다. 여기서는 셀 주소로 지정하는 방법만 언급하고 자세한 것은 2-3절에서 다시 소개한다.

```
# 시트에 값 쓰기
sheet["셀 주소"] = "안녕하세요"

# 시트의 값 읽기
print(sheet["셀 주소"].value)
```

데이터를 입력한 뒤에 엑셀 파일을 저장하려면 워크북의 save() 메서드를 이용한다.

```
# 엑셀 파일 저장하기
book.save("파일명.xlsx")
```

마무리

이 절에서는 파이썬에서 엑셀 파일을 다루는 방법과 엑셀의 구조에 대해 살펴봤다. 엑셀에는 하나의 워크북이 있고, 그 안에 복수의 워크시트가 속하며, 그 안에 각각의 셀이 있다는 내용을 잘 기억해 두자. 다음 2-3절에서는 엑셀에 데이터를 쓰는 방법을 더 자세히 소개한다.

2-3 엑셀 데이터 쓰기

대응 OS 윈도우/macOS/리눅스   난이도 ★★☆☆☆

앞에서는 openpyxl을 설치하고 간단한 엑셀 조작을 익혔다. 이번 절에서는 openpyxl의 기능 중 데이터 쓰기에 중점을 두고 살펴본다. 특히 구구단 예제를 통해 연속하는 데이터를 시트에 채우는 방법을 확인한다.

키워드 엑셀/openpyxl

셀에 데이터 쓰기

셀에 데이터를 쓰는 방법에는 크게 세 가지가 있다. 셀 주소를 지정하거나, 행과 열의 번호를 지정하거나, 셀 객체를 먼저 얻은 후 값을 쓰는 방법이다.

```python
# (1) A1이나 C3와 같이 '셀 주소'를 지정해 값 설정
sheet["셀 주소"] = "안녕하세요"

# (2) 행 번호와 열 번호를 지정해 값 설정(row와 column은 1부터 시작)
sheet.cell(row=행 번호, column=열 번호, value="안녕하세요")

# (3) 먼저 특정 위치의 셀을 읽은 뒤에 셀의 값을 설정
cell = sheet.cell(row=행 번호, column=열 번호)
cell.value = "안녕하세요"
```

실제로 값이 잘 입력되는지 예제로 확인해보자. 다음 예제는 셀 A1, A2, A3에 속담을 써넣는 프로그램이다. 앞에서 제시한 세 가지 방법으로 셀에 데이터를 써보자.

src/ch2/write_cell.py

```python
# openpyxl 불러오기
import openpyxl as excel

# 워크북을 생성하고 활성화된 워크시트 가져오기
book = excel.Workbook()
sheet = book.active

# A1에 값 설정 --- ❶
sheet["A1"] = "일찍 일어나는 새가 벌레를 잡는다"

# A2(row=2, column=1)에 값 설정 --- ❷
sheet.cell(row=2, column=1, value="하늘은 스스로 돕는 자를 돕는다")
```

```
# A3(row=3, column=1)에 값 설정 --- ❸
third_cell = sheet.cell(row=3, column=1)
third_cell.value = "낙숫물이 바위를 뚫는다"

# 워크북 저장
book.save("output/write_cell.xlsx")
```

앞의 프로그램을 IDLE에서 실행하면 output 폴더에 엑셀 파일 write_cell.xlsx가 생성된다. 엑셀에서 이 파일을 열면 다음 그림과 같이 셀에 속담이 입력된 모습을 확인할 수 있다.

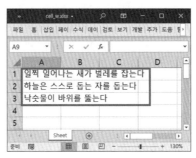

세 가지 방법으로 셀에 데이터 쓰기

프로그램에서 셀을 지정한 방법을 살펴보자. ❶에서는 시트에서 셀 주소가 'A1'인 셀을 찾아 속담을 입력했다.

❷에서는 워크시트 객체의 cell() 메서드를 사용한다. 각각 row에는 행 번호 1을, column에는 열 번호 2를, value에는 입력할 값을 전달했다. 파이썬 리스트(부록 A-3 참고)의 인덱스는 0부터 시작하지만 엑셀 행·열의 번호는 1부터 시작한다. 여기서는 1부터 헤아려서 각각 몇 번째 행·열인지 지정한다.

❸에서도 cell() 메서드를 이용하지만, 값을 설정하기 전에 third_cell이라는 변수에 셀 객체를 할당했다. 그리고 third_cell의 value 속성에 값을 설정한다.

한편 ❶과 같이 셀 주소를 지정하는 방식보다 ❷와 ❸처럼 행·열의 번호를 지정하는 방식이 더 쉬울 때가 있다. 다음에 나오는 '연속 데이터 채우기'가 그 예이다.

연속 데이터 채우기

이제 슬슬 프로그래밍을 사용하는 의의가 있는 프로그램이 등장한다. 사실 하나의 셀에 값을 입력할 때는 손으로 직접 하는 편이 더 빠르다. 하지만 많은 데이터를 한꺼번에 읽거나 쓸 때는 프로그램이 유용하게 활용된다.

여기서는 시트에 연속된 데이터를 채우는 프로그램을 살펴본다. 예제를 직접 작성하면서 openpyxl 의 기본 사용법을 확실히 익혀보자.

반복문을 이용한 연속 데이터 채우기

다음은 워크시트 A열에 0부터 9까지의 연속된 수를 채우는 프로그램이다.

src/ch2/write_column.py

```python
import openpyxl as excel

# 새 워크북 생성 --- ❶
book = excel.Workbook()
# 활성화된 워크시트 가져오기--- ❷
sheet = book.active

# A열에 연속 데이터 채우기  --- ❸
for i in range(10):
    # A열 i+1행에 데이터 쓰기  --- ❹
    sheet.cell(row=(i+1), column=1, value=i)

# 파일 저장 --- ❺
book.save("output/write_column.xlsx")
```

IDLE 편집기에 이 프로그램을 작성하고 실행해보자. `output` 폴더에 `write_column.xlsx`라는 엑셀 파일이 생성된다. 이 파일을 열어보면 다음 그림과 같이 나타난다.

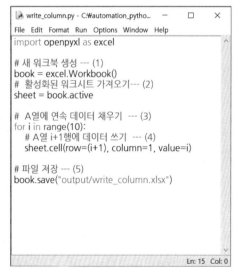

A열에 연속된 수 채우기

프로그램을 확인해보자. ❶에서는 새 워크북을 생성한다. ❷에서는 sheet 변수에 활성화된 시트를 가져온다.

❸ 이하의 부분은 for 문과 range() 함수를 사용한 반복문이다(부록 A-2 참고). 여기서 range(10)은 변수 i에 0부터 9까지의 수를 차례로 넣는다는 뜻이다. i가 1씩 커지면서 for 문 내부의 식이 10번 반복된다. ❹는 for 문에 의해 반복되는 식으로 cell() 메서드를 이용해 셀의 값을 설정한다. 이때 cell() 메서드는 row=(행 번호), column=(열 번호), value=(값)의 형태로 키워드 인수(부록 A-4 참고)를 전달받는다. 행 번호는 1부터 시작하므로 row에는 i+1을 전달한다. 열은 A열로 고정이므로 column에는 1을 전달한다. 만약 행 또는 열 번호에 0이 들어가면 에러가 발생하니 주의하자. value 에는 셀에 들어갈 값을 작성한다. 여기서는 i를 전달해 0부터 9까지의 수가 셀 A1~A10에 차례로 입 력되도록 했다.

❺에서는 변경한 내용을 파일로 저장한다.

구구단 표 만들기

앞에서 열이 하나뿐인 데이터를 다뤘다면, 이번에는 행과 열이 여러 개 있는 데이터를 다뤄보자.

다음은 9×9=81개의 수를 입력해 작성한 구구단 표이다. 파이썬을 이용하면 다음과 같은 표에 눈 깜짝할 새에 숫자를 채울 수 있다.

구구단 표

엑셀 시트에 구구단 표를 작성해보자. 다음 프로그램을 실행하면 write_9x9.xlsx라는 엑셀 파일이 생성된다. 시트에 어떻게 값을 입력하는지에 초점을 맞추고 살펴보자.

src/ch2/write_9x9.py

```python
import openpyxl as excel

# 새 워크북 생성 --- ❶
book = excel.Workbook()
# 활성화된 워크시트 가져오기 --- ❷
sheet = book.active

# 시트에 구구단 숫자 채우기 --- ❸
for y in range(1,10):
    for x in range(1,10):
        # y행 x열 셀을 읽기 --- ❹
        cell = sheet.cell(row=y, column=x)
        # 셀에 데이터 쓰기 --- ❺
        cell.value = x * y

# 파일 저장 --- ❻
book.save("output/write_9x9.xlsx")
```

프로그램을 확인해보자. ❶에서는 새 워크북을 작성한다. ❷에서는 워크북의 활성화된 워크시트를 얻는다. 여기서 구한 워크시트 객체는 sheet 변수에 저장한다.

❸ 이하에서는 구구단 수를 계산해 각 셀에 입력한다. for 문과 함께 쓰인 range(1,10)은 변수 y에 1부터 차례로 수를 대입하고 10이 되면 for 문을 빠져나간다는 뜻이다. 즉 y 값이 1, 2, 3 순으로 증가하면서 for 문 아래의 영역을 9번 반복 실행한다. 이때 for 문 2개가 중첩되어 있음에 주목하자. 중첩된 for 문이 각각 9번 반복되므로 9×9=81번 식이 반복되어 구구단 표가 완성된다.

❹에서는 cell() 메서드로 'y행 x열' 위치에 있는 셀을 얻는다. 이때 cell() 메서드는 키워드 인수를 사용해 행 번호와 열 번호를 받아들인다. 이 부분은 sheet.cell(y, x)와 같이 인수명을 생략해 쓸 수도 있다. ❺에서는 읽은 셀 객체의 value 속성에 x * y 값을 저장한다.

그리고 마지막으로 ❻에서는 작성한 문서를 파일로 저장한다.

구구단 표 개선: 20×20 표 만들기

이번에는 앞에서 만든 구구단 표를 확장해 20×20 표를 만들어보자. 9×9에서 20×20으로 숫자만 바꾸면 되기에 무척 간단하다. 수정한 프로그램은 다음과 같다.

src/ch2/write_20x20.py

```python
import openpyxl as excel

# 새 워크북 생성하고 워크시트 가져오기
```

```
book = excel.Workbook()
sheet = book.active

# 시트에 20×20 숫자 채우기 --- ❶
for y in range(1,21):
    for x in range(1,21):
        # y행 x열 셀을 읽고 데이터 쓰기 --- ❷
        cell = sheet.cell(y, x)
        cell.value = x * y

# 파일 저장
book.save("output/write_20x20.xlsx")
```

이 프로그램을 IDLE로 실행하면 다음과 같은 write_20x20.xlsx 파일이 생성된다.

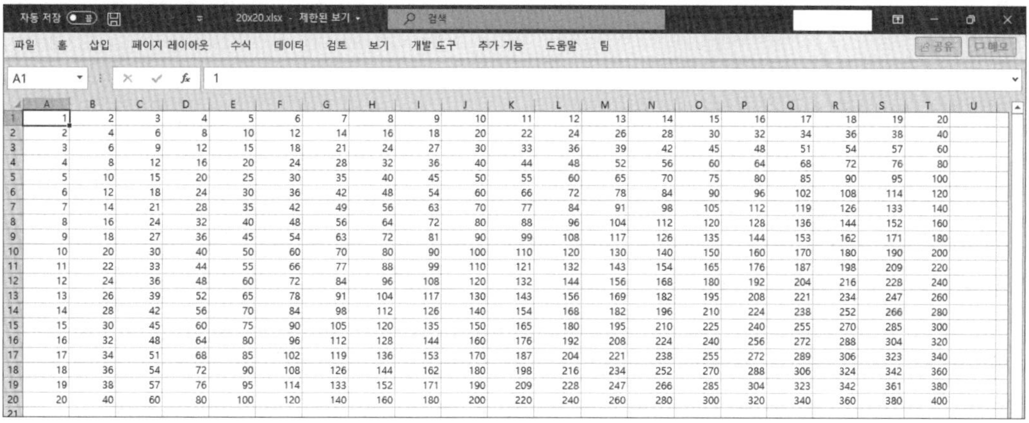

	A	B	C	D	E	F	G	H	I	J	K	L	M	N	O	P	Q	R	S	T	U
1	1	2	3	4	5	6	7	8	9	10	11	12	13	14	15	16	17	18	19	20	
2	2	4	6	8	10	12	14	16	18	20	22	24	26	28	30	32	34	36	38	40	
3	3	6	9	12	15	18	21	24	27	30	33	36	39	42	45	48	51	54	57	60	
4	4	8	12	16	20	24	28	32	36	40	44	48	52	56	60	64	68	72	76	80	
5	5	10	15	20	25	30	35	40	45	50	55	60	65	70	75	80	85	90	95	100	
6	6	12	18	24	30	36	42	48	54	60	66	72	78	84	90	96	102	108	114	120	
7	7	14	21	28	35	42	49	56	63	70	77	84	91	98	105	112	119	126	133	140	
8	8	16	24	32	40	48	56	64	72	80	88	96	104	112	120	128	136	144	152	160	
9	9	18	27	36	45	54	63	72	81	90	99	108	117	126	135	144	153	162	171	180	
10	10	20	30	40	50	60	70	80	90	100	110	120	130	140	150	160	170	180	190	200	
11	11	22	33	44	55	66	77	88	99	110	121	132	143	154	165	176	187	198	209	220	
12	12	24	36	48	60	72	84	96	108	120	132	144	156	168	180	192	204	216	228	240	
13	13	26	39	52	65	78	91	104	117	130	143	156	169	182	195	208	221	234	247	260	
14	14	28	42	56	70	84	98	112	126	140	154	168	182	196	210	224	238	252	266	280	
15	15	30	45	60	75	90	105	120	135	150	165	180	195	210	225	240	255	270	285	300	
16	16	32	48	64	80	96	112	128	144	160	176	192	208	224	240	256	272	288	304	320	
17	17	34	51	68	85	102	119	136	153	170	187	204	221	238	255	272	289	306	323	340	
18	18	36	54	72	90	108	126	144	162	180	198	216	234	252	270	288	306	324	342	360	
19	19	38	57	76	95	114	133	152	171	190	209	228	247	266	285	304	323	342	361	380	
20	20	40	60	80	100	120	140	160	180	200	220	240	260	280	300	320	340	360	380	400	
21																					

20×20 표

내용은 구구단 프로그램과 거의 비슷하다. ❶에서는 중첩된 for 문에 의해 y와 x가 1부터 20까지 증가하며 반복문을 실행한다.

❷에서는 cell() 메서드로 셀을 읽어 value 속성에 x * y 값을 저장한다. 앞 프로그램에서는 y와 x를 전달할 때 키워드 인수 방식을 사용했지만 여기서는 인수명을 생략한 방식으로 작성했다. 이때 유의할 점이 cell에 전달하는 인수의 순서가 (행 번호, 열 번호)라는 점이다. 순서가 헷갈린다면 키워드 인수 방식을 사용하는 편이 좋다. 또한 엑셀의 행과 열은 0이 아니라 1부터 시작한다는 점도 잊지 말자.

구구단 표 개선: 99×99 표 만들기

앞에서 확인했듯이 많은 값을 입력할 때 프로그램을 이용하면 유리하다. 다음 그림과 같이 99×99 표를 만드는 것도 수작업으로 한다면 고역이겠지만 프로그램을 쓰면 간단하다. 시간이 된다면 스스로 수정해서 결과가 잘 나오는지 확인해보자(정답은 예제 파일 write_99x99.py 참고).

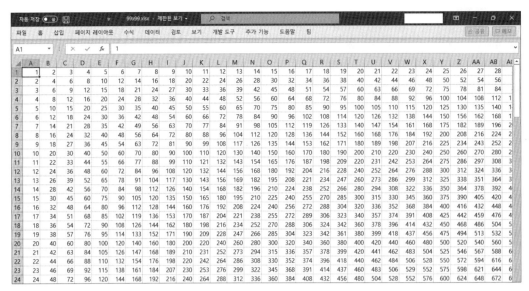

99×99 표

셀 주소를 표현하는 방법

셀에 데이터를 지정할 때는 행·열의 번호로 지정할 수도 있지만 A1이나 C3와 같이 셀 주소를 통해 지정할 수도 있다. 여기서는 셀 주소를 표현하는 방법을 알아보자.

엑셀의 셀 주소는 상당히 편리한 방식이다. 만약 행과 열을 (2, 3)과 같이 숫자로만 나타낸다면 2가 행인지 열인지 알기 어렵다. 하지만 셀 주소를 쓰면 열은 알파벳(A, B, C⋯)으로, 행은 숫자(1, 2, 3⋯)로 표현되기 때문에 행과 열을 한눈에 구분할 수 있다.

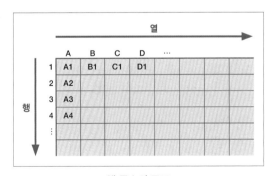

셀 주소의 구조

셀 주소를 더 잘 이해하기 위해 셀 주소로 시트를 채우는 프로그램을 만들어보자.

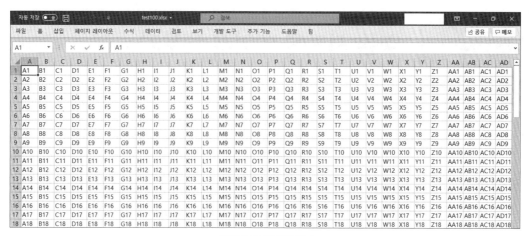

셀 주소로 채워진 시트

다음 예제를 실행하면 앞의 그림과 같은 엑셀 파일이 생성된다. 프로그램의 구조는 구구단 프로그램과 거의 비슷하다. range() 함수에서 행과 열의 범위를 지정하고 반복문을 돌면서 셀의 값을 설정한다. 이때 ❶에서 셀 객체의 coordinate 속성을 사용해 셀 주소를 가져오는 부분을 확인해두자.

src/ch2/write_cellname.py

```python
import openpyxl as excel

book = excel.Workbook()
sheet = book.active

# 시트에 셀 주소 채우기
for y in range(1,101):
    for x in range(1,101):
        cell = sheet.cell(row=y, column=x)
        cell.value = cell.coordinate # 셀 주소 가져오기 --- ❶

# 파일 저장
book.save("output/write_cellname.xlsx")
```

IDLE에서 이 프로그램을 실행하면 output 폴더에 write_cellname.xlsx라는 파일이 생성된다. 이 엑셀 파일은 다음 절에서 다시 사용하므로 삭제하지 말고 잘 저장해두자.

마무리

이 절에서는 openpyxl 라이브러리로 셀에 데이터를 쓰는 방법을 소개했다. 또한 구구단 표와 같이 연속 데이터를 쓰는 예제를 살펴봤다. 다음 절에서는 이 절에서 배운 연속 데이터 채우기를 바탕으로 심화 예제를 다룬다.

2-4 엑셀 시트에 데이터 채우기

대응 OS 윈도우/macOS/리눅스   난이도 ★★★☆☆

2-3절에서는 간단한 예제를 통해 엑셀 데이터 쓰기를 연습했다. 이 절에서는 데이터 쓰기 응용편으로 조금 더 복잡한 규칙을 가진 데이터를 쓰는 예제를 살펴보자.

키워드 **엑셀/openpyxl**

데이터 자동 채우기 아이디어

앞 절에서는 for 문을 사용해 시트에 구구단 표 등의 데이터를 작성했다. 이렇게 연속하는 값을 입력할 때는 반복문을 사용하면 편리하다.

물론 엑셀에도 '자동 채우기'라는 기능이 있다. 셀을 마우스로 드래그해 일정한 규칙의 데이터를 채우는 기능이다. 이를 사용하면 1, 2, 3…과 같은 간단한 규칙의 데이터를 쉽게 채울 수 있다. 하지만 '자동 채우기'만으로 복잡한 규칙의 데이터를 작성하기는 어렵다. 또한 데이터양이 많아질수록 마우스로 조작하는 일도 번거로워진다. 하지만 파이썬을 사용하면 복잡한 규칙도 자유롭게 정의할 수 있고, 클릭 한 번으로 엑셀 시트를 채울 수 있다.

이 절에서는 연속된 데이터 채우기 심화 버전으로 '생년·나이 대응표'와 '연도·육십갑자 대응표'를 작성해보자. 복잡한 규칙이 있는 데이터일수록 파이썬과 엑셀의 시너지를 잘 느낄 수 있을 것이다.

생년·나이 대응표 만들기

먼저 일상생활에서 사용할 수 있는 '생년·나이 대응표'를 만들어보자. 즉 'N년도에 태어난 사람이 현재 몇 살인가'를 표로 나타낸다.

인사과 업무를 하다 보면 이력서에 기재된 출생 연도를 나이로 변환할 일이 많다. 특히 한국에서는 '세는나이'와 '만 나이'가 다르고 만 나이도 생일에 따라 다르므로 출생 연도만 봐서는 헷갈릴 때가 있다. 그럴 때 다음 그림과 같은 대응표가 있으면 나이를 빠르게 확인할 수 있다(단, 이 프로그램의 결과는 실행한 연도에 따라 다르게 표시된다).

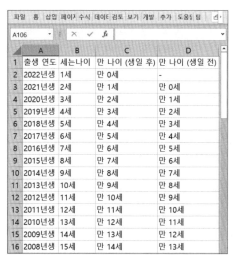

생년·나이 대응표(2021년 기준)

이러한 대응표를 수기로 작성했다면 해가 바뀔 때마다 데이터를 모두 갱신해야 한다. 하지만 이를 프로그램으로 작성해두면 매년 데이터를 수정하는 수고를 들이지 않아도 된다.

그렇다면 이제 표를 생성하는 프로그램을 작성해보자.

src/ch2/write2_agelist.py

```python
import openpyxl as excel
import datetime

# 새 워크북을 생성하고 워크시트 가져오기
book = excel.Workbook()
sheet = book.active

# 올해 연도 구하기 --- ❶
thisyear = datetime.datetime.now().year

# 1행에 헤더 설정 --- ❷
sheet["A1"] = "출생 연도"
sheet["B1"] = "세는나이"
sheet["C1"] = "만 나이 (생일 후)"
sheet["D1"] = "만 나이 (생일 전)"

# 셀의 너비 조정 --- ❸
sheet.column_dimensions['C'].width=15
sheet.column_dimensions['D'].width=15

# 생년·나이 연속 데이터 채우기 --- ❹
for i in range(80):
    # 설정할 값을 계산 --- ❹a
```

```
    birth_year = thisyear - i
    korean_age = thisyear - birth_year +1 # 세는나이는 1살부터 시작
    man_age = {'after_bday':korean_age-1, 'before_bday':korean_age-2}

    # 셀을 읽어 값을 설정하기 --- ❹b
    year_cell = sheet.cell(i+2, 1)
    year_cell.value = str(birth_year) + "년생"

    age_cell = sheet.cell(i+2, 2)
    age_cell.value = str(korean_age) + "세"

    age_cell = sheet.cell(i+2, 3)
    age_cell.value = "만 " + str(man_age['after_bday']) + "세"

    age_cell = sheet.cell(i+2, 4)
    age_cell.value = "만 " + str(man_age['before_bday']) + "세"

# 예외 경우 처리 --- ❺
sheet["D2"]="-"

# 파일 저장 --- ❻
book.save("output/write2_agelist.xlsx")
```

프로그램을 실행하면 output 폴더에 write2_agelist.xlsx라는 엑셀 파일이 생성된다. 이 파일을 열면 1세부터 80세까지의 생년·나이를 대조한 표를 볼 수 있다.

프로그램을 확인해보자. ❶에서는 datetime 모듈을 이용해 올해 연도를 구한다. ❷에서는 표의 헤더를 설정한다. 만 나이는 생일이 지났는지에 따라 달라지므로 2개의 열로 나타낸다. ❸에서는 셀의 글자가 잘리지 않도록 열의 너비를 조정한다. 셀 너비 등 서식에 관한 부분은 이후 2-8절에서 다루므로 여기서는 확인만 하고 넘어가자.

❹는 셀에 생년·나이 데이터를 연속해 입력하는 부분이다. ❹a에서 각각 출생 연도(birth_year), 세는나이(korean_age), 만 나이(man_age)를 계산한다. birth_year 값은 금년도부터 시작하도록 thisyear-i(i = 0, 1, 2, 3…)로 설정한다. korean_age는 1세부터 시작하므로 올해 연도에서 출생 연도를 뺀 후 1을 더한다. man_age는 값이 2개이므로 딕셔너리 자료형(부록 A-3 참고)을 사용했다. 각각 korean_age를 기준으로 생일이 지났으면 1살, 생일이 지나지 않았으면 2살을 빼준다.

❹b에서는 각각 cell() 메서드로 셀 객체를 얻고 value 속성에 계산한 값을 설정한다. 1행에는 헤더를 작성했기 때문에 데이터는 2행부터 들어간다는 점에 유의하자. 이때 설정할 값들이 문자열이 아닌 int 타입이므로, str()을 통해 타입을 변환해줘야 문자열 연산자 +를 사용할 수 있다.

❺에서는 예외 경우를 처리해준다. 올해 태어난 아이는 '만 나이(생일 전)'가 성립할 수 없기 때문에 셀 D2에 "-"을 설정한다.

❻에서는 데이터가 채워진 파일을 저장한다.

생년·나이 대응표 개선: 만 나이로 120살까지 표시하기

생년·나이 대응표를 더 확장해보자. 앞에서는 한국 나이 기준으로 1살부터 80살까지인 표를 작성했다. 만약 만 나이 기준으로 120살까지 표시하고 싶다면 어떻게 해야 할까? 만 나이는 0부터 시작하므로 총 121번 반복문을 수행하도록 for 문을 변경하면 된다. 다음의 for 문처럼 range에 121을 지정하면 만 나이를 120살까지 표시할 수 있다(다음의 칼럼 참고). 앞의 예제를 직접 수정해 결과를 확인해보자.

```
for i in range(121):
```

COLUMN   **for 문에 등장하는 range() 함수 사용법**

for 문에 등장하는 range() 함수의 정체는 무엇일까? 범위range는 리스트, 딕셔너리와 같은 자료형 클래스이다. 즉 for 문에서 range() 함수를 사용한다는 것은 특정 범위 객체를 생성한다는 뜻이다.

범위는 시퀀스 자료형의 하나로 0, 1, 2, 3, 4와 같이 '일정한 간격의 정수 범위'를 나타낼 수 있다. 이러한 범위가 결정되려면 무엇이 필요할까? 시작하는 수, 종료 조건, 수의 간격을 알아야 한다. 이 정보를 range() 함수에 전달하면 범위 객체를 얻을 수 있다. 이를 for 문과 함께 사용하면 지정한 범위만큼 for 문을 반복할 수 있다.

```
class range([start,] stop[, step])
```

이처럼 range() 함수의 인수로는 start, stop, step을 전달할 수 있다. 이때 [] 기호는 인수를 생략할 수 있다는 뜻이다. 즉 start와 step 인수는 생략할 수 있으며 start 인수를 생략할 때는 0이, step 인수를 생략할 때는 1이 지정된다.

```
range(0, 5, 1)
range(0, 5)
range(5)
```

이 세 가지 식은 모두 0, 1, 2, 3, 4의 범위를 나타내는 range 객체를 반환한다.

이때 stop 인수에는 '마지막 수'가 아니라 '종료 조건이 되는 수'가 들어간다는 점에 주의하자. 즉, 앞의 식에서 range() 함수는 0부터 시작해 1 간격의 수를 범위에 추가하다가, 5의 차례가 되면 추가하지 않고 종료한다.

이처럼 range() 함수는 일정 간격의 범위를 정의할 수 있으므로 for 문과 자주 어울려서 쓰인다. 그 외에도 list(range(5))와 같이 사용하면 해당 범위의 리스트 [0, 1, 2, 3, 4]를 얻을 수 있다.

생년·나이 대응표 개선: 초등학교 입학 연도 계산

한국에는 '세는나이'와 '만 나이' 외에 나이를 판단하는 기준이 하나 더 있다. 바로 '빠른 연생'이다. 이는 취학 기준일인 3월 1일에 1~2월생이 3~12월생보다 만으로 1살 더 많아져 생긴 나이이다. 얼마 전까지만 해도 취학 연령이 만 나이로 규정되다 보니 1년 일찍 입학하는 1~2월생이 있었고, 이들이 속칭 '빠른 연생'이 된 것이다. 정리하자면 '세는나이' 기준으로 3~12월생은 8살에, 1~2월생은 7살에 입학했다.

여기서는 앞에서 만든 대응표를 수정해 '빠른 연생'을 고려한 입학 연도 대응표를 만들어보자. 다만 2003년생 이후로는 법이 개정되어 '빠른 연생'이 없어졌다고 하니, 2002년부터 과거 50년간의 데이터를 생성해보자.

src/ch2/write2_entry_year.py

```
import openpyxl as excel
import datetime

# 새 워크북을 생성하고 워크시트 가져오기
book = excel.Workbook()
sheet = book.active

# 헤더에 값 설정 --- ①
sheet["A1"] = "출생 기간"
sheet["B1"] = "초등학교 입학 연도"
sheet["C1"] = "대학교 학번"

# 셀의 너비 조정 --- ②
sheet.column_dimensions['A'].width=40
sheet.column_dimensions['B'].width=20
sheet.column_dimensions['C'].width=20

# 셀에 연속 데이터 채우기 --- ③
for i in range(50):
    # 기준 출생 연도 --- ③a
    birth_year = 2002 - i

    # 출생 기간 문자열 설정 --- ③b
    birth_range = "{}년 3월 1일생 ~ {}년 2월 28(29)일생".format(birth_year, birth_year+1)

    # 초등학교 입학 연도 계산 --- ③c
    ele_year = birth_year + 7

    # 대학교 학번 계산 --- ③d
    univ_year = birth_year + 19
    univ_num = str(univ_year)[2:]
```

```
    # 셀을 지정해 값을 설정하기 --- ❸e
    sheet.cell(i+2, 1, value= birth_range)
    sheet.cell(i+2, 2, value= str(ele_year) +"년")
    sheet.cell(i+2, 3, value= univ_num+"학번")

# 예외 경우 처리 --- ❹
sheet["A2"]="2002년 3월 1일생 ~ 2002년 12월 31일생"

# 파일 저장
book.save("output/write2_entry_year.xlsx")
```

프로그램을 실행하면 write2_entry_year.xlsx라는 엑셀 파일이 생성된다. 엑셀에서 열어보면 다음 그림과 같이 연령별 초등학교 입학 연도와 학번을 확인할 수 있다.

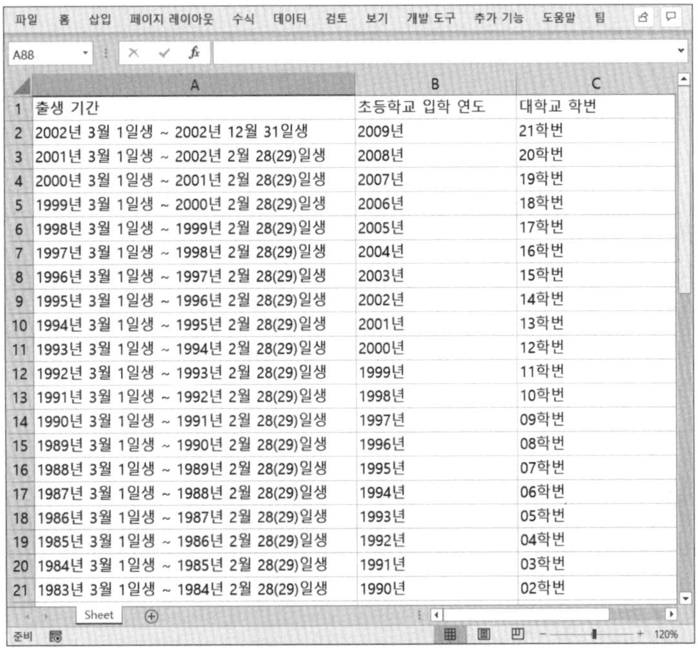

	A	B	C
1	출생 기간	초등학교 입학 연도	대학교 학번
2	2002년 3월 1일생 ~ 2002년 12월 31일생	2009년	21학번
3	2001년 3월 1일생 ~ 2002년 2월 28(29)일생	2008년	20학번
4	2000년 3월 1일생 ~ 2001년 2월 28(29)일생	2007년	19학번
5	1999년 3월 1일생 ~ 2000년 2월 28(29)일생	2006년	18학번
6	1998년 3월 1일생 ~ 1999년 2월 28(29)일생	2005년	17학번
7	1997년 3월 1일생 ~ 1998년 2월 28(29)일생	2004년	16학번
8	1996년 3월 1일생 ~ 1997년 2월 28(29)일생	2003년	15학번
9	1995년 3월 1일생 ~ 1996년 2월 28(29)일생	2002년	14학번
10	1994년 3월 1일생 ~ 1995년 2월 28(29)일생	2001년	13학번
11	1993년 3월 1일생 ~ 1994년 2월 28(29)일생	2000년	12학번
12	1992년 3월 1일생 ~ 1993년 2월 28(29)일생	1999년	11학번
13	1991년 3월 1일생 ~ 1992년 2월 28(29)일생	1998년	10학번
14	1990년 3월 1일생 ~ 1991년 2월 28(29)일생	1997년	09학번
15	1989년 3월 1일생 ~ 1990년 2월 28(29)일생	1996년	08학번
16	1988년 3월 1일생 ~ 1989년 2월 28(29)일생	1995년	07학번
17	1987년 3월 1일생 ~ 1988년 2월 28(29)일생	1994년	06학번
18	1986년 3월 1일생 ~ 1987년 2월 28(29)일생	1993년	05학번
19	1985년 3월 1일생 ~ 1986년 2월 28(29)일생	1992년	04학번
20	1984년 3월 1일생 ~ 1985년 2월 28(29)일생	1991년	03학번
21	1983년 3월 1일생 ~ 1984년 2월 28(29)일생	1990년	02학번

연령별 입학 연도를 나타낸 표

전체 구조는 앞의 프로그램과 거의 비슷하므로 포인트만 짚고 넘어가자. ❶에서는 헤더를 설정하고 ❷에서는 셀의 너비를 설정한다.

❸ 이하에서는 반복문을 돌며 50년간의 데이터를 채운다. ❸a에서는 기준이 되는 3~12월생의 출생 연도를 설정한다. 가장 최근인 2002년부터 시작하도록 `2002-i`(i = 0, 1, 2, 3…)와 같이 작성한다.

❸b에서는 빠른 연생을 포함한 출생 기간을 문자열로 작성한다. 3~12월생 기준으로 1~2월생은 한

살 어리기 때문에 1~2월생의 생년은 birth_year+1로 설정한다. 이때 문자열에서 출생 연도의 숫자만 바꾸기 때문에 birth_year 부분을 서식 지정자와 format() 메서드로 작성했다. 문자열 내부에 서식 지정자 { }가 있는데, 이 부분을 format()의 인수가 채워 넣는다. 여기서는 birth_year와 birth_year+1이 문자열 내부의 { } 부분에 차례로 들어간다.

❸c에서는 해당 연령의 초등학교 입학 연도를 계산한다. 쉽게 접근해보자. 3~12월생 기준으로 8살에 초등학교에 입학한다. 세는나이는 1살부터 시작하므로 해가 7번 바뀌면 8살이 된다. 즉 birth_year+7을 하면 8살이 되는 해를 얻을 수 있다. ❸d의 대학 입학 연도도 마찬가지다. 3~12월생 기준 20살에 대학에 입학하므로 birth_year+19를 하면 대학 입학 연도가 나온다. 대학은 입학 연도가 곧 학번이므로, 포맷을 달리해 작성해보자. str() 메서드를 사용하면 입학 연도를 네 자리 문자열로 바꿀 수 있다. 그리고 문자열의 슬라이싱 기능으로 끝 두 자리만 잘라내면 학번을 구할 수 있다. [2:]는 문자열에서 인덱스 2에 해당하는 문자(인덱스는 0부터 시작)부터 마지막 문자까지 가져온다는 뜻이다.

❹에서는 2003년생을 포함하지 않도록 셀 A2에 출생 기간을 수정해준다.

연도·육십갑자 대응표 만들기

대응표 시리즈 2탄으로 '연도·육십갑자 대응표'를 만들어보자. 육십갑자는 '갑자, 을축, 병인, 정묘…'로 이어지는 60개의 간지를 이르는 말로, 옛 동양 역법에서 연도를 나타낼 때 사용되었다. 요즘에도 새해가 되면 언론에서 그해의 간지와 상징 동물의 이름을 들을 수 있다.

간지는 10개의 천간(갑, 을, 병, 정…)과 12개의 지지(자, 축, 인, 묘…)를 한 글자씩 조합해 만든다. 따라서 연도를 간지로 나타냈을 때, 하나의 천간은 10년마다 돌아오고 하나의 지지는 12년마다 돌아온다. 그리고 천간과 지지 둘 다 같은 해(즉, 간지가 같은 해)는 60년마다 돌아온다. 그래서 사람이 61살이 되면 육십갑자를 1바퀴 돌았다고 해 '환갑'이라고 하는 것이다.

'연도·육십갑자 대응표'를 만들기 위해 연도에서 간지를 구하는 법을 생각해보자. 조금 헷갈릴 수 있지만 딱 2가지 전제만 기억하면 문제가 쉬워진다.

1. 서기 4년은 갑자년이다.

2. 천간이 같은 해는 10으로 나눈 나머지가 같고, 지지가 같은 해는 12로 나눈 나머지가 같다.

이 두 가지를 기억하면 다음과 같이 연도가 주어질 때 특정 해의 천간과 지지를 알 수 있다.

서기 4년은 **갑자년**이다	
4를 10으로 나눈 나머지가 4이므로	**4를 12로 나눈 나머지가 4이므로**
year % 10 = 4이면 갑○년이다.	year % 12 = 4이면 ○자년이다.
year % 10 = 5이면 을○년이다.	year % 12 = 5이면 ○축년이다.
year % 10 = 6이면 병○년이다.	year % 12 = 6이면 ○인년이다.
year % 10 = 7이면 정○년이다.	year % 12 = 7이면 ○묘년이다.
…	…

이 계산식을 사용하기 좋게 다듬어보자. 시작하는 글자인 '**갑**○년'과 '○**자**년'에 대응하는 나머지를 0으로 만들고 싶다. 그러면 자연스레 두 번째 글자는 1, 세 번째 글자는 2…와 같이 오름차순으로 나머지를 얻을 수 있다. 이를 위해서 year에서 – 4를 하고 나머지를 구해보자. 그러면 기존의 나머지에서 4씩 줄어들어서 오름차순의 나머지를 얻을 수 있다.

이 내용을 종합해 정리하면 다음 표와 같다.

천간	갑(甲)	을(乙)	병(丙)	정(丁)	무(戊)	기(己)	경(庚)	신(辛)	임(壬)	계(癸)
year % 10	4	5	6	7	8	9	0	1	2	3
(year-4) % 10	0	1	2	3	4	5	6	7	8	9
상징 색	청		적		황		백		흑	

지지	자(子)	축(丑)	인(寅)	묘(卯)	진(辰)	사(巳)	오(午)	미(未)	신(申)	유(酉)	술(戌)	해(亥)
year % 12	4	5	6	7	8	9	10	11	0	1	2	3
(year-4) % 10	0	1	2	3	4	5	6	7	8	9	10	11
상징 동물	쥐	소	호랑이	토끼	용	뱀	말	양	원숭이	닭	개	돼지

한편 앞의 표에 나타난 것처럼 천간과 지지에는 각각 상징 색과 상징 동물이 정해져 있다. 그래서 천간의 색과 지지의 동물을 조합하면 그해의 상징 동물(띠)을 구할 수 있다.

이제 프로그램을 작성해보자. 표의 내용을 프로그램에서 활용하기 위해 파이썬의 리스트 자료형(부록 A-3 참고)을 사용할 것이다. 앞에서 살펴본 프로그램보다 조금 복잡한 내용이므로 천천히 코드를 따라가보자.

src/ch2/write2_ganji.py

```
import openpyxl as excel
import datetime
```

```python
# 표의 내용을 리스트로 나타내기 --- ❶
gan=['갑을병정무기경신임계','甲乙丙丁戊己庚辛壬癸', '청청적적황황백백흑흑']
ji=['자축인묘진사오미신유술해', '子丑寅卯辰巳午未申酉戌亥',
['쥐','소','호랑이','토끼','용','뱀','말','양','원숭이','닭','개','돼지']]

# 특정 연도에서 간지로 변환하는 함수를 정의 --- ❷
def year_to_ganji(year):
    # 나머지 연산을 통해 연도를 인덱스로 변환하기 --- ❷ⓐ
    i = (year-4)%10
    j = (year-4)%12

    # 인덱스로 간지 정보 조회하기 ---❷ⓑ
    ganji = gan[0][i]+ji[0][j]+'('+gan[1][i]+ji[1][j]+')'

    # 인덱스로 동물 정보 조회하기 ---❷ⓒ
    color_animal = gan[2][i]+'색'+ji[2][j]
    return ganji, color_animal

# 새 워크북을 만들고 시트 가져오기 --- ❸
book = excel.Workbook()
sheet = book.active

# 헤더 설정하기 --- ❹
sheet["A1"] = "연도"
sheet["B1"] = "간지"
sheet["C1"] = "동물"

# 시작 연도를 올해로 설정하기 --- ❺
start_y = now = datetime.datetime.now().year

# 100년간의 연도·간지 정보를 시트에 채우기 --- ❻
for i in range(100):
    # 연도를 간지로 변환하기 --- ❻ⓐ
    year = start_y - i
    result = year_to_ganji(year)
    ganji = result[0]
    col_ani = result[1]
    # 시트에 입력하기 --- ❻ⓑ
    sheet.cell(row=(2+i), column=1, value=str(year)+'년')
    sheet.cell(row=(2+i), column=2, value=ganji)
    sheet.cell(row=(2+i), column=3, value=col_ani)
    print(year,"=", ganji, ",", col_ani) # IDLE 셀 창에 연도·간지 정보 출력

# 파일 저장 --- ❼
book.save("output/write2_ganji.xlsx")
```

IDLE에서 프로그램을 열어 실행해보자. 그러면 write2_ganji.xlsx라는 엑셀 파일이 생성된다. 이 엑셀 파일을 열어보면 다음 그림과 같이 실행 시점부터 과거 100년분의 대응표가 생성된다.

	A	B	C	D	E	F
1	연도	간지	동물			
2	2021년	신축(辛丑)	백색소			
3	2020년	경자(庚子)	백색쥐			
4	2019년	기해(己亥)	황색돼지			
5	2018년	무술(戊戌)	황색개			
6	2017년	정유(丁酉)	적색닭			
7	2016년	병신(丙申)	적색원숭이			
8	2015년	을미(乙未)	청색양			
9	2014년	갑오(甲午)	청색말			
10	2013년	계사(癸巳)	흑색뱀			
11	2012년	임진(壬辰)	흑색용			
12	2011년	신묘(辛卯)	백색토끼			
13	2010년	경인(庚寅)	백색호랑이			
14	2009년	기축(己丑)	황색소			
15	2008년	무자(戊子)	황색쥐			
16	2007년	정해(丁亥)	적색돼지			
17	2006년	병술(丙戌)	적색개			
18	2005년	을유(乙酉)	청색닭			
19	2004년	갑신(甲申)	청색원숭이			
20	2003년	계미(癸未)	흑색양			
21	2002년	임오(壬午)	흑색말			
22	2001년	신사(辛巳)	백색뱀			
23	2000년	경진(庚辰)	백색용			

Sheet

연도·육십갑자 대응표

엑셀 파일이 잘 생성되었다면 프로그램을 확인해보자.

❶에서는 앞에서 표로 정리한 천간·지지 정보를 각각 두 개의 리스트로 나타냈다. 리스트의 첫 번째 요소에는 한글로 된 문자열을, 두 번째 요소에는 한자로 된 문자열을, 세 번째 요소에는 상징(색·동물)을 저장한다. 이때 동물 이름은 한 글자가 아니므로 다른 정보와 같이 인덱스로 조회할 수 있도록 별도의 리스트 자료형으로 표현했다.

❷에서는 연도에서 간지로 변환하는 함수를 정의한다. 2a에서는 연도를 문자열의 인덱스로 변환한다. (year-4)%10과 같이 나머지 연산을 하면 천간 문자열의 인덱스 값을 알 수 있다. 지지 문자열의 인덱스도 마찬가지로 (year-4)%12를 통해 구할 수 있다. 2b에서는 gan과 ji 리스트의 첫 번째 요소를 조합해서 간지의 한글명을, 두 번째 요소를 조합해서 간지의 한자명을 구한다. 2c에서는 gan과 ji 리스트의 세 번째 요소를 조합해서 상징 동물을 구한다.

❸에서는 신규 워크북을 생성하고 워크시트를 가져온다. 그리고 ❹에서는 시트 가장 첫 행에 헤더 '연도', '간지', '동물'을 설정한다. ❺에서는 입력을 시작할 시작 연도를 올해로 설정한다.

계속해서 ❻ 이하 부분에서는 올해부터 100년분의 대응표를 작성한다. ❻ⓐ에서는 year_to_ganji() 함수를 호출해 result 변수에 가져온다. year_to_ganji() 함수가 2개의 값을 리턴하기 때문에 result를 인덱스로 접근할 수 있다. 각각 result[0], result[1]로 간지와 상징 동물을 가져온다. ❻ⓑ에서는 연도와 간지명, 동물명을 워크시트에 기재한다.

마지막으로 ❼에서 엑셀 파일에 문서 내용을 저장한다.

마무리

이 절에서는 복잡한 규칙을 가진 대응표를 만드는 프로그램을 소개했다. 만약 직장에서 책상 앞에 붙여두고 사용하는 표가 있다면 서식을 파이썬으로 자동화해 작성해보면 어떨까?

COLUMN · **잘 먹고 푹 쉬면 프로그램이 완성된다**

프로그래밍을 하다 보면 좀처럼 잡히지 않는 버그가 나올 때가 있다. 그런 끈질긴 버그를 만나면 귀중한 업무 시간을 빼앗길 뿐만 아니라 시간이 갈수록 가슴이 답답해지고 머리까지 아파온다. 아무리 고민해도 버그의 원인을 찾을 수 없을 때 여러분이라면 어떻게 하겠는가?

필자는 포기하고 잠을 잔다. '넘어진 김에 쉬어 간다'라는 말이 있다. 여러 번 시도해봤지만 도무지 풀리지 않을 때는 우선 모니터를 끄고 잠시 눈을 붙이는 편이 좋다. 프로그램을 만들 때는 고도의 집중 상태에 놓이기 때문에 어느새 전체를 보는 시야가 좁아진다. 그럴 땐 한숨 자고 일어나 다시 버그를 살펴보자. 자는 사이에 머릿속이 정리되어 문제의 원인을 금세 발견할 수 있을 것이다.

인간의 뇌는 흥미롭다. 맛있는 것을 먹고 푹 쉬면 어느새 꽉 막혔던 생각이 트이면서 프로그램을 완성할 수 있는 길을 찾아낸다.

엑셀 데이터 읽기

윈도우/macOS/리눅스 ★★☆☆☆

2-4절까지는 엑셀 파일에 데이터를 쓰는 방법 위주로 살펴봤다. 데이터 쓰기와 마찬가지로 데이터 읽기에도 여러 가지 방법이 있다. 여기서는 데이터를 읽는 방법을 알아보자.

키워드 **엑셀/openpyxl**

셀의 데이터 읽기

2-3절에서는 셀 주소 또는 행·열의 번호를 지정해 데이터를 쓸 셀을 지정했다. 셀 데이터를 읽을 때도 이와 거의 비슷하다. 다음은 워크시트에서 셀 데이터를 읽는 방법을 정리한 것이다.

```
# ❶ 'A5', 'C8' 등 셀 주소를 지정해 읽기
print( sheet["셀 주소"].value )

# ❷ 행 번호와 열 번호를 지정해 읽기(row와 column은 1부터 시작)
v = sheet.cell(row=행 번호, column=열 번호).value
print( v )
```

❶은 셀 주소를 지정해 시트의 값을 읽는다. ❷에서는 cell() 메서드를 사용한다. 행 번호와 열 번호를 키워드 인수로 지정해 값을 얻는다. 이때 행 번호와 열 번호는 1부터 시작한다. 워크시트의 목록을 나타내는 book.worksheets는 파이썬의 리스트이므로 인덱스가 0부터 시작하지만, 엑셀에서 사용하는 행·열 개념은 1부터 시작한다.

❶과 ❷ 모두 셀에 값이 설정되어 있으면 값이 출력되고, 아무것도 설정되어 있지 않으면 None이 출력된다.

예제 파일에서 데이터 읽기

2-3절에서는 엑셀 파일 write_cellname.xlsx를 작성했다. 이 파일에는 다음 그림과 같이 각 셀에 해당하는 셀 주소가 빽빽이 적혀 있다. 이 파일을 읽어서 가져오려는 셀을 제대로 읽었는지 확인해 보자.

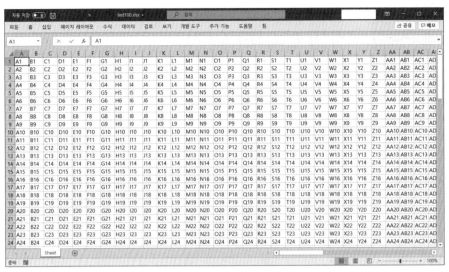

셀 주소로 채워진 엑셀 문서

다양한 방법으로 워크시트 값 읽기

다음은 write_cellname.xlsx에서 특정 셀을 읽는 프로그램이다. ❶에서는 셀 주소를, ❷에서는 행·열 번호를 지정하는 방법으로 셀 H2의 데이터를 읽는다.

src/ch2/read_cellname.py

```python
import openpyxl as excel

# 워크북 열기
book = excel.load_workbook("output/write_cellname.xlsx")
# 워크시트 읽기
sheet = book.active

# 셀 H2의 값 읽기 --- ❶
print( sheet["H2"].value )

# 셀 H2의 값 읽기 --- ❷
cell = sheet.cell(row=2, column=8)
print( cell.value )
```

IDLE에서 프로그램을 실행해보자.

IDLE 셀 창에 엑셀 파일 write_cellname.xlsx에서 읽은 데이터 'H2'가 표시되었다. 이를 보아 셀 H2의 값을 제대로 읽었음을 알 수 있다.

엑셀에서 읽은 데이터가 제대로 출력된 결과

프로그램의 내용을 확인해보자. 먼저 `write_cellname.xlsx` 문서를 열어서 활성화된 워크시트를 읽는다. 그리고 ❶에서는 셀 주소인 'H2'를 지정해 값을 가져온다. ❷에서는 2행과 8열, 즉 H2의 위치를 지정해 값을 가져온다.

연속 데이터 가져오기

엑셀 파일을 읽을 때는 셀 1개만 읽을 때도 있지만, 연속하는 범위의 데이터를 얻고 싶을 때도 있다. 이어서 연속 데이터를 얻는 방법을 소개한다.

여기서는 다음 그림과 같이 셀 B2에서 D4까지의 범위에 있는 데이터를 읽어보자.

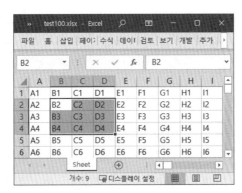

셀 B에서 D4까지의 범위

연속하는 범위를 읽을 때는 크게 다음과 같은 3가지 방법을 쓸 수 있다.

1. `for` 문을 이용해 범위 내의 셀을 얻는 방법

2. 왼쪽 위·오른쪽 아래를 지정해 해당 범위의 셀을 얻는 방법

3. `iter_rows()`로 반복해 지정한 범위를 얻는 방법

세 가지 방법을 하나씩 살펴보자.

방법 1: for 문을 이용해 범위 내의 셀 얻기

첫 번째 방법은 이미 배운 방법을 for 문과 조합한 것이다. 행 방향과 열 방향, 이중으로 for 문으로 배치해 범위 내의 셀을 빠짐없이 가져온다.

src/ch2/read_range1.py

```python
import openpyxl as excel

# 워크북을 열어서 시트 가져오기 --- ❶
book = excel.load_workbook("output/write_cellname.xlsx")
sheet = book.active

# 연속 데이터를 읽어서 출력하기 --- ❷
for y in range(2, 5):
    r = []
    for x in range(2, 5):
        v = sheet.cell(row=y, column=x).value
        r.append(v)
    print(r)
```

프로그램을 실행하면 셀 B2에서 D4까지 다음과 같이 출력된다.

```
['B2', 'C2', 'D2']
['B3', 'C3', 'D3']
['B4', 'C4', 'D4']
```

프로그램을 확인해보자. ❶에서는 워크북을 읽고 워크시트를 가져온다.

❷에서는 for 문을 각각 행 방향(row)과 열 방향(column)으로 중첩해 원하는 범위의 셀에 접근한다. 셀 B2는 행·열 번호가 (2, 2)이고 셀 D4는 (4, 4)이다. 이 범위를 range 객체로 표현하면 행은 range(2, 5), 열은 range(2, 5)에 해당한다. 이 범위를 for 문에서 반복 탐색해 셀 B2부터 D4까지 접근할 수 있다.

이렇게 얻은 셀을 어떤 구조로 저장하고 출력하는지 살펴보자. 첫 번째 for 문에서 하나의 행을 시작할 때 빈 리스트 r을 생성한다. 두 번째 for 문에서는 같은 행의 셀을 모두 r에 담고 for 문이 끝나면 해당 리스트를 출력한다. 그리고 다시 첫 번째 for 문으로 돌아가서 다음 행을 탐색할 때 빈 리스트 r을 생성해 같은 식으로 반복한다. 이를 통해 출력 결과와 같이 같은 행끼리 리스트에 묶여서 출력된다.

방법 2: 셀 주소를 전달해 범위 내의 셀 얻기

다음으로는 좌측 상단·우측 하단 셀 주소를 시트 객체에 전달해 범위를 지정하는 방법을 알아보자. 기술 방법은 다음과 같다.

```
# 방법(1)
rows = sheet["좌측 상단 셀":"우측 하단 셀"]

# 방법(2)
rows = sheet["좌측 상단 셀:우측 하단 셀"]
```

코드에 나와 있는 것처럼 시트 객체에 범위를 전달할 때는 2개의 셀 주소를 따로 작성해도 되고 하나의 문자열로 작성해도 된다.

이 방법은 지정한 셀의 범위를 2차원 튜플(부록 A-3 참고) 형식으로 반환한다. B2에서 D4까지의 셀을 읽는 프로그램을 작성하기 전에 이 코드에서 rows에 저장되는 셀 객체가 어떤 모습인지 간단히 확인해보자.

```
>>> import openpyxl as excel
>>> book = excel.Workbook()
>>> sheet = book.active
>>> sheet["B2":"D4"] # --- ❶
```

IDLE 셸에서 앞의 코드를 순차적으로 입력하면 다음과 같은 결과가 나온다.

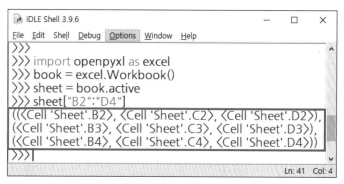

셀 객체가 2차원 튜플로 반환된 결과

IDLE 셸에 입력한 코드를 살펴보자. 앞부분에서는 워크북을 생성하고 워크시트를 가져온다. 그리고 ❶에서는 시트 객체 sheet에 셀 B2에서 D4까지의 범위를 전달하고 이를 출력한다. 이때 ❶의 표현은 print(sheet["B2":"D4"])를 축약한 것이다. IDLE 셸에서는 print 문을 생략하고 변수만 입력해도 값을 출력할 수 있다. print 문의 결과를 확인하면 3개의 셀 객체가 행별로 하나의 튜플로 묶여 있는 것을 볼 수 있다. 그리고 이 3개의 튜플이 또다시 튜플의 구성 요소가 되어 2차원 튜플을 이루고 있다.

그렇다면 이제 셀 B2에서 D4까지의 데이터를 출력하는 프로그램을 만들어보자.

src/ch2/read_range2.py

```python
import openpyxl as excel

# 워크북을 열고 시트를 가져오기
book = excel.load_workbook("output/write_cellname.xlsx")
sheet = book.active

# 연속 데이터를 읽어서 출력하기
for row in sheet["B2":"D4"]:
    r = []
    for cell in row:
        r.append(cell.value)
    print(r)
```

프로그램을 실행하면 방법 1과 동일하게 다음과 같은 결과가 나온다.

```
['B2', 'C2', 'D2']
['B3', 'C3', 'D3']
['B4', 'C4', 'D4']
```

for 문을 두 번 중첩하는 부분은 방법 1과 차이가 없다. 하지만 for 문의 범위를 지정할 때 셀 주소를 전달하므로 프로그램을 이해하기 쉬운 면이 있다.

for 문에서 2차원 튜플에 담긴 셀 객체를 어떻게 조회하는지 살펴보자. 첫 번째 for 문에서는 2차원 튜플의 첫 번째 요소 튜플 (<Cell 'Sheet'.B2>, <Cell 'Sheet'.C2>, <Cell 'Sheet'.D2>)를 row에 담는다. 그리고 빈 리스트 r을 생성한다. 두 번째 for 문에서는 첫 번째 튜플 안에 있는 첫 번째 셀 객체 <Cell 'Sheet'.B2>를 cell에 담고, value 속성을 통해 값을 얻는다. 이어서 <Cell 'Sheet'.C2>과 <Cell 'Sheet'.D2>의 값까지 탐색을 마치고 나면 리스트 r을 출력한다. 그리고 다시 첫 번째 for 문으로 돌아가서 두 번째 요소 튜플을 얻고 같은 식으로 반복한다.

이 프로그램의 for 문 부분을 다음 프로그램의 ❶과 같이 **리스트 컴프리헨션**list comprehension 기법을 사용해서 고치면 더 간결해진다. 리스트 컴프리헨션 기법은 for 문 내에서 리스트를 생성할 때 편리한 파이썬 구문이다.

src/ch2/read_range2a.py

```python
import openpyxl as excel

# 워크북을 열어서 시트 가져오기
book = excel.load_workbook("output/write_cellname.xlsx")
sheet = book.active

# 연속으로 셀의 값 얻기
for row in sheet["B2":"D4"]:
    print([c.value for c in row]) #--- ❶
```

프로그램을 실행하면 조금 전과 동일하게 셀의 값이 표시된다.

방법 3: iter_rows를 이용해 범위 내의 셀 얻기

다음으로는 **이터레이터**를 이용해서 지정 범위의 셀을 얻는 방법을 소개한다. 다음 코드를 보면 시트 객체의 `iter_rows()` 함수를 호출하면서 행·열의 최솟값과 최댓값을 전달한다. `iter_rows()` 함수 는 지정한 범위의 행을 읽는데, 리스트나 튜플을 반환하는 게 아니라 이터레이터를 반환한다. 이터 레이터는 `next()` 함수를 통해 데이터를 순차적으로 반환하며, 필요에 따라 for 문과 `list()` 함수와 조합해 사용할 수 있다.

```python
# 행 번호·열 번호를 지정해 이터레이터를 얻기
it = sheet.iter_rows(
        min_row=최소 행, max_row=최대 행,
        min_col=최소 열, max_col=최대 열)

# for 문과 조합해 셀의 값 얻기
for row in it:
    for cell in row:
        print(cell.value)
```

이 `iter_rows()` 메서드에 전달하는 인수는 생략할 수 있다. `max_row`와 `max_col`을 생략하면 최소 행, 최소 열부터 그 이후의 모든 셀을 가져온다. 인수를 아예 생략하면 시트의 모든 셀을 얻을 수 있다.

이 방법을 이용해 셀 B2에서 D4까지의 데이터를 출력하는 프로그램을 작성해보자.

src/ch2/read_range3.py

```python
import openpyxl as excel

# 워크북을 열어서 시트 가져오기
book = excel.load_workbook("output/write_cellname.xlsx")
```

```
sheet = book.active

# 이터레이터 얻기 --- ❶
it = sheet.iter_rows(
        min_row=2, min_col=2,
        max_row=4, max_col=4)

# for 문과 조합해 셀의 값 얻기 --- ❷
for row in it:
    r = []
    for cell in row:
        r.append(cell.value)
    print(r)
```

프로그램을 실행하면 다음과 같이 표시된다.

```
['B2', 'C2', 'D2']
['B3', 'C3', 'D3']
['B4', 'C4', 'D4']
```

❶의 iter_rows() 메서드에서는 이터레이터를 얻고, ❷에서 for 문을 사용해 셀을 읽는다.

> TIP 이터레이터란?
>
> 파이썬 **이터레이터**iterator는 데이터의 스트림을 표현하는 객체이다. 이터레이터의 next() 함수를 호출하면 스트림에 있는 항목들을 차례대로 반환한다. 만약 데이터가 더 없는데 next() 함수를 호출하면 StopIteration 예외를 일으킨다. for 문과 함께 사용되는, 반복 가능한 객체에서 값을 가져오는 기능이다. 반복 가능한 객체에는 대표적으로 리스트와 튜플, range 등이 있다. 방금 소개한 iter_rows() 메서드도 for 문을 이용해 하나씩 행 데이터를 꺼내오는 이터레이터를 반환한다.

셀 주소와 행·열 번호를 상호 변환하기

엑셀에서 데이터의 범위를 파악할 때는 보통 엑셀 문서를 열어 셀 주소로 확인할 때가 많다. 그래서 셀 주소를 행·열 번호로 변환하거나, 그 반대로 연산할 수 있으면 편리하다. 앞에서 확인했듯이 두 방법 모두 사용상 장점이 있다. 여기서는 이 두 가지를 상호 변환하는 방법을 알아보자.

다음 코드는 셀 주소에서 행·열 번호를 얻는 방법이다. 우선 셀 주소로 셀 객체를 읽는다. 그리고 셀 객체의 row 속성과 column 속성을 참조하면 해당 셀의 행·열 번호를 얻을 수 있다.

```
# 셀 주소로 셀 객체 읽기
cell = sheet["셀 주소"]

# 행 번호와 열 번호를 출력
print( cell.row, cell.column )
```

다음 코드는 행·열 번호에서 셀 주소를 얻는 방법이다. 먼저 cell() 메서드에 행·열 번호를 전달해 셀 객체를 읽는다. 그리고 셀 객체의 coordinate 속성을 참조하면 셀 주소를 얻을 수 있다.

```
# 행·열 번호에서 셀 객체 읽기
cell = sheet.cell(row=행 번호, column=열 번호)

# 셀 주소 출력
print( cell.coordinate )
```

셀 주소와 행·열 번호를 변환하는 프로그램

그렇다면 앞에서 익힌 방법을 간단한 프로그램으로 확인해보자.

src/ch2/read_name_num.py

```
import openpyxl as excel

book = excel.Workbook()
sheet = book.active

# 셀 주소에서 행·열 번호 얻기 --- ❶
cell = sheet["C2"]
(row, col) = (cell.row, cell.column)
print("C2=({},{})".format(row, col))

# 행·열 번호에서 셀 주소 얻기 --- ❷
cell = sheet.cell(row=2, column=3)
cdt = cell.coordinate
print("(2,3)={}".format(cdt))
```

이 프로그램을 IDLE에서 실행해보면 셀 주소와 행·열 번호를 상호 변환한 결과를 얻을 수 있다.

```
C2=(2,3)
(2,3)=C2
```

❶에서는 셀 주소에서 행·열 번호를 구한다. sheet["C2"]에서는 워크시트에서 셀 객체를 얻고 row 와 column 속성에서 행과 열 번호를 얻을 수 있다.

❷에서는 행·열 번호에서 셀 주소를 얻는다. cell() 메서드를 사용해 셀 객체를 얻고 coordinate 속성을 참조해 셀 주소를 얻는다.

마무리

이 절에서는 엑셀 워크시트에서 데이터를 읽는 방법을 소개했다. 엑셀 데이터 읽기의 핵심은 어떻게 하면 복수의 셀의 효율적으로 읽을 수 있는가에 달려있다. 여기서는 반복해 셀을 읽는 몇 가지 방법을 소개했다. 모두 한 번에 외우려 하기보다는 필요할 때마다 이 절로 돌아와서 내용을 확인하며 익혀보자.

2-6 엑셀 시트에서 데이터 추출하기

대응 OS 윈도우/macOS/리눅스 　**난이도** ★★★☆☆

2-5절에서는 시트 내 연속된 셀 데이터를 읽는 방법을 알아봤다. 이 절에서는 조금 더 실제에 가까운 데이터를 다룬다. 또한 셀에 수식이 지정되어 있거나 얻고자 하는 셀의 범위를 확실히 모를 때 데이터를 어떻게 추출하는지 알아본다.

> **키워드** 엑셀/openpyxl

매출 명세에서 거래처와 거래 금액 추출하기

2-5절에서는 엑셀 데이터를 읽는 법만 확인하고 끝냈다면, 이 절에서는 조금 더 실용적인 프로그램을 만들어보자. 많은 회사에서 매출 명세를 엑셀로 관리한다. 월말에 거래 내역을 정산해 거래처에 메일로 보내는 회사도 있을 것이다. 이러한 단순 작업을 파이썬으로 자동화해보자.

데이터의 집계와 메일 발신에 관해서는 다음 장에서 다룬다. 여기서는 매출 명세에서 원하는 데이터를 가져오는 방법을 배워보자.

샘플 데이터로 다음 그림과 같이 매출 명세가 정리된 엑셀 문서를 사용한다. 이 책의 예제 폴더 ch2\input에서 monthly_sales.xlsx라는 파일을 복사해서 사용하자.

일자	거래처	품명	수량	가격	소계
3월 3일	박혜리	바나나	3	1,000	3,000
3월 5일	김승호	사과	2	1,500	3,000
3월 5일	최원필	딸기	2	2,000	4,000
3월 7일	노명환	바나나	8	1,000	8,000
3월 15일	김승호	사과	2	1,500	3,000
3월 16일	노명환	딸기	5	2,000	10,000
3월 20일	이영자	망고	3	1,900	5,700

엑셀로 작성한 매출 데이터

워크시트의 데이터를 전부 읽어보기

먼저 시트에서 매출 데이터를 전부 읽어 화면에 출력하는 프로그램을 만들어보자. 이때 실제 매출 데이터는 셀 A3부터 시작한다는 점에 유의한다. 범위를 가져올 때는 '좌측 상단·우측 하단' 셀을 지정하는 방법을 사용하자. 여기서는 좌측 상단 셀이 A3, 우측 하단 셀이 F9이다. 이 범위의 데이터를 가져와서 출력해보자.

src/ch2/read2_sales1.py

```python
import openpyxl as excel

# 매출 데이터 문서를 열고 시트 가져오기
book = excel.load_workbook("input/monthly_sales.xlsx")
sheet = book.active

# A3에서 F9 범위의 셀을 가져오기 --- ❶
rows = sheet["A3":"F9"]
for row in rows:
    # 셀의 값을 리스트로 얻기 --- ❷
    values = [cell.value for cell in row]
    # 리스트 출력 --- ❸
    print(values)
```

IDLE에서 프로그램을 실행하면 다음 그림과 같이 출력된다. 샘플 파일에 있는 매출 데이터가 빠짐 없이 추출되었다.

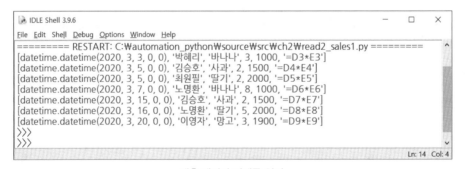

매출 데이터 전체를 읽기

IDLE 화면에 표시된 데이터를 다시 정리해보면 다음과 같다.

```
[datetime.datetime(2020, 3, 3, 0, 0), '박혜리', '바나나', 3, 1000, '=D3*E3']
[datetime.datetime(2020, 3, 5, 0, 0), '김승호', '사과', 2, 1500, '=D4*E4']
[datetime.datetime(2020, 3, 5, 0, 0), '최원필', '딸기', 2, 2000, '=D5*E5']
[datetime.datetime(2020, 3, 7, 0, 0), '노명환', '바나나', 8, 1000, '=D6*E6']
```

```
[datetime.datetime(2020, 3, 15, 0, 0), '김승호', '사과', 2, 1500, '=D7*E7']
[datetime.datetime(2020, 3, 16, 0, 0), '노명환', '딸기', 5, 2000, '=D8*E8']
[datetime.datetime(2020, 3, 20, 0, 0), '이영자', '망고', 3, 1900, '=D9*E9']
```

프로그램의 내용을 확인해보자. ❶에서는 A4에서 F9 범위의 셀을 가져온다. 그리고 for 문에서 행의 개수만큼 반복해 데이터를 출력한다. ❷ 이하는 ❶에서 가져온 데이터를 한 행씩 처리해 출력하는 부분이다. ❷에서는 리스트 컴프리헨션을 사용해 행 안에 있는 모든 셀의 값을 리스트에 담는다. 그리고 ❸에서는 리스트를 출력해 결과를 표시한다.

❷에서는 앞 절에서도 한번 사용했던 리스트 컴프리헨션 기법이 등장한다. 이는 축약된 형태의 표현식이기 때문에 한눈에 이해하기 어려울 수 있다. 리스트 컴프리헨션을 사용하지 않고 다시 작성하면 다음과 같다.

src/ch2/read2_sales2.py

```
…생략…
# A3에서 F9 범위의 셀 가져오기 --- ❶
rows = sheet["A3":"F9"]
for row in rows:
    # 셀의 값을 리스트에 저장 --- ❷
    values = [] #--- ❷a
    for cell in row:
        values.append(cell.value) #--- ❷b
```

먼저 ❷a에서 빈 리스트를 만든다. 그리고 for 문을 행(row) 안에 있는 셀의 수만큼 반복하는데, 이때 ❷b에서 셀의 값을 리스트에 추가한다. 이처럼 리스트 컴프리헨션을 사용하면 원래 3행이 필요한 내용을 1행으로 표현할 수 있다. 리스트 컴프리헨션은 기존의 데이터를 이용해 새로운 리스트를 작성할 때 유용한 기법이다.

얻으려는 셀에 수식이 설정되었을 때

그런데 이 프로그램의 실행 결과를 보면 약간 어색한 부분이 있다. 바로 '소계' 부분이다. 엑셀 문서에서 소계 열에는 '수량×가격'의 값이 계산되도록 수식이 설정되어 있다. 첫 번째 소계 F3에는 D3(개수)와 E3(가격)의 곱이 계산되도록 =D3*E3이라고 표시된다.

이 정도의 계산은 파이썬에서 직접 할 수도 있지만 openpyxl 라이브러리에는 엑셀 수식을 계산해 값으로 가져오는 기능이 있다. 워크북을 읽는 load_workbook() 메서드에 data_only = True 인수를 추가하면 된다. 그러면 소계 F3에 =D3*E3와 같은 수식이 아닌, 계산이 끝난 값 '3000'을 얻을 수 있다.

프로그램 read2_sales1.py 4행의 워크북을 읽는 부분의 코드를 다음과 같이 수정해서 실행해보자.

src/ch2/read2_sales3.py

```
# 워크북을 읽을 때 수식이 계산된 값을 가져오도록 인수 설정
book = excel.load_workbook(
    "input/monthly_sales.xlsx",
    data_only=True)
```

프로그램을 실행하면 다음과 같이 소계에 계산된 값이 출력될 것이다.

```
IDLE Shell 3.9.6                                                    —  □  ×
File  Edit  Shell  Debug  Options  Window  Help
========= RESTART: C:\automation_python\source\src\ch2\read2_sales3.py =========
[datetime.datetime(2020, 3, 3, 0, 0), '박혜리', '바나나', 3, 1000, 3000]
[datetime.datetime(2020, 3, 5, 0, 0), '김승호', '사과', 2, 1500, 3000]
[datetime.datetime(2020, 3, 5, 0, 0), '최원필', '딸기', 2, 2000, 4000]
[datetime.datetime(2020, 3, 7, 0, 0), '노명환', '바나나', 8, 1000, 8000]
[datetime.datetime(2020, 3, 15, 0, 0), '김승호', '사과', 2, 1500, 3000]
[datetime.datetime(2020, 3, 16, 0, 0), '노명환', '딸기', 5, 2000, 10000]
[datetime.datetime(2020, 3, 20, 0, 0), '이영자', '망고', 3, 1900, 5700]
>>>
                                                                    Ln: 15  Col: 4
```

워크북을 읽을 때 data_only=True 인수를 추가해서 소계의 값을 출력한 모습

IDLE 화면에 표시된 데이터를 다시 정리해보면 다음과 같다. 가장 우측 열에 있던 '소계'의 수식이 계산되어 값이 들어 있음을 확인할 수 있다.

```
[datetime.datetime(2020, 3, 3, 0, 0), '박혜리', '바나나', 3, 1000, 3000]
[datetime.datetime(2020, 3, 5, 0, 0), '김승호', '사과', 2, 1500, 3000]
[datetime.datetime(2020, 3, 5, 0, 0), '최원필', '딸기', 2, 2000, 4000]
[datetime.datetime(2020, 3, 7, 0, 0), '노명환', '바나나', 8, 1000, 8000]
[datetime.datetime(2020, 3, 15, 0, 0), '김승호', '사과', 2, 1500, 3000]
[datetime.datetime(2020, 3, 16, 0, 0), '노명환', '딸기', 5, 2000, 10000]
[datetime.datetime(2020, 3, 20, 0, 0), '이영자', '망고', 3, 1900, 5700]
```

데이터가 몇 행 있는지 확실치 않을 때

한편 앞에서 살펴봤던 매출 데이터는 셀 A3부터 셀 F9까지의 범위였다. 하지만 월 매출 건수는 매달 다르기 때문에 항상 오른쪽 아래 셀이 F9라는 법은 없다. 그렇다면 어떻게 범위를 구해야 할까?

워크시트에는 가장 아래 행을 나타내는 max_row, 가장 오른쪽 열을 나타내는 max_column이라는 속성이 있다. 이를 이용하면 범위의 가장 오른쪽 아래에 있는 셀을 구할 수 있다. IDLE 셸에서 monthly_sales.xlsx의 마지막 행·열을 간단하게 확인해보자.

src/ch2/read2_lastcell1.py

```python
import openpyxl as excel

sheet = excel.load_workbook("input/monthly_sales.xlsx").active
print((sheet.max_row, sheet.max_column))
```

앞의 파일을 실행하거나, ch2 폴더 위치에서 셀 창에 코드를 한 줄씩 입력하면 다음과 같이 출력된다.

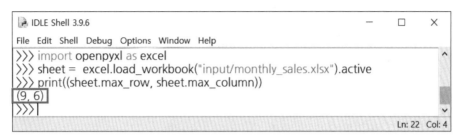

워크시트의 우측 하단 셀 구하기

하지만 이 `max_row`와 `max_column` 속성에는 취약점이 있다. 셀 테두리가 들어가 있을 때는 테두리가 있는 범위를 반환하기 때문이다.

예를 들어 다음 그림과 같이 실제 데이터보다 넓은 범위에 테두리가 들어가 있다면, `max_row`는 테두리 선이 그어진 가장 아래 부분을 가리키는 값이 된다.

여분의 테두리 선이 들어가 있는 엑셀 문서

셀 창에서 방금 본 그림의 문서 monthly_sales2.xlsx의 max_row와 max_column을 조회해보자.

src/ch2/read2_lastcell2.py

```
import openpyxl as excel

sheet = excel.load_workbook("input/monthly_sales2.xlsx").active
print((sheet.max_row, sheet.max_column))
```

앞의 파일을 실행하거나, 코드를 셀 창에 한 줄씩 입력하면 다음과 같은 결과가 나온다. 이때는 마지막 행은 20, 마지막 열은 6으로 출력된다.

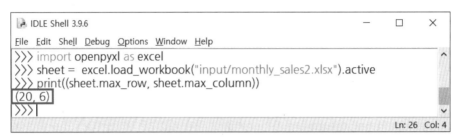

테두리 선에 의해 정확하지 않은 max_row 값을 얻은 경우

다만 테두리를 넣을 때 열의 헤더를 선택해 넣으면 max_row는 테두리의 영역과 상관없이 정확한 최하행을 반환한다. 이처럼 어떤 방식으로 테두리 선을 그었는지에 따라 max_row의 값이 달라지므로 다루기가 어렵다.

그 해결책으로 우선 max_row가 가리키는 범위의 데이터의 값을 가져오고, 그 뒤에 셀이 비어 있는지를 조사하는 방법이 있다. 입력되지 않은 셀의 값은 None이 되므로 판별하기 쉽다.

또는 max_row의 값을 처음부터 신뢰할 수 없다고 판단하고, 적당히 큰 범위를 읽어 셀의 값이 None인지 조사할 수도 있다.

그 외에 iter_rows() 메서드(2-5절 참고)를 사용해 인수 max_row를 생략하는 방법이 있다. iter_rows에서 max_row 인수를 생략하면 반복해 행을 읽는다.

이런 부분을 감안해 전체 데이터를 표시하는 프로그램을 만들어보자. 다음은 실제 데이터보다 큰 범위에 테두리가 그어진 워크시트에 들어 있는 데이터를 구하고 화면에 표시하는 프로그램이다. 여기서는 max_row를 사용하지 않고, 적당한 최하행의 값을 999로 지정해 데이터를 읽어보자.

src/ch2/read2_sales4.py

```
import openpyxl as excel
```

```
# 매출 명세 문서를 열고 시트 가져오기
book = excel.load_workbook(
    "input/monthly_sales2.xlsx", data_only=True)
sheet = book.active

# 셀 A3부터 셀 F999(적당히 큰 범위)를 얻기 --- ❶
rows = sheet["A3":"F999"]
for row in rows:
    # 셀의 값을 리스트로 얻기 --- ❷
    values = [cell.value for cell in row]
    # 비어 있는 셀이면 읽기를 종료 --- ❸
    if values[0] is None: break
    # 리스트를 출력
    print(values)
```

프로그램을 IDLE에서 실행해보자. 테두리 선이 들어가 있어서 어디까지 유효한 데이터인지 확실하지 않은 시트에서도 정확한 범위를 지정한 앞의 프로그램과 같은 결과가 출력된다.

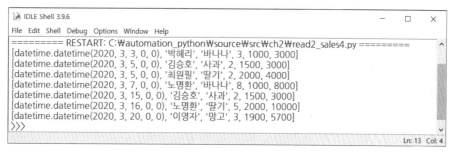

테두리 선의 유무와 관계없이 제대로 데이터를 읽은 경우

프로그램을 확인해보자. ❶에서는 읽고 싶은 범위의 데이터를 지정한다. 여기서는 범위의 왼쪽 위에 보이는 셀 A3부터 적당한 최하행을 나타내는 오른쪽 아래의 셀 F999까지 읽었다. 그리고 for 문에서 반복해 범위를 확인한다. ❷에서는 리스트 컴프리헨션(2-5절 참고)을 이용해 한 행씩 셀의 값을 전부 읽는다. 그리고 ❸에서는 해당 셀이 공백 셀인지 판정한다. 공백 셀이라면 셀의 value 속성의 값이 None이 되므로 데이터 범위의 끝을 판정할 수 있다.

iter_rows를 사용해 모든 셀 구하기

앞의 프로그램에서는 적당한 범위를 지정해 시트 안의 모든 데이터를 가져왔지만, iter_rows() 메서드를 사용해도 모든 셀을 가져올 수 있다.

src/ch2/read2_sales5.py

```python
import openpyxl as excel

# 매출 명세 문서를 열고 시트 가져오기
sheet = excel.load_workbook(
    "input/monthly_sales2.xlsx", data_only=True).active

# iter_rows를 사용해 모든 데이터 가져오기 --- ❶
for row in sheet.iter_rows(min_row=3):
    values = [cell.value for cell in row]
    if values[0] is None: break
    print(values)
```

프로그램을 실행하면 앞의 결과와 동일하게 모든 셀이 출력된다.

이 프로그램의 핵심은 ❶의 iter_rows() 메서드를 사용하는 부분이다. 인수를 생략하면 모든 셀을 가져온다. 여기서는 셀 A3 이하의 행을 얻고자 하므로 min_row=3으로 지정한다.

마무리

이 절에서는 좀 더 실제에 가까운 데이터를 사용해 엑셀 시트를 읽는 방법을 살펴봤다. 셀에 수식이 들어갔을 때 계산된 값을 얻는 방법이나, 마지막 데이터의 행·열을 모르는 시트를 읽는 방법 등을 소개했다. 여기서 더 나아가면 각 거래처의 거래 금액을 정산하고 청구서를 작성하는 처리를 자동화할 수 있다. 더 자세한 내용은 이후 3장에서 다룬다.

2-7 엑셀에서 두 개 이상의 문서와 시트 조작하기

대응 OS 윈도우/macOS/리눅스　난이도 ★☆☆☆☆

엑셀 작업을 자동화할 때 하나의 문서나 시트만을 사용하는 경우는 드물다. 여기서는 두 개 이상의 문서와
시트를 다루는 방법을 소개한다.

 키워드 **엑셀/openpyxl**

문서와 시트 조작하기

2장의 앞부분에서 소개했듯이 엑셀 파일은 하나의 엑셀 파일(워크북) 안에 여러 개의 워크시트를 생
성할 수 있는 구조이다. 이 절에서는 여러 개의 워크시트와 워크북을 활용하는 방법을 소개한다.

워크북 다루기

앞에서 나왔던 내용이지만 다시 한번 워크북을 다루는 방법을 정리해보자.

```
# openpyxl 불러오기
import openpyxl as excel

# ❶ 새 워크북 생성
book = excel.Workbook()

# ❷ 기존 워크북 열기
book = excel.load_workbook("파일명.xlsx")

# ❸ 워크북을 열 때 수식을 계산하도록 설정
book = excel.load_workbook("파일명.xlsx", data_only=True)

# ❹ 워크북을 명시적으로 닫기
book.close()
```

❹에서는 통합 문서를 명시적으로 닫는 close() 메서드를 사용했다. 다만 문서를 한 개만 다룰 때는
명시적으로 닫지 않아도 큰 문제는 없다. 이 책의 프로그램에서도 생략한다.

문서에서 시트 선택하기

하나의 워크북에는 여러 개의 워크시트를 작성할 수 있다. 하지만 이제껏 설명을 간단히 하고자 현재 열려 있는 워크시트, 즉 활성화된 워크시트를 선택해 사용했다. 워크북에서 특정 워크시트를 선택할 때는 다음과 같은 방법을 사용할 수 있다.

```python
# 활성화된 워크시트 가져오기
sheet = book.active

# 시트 번호를 지정해 가져오기(0부터 시작)
sheet = book.worksheets[시트 번호]

# 시트 이름을 지정해 가져오기("Sheet1 등")
sheet = book["시트 이름"]

# 문서에 포함된 시트 이름 목록 가져오기
print( book.sheetnames )
```

워크시트 다루기

다음으로 신규 시트 생성, 기존 시트 복사 및 삭제, 시트 이름 변경 등 시트를 다루는 방법을 소개한다. 각각의 기능을 하는 전용 메서드가 있어서 간편하게 사용할 수 있다.

```python
# 신규 시트 생성
sheet = book.create_sheet(title="시트명")

# 기존 시트 복사
sheet = book.copy_worksheet(book["시트명"])

# 시트 이름 변경
sheet.title = "새로운 이름"

# 시트 삭제
book.remove(book["시트명"])
```

100장의 시트 만들기

그렇다면 워크시트 조작을 연습하기 위해 간단한 게임을 만들어보자. 시트를 100장 만드는데 그중 1장은 '당첨'이고 99장은 '꽝'이다. 빨리 '당첨' 시트를 찾으면 이기는 게임이다.

src/ch2/sheet_game.py

```python
import openpyxl as excel
import random

# 당첨 시트 번호 정하기 --- ❶
win_num = random.randint(1,100)

# 새 워크북 생성 --- ❷
book = excel.Workbook()
book.active["B2"] = "'당첨'이라고 적힌 시트를 찾아보자"

# 반복문을 돌며 100개의 시트 만들기 --- ❸
for i in range(1,101):
    # 새 워크시트 생성 --- ❹
    sname = str(i) + "번"
    sheet = book.create_sheet(title=sname)
    # 시트에 쓸 단어 정하기
    word = "꽝"
    if i == win_num: word = "당첨"
    # 임팩트가 있도록 화면을 word로 채우기 --- ❺
    for y in range(50):
        for x in range(30):
            c = sheet.cell(y+1, x+1)
            c.value = word

# 파일 저장 --- ❻
book.save("./output/sheet_game.xlsx")
print("ok, winning number=", win_num)
```

IDLE에서 실행해보면 sheet_game.xlsx라는 엑셀 파일이 생성된다. 이 파일을 열면 99장의 '꽝' 시트와 1장의 '당첨' 시트가 들어 있다.

◢	A	B	C	D	E	F	G	H	I	J
1	꽝	꽝	꽝	꽝	꽝	꽝	꽝	꽝	꽝	꽝
2	꽝	꽝	꽝	꽝	꽝	꽝	꽝	꽝	꽝	꽝
3	꽝	꽝	꽝	꽝	꽝	꽝	꽝	꽝	꽝	꽝
4	꽝	꽝	꽝	꽝	꽝	꽝	꽝	꽝	꽝	꽝
5	꽝	꽝	꽝	꽝	꽝	꽝	꽝	꽝	꽝	꽝
6	꽝	꽝	꽝	꽝	꽝	꽝	꽝	꽝	꽝	꽝
7	꽝	꽝	꽝	꽝	꽝	꽝	꽝	꽝	꽝	꽝
8	꽝	꽝	꽝	꽝	꽝	꽝	꽝	꽝	꽝	꽝
9	꽝	꽝	꽝	꽝	꽝	꽝	꽝	꽝	꽝	꽝
10	꽝	꽝	꽝	꽝	꽝	꽝	꽝	꽝	꽝	꽝
11	꽝	꽝	꽝	꽝	꽝	꽝	꽝	꽝	꽝	꽝
12	꽝	꽝	꽝	꽝	꽝	꽝	꽝	꽝	꽝	꽝
13	꽝	꽝	꽝	꽝	꽝	꽝	꽝	꽝	꽝	꽝
14	꽝	꽝	꽝	꽝	꽝	꽝	꽝	꽝	꽝	꽝
15	꽝	꽝	꽝	꽝	꽝	꽝	꽝	꽝	꽝	꽝
16	꽝	꽝	꽝	꽝	꽝	꽝	꽝	꽝	꽝	꽝
17	꽝	꽝	꽝	꽝	꽝	꽝	꽝	꽝	꽝	꽝

99장 생성된 꽝 시트

◢	A	B	C	D	E	F	G	H	I	J
1	당첨	당첨	당첨	당첨	당첨	당첨	당첨	당첨	당첨	당첨
2	당첨	당첨	당첨	당첨	당첨	당첨	당첨	당첨	당첨	당첨
3	당첨	당첨	당첨	당첨	당첨	당첨	당첨	당첨	당첨	당첨
4	당첨	당첨	당첨	당첨	당첨	당첨	당첨	당첨	당첨	당첨
5	당첨	당첨	당첨	당첨	당첨	당첨	당첨	당첨	당첨	당첨
6	당첨	당첨	당첨	당첨	당첨	당첨	당첨	당첨	당첨	당첨
7	당첨	당첨	당첨	당첨	당첨	당첨	당첨	당첨	당첨	당첨
8	당첨	당첨	당첨	당첨	당첨	당첨	당첨	당첨	당첨	당첨
9	당첨	당첨	당첨	당첨	당첨	당첨	당첨	당첨	당첨	당첨
10	당첨	당첨	당첨	당첨	당첨	당첨	당첨	당첨	당첨	당첨
11	당첨	당첨	당첨	당첨	당첨	당첨	당첨	당첨	당첨	당첨
12	당첨	당첨	당첨	당첨	당첨	당첨	당첨	당첨	당첨	당첨
13	당첨	당첨	당첨	당첨	당첨	당첨	당첨	당첨	당첨	당첨
14	당첨	당첨	당첨	당첨	당첨	당첨	당첨	당첨	당첨	당첨
15	당첨	당첨	당첨	당첨	당첨	당첨	당첨	당첨	당첨	당첨
16	당첨	당첨	당첨	당첨	당첨	당첨	당첨	당첨	당첨	당첨
17	당첨	당첨	당첨	당첨	당첨	당첨	당첨	당첨	당첨	당첨

1장 생성된 당첨 시트

엑셀 파일을 열어서 101장(설명 페이지 1장, 게임 페이지 100장)의 시트를 넘기는 일은 쉽지 않아 보인다. 과연 이 게임이 재미있을지 아닐지는 제쳐두고, 100장의 시트를 30행 미만의 프로그램으로 순식간에 만들었다는 점에 주목해보자.

프로그램을 확인해보자. ❶에서는 랜덤으로 당첨 시트의 번호를 정한다. randint(1,100)라고 쓰면 1부터 100의 범위에서 랜덤 숫자를 얻을 수 있다. ❷에서는 신규 워크북을 작성하고 첫 번째 페이지에 설명을 적는다.

❸에서는 for 문을 사용해 1부터 100회의 반복문 처리를 수행한다. ❹에서는 create_sheet() 메서드를 사용해 신규 시트를 작성한다. ❺에서는 50행 30열까지의 시트에 '당첨'과 '꽝'을 적는다. 그리고 마지막으로 ❻ 부분에서 파일을 저장한다.

문서 간 데이터 복사하고 붙여넣기

평소 실무에서 의외로 자주 수행하는 작업이 엑셀 문서 여러 개를 왔다 갔다 하면서 데이터를 복사하고 붙여넣는 일이다. 예를 들어 '매출 명세'에서 특정 매출 정보를 복사해서 '청구서 양식'에 붙여넣는다. 또는 '고객 명부'에서 몇몇 조건에 맞는 고객 정보를 찾아서 '예상 고객 명부'로 옮겨 넣는다.

이러한 단순 작업을 매월 수작업으로 반복하고 있지는 않은가? 파이썬에서는 동시에 여러 문서를 열어서 조작할 수 있다. 엑셀 문서 간 복사·붙여넣기 작업이 반복 발생한다면 프로그램으로 자동화하면 좋다.

특정 조건의 고객만 다른 문서에 복사하기

조금 전 언급했던 기존 고객 중 예상 고객만을 별도의 문서에 옮기는 프로그램을 만들어보자.

그러려면 먼저 고객 정보가 정리된 all-customer.xlsx라는 엑셀 파일이 필요하다. 오른쪽 그림과 같은 예제 파일이 이 책 예제 폴더의 ch2\input에 들어 있다.

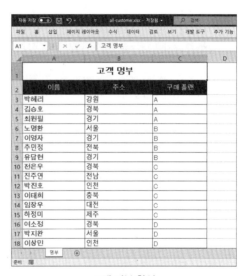

고객 명부 확인

이 명부에서 수도권(서울·경기·인천)에 사는 고객만을 찾아 다른 문서에 복사하는 업무가 있다고 해보자. 어떻게 처리하면 좋을까?

수작업으로 하려면 먼저 '주소' 항목에 필터를 걸어서 특정 고객을 표시하고, 이를 복사해 다른 문서에 붙여넣는다. 이를 파이썬 프로그램으로 만든다면 어떻게 해야 할까?

다음은 고객 명부 all-customer.xlsx에서 서울·경기·인천에 사는 고객을 신규 문서 sheet_area.xlsx에 복사하는 프로그램이다.

src/ch2/sheet_area.py

```python
import openpyxl as excel

# 고객 명부 문서 열기 --- ❶
book = excel.load_workbook("input/all-customer.xlsx")

# '명부'시트 선택 --- ❷
sheet = book["명부"]

# 추출한 명단을 저장할 2차원 리스트 변수 --- ❸
customers = [["이름","주소","구매 플랜"]]

# 고객 목록을 추출 --- ❹
for row in sheet.iter_rows(min_row=3):
    values = [v.value for v in row]
    if values[0] is None: break
    # 주소가 서울/경기/인천일 경우 복사  --- ❹a
    area = values[1]
    if area == "서울" or area == "경기" or area == "인천":
        customers.append(values)
        print(values)

# 새 워크북 생성 --- ❺
new_book = excel.Workbook()
new_sheet = new_book.active
new_sheet["A1"] = "수도권 고객 명단"

# 추출한 데이터를 반복해 시트에 쓰기 --- ❻
for row, row_val in enumerate(customers):
    for col, val in enumerate(row_val):
        c = new_sheet.cell(2+row, 1+col)
        c.value = val

# 파일 저장 --- ❼
new_book.save("output/sheet_area.xlsx")
```

이 프로그램을 IDLE에서 실행하면 sheet_area. xlsx라는 엑셀 파일이 생성된다. 엑셀에서 파일을 열어보면 오른쪽 그림과 같이 서울·경기·인천의 고객만 복사된 결과를 확인할 수 있다.

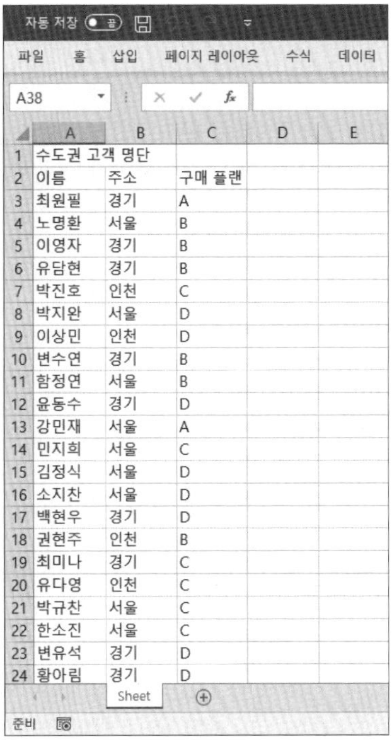

그런데 새 문서에는 값만 복사되고 서식은 옮겨지지 않아서 문서가 다소 허전해 보인다. 서식 작성에 관해서는 다음의 2-8절에서 소개한다.

프로그램을 확인해보자. 프로그램 ❶에서는 고객 명부 문서를 읽는다. ❷에서는 '명부'라는 이름의 시트를 가져온다. ❸에서는 추출할 정보를 저장할 2차원 리스트 변수를 선언하고 헤더 행을 설정한다.

❹에서는 실제 시트의 각 행을 iter_rows() 메서드 (2-5절 참고)를 이용해 조사한다. iter_rows() 메서드에서 max_row를 지정하지 않으면 마지막 행까지 반복한다. ❹a에서는 주소가 서울·경기·인천 중의 하나라면 변수 customers에 추가한다.

수도권 고객만을 신규 문서에 복사

데이터 복사가 끝났다면 ❺에서 신규 문서를 생성한다. 그리고 ❻에서 신규 문서에 변수 customers 의 값을 쓴다. 그리고 최종적으로 ❼에서 파일을 저장한다.

고객의 구매 플랜에 따라 시트 나누기

이어서 고객 명부에 관해 수작업으로 하기 번거로운 작업을 하나 더 자동화해보자. 조금 전 all-customer.xlsx 파일에는 '명부' 시트에 모든 고객 정보가 기재되어 있는데, 이는 구매 플랜에 따라 각기 다른 처리를 하고자 할 때 불편할 수 있다. 그래서 각각의 구매 플랜 시트에 고객 정보를 분류해 저장해보자.

이를 구현하는 방법은 다음과 같다. 먼저 고객 정보를 위에서부터 차례로 읽으면서 구매 플랜을 판단한다. 그리고 고객 정보를 복사해 해당하는 구매 플랜 시트에 붙여넣기한다. 만약 해당하는 시트가 없으면 새로 생성해 추가한다. 다음 프로그램에서 자세히 살펴보자.

src/ch2/sheet_plan.py

```python
import openpyxl as excel

# 고객 명부 문서를 열고 '명부' 시트를 가져오기 --- ❶
book = excel.load_workbook("input/all-customer.xlsx")
sheet = book["명부"]

# 고객 명부를 확인하며 시트 나누기 --- ❷
for row in sheet.iter_rows(min_row=3):
    cells = [v.value for v in row]
    if cells[0] is None: break
    print(cells)
    # 읽어온 고객 정보를 변수에 저장 --- ❷a
    (name,area,plan) = cells
    # 붙여넣을 시트 이름을 정하기 --- ❷b
    sname = plan+"플랜"
    # 해당 시트가 있는지 확인 --- ❷c
    if sname not in book.sheetnames:
        to_sheet = book.create_sheet(title=sname)
        to_sheet.append(["이름","주소","플랜"])
    else:
        to_sheet = book[sname]
    # 해당 시트에 고객 정보를 추가 --- ❷d
    to_sheet.append(cells)

# 파일 저장 --- ❸
book.save("output/sheet_plan.xlsx")
```

프로그램을 실행해보면 sheet_plan.xlsx라는 파일이 생성된다. 엑셀에서 열어보면 다음과 같이 고객 정보가 구매 플랜에 따라 시트별로 나뉜 것을 볼 수 있다.

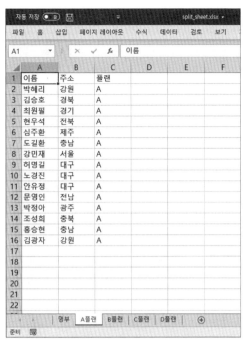

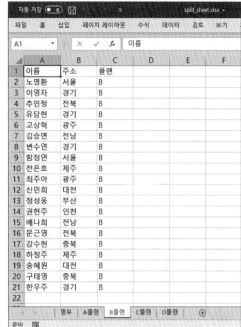

A플랜의 고객만 복사한 시트   B플랜의 고객만 복사한 시트

결과를 확인했다면 프로그램의 내용을 살펴보자.

❶에서는 고객 명부 파일을 열어서 '명부' 시트를 읽는다.

그리고 ❷에서는 iter_rows() 메서드를 사용해 시트의 각 행을 조사한다. ❷ⓐ에서는 읽은 행 데이터를 변수 name, area, plan 순으로 대입한다. 그리고 ❷ⓑ에서는 복사할 시트의 이름을 문자열로 만든다. ❷ⓒ에서는 시트가 이미 존재하는지 조사한다. 시트가 없으면 create_sheet() 메서드를 통해 신규 시트를 생성한다. ❷ⓓ에서는 시트에 고객 정보를 추가한다. append() 메서드는 이번에 처음 등장하는데, 인수의 값을 워크시트 마지막 행에 추가하는 메서드이다.

마지막으로 ❸에서는 파일을 저장한다.

마무리

이 절에서는 2개 이상의 워크북과 워크시트를 다루는 방법을 소개했다. 이 절의 앞부분에서는 기본적인 사용법을 정리했고, 뒷부분에서는 고객 명부를 다른 시트에 옮기는 방법을 소개했다. 이 조작을 잘 활용하면 단순 복사·붙여넣기 작업에서 해방될 수 있을 것이다.

보안상의 이유로 기밀이 들어 있는 엑셀 파일을 패스워드로 암호화하는 회사가 많다. 여기서는 패스워드로 암호화된 엑셀 파일을 파이썬으로 읽는 방법을 소개한다.

엑셀 파일 암호화하기

먼저 엑셀 파일을 암호화하려면 메뉴의 [파일 > 다른 이름으로 저장 > 이 PC]를 클릭한다. 파일명을 입력하는 칸 아래쪽의 [추가 옵션] 링크를 클릭한 뒤 폴더 선택 창이 뜨면, 하단에 보이는 [도구] 버튼을 클릭하고 '일반 옵션'을 선택한다. 그리고 '열기 암호' 패스워드를 설정한다.

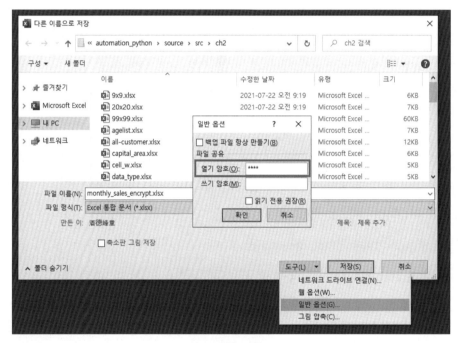

엑셀 파일을 암호화

여기서는 적당한 엑셀 파일을 작성하고, 앞의 순서대로 'abcd'라는 패스워드로 암호화한 뒤 monthly_sales_encrypt.xlsx라는 이름으로 저장했다.

msoffcrypto-tool 라이브러리 설치

이제까지 소개한 openpyxl 라이브러리만으로는 암호화된 엑셀을 읽을 수 없다. 여기서는 **msoffcrypto-tool** 라이브러리를 이용한다. msoffcrypto-tool 라이브러리를 사용하면 암호화된 엑셀과 워드 파일을 복호화할 수 있다.

openpyxl을 설치할 때와 같은 방법으로 파워셀이나 명령 프롬프트와 같은 커맨드라인을 열어서 다음의 pip 명령어를 실행해 msoffcrypto-tool을 설치한다.

```
pip install msoffcrypto-tool
```

엑셀 파일 복호화하기

msoffcrypto-tool을 사용해 암호화된 엑셀 파일을 복호화해 열 때는 다음과 같이 실행한다.

src/ch2/test_decrypt.py

```python
import msoffcrypto
import openpyxl as excel

# 암호화된 문서를 입력 파일로 지정 --- ❶
fin = open("input/monthly_sales_encrypt.xlsx", "rb")
msfile = msoffcrypto.OfficeFile(fin)

# 패스워드 전달 --- ❷
msfile.load_key(password="abcd")

# 복호화한 파일을 저장 --- ❸
fout = open("output/monthly_sales_decrypt.xlsx", "wb")
msfile.decrypt(fout)

# 복호화한 파일을 열어서 내용 가져오기 --- ❹
book = excel.load_workbook("output/monthly_sales_decrypt.xlsx",data_only=True)
sheet = book.active
for row in sheet["A2:F99"]:
    values = [v.value for v in row]
    if values[0] is None: break
    print(values)
```

프로그램을 실행하면 암호화된 엑셀 파일 monthly_sales_encrypt.xlsx를 읽어서 암호를 풀고 monthly_sales_decrypt.xlsx에 저장한다. 그리고 문서 내용을 읽어 셀 창에 출력한다.

프로그램 내용을 확인해보자. 먼저 ❶에서는 입력 파일로 암호화된 monthly_sales_encrypt.xlsx 파일을 지정한다. 그리고 ❷에서는 load_key() 메서드에 패스워드를 전달한다. 여기서는 'abcd'라는 패스워드를 넘겼다.

❸에서는 복호화한 문서의 데이터를 저장할 파일명을 지정한다. 그리고 마지막으로 ❹에서는 저장한 문서를 읽어서 내용을 출력한다.

이처럼 패스워드를 알고 있다는 전제 아래 msoffcrypto-tool 라이브러리를 사용하면 암호화된 엑셀 파일의 내용을 확인할 수 있다.

2-8 엑셀 서식 및 테두리 설정하기

대응 OS 윈도우/macOS/리눅스   난이도 ★☆☆☆☆

2-7절까지는 엑셀 문서의 데이터를 읽고 쓰는 방법을 배웠다. 2-8절에서는 엑셀에 서식과 테두리를 설정해서 문서의 데이터를 더 보기 좋게 만들어보자.

키워드 엑셀/openpyxl

openpyxl에서 설정할 수 있는 서식 알아보기

엑셀에는 셀에 관한 여러 설정을 변경할 수 있는 '셀 서식' 메뉴가 있다. openpyxl에서도 주요한 셀 서식을 변경할 수 있으므로, 이 절에서는 서식을 설정하는 방법을 알아보자.

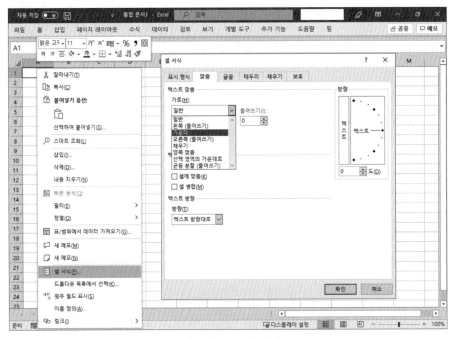

엑셀의 셀 서식 설정 화면

표시 형식 변경하기

다음 그림과 같이 엑셀의 셀 서식 대화 상자에는 [표시 형식]이라는 탭이 있다. 이 탭에서 다양한 범주를 선택해 셀 데이터의 형식을 설정할 수 있다. 예를 들어 '숫자' 범주에서는 소수 자릿수를 몇 번째까지 나타낼지, 음수는 어떤 형식으로 표현할지 지정한다. 그 외에도 통화, 날짜, 시간, 백분율 등의 범주가 있으며 사용자가 셀의 서식 코드를 직접 편집할 수 있는 '사용자 지정'이라는 항목도 있다.

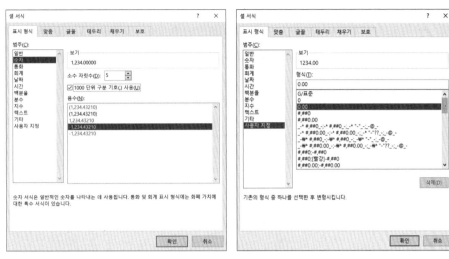

셀 서식의 [표시 형식] 탭

openpyxl에서도 표시 형식을 변경할 때 '사용자 지정'과 같은 서식 코드를 사용한다. 다음 예시와 같이 셀 객체를 얻고 number_format 속성에 적용하고자 하는 서식 코드를 지정한다.

```
# 숫자 데이터를 소수점 둘째 자리까지 나타내도록 설정
sheet["셀 주소"].number_format = "0.00"

# 숫자 데이터를 천 단위마다 쉼표로 구분하도록 설정
sheet["셀 주소"].number_format = "#,##0"

# 날짜 데이터를 연/월/일 형식으로 설정
sheet["셀 주소"].number_format = "yyyy/mm/dd"
```

이때 서식 코드에 0이나 #과 같은 생소한 표현이 등장한다. 엑셀에는 서식의 의미를 규정하는 여러 가지 서식 기호가 있다. 여기서는 이 절의 프로그램에서 사용하는 기호만 확인하자.

서식 기호	의미
0	자릿수 표시(유효하지 않은 0 포함)
#	자릿수 표시(유효하지 않은 0 생략)
;	양수 ; 음수 ; 0 ; 텍스트
.	소수점 표시
,	천 단위 구분

숫자 서식 코드에서 0과 #은 자릿수를 나타낸다. 0과 #의 차이는 유효하지 않은 0을 포함할지 여부이다. 예를 들어 숫자 0.0의 0은 둘 다 유효하지 않으므로 서식을 '#.#'으로 지정하면 '.'만 나타난다. 이를 온전히 나타내려면 '0.0' 서식으로 지정해야 한다.

세미콜론(;)을 사용하면 서식이 적용될 영역을 구분할 수 있다. 세미콜론으로 나눈 순서대로 양수, 음수, 0, 텍스트에 적용된다. 만약 세미콜론을 한 번만 사용하면 첫 번째 서식이 양수와 0에 적용되고, 두 번째 서식이 음수에 적용된다. 세미콜론을 사용하지 않으면 첫 번째 서식이 모든 영역에 적용된다.

마침표(.)를 사용하면 소수점을 표시한다는 뜻이다. 마침표 뒤에 자릿수를 나타내는 # 또는 0을 붙여서 소수점 아래 몇 번째 자리까지 나타낼지 지정한다. 만약 소수점 아래 자릿수를 나타내지 않으면 소수 부분은 반올림해 표시된다.

쉼표(,)는 천 단위를 구분해주는 기호로, 자릿수를 나타내는 # 또는 0과 함께 쓰인다. '#,##0'과 '#,###'의 차이는 천 단위를 구분하되, 데이터가 0일 때 전자는 숫자 0으로 표시하고 후자는 공백으로 표시한다는 점이다. 만약 쉼표 뒤에 자릿수를 나타내지 않으면 천 단위 아래가 절삭된 형식으로 나타난다.

소수점 아래 자릿수 지정하기

이제 number_format에 서식 코드를 지정해 표시 형식을 변경해보자.

다음 그림의 셀 A1, B1, C1에는 동일하게 3.14159의 값이 입력되어 있다. 하지만 number_format에 지정한 서식에 따라 값이 다르게 표현된다.

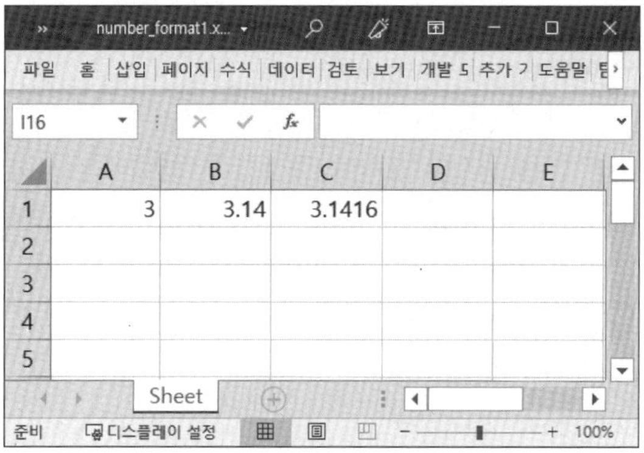

같은 수치에 다양한 표시 형식을 지정

이처럼 숫자 데이터를 소수점 아래 n번째까지 나타내는 프로그램을 작성해보자. 이번에는 excel 대신 xl로 openpyxl을 임포트했다.

src/ch2/cellformat_num1.py

```python
import openpyxl as xl
# 워크북을 생성하고 시트 가져오기
book = xl.Workbook()
sheet = book.active

# A1, B1, C1에 같은 값을 설정 --- ❶
val = 3.14159
sheet.append([val, val, val])

# 소수점 이하를 생략해 표시 --- ❷
sheet["A1"].number_format = '0'
# 소수점 이하 둘째 자리까지 표시 --- ❸
sheet["B1"].number_format = '0.00'
# 소수점 이하 넷째 자리까지 표시 --- ❹
sheet["C1"].number_format = '0.0000'

# 파일 저장
book.save("output/cellformat_num1.xlsx")
```

❶은 셀 A1, B1, C1에 모두 같은 값을 설정하는 부분이다. 하지만 이후 number_format의 서식에 따라 각각 다른 값으로 나타난다. 여기서는 시트에 값을 입력할 때 sheet.append() 메서드를 이용한다. sheet.append()는 시트 마지막 행에 데이터를 추가하는 메서드인데, 현재 시트가 비어 있으므로 1행에 값을 쓴다. 즉, 셀 A1, B1, C1에 [val, val, val]의 값을 채운다.

❷에서는 셀 A1의 number_format에 '0'을 지정한다. 이는 소수점 이하를 생략한다는 의미이다. 이에 따라 셀 A1의 값 3.14159에서 3만 표시된다.

❸에서는 number_format에 '0.00'을 지정하고 ❹에서는 '0.0000'을 지정한다. 각각 소수점 이하 몇 번째 자릿수까지 나타낼지 지정하고 있다.

천 단위 구분 기호와 통화 기호 지정하기

다음으로는 숫자 3자리마다 쉼표를 찍는 '천 단위 구분 기호'와 금액을 나타낼 때 사용하는 '통화 기호'를 지정하는 예제를 살펴보자. 다음은 서식이 지정된 결과 화면이다.

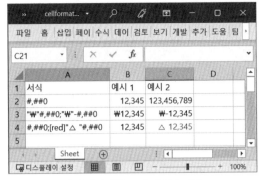

숫자에 다양한 표시 서식을 지정

시트를 보면 A열에는 서식 문자열이, B열과 C열에는 서식이 적용된 예시가 표시된다. 이러한 서식을 프로그램으로 작성해보자.

src/ch2/cellformat_num2.py

```python
import openpyxl as xl
book = xl.Workbook()
sheet = book.active

# 헤더 설정
sheet.append(["서식", "예시 1", "예시 2"])

# 셀에 값과 서식을 지정하는 함수 정의 --- ❶
def set_cell(cname, value, fmt):
    c = sheet[cname]
    c.value = value
    c.number_format = fmt

# 천 단위 구분 기호(,) 설정 --- ❷
digit3_fmt = '#,##0'
sheet["A2"] = digit3_fmt
set_cell("B2", 12345, digit3_fmt)
set_cell("C2", 123456789, digit3_fmt)

# 통화 기호 설정 --- ❸
cur_fmt = '"₩"#,##0;"₩"-#,##0' #--- ❸a
sheet["A3"] = cur_fmt
set_cell("B3", 12345, cur_fmt) # 양수 예시
set_cell("C3", -12345, cur_fmt) # 음수 예시

# 음숫값을 붉은 색으로 표시하고 마이너스 기호를 △로 나타내기 --- ❹
num_fmt = '#,##0;[red]"△ "#,##0' #--- ❹a
sheet["A4"] = num_fmt
set_cell("B4", 12345, num_fmt) # 양수 예시
```

```
set_cell("C4", -12345, num_fmt) # 음수 예시

# 파일 저장
book.save("output/cellformat_num2.xlsx")
```

❶에서는 특정 셀에 값(value)과 서식(number_format)을 설정하는 함수를 정의했다.

❷에서는 천 단위 구분 기호를 설정한다. 출력 결과를 보면 12345는 12,345로, 123456789는
123,456,789로 천 단위마다 쉼표(,)가 표시된다. 또한 서식 코드 끝에 0으로 표시된 것은 1의 자리수
에서는 유효하지 않은 0도 표시한다는 뜻이다. 즉, 숫자 0이 공백이 아닌 0으로 표시된다. 또한 소수
점 아래 자릿수가 생략되어 있으므로 소수 부분이 있으면 반올림된다.

❸에서는 데이터를 통화 형식으로 설정한다. ❸a에서는 세미콜론으로 양수와 음수의 서식을 구분한
다. 양수 서식을 보면 통화 형식을 나타내도록 "₩"(원화 기호)[5]와 #,##0(천 단위 구분 기호)를 조합했다.
음수 서식은 여기에 마이너스 기호만 덧붙인 형태이다. 언뜻 보면 복잡해 보이지만 뜯어보면 간단한
서식들의 조합이다.

❹도 마찬가지다. ❹a에서는 서식을 (양수일 때) ; (음수일 때) 형식으로 나눴다. 양수일 때는 천 단위
구분 서식이 지정된다. 음수일 때는 빨간색으로 나타내도록 [red]를 붙였고, 마이너스 기호 대신 △
로 표기하도록 서식을 지정했다.

날짜·시간 형식 지정하기

다음으로 날짜와 시간의 표시 형식을 지정해보자. 앞에서와 동일하게 셀 A1, B1, C1, D1에 같은 날
짜 데이터를 지정하고, 각각의 number_format에는 다른 형태의 서식을 지정했다.

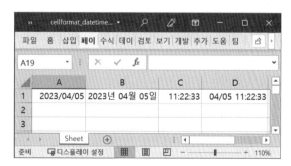

다양한 날짜·시간 형식을 지정

---

5 [옮긴이] 대한민국 원(KRW)를 표기할 때, 일반적인 역슬래시 \(U+005C)는 폰트에 따라 원화 기호로 표시되지 않을 수 있으므로 ₩(U+20A9)
또는 ￦(U+FFE6)를 사용하는 게 좋다. 이 책에서도 혼동의 여지가 없도록 ₩(U+20A9)를 사용했다.

프로그램으로 작성해보자.

src/ch2/cellformat_datetime.py

```python
import openpyxl as xl
# 워크북을 만들고 시트 가져오기
book = xl.Workbook()
sheet = book.active

# A1,B1,C1,D1에 같은 일시를 설정 --- ❶
import datetime
dt = datetime.datetime(
      year=2023, month=4, day=5,
      hour=11, minute=22, second=33)
sheet.append([dt, dt, dt, dt])

# 날짜를 'yyyy/mm/dd'형식으로 지정 --- ❷
sheet["A1"].number_format = 'yyyy\/mm\/dd'

# 날짜를 'yyyy년 mm월 dd일'형식으로 지정 --- ❸
sheet["B1"].number_format = 'yyyy년 mm월 dd일'

# 시간을 'hh:mm:ss'형식으로 지정 --- ❹
sheet["C1"].number_format = 'hh:mm:ss'

# 날짜와 시간을 'mm/dd hh:mm:ss'형식으로 지정 --- ❺
sheet["D1"].number_format = 'mm\/dd hh:mm:ss'

# 파일 저장
book.save("output/cellformat_datetime.xlsx")
```

❶에서는 일시 데이터 '2023년 4월 5일 11시 22분 33초'를 셀 A1, B1, C1, D1에 동일하게 지정했다.

❷와 ❸에서는 셀 A1과 B1의 number_format에 각각 'yyyy\/mm\/dd'와 'yyyy년 mm월 dd일'을 지정했다. 단순히 슬래시(/)만 쓰면 일반적인 구분 기호로 인식되어 시스템 기본 구분 기호(-)로 처리되므로, 슬래시 앞에 역슬래시(\)를 붙여야 한다.

❹에서는 셀 C1에 날짜를 제외한 시간만 표시되도록 'hh:mm:ss' 서식을 지정했다. ❺에서는 셀 D1에 날짜와 시간이 함께 표시되도록 'mm\/dd hh:mm:ss'을 설정했다.

날짜 서식 기호 알아보기

숫자 서식과 마찬가지로 날짜 서식에도 yyyy와 같은 고유의 기호들이 있다. 다음의 표는 일시 데이터 '2023년 4월 5일 11시 22분 33초'에 각각의 서식 기호를 적용한 결과이다.

서식 기호	의미	적용 결과(예)
yyyy	연도 4자 표기	2023
yy	연도 2자 표기	23
mmm	월 영문 표기	Apr
mm	월 2자 표기	04
m	월 1자 표기	4
dd	일 2자 표기	01
d	일 1자 표기	1
dddd	요일 영문 표기	Wednesday
ddd	요일 영문 3자 표기	Wed
[$-412]dddd 또는 aaaa	요일 한글 3자 표기	수요일
[$-412]ddd 또는 aaa	요일 한글 1자 표기	수
[$-411]dddd	요일 한자 3자 표기	水曜日
[$-411]ddd	요일 한자 1자 표기	水

표 후반부에 $로 시작하는 숫자는 국가코드를 의미한다. 국가 코드를 서식 앞에 붙이면 서식의 결과를 각 나라의 언어에 맞춰 반환한다. [$-412]는 한국을, [$-411]은 일본을 나타내며 각각 [$-ko-KR]와 [$-ja-JP]으로 바꿔 쓸 수 있다.

셀 데이터 타입 판별하기

엑셀의 셀 데이터에는 '숫자'나 '텍스트'와 같은 데이터 타입이 지정되어 있다. 데이터 타입은 사용자가 데이터를 입력한 형식에 따라 자동 감지된다. 이를테면 셀에 123을 입력하면 데이터 타입은 '숫자'가 된다. 숫자가 아닌 문자열 "123"을 입력하려면 사용자가 별도의 설정을 통해 타입을 변경해야 한다.

파이썬에서는 처음부터 데이터를 입력받을 때 문자열("123")와 과 숫자(123)를 구분한다. 따라서 데이터를 입력할 때 타입의 착오 없이 입력할 수 있다. 셀에 입력된 데이터의 타입을 확인하고 싶다면 openpyxl의 data_type 속성을 사용한다.

다음은 셀 객체의 data_type을 조사하는 프로그램이다.

src/ch2/cellformat_datatype.py

```
import openpyxl as xl

book = xl.Workbook()
sheet = book.active
```

```
# 숫자 데이터 설정 --- ❶
cell = sheet["A1"]
cell.value = 345
sheet["B1"] = "data_type=" + cell.data_type

# 문자열 데이터 설정 --- ❷
cell = sheet["A2"]
cell.value = "abc"
sheet["B2"] = "data_type=" + cell.data_type

# 날짜 데이터 설정 --- ❸
cell = sheet["A3"]
from datetime import date
cell.value = date(2021, 4, 1)
sheet["B3"] = "data_type=" + cell.data_type

# 파일 저장
book.save("output/cellformat_datatype.xlsx")
```

이 프로그램을 실행하면 cellformat_datatype.xlsx라는 엑셀 파일이 생성된다. 파일을 열어보면 다음 그림과 같이 데이터 타입이 표시된다. 이 화면만으로는 의미가 바로 와닿지 않을 것이다. 프로그램의 내용을 확인해보자.

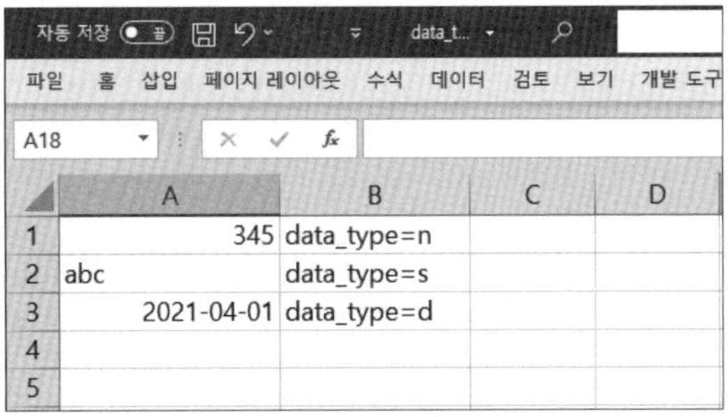

각 셀의 data_type 표시하기

먼저 ❶에서는 셀 A1에 숫자 345를 설정한다. 그리고 셀 B1에 A1의 데이터 타입을 표시한다. 데이터가 숫자일 때는 데이터 타입이 'n'으로 설정된다. 'n'은 'number'를 뜻한다.

❷에서는 셀 A2에 문자열 "abc"를 설정한다. 그리고 셀 B2에 A2의 데이터 타입을 표시한다. 데이터가 문자열일 때는 's'로 설정된다. 's'는 'string'을 뜻한다.

❸에서는 셀 A3에 파이썬의 date 객체인 date(2021, 4, 1)을 설정한다.[6] 역시 B3에는 A3의 데이터 타입을 표시한다. 데이터가 날짜일 때는 'd'로 설정된다. 'd'는 'datetime'을 뜻한다.[7]

이처럼 셀에는 각각의 데이터 타입이 지정된다. 따라서 시트에서 숫자 또는 날짜 데이터만을 추출하고 싶을 때는 data_type 속성값을 활용할 수 있다.

셀 스타일 설정하기

이번에는 셀에 스타일을 넣는 방법을 소개한다. 다음은 셀 B2에 스타일을 설정하는 프로그램이다. 하나의 셀에 동시에 여러 스타일을 적용하고 있으니, 어떤 스타일들이 있는지 찬찬히 살펴보자.

src/ch2/cellformat_style.py

```python
import openpyxl as xl

book = xl.Workbook()
sheet = book.active

# 셀의 너비 설정 --- ❶
sheet.column_dimensions['B'].width = 40
# 셀의 높이 설정 --- ❷
sheet.row_dimensions[2].height = 40

cell = sheet["B2"]
cell.value = "웃음은 만병의 통치약이다"

# 텍스트 배치 설정 --- ❸
from openpyxl.styles.alignment import Alignment
cell.alignment = Alignment(
        horizontal='center', # 수평 위치를 가운데로
        vertical='center') # 수직 위치를 가운데로

# 테두리 설정 --- ❹
from openpyxl.styles.borders import Border, Side
cell.border = Border(
    top=Side(style='thin', color='000000'),    # 위쪽
    right=Side(style='thin', color='000000'), # 오른쪽
    bottom=Side(style='thin', color='000000'),# 아래쪽
    left=Side(style='thin', color='000000'),  # 왼쪽
```

---

6   [옮긴이] datetime 모듈에는 앞에 나왔던 datetime 클래스 외에도 date 클래스, time 클래스 등이 있다. datetime 클래스가 날짜·시간(연, 월, 일, 시, 분, 초)을 인수로 받는 것과 달리 date 클래스는 날짜 데이터(연, 월, 일)만 인수로 받으며 time 클래스는 시간 데이터(시, 분, 초)만 인수로 받는다.

7   [옮긴이] 엑셀에서 '숫자'와 '날짜'는 동일한 '숫자' 데이터 타입이나, openpyxl의 data_type 속성은 이를 n과 d로 구분한다.

```
)

# 글꼴 설정 --- ❺
from openpyxl.styles import Font
cell.font = Font(
    size=14,          # 크기
    bold=True,        # 볼드체
    italic=True,      # 이탤릭체
    color='FFFFFF') # 색상

# 배경색 설정 --- ❻
from openpyxl.styles import PatternFill
cell.fill = PatternFill(
        fill_type='solid', # 전면 채우기
        fgColor='FF0000')  # 빨간색

# 파일 저장
book.save("output/cellformat_style.xlsx")
```

프로그램을 실행하면 다음 그림과 같은 파일이 생성된다.

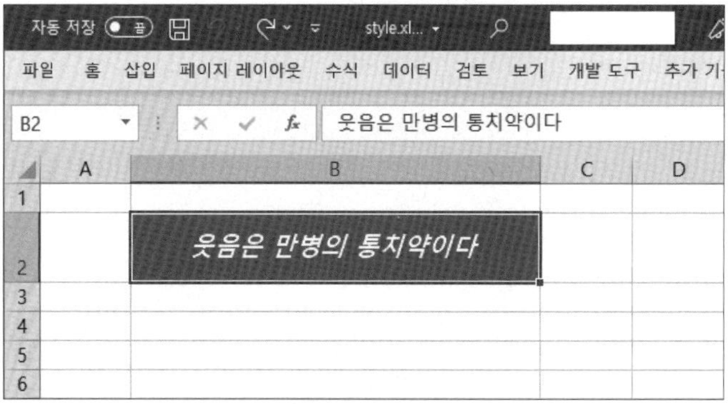

셀에 다양한 스타일을 적용한 결과

프로그램을 확인해보자. ❶에서는 B열의 너비를 40으로 설정한다. ❷에서는 2행의 높이를 40으로 설정한다.

❸에서는 텍스트의 배치alignment를 어디에 맞출지 설정한다. horizontal은 수평 방향(가로)의 배치를 의미하고 vertical은 수직 방향(세로)의 배치를 의미한다.

수평 방향에 설정할 수 있는 값은 center(가운데), left(왼쪽), right(오른쪽) 등이 있다. 수직 방향에 설정할 수 있는 값은 center(가운데), top(위쪽), bottom(아래쪽) 등이 있다.

그 밖에도 Alignment 클래스에는 텍스트를 회전할 수 있는 textRotation, 텍스트 줄바꿈을 할 수 있는 wrapText 등의 옵션이 있다.

❹에서는 테두리border를 지정한다. 테두리를 지정할 때는 상하좌우 네 방향에 대해서 테두리 스타일side를 지정한다. 그리고 테두리 스타일에는 선의 스타일과 색 등을 지정할 수 있다. Side의 style에는 다음 종류의 선을 지정할 수 있다.

실선	thick(굵게), thin(얇게), medium(중간), double(이중)
점선	dashed, dotted, mediumDashDot, mediumDashDotDot, slantDashDot, mediumDashed, dashDotDot, dashDot

❺에서는 글꼴font을 지정한다. 글꼴 크기(size), 굵게(bold), 기울임꼴(italic), 색상(color) 등을 설정할 수 있다.

❻에서는 배경색을 설정한다. 여기서는 PatternFill 클래스를 이용해 빨간색으로 전면을 채우도록 지정했다.

openpyxl 스타일 설정하기

더 자세한 스타일 사용법은 다음 openpyxl 웹 매뉴얼을 참고해보자. 영어로 되어 있지만, 모듈 목록에서 cell에 관련한 모듈을 쭉 살펴보면 전반적으로 메서드와 속성을 보는 눈이 생길 것이다.

다만 이 매뉴얼에는 number_format 서식에 관해서는 자세히 기재되어 있지 않다. 그래서 number_format에 관해서는 이 절에서 자세히 소개했다.

openpyxl 매뉴얼
https://openpyxl.readthedocs.io/

openpyxl의 모듈 목록
https://openpyxl.readthedocs.io/en/stable/api/openpyxl.html

마무리

이상으로 이 절에서는 엑셀의 셀 서식, 스타일, 테두리 등을 지정하는 방법을 알아봤다. 모든 내용을 자세히 다루기에는 내용이 너무 많으므로 여기서는 주요한 내용 중심으로 소개했다. 필요할 때 이 절의 내용을 다시 복습하며 사용 방법을 익혀보자.

파이썬에서 부분 문자열의 위치를 조사할 때는 find() 메서드를 사용한다. 혹은 문자열의 포함 관계만을 조사한다면 in 연산자를 쓸 수도 있다. 여기서는 find() 메서드와 in 연산자의 사용법을 살펴보자.

먼저 find() 메서드는 대상 문자열에 검색 문자열이 포함된다면 시작하는 문자의 인덱스를 알려준다. 검색 문자열이 포함되지 않으면 -1을 반환한다.

```
index = "대상 문자열".find(검색 문자열)
```

in 연산자는 검색 문자열이 대상 문자열에 포함되면 True를, 포함되지 않으면 False를 반환한다.

```
b = "검색 문자열" in "대상 문자열"
```

그렇다면 실제 프로그램을 확인해보자.

src/ch2/test_find_in.py

```python
# 대상이 되는 문자열
target = '0123456789'

# find로 검색 --- ❶
i = target.find('56')
if i >= 0:
    print('(*1) 0부터 시작해서',i,'번째에 있습니다.')
else:
    print('(*1) 문자열이',target,'안에 없습니다.')

# in으로 검색 --- ❷
if '56' in target:
    print('(*2) 문자열이',target,'안에 있습니다.')
else:
    print('(*2) 문자열이',target,'안에 없습니다.')
```

프로그램을 실행하면 다음과 같이 표시된다.

```
(*1) 0부터 시작해서 5 번째에 있습니다.
(*2) 문자열이 0123456789 안에 있습니다.
```

프로그램을 확인해보자. ❶에서는 find() 메서드를, ❷에서는 in 연산자를 사용한다. ❶에서는 검색 문자열이 시작하는 인덱스를 알려주고 ❷에서는 검색 문자열의 포함 여부를 알려준다. 이처럼 둘은 문자열 검색 후 반환하는 정보가 다르니 상황에 맞게 활용해보자.

3

복잡한 엑셀 업무를
자동화해보자

2장에서는 openpyxl을 사용해 엑셀 문서를 읽고 쓰는 기본적인 방법을 배웠다. 3장은 더 나아가 템플릿 활용, 워드와의 연계, PDF 내보내기 등 좀 더 업무와 밀접한 내용을 살펴본다.

엑셀 템플릿 활용하기

윈도우/macOS/리눅스 ★★☆☆☆

2장에서는 신규 문서를 만들 때 처음부터 끝까지 직접 작성했다. 하지만 항상 모든 내용을 직접 작성할 필요는 없다. 이 절에서는 엑셀 문서의 템플릿을 사용하는 방법을 알아보자.

키워드 **엑셀/openpyxl/템플릿(양식)**

템플릿 사용하기

'두 번 일어난 일은 세 번도 일어난다'라는 말이 있다. 이는 업무 현장에서도 통하는 표현이다. 같은 문서를 두 번 연달아 만들었다면 나중에 또 만들게 될 가능성이 높다.

'템플릿template' 또는 '양식'이란 자주 작성하는 서류의 공통부분을 모아둔 틀이다. 템플릿을 만들어두면 나중에 데이터만 채워서 손쉽게 문서를 완성할 수 있다.

예를 들어 '매출 장부' 템플릿에는 어느 달의 매출인지, 합계는 얼마인지, 어떤 상품이 얼마나 팔렸는지 등을 기재하는 공간이 있다.

특히 비즈니스 서류는 특정 양식에 맞춰서 쓸 때가 많다. 2장 마지막 절에서 살펴봤듯이 openpyxl을 사용하면 셀 테두리나 배경색 등의 서식을 변경할 수 있다. 따라서 양식까지도 프로그램으로 작성할 수는 있다.

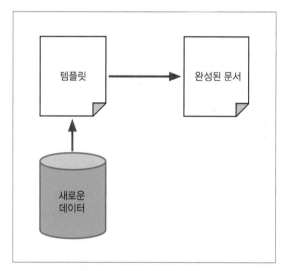

템플릿을 활용해 문서 작성하기

하지만 프로그램으로 문서의 시각적인 요소를 제어하는 일은 상당히 비효율적이다. 따라서 미리 템플릿을 만들어두고, 프로그램에서는 데이터만 변경하도록 동선을 짜면 더 효율적으로 업무를 처리할 수 있다.

청구서 자동 생성: 템플릿에 매출 데이터 넣기

먼저 템플릿을 활용해 청구서를 작성해보자. 여기서는 다음과 같은 invoice-template.xlsx 파일을 사용한다. 이 파일은 예제 폴더 ch3\input 폴더에 들어 있다.

청구서 템플릿(invoice-template.xlsx)

이 엑셀 시트의 빈 곳을 채워서 청구서를 완성해보자. 이번 프로그램은 데이터가 간단하므로 데이터를 직접 코드에 기재해 사용한다.

src/ch3/invoice_simple.py

```python
# 파일명 지정 --- ❶
template_file = './input/invoice-template.xlsx'
save_file = './output/invoice_simple.xlsx'

# 입력 데이터 --- ❷
name = '노명환'
subject = '1월 청구분'
items = [ # 내역
    ['사과', 5, 3200],
    ['바나나', 8, 2100],
    ['메론', 1, 12000]
]

# 템플릿 열기 --- ❸
import openpyxl as excel
```

```
book = excel.load_workbook(template_file)
sheet = book.active

# 템플릿에 성명과 청구 건명 입력 --- ❹
sheet["B4"] = name
sheet["C10"] = subject

# 거래 내역 채우기 --- ❺
total = 0
for i, it in enumerate(items): #--- ❺ⓐ
    summary, count, price = it
    subtotal = count * price
    total += subtotal
    # 시트에 채우기
    row = 15 + i
    sheet.cell(row, 2, summary) #--- ❺ⓑ
    sheet.cell(row, 5, count)
    sheet.cell(row, 6, price)
    sheet.cell(row, 7, subtotal)

# 청구 금액 입력 --- ❻
sheet["C11"] = total

# 파일 저장 --- ❼
book.save(save_file)
```

이 프로그램을 IDLE에서 실행하면 output 폴더에 invoice_simple.xlsx라는 엑셀 파일이 생성된다. 이 파일을 열어보면 다음과 같이 완성된 청구서를 확인할 수 있다.

청구서					
			발행일	■■/■■/■■	
노명환		귀하			
			주식회사 ●●●●		
			서울시 △△△ ■■빌딩 N층		
			전화 : 02-xxx-xxxx		
청구 건명	**1월 청구분**				
청구 금액	**₩44,800**				
내역					
개요			수량	단가	소계
사과			5	₩3,200	₩16,000
바나나			8	₩2,100	₩16,800
메론			1	₩12,000	₩12,000
총계					₩44,800

템플릿을 바탕으로 생성한 청구서(invoice_simple.xlsx)

프로그램을 확인해보자. ❶에서는 템플릿 문서와 생성할 문서의 파일명을 지정한다. ❷에서는 템플릿에 입력할 거래 내역 데이터를 기술한다.

❸에서는 openpyxl 라이브러리를 사용해 템플릿 파일을 연다. ❹에서는 템플릿 시트의 셀 B4, C10에 각각 성명과 청구 건명을 입력한다.

❺에서는 거래 내역 데이터를 시트의 셀 B15 이하에 반복해 채운다. 반복문을 시작하는 ❺a에서는 items 리스트의 데이터를 가져온다. 그리고 ❺b에서는 행과 열의 번호를 지정해 각 셀에 데이터를 입력한다. 그리고 반복문을 돌 때마다 변수 subtotal에 각 항목의 소계를 저장하고, 변수 total에 subtotal을 더해 총계 금액을 구한다. 그리고 마지막으로 ❻에서 청구 금액 총계를 시트의 셀 C11에 입력하고, ❼에서 파일을 저장한다.

한편 ❺a에서는 for 문의 in 이후에 enumerate() 함수를 사용한다. enumerate()를 사용하면 데이터의 값뿐만 아니라 현재 for 문에서 몇 번째 반복하고 있는지도 알 수 있다. 다음 코드에서 enumerate() 함수의 작동을 간단히 확인해보자.

src/ch3/test_enumerate.py

```python
fruits = ["사과", "바나나", "포도"]
for i, v in enumerate(fruits):
    print(i, "=", v)
```

이 프로그램을 실행하면 다음과 같이 for 문의 반복 횟수(0부터 시작)와 데이터를 함께 얻을 수 있다.

```
0 = 사과
1 = 바나나
2 = 포도
```

이처럼 프로그램 invoice_simple.py에서는 enumerate()를 사용해 데이터를 입력할 행 번호를 구했다.

템플릿을 사용했을 때의 이점

이 절에서는 템플릿에 데이터를 입력하는 프로그램을 작성했다. 2장의 허전했던 문서와 달리, 나름대로 보기 좋은 문서가 완성되었다. 템플릿을 사용하는 이점이 여기에 있다.

청구서나 영수증 등의 비지니스 서류는 거래처 측에 정보를 알기 쉽게 전달하는 것이 중요하다. 정보를 나열하기만 한 문서는 눈에 잘 들어오지 않는다. 템플릿을 활용하면 손쉽게 모양을 갖춘 문서를 만들 수 있다. 최근에는 스마트한 기능과 세련된 디자인의 엑셀 템플릿도 많이 배포된다. 그러한 템플릿을 파이썬 프로그래밍과 조합하면 완성도 높은 문서를 빠르게 작성할 수 있다.

TIP 프로그램 앞에 가변 항목을 정리하는 것이 정석

invoice_simple.py에서는 소스 앞부분에 파일명이나 청구 데이터 등의 항목을 기술했다. 이처럼 추후 변경될 수 있는 가변 데이터는 앞쪽에 적어두는 편이 좋다. 나중에 데이터를 변경해야 할 때 빠르게 찾아 교체할 수 있기 때문이다. 스스로 프로그램을 만들 때도 변경이 필요할 법한 항목은 프로그램 앞쪽에 기술해두자.

마무리

이 절에서는 문서 작성에 템플릿을 활용하는 방법을 소개했다. 템플릿을 미리 작성해두고 프로그램으로 데이터를 입력하면 가독성 좋은 문서를 자동 생성할 수 있다. 다음 절에서는 고객 여러 명의 청구서를 작성하기 위해 복수 파일을 다루는 방법을 알아본다.

복수 파일 취합: 고객별 청구서 발행하기(1)

앞에서는 고객 한 명에 대한 청구서를 작성했다. 매출 데이터의 분량도 프로그램 내에 넣을 수 있을 만큼 간단했다. 그런데 고객이 여러 명이고, 매출 데이터가 파일 여러 개 분량이라면 어떻게 해야 할까?

여기서는 복잡한 문제를 단순화해 프로그램으로 작성하는 방법을 안내한다. 그리고 `glob` 모듈을 사용해 복수 파일을 취합하는 프로그램을 작성해본다.

키워드 **엑셀/openpyxl/glob 모듈**

복수 파일을 처리하는 복잡한 문제에 대처하기

업무를 자동화할 때 얻는 이점 중 하나가 복수 파일을 한 번에 처리할 수 있다는 점이다. 단일 파일을 처리할 때도 물론 편리하지만, 파일이 많아질수록 자동화의 효과가 더욱 뚜렷해진다.

이 절에서는 복수 파일을 하나로 취합하는 프로그램을 작성한다. '복수 파일을 취합한다'고 하면 거창해 보이지만, 사실 개별 파일을 연속으로 읽어서 새 파일에 복사하는 데에 지나지 않는다.

이처럼 문제가 어려워 보일 때는 '어떻게 하면 문제를 단순하게 정의할 수 있을까?'라는 관점으로 바라보자. 복잡한 프로그램을 만들 때는 다음 그림과 같이 세부 과정으로 쪼개고 몇 가지 단계로 나눠서 작성한다.

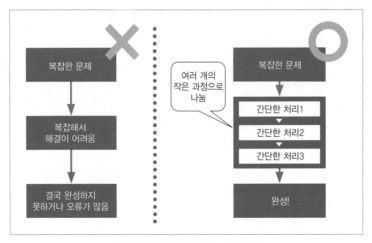

복잡한 문제를 간단하게 정의하기

현실에 어찌하면 좋을지 막막한 문제가 있다면 이를 차근차근 작은 문제로 나눠보자. 그러면 의외로 각각의 문제는 쉽게 해결할 수 있고, 사실은 전체 문제도 그리 대단한 것이 아니었다는 사실을 깨닫게 된다. 복잡한 프로그램을 만들 때도 구현하려는 항목을 작게 쪼개어 하나씩 작성하다 보면 얼마든지 해볼 만한 문제임을 알게 될 것이다.

고객별 청구서 발행 프로그램 작성하기

이러한 문제 해결 방식을 적용해서 이 절과 다음 절에서는 고객별로 청구서를 발행하는 프로그램을 작성한다. 먼저 프로그램의 구체적인 문제 상황을 살펴보자.

> 모 회사에는 부서가 여러 개 있고 부서마다 담당하는 상품이 다르다. 경리부에서는 각 부서의 매출을 통합해 사내 전체 매출을 관리한다. 그래서 월말이 되면 각 부서의 담당자가 당월의 매출을 엑셀에 기재해 경리부에 제출한다.
> 여기부터가 문제다. 월말에 고객별 청구서를 발행하는 시스템을 만들고자 한다. 이때 앞에서 말한 이유로 한 고객이 여러 부서의 상품을 구매할 수도 있다는 점을 고려한다.

여러분이 이 회사의 경리라고 생각해보자. 문제가 쉽게 해결될 듯 보이는가? 그렇지 않다. 어쩐지 상황이 복잡해서 프로그램으로 만들기 까다로워 보인다. 이 문제를 세부 항목으로 쪼개서 살펴보자.

- 고객별로 청구서를 발행하는 시스템을 만든다.
- 청구서는 월말에 각 부서에서 경리부에 제출하는 매출 데이터를 바탕으로 작성한다.
- 한 고객이 여러 부서의 상품을 주문하는 경우도 있다.

세 번째 항목으로 인해 고객 한 명의 정보가 복수 파일에 걸쳐 존재할 수도 있다. 따라서 모든 매출 데이터를 한 곳으로 모은 뒤 각각의 고객 정보를 분류해야 한다. 그리고 분류한 고객 정보를 바탕으로 청구 금액을 집계해 청구서를 작성한다.

프로그램의 얼개가 대략 잡혔으니 이제 문제 해결의 단계를 나눠보자. 여기서는 다음 세 단계에 걸쳐 청구서를 발행할 것이다.

1. 부서별 매출 데이터(엑셀 파일)를 하나의 시트로 취합하기
2. 취합된 시트의 데이터를 고객별로 분류하고 청구 금액 집계하기
3. 집계한 내용을 템플릿에 입력해 고객별 청구서 발행하기

이렇게 구현할 항목을 순서대로 나열해보니 각 항목의 처리는 그리 어렵지 않아 보인다.

이 세 가지 단계를 그림으로 나타내면 다음과 같다. 각각의 처리는 이미 앞에서 살펴봤던 작은 프로그램들과 비슷하다는 점을 알 수 있다.

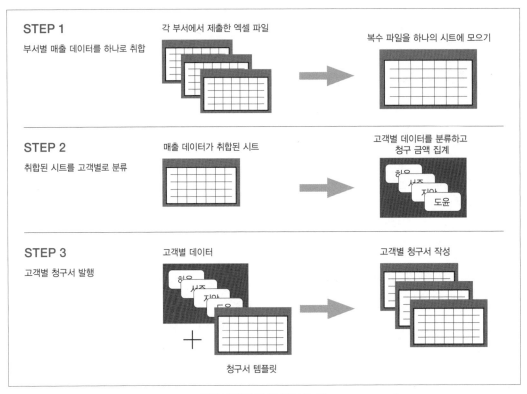

전체 과정을 세 단계로 나누기

이렇게 전체 과정을 세 단계로 나누었다. 이를 커다란 프로그램 안에 순서대로 작성할 수도 있고, 세 개의 작은 프로그램으로 각각 작성할 수도 있다. 여기서는 각 단계를 세 개의 프로그램으로 만든다. 우선 첫 번째 단계에 해당하는 파이썬 프로그램을 만들어보자.

TIP 프로그램의 가독성을 높이자

하나의 커다란 프로그램보다는 기능별로 분할된 짧은 프로그램이 가독성이 더 좋다. 프로그램을 만들 때는 '가독성'과 '유지 보수'를 항상 염두에 두자. 누가 봐도 알기 쉽고 수정하기 쉬운 프로그램을 목표로 만드는 것이다. 프로그래밍의 절반 이상의 시간이 오류 수정과 테스트에 소모된다. 가독성이 좋으면 문제가 발생했을 때 유연하게 대처할 수 있어서 디버깅 시간이 크게 단축된다. 즉, 가독성이 좋고 관리하기 쉬운 코드를 작성하면 목표한 프로그램을 빠르게 완성할 수 있다.

(STEP 1) 부서별 매출 데이터 취합하기

이 절의 최종 목표는 여러 개의 파일에 있는 데이터를 하나의 파일로 모으는 것이다. 그러려면 우선 각 파일의 내용을 읽어야 한다. 하지만 여러 개의 파일을 읽을 때 파일명을 하나하나 기술하기란 상당히 번거롭다. 이 문제를 어떻게 해결하면 좋을까?

파일 목록 가져오기

커맨드라인에는 현재 경로의 파일·폴더 목록을 출력하는 명령어가 있다(윈도우는 `dir`, 맥/리눅스는 `ls`). 파이썬에도 같은 기능을 하는 `glob`이라는 모듈이 있다. `glob` 모듈의 `glob()` 메서드를 사용하면 원하는 경로의 파일·폴더 목록을 한 번에 얻을 수 있다.

간단한 프로그램으로 `glob` 모듈의 작동을 확인해보자. 다음은 프로그램 자신과 같은 경로에 있는 파이썬 파일을 출력하는 예제이다. 이 프로그램과 같이 경로명을 생략하면 현재 작업 디렉터리를 경로로 지정한다.

src/ch3/test_glob.py

```python
import glob

# 파일 목록 가져오기
files = glob.glob("*.py")

# 파일 목록 출력하기
print(files)
```

프로그램을 실행하면 다음과 같이 파이썬 파일 목록이 출력된다(예제 파일 URL에서 파일을 다운로드해 둔 상태라고 가정한다).

```
['csv_card.py', 'csv_read.py', 'csv_read2.py', 'docx_event.py', 'docx_letter.py',
'docx_letter_style.py', 'docx_read.py', … 생략]
```

`glob`의 인수에 경로명과 함께 **와일드카드**(*) 문자를 사용하면 가져오고자 하는 파일의 조건을 구체화할 수 있다. 즉, 와일드카드는 일종의 검색 도구인 셈이다. *.xlsx는 해당 경로에서 .xlsx로 끝나는 모든 파일, 즉 모든 엑셀 파일을 선택한다는 뜻이다. 워드 파일은 *.docx, 파이썬 파일은 *.py와 같이 기술할 수 있다. 또한 특정 확장자 파일이 아니라 해당 폴더에 있는 모든 파일의 목록을 얻고 싶다면 * 또는 *.*와 같이 지정한다.

복수 파일 취합하기

파일 목록을 얻는 방법을 알았으니 이제 복수 파일을 취합하는 프로그램을 만들어보자.

예제 폴더 **ch3/input**의 하위 폴더 **salesbooks**에 각 부서에서 제출한 5개의 엑셀 파일을 미리 준비했다.

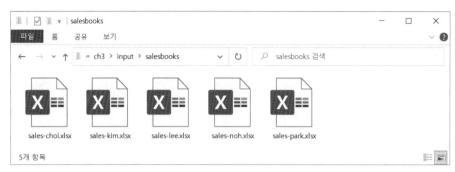

각 부서에서 제출한 엑셀 파일

각 문서에는 다음과 같은 식으로 매출 데이터가 기재되어 있다.

각 부서의 매출 데이터

다음은 엑셀 문서를 순서대로 읽고 내용을 merge_files.xlsx에 복사하는 프로그램이다.

src/ch3/step1_merge_files.py

```
import openpyxl as excel
import glob
```

```python
# 대상 폴더명과 저장할 파일명을 지정
target_dir = './input/salesbooks'
save_file = './output/merge_files.xlsx'

# 메인 처리 --- ❶
def merge_files():
    # 데이터를 취합할 워크북 생성
    book = excel.Workbook()
    main_sheet = book.active
    # 시트에 데이터 취합하기
    enumfiles(main_sheet)
    # 워크북을 파일로 저장
    book.save(save_file)

# 대상 폴더에서 파일 조회하기 --- ❷
def enumfiles(main_sheet):
    # 엑셀 파일 목록 가져오기 --- ❷ⓐ
    files = glob.glob(target_dir + '/*.xlsx')
    # 각 엑셀 문서를 차례로 읽기 --- ❷ⓑ
    for fname in files:
        read_book(main_sheet, fname)

# 문서를 열어서 내용을 시트에 복사하기 --- ❸
def read_book(main_sheet, fname):
    print("read:", fname)
    # 엑셀 문서 열기 --- ❸ⓐ
    book = excel.load_workbook(fname, data_only=True)
    sheet = book.active
    # 매출 데이터가 있는 범위 읽기 --- ❸ⓑ
    rows = sheet["A4":"F999"]
    for row in rows:
        # 행을 리스트에 저장하기 --- ❸ⓒ
        values = [cell.value for cell in row]
        if values[0] is None: break
        print(values)
        # 메인 시트에 한 행 복사 --- ❸ⓓ
        main_sheet.append(values)

# 메인 프로그램 실행 --- ❹
if __name__ == "__main__":
    merge_files()
```

프로그램을 실행하면 파이썬 셸에 파일 이름과 복사한 데이터가 차례로 출력된다. 그리고 취합된 데이터가 merge_files.xlsx에 저장된다.

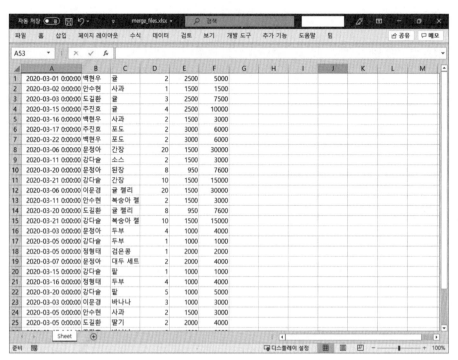

복수 파일의 데이터를 하나의 엑셀 시트에 취합한 모습

프로그램을 확인해보자. ❶에서는 프로그램의 시작 부분인 메인 처리를 merge_files()에 기술한다. 그리고 다른 함수 정의가 다 끝난 뒤에 ❹에서 호출된다. 함수 내용부터 확인해보자. 먼저 신규 문서를 생성하고 활성 시트를 가져온다. 그리고 시트를 enumfiles() 함수에 전달한다. enumfiles() 처리가 끝난 뒤에는 완성된 문서를 save() 메서드로 파일에 저장한다.

그런데 한 가지 의문이 생긴다. 왜 메인 처리를 바로 작성하지 않고, 굳이 merge_files() 함수에 넣어서 호출하는 걸까? 그 이유는 이 프로그램을 나중에 모듈로 사용하기 위해서이다. 외부 프로그램에서 이 프로그램을 실행해 취합된 매출 문서를 얻고 싶을 수도 있다. 그럴 때는 이 모듈을 import 문으로 읽어 merge_files() 함수를 호출하면 전체가 실행된다. 하지만 외부 프로그램에서 모듈로 읽었을 때는 ❹의 코드는 실행되지 않는다. 그 이유는 아래에서 살펴보자.

❷의 enumfiles() 함수는 이 프로그램의 핵심이다. 먼저 merge_files() 함수에서 시트를 전달받고 파일명 리스트를 생성한 뒤에 read_book() 함수에 시트와 파일명을 전달한다. 구체적으로 보면 ❷a에서는 glob() 함수를 사용해 대상 폴더에 있는 엑셀 파일명을 가져온다. ❷b에서는 for 문에서 read_book() 함수에 파일명을 하나씩 전달한다. 이처럼 glob() 메서드를 이용하면 복수 파일명을 하나하나 지정할 필요 없이 간편하게 연속 처리를 기술할 수 있다.

❸의 read_book() 함수는 실제로 엑셀 파일을 열어서 데이터를 복사하는 부분이다. 먼저 ❸ⓐ에서는 전달받은 파일명으로 해당 문서를 열고 데이터가 적힌 시트를 가져온다. 이때 data_only = True라고 매개변수를 지정하면 서식이 계산된 값을 받을 수 있다. ❸ⓑ에서는 시트의 셀 A4~F999 범위의 행을 리스트 rows로 가져온다. 그리고 for 문에서 rows를 한 행씩 읽는다. 데이터 읽기에 관해서는 2장에서 자세하게 다뤘다. ❸ⓒ에서는 리스트 컴프리헨션을 활용해 행 데이터를 리스트로 가져온다. 만약 데이터가 없는 빈 행이 나오면 for 문을 빠져나간다. 그리고 ❸ⓓ에서는 main_sheet에 데이터를 복사한다.

마지막으로 ❹에서는 앞에서 기술한 merge_files() 함수를 호출한다. 그런데 조금 낯선 조건식이 붙어 있다. 조건식을 보면 __name__의 값이 __main__일 때만 메인 처리를 호출한다. 이 조건식 덕분에 이 프로그램을 단독으로 사용할 수도 있고 모듈로 재사용할 수도 있다.

__name__은 파이썬에서 미리 약속된 글로벌 변수이다. 이 변수에 들어가는 값은 이미 정해져 있다. 만약 F5 키를 눌러서 이 프로그램을 파이썬 인터프리터로 실행하면 if 문의 __name__에는 __main__이라는 값이 들어간다. 혹은 외부에서 이 프로그램을 모듈로 읽으면 if 문의 __name__에는 step1_merge_files라는 프로그램명이 들어간다. 그래서 모듈로 사용될 때는 ❹의 호출이 실행되지 않는다. 대신에 외부 프로그램에서 원하는 시점에 merge_files() 함수를 호출해 메인 처리를 실행할 수 있다. 외부에서 이 프로그램을 모듈로 사용하는 예시는 다음 절에서 소개한다.

마무리

이 절의 앞부분에서는 프로그램을 만들 때 활용할 수 있는 문제 해결 방법을 소개했다. 어떤 뛰어난 프로그래머도 커다란 문제를 갑자기 해결할 수는 없다. 우선 큰 문제를 작은 문제로 나누고, 이를 순서에 맞게 조립하다 보면 어느새 프로그램이 완성된다. 이 절의 뒷부분에서는 복수 파일을 취합하는 프로그램을 만들었다. 프로그램을 모듈로 활용하는 장치는 다음 프로그램에서도 계속 사용하므로 눈에 익혀두자. 다음 절에서는 청구서 프로그램의 나머지 부분을 계속해서 작성한다.

대응 OS 윈도우/macOS/리눅스 난이도 ★★★★☆

3-2절에서는 복수 파일의 데이터를 한 파일로 모으는 내용까지 살펴봤다. 이 절에서는 고객별 매출 데이터를 집계해 청구서를 작성하는 방법을 소개한다.

키워드 엑셀/openpyxl/데이터 집계/딕셔너리/JSON/배치 파일

고객별로 나눠서 데이터 집계하기

앞 절에서는 매출 데이터를 하나의 파일로 취합했다. 이 절에서는 취합한 데이터를 고객별로 분류하고 청구 금액을 집계하는 프로그램을 작성해보자. 여기서 핵심은 데이터를 분류할 때 **딕셔너리 자료형**을 사용한다는 점이다.

딕셔너리 자료형(부록 A-3 참고)은 여러 개의 **키**key **-** **값**value 항목을 가질 수 있는 자료형이다. 인덱스로 값을 조회하는 리스트와 달리 딕셔너리는 키를 지정해 값을 조회한다.

이 절에서는 오른쪽 그림과 같이 고객명을 '키', 구매 내역을 '값'으로 해 고객별 데이터를 딕셔너리에 저장한다.

이렇게 데이터를 분류한 뒤에 고객별 소계를 합산하면 총 청구 금액을 구할 수 있다.

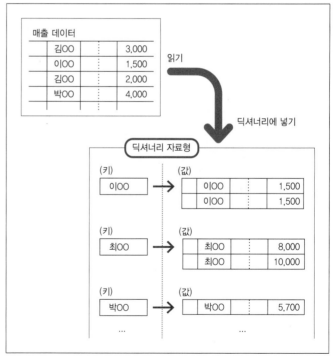

고객 정보 분류하기

간단한 집계 프로그램 만들기

3-2절에서 취합한 매출 데이터는 양이 많아서 프로그램의 흐름을 바로 좇아가기가 어렵다. 정식 데이터로 집계를 하기 전에 작은 데이터로 프로그램의 흐름을 먼저 살펴보자.

다음은 **매출 명세**를 나타낸 간단한 2차원 리스트이다. 매출 엑셀 시트에서 **고객명**과 **거래 금액**에 해당하는 각 행의 데이터를 리스트로 추출한 상태라고 가정하자.

```
dummy_data = [
    ["이영희", 300],
    ["이영희", 600],
    ["이영희", 200],
    ["박철수", 300],
    ["박철수", 200]
]
```

이 데이터를 가지고 어떻게 청구 금액을 구하면 좋을까? 먼저 고객명으로 데이터를 분류한다. 이름을 키로, 행 데이터를 값으로 하는 딕셔너리를 만드는 것이다. 그리고 딕셔너리 한 항목에 대해 거래 금액을 합산해 출력한다. 다음 프로그램에서 구체적으로 확인해보자.

src/ch3/test_dict.py

```
# 더미 데이터
dummy_data = [
    ["이영희", 300],
    ["이영희", 600],
    ["이영희", 200],
    ["박철수", 300],
    ["박철수", 200]
]

# 데이터 분류하기 --- ❶
users = {} # 딕셔너리 변수 초기화 --- ❶a
for row in dummy_data:
    name = row[0] # row에서 고객명 가져오기
    # 고객명이 처음 나왔다면 딕셔너리에 추가 --- ❶b
    if name not in users:
        users[name] = [] # 키: 고객명, 값:빈 리스트
    # 리스트에 row 추가--- ❶c
    users[name].append(row)

# 고객별 집계 --- ❷
for name, rows in users.items():
    print(rows)    # 집계 대상 데이터를 표시
    total = 0
```

```
    for row in rows:      # 고객의 거래 금액 합산 --- ②a
        total += row[1]
    print(name, total) # 결과 출력
```

이 프로그램을 IDLE에서 열어 실행하면 다음과 같이 고객별 총 거래 금액이 출력된다.

```
[['이영희', 300], ['이영희', 600], ['이영희', 200]]──── print(rows)의 출력 결과
이영희 1100 ──────────────────────────────┤
[['박철수', 300], ['박철수', 200]] ──────────┘
박철수 500 ────────────────────────── print(name, total)의 출력 결과
```

먼저 프로그램의 큰 흐름부터 살펴보자. ❶ 이하에서는 기존 데이터를 분류해 고객명을 키로 하는
딕셔너리를 얻는다. 그리고 ❷ 이하에서는 딕셔너리 데이터를 바탕으로 고객별 거래 금액을 합산한다.

❶에서는 고객별로 데이터를 나누고자 딕셔너리 변수 users를 초기화한다. 그리고 for 문으로 리스
트의 모든 행을 읽는다. 고객명은 row의 첫 번째 요소이기 때문에 row[0]을 name에 받아온다. 그리
고 ❶a에서는 고객명이 users의 키로 등록되어 있는지 조사한다. 만약 해당 키가 없다면 딕셔너리에
고객명(key)-빈 리스트(value) 쌍을 추가한다. 그리고 ❶b에서는 users[name] 리스트에 row(리스트)
를 추가한다. 리스트.append(리스트)와 같이 쓰면 리스트의 요소로 리스트가 추가되어 2차원 리
스트가 된다.

이어서 ❷에서는 고객별 거래 금액을 합산한다. 딕셔너리.items()는 딕셔너리의 모든 키-값 쌍을
튜플로 묶어서 반환한다. 이를 for 문과 함께 쓰면 (key, value) 튜플을 하나씩 꺼내 쓸 수 있다.
여기에서는 for 문에 변수를 2개 사용해 key와 value를 각각 name, rows에 받아온다. 그리고 ❷a에
서 rows의 두 번째 요소(거래 금액)를 합산해 청구 금액을 구한다.

> **TIP 좀 더 간단하게 딕셔너리 생성하기**
>
> 앞의 프로그램에서는 고객 정보를 딕셔너리에 넣은 뒤에 거래 금액을 합산했다. 하지만 청구 금액만 구할 뿐이라
> 면 더 간단히 처리할 수 있다. 다음 코드와 같이 딕셔너리 값(value)을 0으로 설정해두고, for 문을 돌 때마다
> 값에 소계를 더하도록 하면 딱 한 행으로 처리할 수 있다.
>
> ```
> >>> dummy_data = [["이영희", 300], ["이영희", 600], ["이영희", 200],
>         ["박철수", 300], ["박철수", 200]]
> >>> total = {"이영희":0, "박철수":0}
> >>> for name, value in dummy_data: total[name] += value #--- ❶
> >>> total
> {'이영희': 1100, '박철수': 500}
> ```

(STEP 2) 고객별 청구 금액 집계하기

앞에서는 작은 데이터로 고객 2명의 청구 금액을 구했다. 이제 3-2절에서 취합한 merge_files.xlsx를 바탕으로 전체 고객의 청구 금액을 구하는 프로그램을 작성해보자.

	A	B	C	D	E	F
1	2020-03-01 0:00:00	백현우	귤	2	2500	5000
2	2020-03-02 0:00:00	안수현	사과	1	1500	1500
3	2020-03-03 0:00:00	도길환	귤	3	2500	7500
4	2020-03-15 0:00:00	주진호	귤	4	2500	10000
5	2020-03-16 0:00:00	백현우	사과	2	1500	3000
6	2020-03-17 0:00:00	주진호	포도	2	3000	6000
7	2020-03-22 0:00:00	백현우	포도	2	3000	6000
8	2020-03-06 0:00:00	문정아	간장	20	1500	30000
9	2020-03-11 0:00:00	강다슬	소스	2	1500	3000
10	2020-03-20 0:00:00	문정아	된장	8	950	7600
11	2020-03-21 0:00:00	강다슬	간장	10	1500	15000
12	2020-03-06 0:00:00	이문경	귤 젤리	20	1500	30000
13	2020-03-11 0:00:00	안수현	복숭아 젤i	2	1500	3000
14	2020-03-20 0:00:00	도길환	귤 젤리	8	950	7600
15	2020-03-21 0:00:00	강다슬	복숭아 젤i	10	1500	15000
16	2020-03-03 0:00:00	문정아	두부	4	1000	4000
17	2020-03-05 0:00:00	강다슬	두부	1	1000	1000
18	2020-03-05 0:00:00	정형태	검은콩	1	2000	2000
19	2020-03-07 0:00:00	문정아	대두 세트	2	2000	4000
20	2020-03-15 0:00:00	강다슬	팥	1	1000	1000
21	2020-03-16 0:00:00	정형태	두부	4	1000	4000
22	2020-03-20 0:00:00	강다슬	팥	5	1000	5000
23	2020-03-03 0:00:00	이문경	바나나	3	1000	3000
24	2020-03-05 0:00:00	안수현	사과	2	1500	3000
25	2020-03-05 0:00:00	도길환	딸기	2	2000	4000
26	2020-03-07 0:00:00	주진호	바나나	8	1000	8000

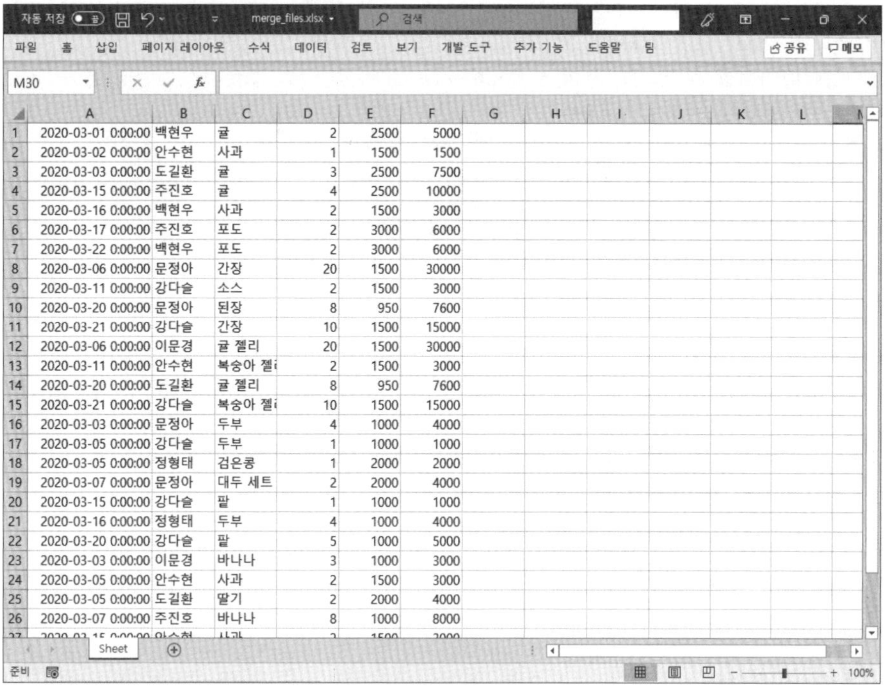

집계할 매출 취합본

src/ch3/step2_split_data.py

```
import openpyxl as excel, json
# 입출력 파일을 지정
in_file = './output/merge_files.xlsx'
out_file = './output/split_data.json'

# 메인 처리 --- ❶
def split_data():
    # 입력 파일을 분류해 딕셔너리에 저장 --- 1a
    users = read_and_split(in_file)
    # 고객별 데이터 집계 --- 1b
    result = {}
    for name, rows in users.items():
        result[name] = calc_user(rows)
        print(name, result[name]['total'])
    # 출력 파일(.json)에 결과를 저장 --- 1c
    with open(out_file, "wt") as fp:
```

```
            json.dump(result, fp)

# 고객명을 키로 하는 딕셔너리를 반환 --- ❷
def read_and_split(in_file):
    users = {} # 딕셔너리 변수 초기화
    sheet = excel.load_workbook(in_file).active # 문서를 열고 시트 가져오기
    # 시트의 모든 행 읽기 --- ❷ⓐ
    for row in sheet.iter_rows():
        # 행 데이터를 리스트에 저장 --- ❷ⓑ
        values = [col.value for col in row]
        # 고객명이 처음 나왔다면 딕셔너리에 요소 추가(키:고객명, 값:빈 리스트)
        name = values[1]
        if name not in users: users[name] = []
        # 행 데이터를 딕셔너리의 값인 리스트에 추가 --- ❷ⓒ
        users[name].append(values)
    return users

# 고객 한 명의 집계 결과 반환 --- ❸
def calc_user(rows):
    total = 0 # 총 금액을 저장할 int 변수
    items = [] # 거래 내역을 저장할 리스트 변수
    # 금액 집계하기 --- ❸ⓐ
    for row in rows:
        # 청구서에 필요한 항목만 추출·가공해 리스트에 추가
        date, _, item, cnt, price, _ = row
        date_s = date.strftime('%m/%d') # --- ❸ⓑ
        items.append([date_s, item, cnt, price])
        # 총 금액 계산 --- ❸ⓒ
        total += cnt * price
    # 거래 내역 및 거래 금액을 딕셔너리로 반환
    return {'items': items, 'total': total}

if __name__ == "__main__":
    split_data() # 메인 처리를 실행
```

프로그램을 실행해보자. 매출 데이터가 집계되어 IDLE 셸 창에 고객별 청구 금액이 오른쪽 그림과 같이 출력된다. 또한 이 결과가 JSON 파일로 저장된다. JSON 형식에 대해서는 뒤에서 따로 설명한다.

```
IDLE Shell 3.9.6
File  Edit  Shell  Debug  Options  Window  Help
Python 3.9.6 (tags/v3.9.6:db3ff76, )
Type "help", "copyright", "credits" or
>>>
======= RESTART: C:₩automation_
백현우 14000
안수현 10500
도길환 19100
주진호 34000
문정아 45600
강다슬 40000
이문경 33000
정형태 6000
신준영 5700
>>>
```

**매출 데이터를 고객별로 분할해
청구 금액을 출력**

프로그램의 큰 흐름을 살펴보자. 전체 흐름은 앞에서 살펴본 프로그램과 비슷하게 ❷에서 고객별로 데이터를 분류하고 ❸에서 청구 금액을 구하는 순서로 되어 있다.

자세하게 살펴보자. ❶ⓐ에서는 read_and_split() 함수를 실행해 그 반환값을 딕셔너리 변수 users에 받는다. ❶ⓑ에서는 for 문을 통해 딕셔너리를 한 쌍씩 조회한다. result 딕셔너리 변수에는 calc_user() 함수로 고객 데이터를 집계한 결과를 가져온다. 셸 창에는 거래 금액을 출력하고, ❶ⓒ에서는 거래 내역을 JSON 파일에 저장한다.

❷의 read_and_split()는 취합 문서를 입력받아 딕셔너리 데이터를 반환하는 함수이다. 함수 초반에는 먼저 users 딕셔너리를 초기화하고, 문서를 열어 활성 시트를 가져온다. ❷ⓐ에서는 for 문과 iter_rows() 메서드(2-5절 참고)를 조합해 시트의 모든 행을 읽는다. ❷ⓑ에서는 시트의 한 행을 리스트 values에 저장한다. 고객명은 리스트의 두 번째 요소이기 때문에 values[1]를 name에 가져온다. 만약 고객명(key)이 users에 등록되지 않았다면 '고객명: 빈 리스트' 쌍을 추가한다. 그리고 ❷ⓒ에서는 users[name] 리스트에 values(리스트)를 append() 메서드를 통해 추가한다.

❸의 calc_user() 함수는 고객 한 명의 데이터를 받아 집계 결과를 반환한다. ❸ⓐ 이하에서는 for 문에서 고객의 거래 데이터를 한 행(날짜, 이름, 품목, 수량, 단가, 소계)씩 가져와서 필요한 항목(날짜, 품목, 수량, 단가)만 추출한다. ❸ⓑ에서는 strftime() 메서드(1-5절 참고)를 이용해 날짜를 '월/일' 형식으로 가공한다. 그리고 그 결과를 리스트로 만들어 items 리스트에 추가한다. ❸ⓒ에서는 소계 금액을 계산해 total 변수에 합산한다.

JSON 형식에 관해서

앞의 프로그램의 calc_user()에서는 청구 금액(total)과 청구서에 기재할 내역(items)을 딕셔너리로 반환했다({'items': items, 'total': total}). 그리고 메인 처리 split_data()에서는 이 반환값을 다시 고객명을 키로 하는 result 딕셔너리에 담는다. result는 {고객명:{'items': items, 'total': total}…}과 같이 딕셔너리가 2개 중첩된 형태가 된다. 그리고 result 딕셔너리는 JSON 파일로 저장된다. 이 JSON 데이터를 JSON 뷰어로 확인해보면 다음과 같이 표시된다.

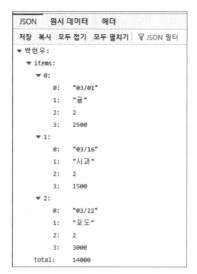

파이어폭스에서 split_data.json을 확인한 모습

이는 파이어폭스 브라우저에서 JSON 파일을 연 모습이다. 파이어폭스에는 내장 JSON 뷰어가 있어서 이처럼 JSON을 볼 수 있다.[1]

크롬 브라우저에서는 확장 프로그램 **JSON Viewer**를 설치하면 JSON 데이터를 트리 형태로 볼 수 있다.

> **JSON Viewer**
> https://github.com/pd4d10/json-viewer

크롬 웹 스토어 JSON Viewer 페이지

1 　[옮긴이] 파이어폭스에서 JSON 뷰어가 활성화되지 않았다면 주소창에 `about:config`를 입력하여 설정 페이지로 들어간다. 검색창에 `devtools.jsonview.enabled`를 입력하면 JSON 뷰어를 활성화할 수 있는 버튼이 뜬다(설정값이 `false`로 되어 있다면 더블클릭하여 `true`로 변경한다).

단, 로컬에 있는 JSON 파일을 열려면 '확장 프로그램 관리(주소창 chrome://extensions)'의 JSON Viewer 설정에서 '파일 URL에 대한 액세스 허용'을 체크해야 한다.

파일 URL에 대한 액세스 허용

JSON 형식은 원래 자바스크립트에서 구조화된 데이터를 나타내는 표기법이었다. 하지만 현재는 여러 프로그래밍 언어에서 데이터를 교환할 때 사용하는 범용적인 데이터 형식이 되었다. 파이썬 데이터를 파일로 저장할 때도 유용하다. 파이썬 자료형으로 정의된 숫자·문자열·리스트·딕셔너리 등의 형식을 깨뜨리지 않고 그대로 파일에 저장할 수 있다.

앞에서 생성한 JSON 파일 split_data.json을 JSON 뷰어로 열어보자.

JSON 원시 데이터 헤더

저장 복사 모두 접기 모두 펼치기 | ▽ JSON 필터
백현우:
  ▶ items: [...]
     total: 14000
▼ 안수현:
  ▶ items: [...]
     total: 10500
▼ 도길환:
  ▶ items: [...]
     total: 19100
▼ 주진호:
  ▶ items: [...]
     total: 34000
▼ 문정아:
  ▶ items: [...]
     total: 45600
▼ 강다슬:
  ▶ items: [...]
     total: 40000
▼ 이문경:
  ▶ items: [...]
     total: 33000
▼ 정형태:
  ▶ items: [...]
     total: 6000
▼ 신준영:
  ▶ items: [...]
     total: 5700

고객별 거래 데이터가 딕셔너리 형식으로 저장된 모습

딕셔너리로 저장한 고객별 데이터가 모양 그대로 JSON 파일에 저장된 모습을 확인할 수 있다. 이처럼 파이썬 고유의 자료형도 JSON 파일로 저장할 수 있음을 기억해두자.

(STEP 3) 고객별 청구서 발행하기

다음 단계로 넘어가보자. 이제 청구서에 필요한 재료는 모두 준비되었다. 고객별 청구 데이터 split_data.json을 템플릿 invoice-template.xlsx에 넣어 청구서를 완성해보자.

청구서 템플릿(invoice-template.xlsx)

그렇다면 프로그램을 작성해보자.

src/ch3/step3_fill_template.py

```python
import openpyxl as excel, json, os, datetime

# 각종 설정 --- ❶
# 입력 파일 지정 --- ❶a
template_file = './input/invoice-template.xlsx'
in_file = './output/split_data.json'

# 청구 월 및 저장 폴더 지정--- ❶b
month = 3
out_dir = './output/invoice_'+str(month)
subject = str(month)+"월 청구분"
if not os.path.exists(out_dir): os.mkdir(out_dir) # 폴더 생성

# 발행 일자 지정 --- ❶c
issue_date = datetime.datetime(2022, 4, 1).strftime('%Y/%m/%d')

# 메인 처리 --- ❷
def fill_template():
    # JSON 파일 읽기 --- ❷a
    with open(in_file, "rt") as fp:
        users = json.load(fp)
    # 고객별 청구서 작성 --- ❷b
    for name, data in users.items():
        generate_invoice(name, data)

# 템플릿에 데이터를 채우고 저장 --- ❸
```

```
def generate_invoice(name, data):
    # 템플릿 열기 --- ③a
    book = excel.load_workbook(template_file)
    sheet = book.active
    # 시트에 고객명, 청구 건명, 청구 금액 입력 --- ③b
    sheet["G3"] = issue_date
    sheet["B4"] = name
    sheet["C10"] = subject
    sheet["C11"] = data["total"]
    # 거래 내역을 반복해 채우기 --- ③c
    for i, it in enumerate(data['items']):
        date, summary, cnt, price = it
        row = 15 + i
        sheet.cell(row, 2, summary+'('+date+')')
        sheet.cell(row, 5, cnt)
        sheet.cell(row, 6, price)
        sheet.cell(row, 7, cnt*price)
    # 청구서를 파일로 저장 --- ③d
    out_file = out_dir+'/' + name + ' 귀하.xlsx'
    book.save(out_file)
    print("save: ", out_file)

if __name__ == "__main__":
    fill_template() # 메인 처리 실행 --- ④
```

이 프로그램을 실행하면 invoice_3이라는 폴더를 만들고 그 안에 고객별 청구서를 생성한다. 프로그램을 실행하면 다음과 같이 청구서 파일이 **(고객명) 귀하.xlsx**라는 이름으로 생성된다.

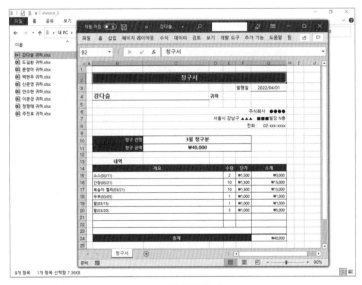

프로그램을 실행한 결과

프로그램을 확인해보자. 내용이 많아 보여도 전체 구조는 3-1절의 invoice_simple.py와 거의 비슷하다. 먼저 템플릿 문서를 읽고 거기에 고객 청구 데이터를 쓴 뒤 새 파일로 저장한다. 단, 이 프로그램은 JSON 데이터를 입력받고 복수의 청구서를 생성한다.

❶에서는 각종 가변 항목들을 설정한다. ❶ⓐ에서는 입력 파일을 지정한다. ❶ⓑ에서는 청구 월을 지정하고, 이 값을 청구 건명과 저장 폴더명에 사용한다. if 문으로 시작하는 부분은 저장 폴더가 이미 있는지 검사하고, 없다면 폴더를 생성하는 부분이다(os 모듈을 사용하는 내용은 3-4절의 칼럼에서 다시 다룬다). ❶ⓒ에서는 청구서 발행 일자를 설정하고 원하는 날짜 형식을 지정한다.

❷의 fill_template() 함수에서는 메인 처리를 기술한다. ❷ⓐ에서는 내장함수 open()을 사용해 JSON 파일을 읽는다. json 모듈의 load() 함수를 사용하면 JSON 파일을 파이썬 데이터형으로 읽을 수 있다. users에는 딕셔너리 데이터가 저장된다. 그리고 ❷ⓑ에서는 for 문으로 users의 데이터를 하나씩 가져와서 청구서를 작성하는 generate_invoice()에 전달한다.

❸의 generate_invoice()는 템플릿 문서를 읽고 청구서를 지정한 폴더에 저장하는 함수이다. ❸ⓐ에서는 템플릿 문서를 읽는다. ❸ⓑ에서는 시트의 기재란에 각각 발행일, 고객명, 청구 건명, 청구 금액을 입력한다. 그리고 ❸ⓒ에서는 거래 내역 부분을 반복해 채운다. ❸ⓓ에서는 **(고객명) 귀하.xlsx**라는 이름으로 완성한 청구서를 파일로 저장한다.

마지막으로 ❹에서는 메인 처리 함수를 실행한다.

> **TIP** 청구서 자동 생성 시 유의점
>
> 이 프로그램처럼 매달 문서를 자동 생성할 때는 저장 폴더에 신경 쓰자. 저장 폴더를 구분하지 않는다면, 월별 청구서가 섞여서 청구서가 잘못 전송되는 등의 실수가 발생할 수 있다. 1년 치 이상의 청구서를 생성한다면, 저장 폴더명에 연도를 포함해 파일이 섞이거나 덮어쓰기가 되지 않도록 조치해두자.

세 단계를 한 번에 실행하기

3-2절과 이번 절에 걸쳐서 세 개의 프로그램을 만들었다. 복잡한 프로그램도 이렇게 단계별로 나누면 가독성이 좋아지고 문제 해결도 한결 쉬워진다.

그런데 청구서 발행처럼 정기적인 업무라면 매번 세 개의 프로그램을 순서대로 실행하기가 번거로워진다. 따라서 프로그램을 단계별로 쪼갰을 때는 이를 하나의 프로그램처럼 실행할 수 있는 장치가 필요하다.

윈도우: 배치 파일 이용하기

그럴 때 몇 가지 해결책이 있다. 가장 간단한 방법은 **배치 파일**을 사용하는 것이다. 윈도우에서는 three_step.bat와 같이 확장자가 .bat인 파일을 생성하고 거기에 각 파이썬 프로그램을 실행하는 명령어를 작성한다.

다음은 앞에서 작성한 step1_merge_files.py, step2_split_data.py, step3_fill_template.py 세 개의 파이썬 파일을 순차 실행하는 배치 파일이다.

src/ch3/three_step.bat

```
REM --- 3개의 파이썬 프로그램을 연속으로 실행 ---
python3 step1_merge_files.py
python3 step2_split_data.py
python3 step3_fill_template.py

PAUSE
```

배치 파일을 더블클릭하면 가장 윗줄의 명령어부터 순서대로 처리된다. 이는 커맨드라인에 세 명령어를 차례대로 입력할 때와 동일하게 작동한다.

배치 파일을 실행한 결과

배치 파일을 예제 파일 URL에서 다운로드한 경우, 인터넷에서 받은 배치 파일은 바로 실행하지 못하도록 차단되어 있으므로 먼저 차단을 풀어야 한다. 탐색기에서 파일을 우클릭하고 [속성 〉 일반] 탭의 하단에 있는 [보안] 항목에서 [차단 해제]에 체크한다.

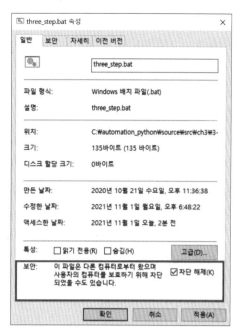

배치 파일 설정 변경

그렇다면 배치 파일의 내용을 한번 살펴보자. 1행의 REM은 주석 표시를 의미한다. 2행부터 4행까지는 python3 (프로그램명)의 형태로 명령어가 적혀 있다. 이는 파이썬을 이용해 프로그램을 실행한다는 의미이다. 마지막의 PAUSE는 아무 키나 누를 때까지 다음 처리를 중지한다는 뜻이다. 여기서 PAUSE를 쓰지 않으면 파이썬 프로그램 3개가 실행되고 배치 스크립트가 바로 종료되지만, PAUSE를 사용하면 '계속하려면 아무 키나 누르십시오'라는 문구가 뜨고 대기 상태에 들어간다. 키를 누르면 스크립트가 종료되고 cmd 창이 닫힌다.

macOS/리눅스: 셸 스크립트 이용하기

macOS와 리눅스에서는 셸 스크립트를 사용할 수 있다. 배치 파일과 코드도 거의 비슷하다. 먼저 텍스트 편집기에서 다음 코드를 입력하고 three_step.sh라는 이름으로 저장한다.

src/ch3/three_step.sh

```sh
#!/bin/sh
# --- 3개의 파이썬 프로그램을 연속으로 실행 ---
python3 step1_merge_files.py
python3 step2_split_data.py
python3 step3_fill_template.py
```

먼저 터미널을 실행하고 **cd** 명령어로 현재 디렉터리를 프로그램이 있는 경로로 변경한다. 그리고 **chmod +x three_step.sh** 명령어를 실행해 셸 스크립트에 실행 권한을 부여한다. 그다음 **./three_step.sh**를 입력하고 [Enter] 키를 누르면 스크립트가 실행된다.

각 파이썬 파일을 모듈로써 사용하기

배치 파일과 셸 스크립트를 사용하지 않고도 프로그램을 한 번에 실행할 방법이 있다. 바로 파이썬의 모듈 구조를 활용하는 것이다. 파이썬은 프로그램을 모듈 단위로 작성하고 이를 **import**로 다른 프로그램에서 불러올 수 있다. 앞에서 잠깐 언급했듯이 지금까지 작성한 단계별 프로그램은 모듈로 사용할 수 있도록 만들어졌다. 이 방법은 OS 구분 없이 파이썬이 구동되는 환경이라면 사용할 수 있다.

다음 파이썬 프로그램을 실행하면 세 개의 단계를 한 번에 실행할 수 있다.

src/ch3/three_step.py

```
# 세 개의 프로그램을 모듈로 가져온다.
import step1_merge_files, step2_split_data, step3_fill_template

# 모듈의 함수를 실행
step1_merge_files.merge_files()       # --- ❶ 부서별 매출 파일을 하나로 취합
step2_split_data.split_data()         # --- ❷ 데이터를 고객별로 분할해 집계
step3_fill_template.fill_template()   # --- ❸ 고객별 청구서를 작성
```

IDLE에서 프로그램을 실행해보자. 다음 그림과 같이 세 개로 나눠진 프로그램이 한 번에 실행되는 모습을 볼 수 있다.

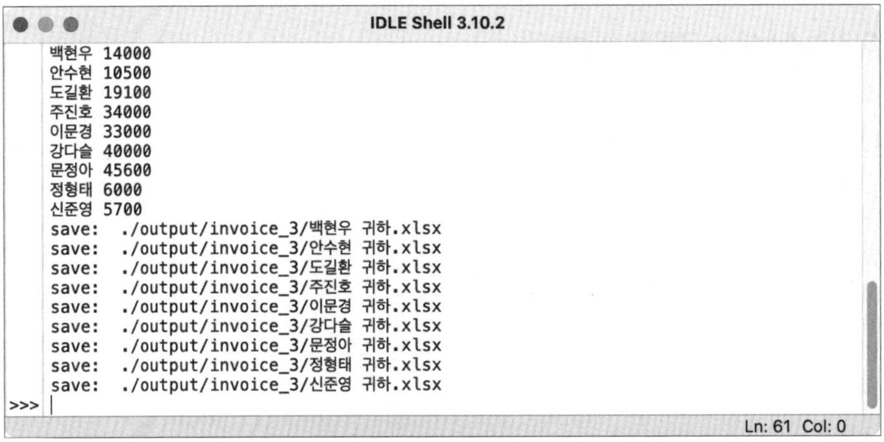

모듈로써 실행하기

마무리

이상으로 3-2절과 3-3절에 걸쳐 고객별 청구서를 발행하는 프로그램을 완성했다. 이렇게 완성한 단계별 프로그램을 한 번에 실행하는 방법도 살펴봤다. 앞으로 규모가 있는 프로그램을 만났을 때는 여기서 사용했던 문제 해결 과정을 힌트로 삼아 어떻게 단계를 나눌 수 있을지 궁리해보자.

> **TIP** 임의의 폴더 경로 얻기
>
> 이 책에서는 종종 cd (디렉터리 경로)와 같은 명령어를 입력해서 파이썬 작업 디렉터리를 프로그램이 있는 경로로 이동했다.
>
> 현재의 작업 디렉터리가 어디인지를 조사하는 방법에 대해서는 3-4절의 칼럼에서 설명하겠다. 여기서는 특정 프로그램 파일이 있는 디렉터리가 어디인지를 확인하는 방법을 소개한다.
>
> 윈도우에서는 대상 폴더를 연 상태에서 탐색기 상단에 있는 주소창을 클릭하면 그 폴더의 경로가 표시되므로 이를 복사해 사용한다. 또한 탐색기에서 [Shift] 키를 누른 상태에서 폴더를 우클릭하면 [경로로 복사]라는 항목이 표시되므로 이를 선택해도 된다.
>
>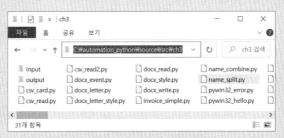
>
> **주소창의 파일 경로를 복사하기**
>
> macOS에서는 대상 디렉터리를 선택한 상태에서 [Command] + [Option] + [C] 키를 누르면 그 디렉터리의 경로가 복사된다.
>
>
>
> **[Command] + [Option] + [C] 키로 복사하기**
>
> 현재 디렉터리를 이동할 때는 cd (디렉터리 경로)와 같이 입력한다. 그 외에도 커맨드라인 창에 탐색기(또는 파인더)의 폴더를 드래그&드롭해서 경로를 붙여넣기할 수도 있다.

시트 형식 변경하기

엑셀 업무를 하다 보면 특정 조건의 데이터만 골라서 형식을 변경하고 싶을 때가 있다. 여기서는 조건부로 셀을 선택해 서식과 표시 형식을 변경하는 방법을 소개한다.

키워드 **엑셀/openpyxl**

재고 시트의 날짜 형식 변경하기

어떤 폴더에 100개의 엑셀 파일이 있다. 이 100개의 문서에는 날짜가 'yyyy년 mm월 dd일' 형식으로 되어 있다. 그런데 상사로부터 날짜를 전부 'yy/mm/dd' 형식으로 변경하라는 지시가 내려왔다고 해 보자. 여러분이라면 어떻게 하겠는가?

수작업으로 작업한다면 100개의 파일을 하나씩 열어서 날짜가 적힌 셀을 찾아 일일이 서식을 바꿔야 한다. 아마 파일이 3개 정도라면 간단한 작업일지도 모른다. 하지만 5개를 넘어가는 시점부터 상당히 귀찮은 일이라고 느낄 것이다.

이럴 때는 프로그램으로 자동화해보자. 표시 형식을 변경하는 방법은 이미 2장에서 소개했다. 셀의 표시 형식을 변경하려면 number_format 속성을 다음과 같이 바꾸면 된다.

```
sheet["셀 주소"].number_format = 'yy\/mm\/dd'
```

그런데 셀의 날짜가 쓰여 있는지 아닌지는 어떻게 알 수 있을까? 이를 확인하기 위해 먼저 IDLE 셀에서 간단한 프로그램으로 테스트해보자. 여기서는 오른쪽 그림과 같이 입하일이 표기된 재고표 stock-data.xlsx를 이용한다.

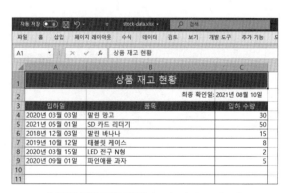

날짜가 적힌 엑셀 문서(stock-data.xlsx)

다음 코드에서 #으로 시작하는 행은 주석이므로 입력하지 않아도 된다. 그리고 굵게 표시된 부분은 파이썬에서 반환한 결과이다. ❶의 stock-data.xlsx 부분은 3-3절의 마지막 [TIP]을 참고해 파일이 있는 전체 경로를 지정하자.

```
>>> # 문서 열기
>>> import openpyxl as excel
>>> book = excel.load_workbook('./input/stock-data.xlsx') --- ❶
>>> sheet = book.active
>>> # A4셀의 표시 형식 및 값 조회
>>> sheet["A4"].number_format
'yyyy"년" mm"월" dd"일";@'
>>> sheet["A4"].value
datetime.datetime(2020, 3, 3, 0, 0)
```

셀의 value 속성을 조회하면 해당 셀이 datetime.datetime 타입임을 알 수 있다. datetime.datetime 타입은 파이썬에서 날짜와 시간을 표현할 때 사용하는 자료형이다.

이처럼 값을 표시하는 것만으로도 데이터 형식이 표시되지만, 파이썬의 type() 함수를 사용하면 더 명확하게 정보를 얻을 수 있다.

```
>>> type(sheet["A4"].value)
<class 'datetime.datetime'>
```

이처럼 type() 함수를 사용해 셀의 자료형을 판별할 수 있다. 셀이 datetime.datetime 타입이라면 number_format을 'yy/mm/dd'로 치환해 시트의 날짜 형식을 바꿀 수 있다.

그리고 다음 프로그램에서는 사용하지 않지만, 좀 더 엄격한 판정이 필요할 때는 number_format 속성을 조회해서 값이 'yyyy년 mm월 dd일'이라면 'yy/mm/dd'로 변경하는 처리를 할 수도 있다.

그렇다면 본격적인 프로그램을 만들어보자. 여기서는 엑셀 문서 stock-data.xlsx를 읽어서 stock_date_format.xlsx로 저장한다.

src/ch3/stock_date_format.py

```
import openpyxl as excel
import datetime

in_file = './input/stock-data.xlsx'
out_file = './output/stock_date_format.xlsx'
cell_format = 'yy\/mm\/dd'

# 메인 처리
```

```
def shorten_date(in_file, out_file):
    # 재고표 열기
    book = excel.load_workbook(in_file)
    # 모든 시트 확인하기 --- ❶
    for sheet in book.worksheets:
        # 모든 행 확인하기 --- ❷
        for row in sheet.iter_rows():
            # 모든 셀 확인하기 --- ❸
            for cell in row:
                check_cell(cell)
    # 저장
    book.save(out_file)

# 셀 표시 형식 확인하기 --- ❹
def check_cell(cell):
    # 셀이 날짜 형식이면 치환
    if type(cell.value) is datetime.datetime:
        cell.number_format = cell_format

if __name__ == '__main__':
    shorten_date(in_file, out_file)
```

프로그램을 실행하면 다음 그림과 같이 A열과 셀 C2의 날짜가 전부 'yy/mm/dd' 형식으로 치환된다.

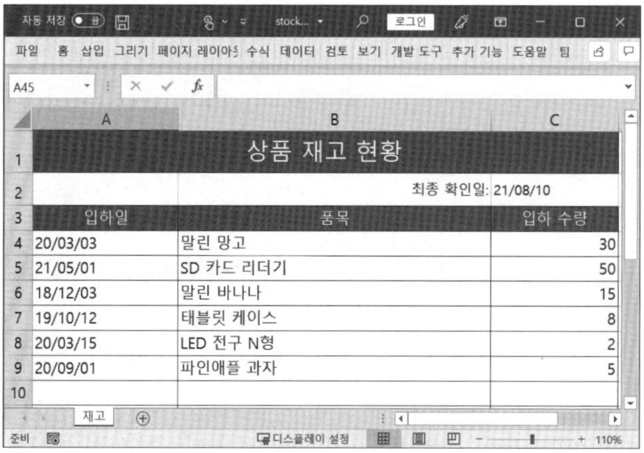

날짜 형식이 전부 치환된 문서

프로그램을 확인해보자. 프로그램 초입에는 입출력 파일을 비롯해 변경할 날짜 형식을 지정한다. 메인 처리에서는 먼저 입력 문서를 연다. 그리고 ❶의 for 문에서는 문서 안에 있는 모든 시트를 반복 조회한다. ❷의 for 문에서는 각 시트 안에 있는 모든 행을 조회한다. ❸의 for 문에서는 각 행 안에 있는 모든 셀을 조회해 check_cell() 함수에 전달한다. ❹의 check_cell() 함수에서는 전달받은 셀의 타입을 확인하고, `datetime.datetime` 타입이면 날짜 형식을 변경한다. 그리고 모든 셀을 검사하고 삼중으로 둘러싸인 for 문을 빠져나가면 파일을 저장한다.

참고로 프로그램 앞부분에 정의된 변수 `cell_format`의 값을 `'yyyy년 mm월 dd일'`로 바꾸어 실행하면 다시 원래의 형식으로 바뀐다.

오래된 재고를 색상으로 표시하기

엑셀에는 조건부 서식이라는 편리한 기능이 있다. 일정 조건에 부합하는 셀에 서식을 입히는 기능으로, 이를 사용하면 데이터값에 따라 서식을 다르게 적용할 수 있다. 하지만 서식을 적용할 엑셀 파일이 100개라면 조건부 서식을 일일이 적용하기가 무척 번거로울 것이다. 여기서는 조건부 서식 없이 프로그램으로 특정 셀에 강조 색을 넣어보자.

앞에서 활용한 상품 재고표에서 오래된 재고를 찾아 빨간색을 표시하는 프로그램을 만들어보자. 여기서는 2020년 1월 1일 이전에 들어온 재고를 찾는다.

src/ch3/stock_highlight_olditems.py

```python
import openpyxl as excel
from openpyxl.styles import PatternFill
import datetime

in_file = './input/stock-data.xlsx'
out_file = './output/stock_highlight_olditems.xlsx'
limit = datetime.datetime(2020, 1, 1)

# 메인 처리
def highlight_olditems(in_file, out_file):
    # 엑셀 문서 열기
    book = excel.load_workbook(in_file)
    # 모든 시트를 조회 --- ❶
    for sheet in book.worksheets:
        # 재고 데이터가 시작되는 행부터 조회 --- ❷
        for row in sheet.iter_rows(min_row=4):
            check_row(row)
    # 파일 저장
    book.save(out_file)

# 조건부 서식 적용하기
def check_row(row):
    # A열 셀이 날짜 형식이 아니면 리턴 --- ❸
    date = row[0].value
    if type(date) is not datetime.datetime:
```

```
        return
    # 오래된 재고에 강조 색 넣기 --- ④
    if date < limit:
        # PatternFill 객체에 스타일 설정 --- ④a
        red = PatternFill(
            fill_type='solid', # 전면 채우기
            fgColor='ff0000') # 빨간색
        # 해당 행을 모두 빨간색으로 설정 --- ④b
        for cell in row:
            cell.fill = red

if __name__ == '__main__':
    highlight_olditems(in_file, out_file)
```

프로그램을 실행하면 stock_highlight_olditems.xlsx라는 파일이 생성된다. 엑셀에서 이 파일을 열어보자. 다음 그림과 같이 2020년보다 오래된 재고가 있는 행의 배경이 빨간색으로 칠해져 있다(지면 인쇄상 회색으로 보이지만, 실제로는 박스로 표시된 두 행이 빨간색으로 칠해져 있다).

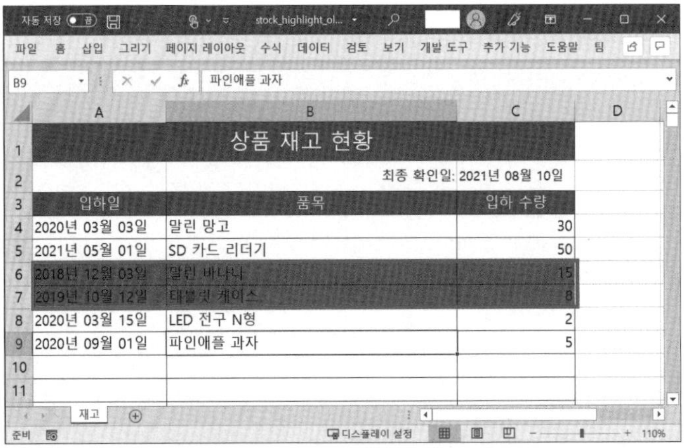

2020년 이전의 재고를 색상으로 표시

프로그램을 확인해보자. 프로그램 앞부분에는 입출력 파일 및 기준이 되는 날짜를 지정한다. 메인 처리에서는 먼저 입력 파일을 연다. 그리고 ①의 for 문에서는 문서의 모든 시트를 조회한다. ②에서는 for 문과 iter_rows()를 이용해 시트의 4행부터 check_row()에 전달한다. 데이터는 4행부터 9행까지 있지만, 테두리가 22행까지 그려져 있으므로 check_row()에는 22행까지 전달된다.

check_row() 함수에서는 전달받은 행을 확인한다. ③에서는 행의 첫 번째 셀(A열)의 값을 얻는다. 만약 날짜가 적혀 있지 않다면 함수를 빠져나온다. 데이터가 없는 10행부터 22행의 행은 여기서 리턴되어 다음 처리로 넘어가지 않는다. ④에서는 ③에서 얻은 날짜와 기준 날짜를 비교해 기준보다 오래된 행에는 색을 칠한다. ④a에서는 스타일을 적용하기 위해 PatternFill 객체를 생성한다. 그리고

④b에서는 행의 모든 셀에 대해 색상을 적용한다.

성명 시트의 열을 합치거나 분할하기

성명을 입력받는 폼은 소프트웨어에 따라 다르다. 필요에 따라 성과 이름을 따로 받기도 하고 합쳐서 받기도 한다. 그래서 고객 명부를 관리하다 보면 성명 필드를 합치거나 분리하는 처리를 할 때가 있다. 여기서는 다음 그림과 같은 두 가지 형태의 명부를 상호 변환하는 프로그램을 작성한다.

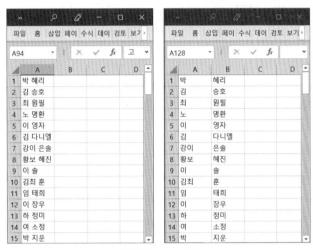

두 가지 형태의 성명 필드

성명 필드 합치기

먼저 분리된 성명을 합치는 프로그램을 만들어보자. 오른쪽 그림은 A열과 B열로 성과 이름이 분리된 name2.xlsx 파일이다. 성과 이름을 명확히 구분하기 위해 성과 이름 사이에는 공백을 추가하자.

name2.xlsx

src/ch3/name_combine.py

```python
import openpyxl as excel
# 입출력 파일 지정
in_file = './input/name2.xlsx'
out_file = './output/name_combine.xlsx'

# 입력 문서를 열고 시트 가져오기 --- ❶
in_book = excel.load_workbook(in_file)
in_sheet = in_book.worksheets[0]

# 신규 문서를 생성해 시트 가져오기 --- ❷
out_book = excel.Workbook()
out_sheet = out_book.active

# 시트의 행 읽기 --- ❸
for row in in_sheet.iter_rows():
    # 성과 이름 가져오기 --- ❸a
    sung = row[0].value
    myung = row[1].value
    # 성과 이름 합치기 --- ❸b
    name = sung + ' ' + myung
    # 신규 시트에 추가 --- ❸c
    out_sheet.append([name])

# 결과 저장 --- ❹
out_book.save(out_file)
```

프로그램을 실행하고 output 폴더에 생성된 name_combine.xlsx을 열어보자. 오른쪽 그림과 같이 성과 이름의 열이 잘 합쳐진 결과를 확인할 수 있다.

프로그램을 확인해보자. ❶에서는 입력 문서를 열어서 첫 번째 시트를 가져온다. ❷에서는 신규 문서를 생성하고 활성 시트를 가져온다. ❸ 이하는 for 문으로 시트를 한 행씩 읽는다. ❸a에서는 성과 이름이 적힌 셀을 읽고, ❸b에서는 이를 공백으로 분리한 문자열로 만든다. 그리고 ❸c에서는 name 문자열을 신규 시트에 추가한다. 모든 처리를 마치고 for 문을 빠져나가면 ❹에서 문서를 저장한다.

성과 이름의 열이 합쳐진 모습

성명 필드 분할하기

이번에는 역으로 하나의 성과 이름을 분리하는 작업을 해보자. 이 때는 사용자로부터 성명을 입력받았다고 가정한다. 사용자가 직접 이름을 입력할 때는 성과 이름을 공백으로 분리할 수도 있고 붙여서 쓸 수도 있다. 이름이 일반적인 세 글자가 아닐 때는 공백으로 성과 이름을 구분할 가능성이 높다. 또한 입력하다 보면 이름 앞뒤로 불필요한 공백이 포함되었을 수도 있다. 오른쪽 그림은 다양한 사용자 입력 예를 포함한 명부 파일이다(name1.xlsx).

name1.xlsx의 데이터를 잠시 살펴보자. 1~5행은 이름 앞에 공백이 포함된 경우이다. 이때는 공백을 제거하는 처리가 필요하다. 6~15행은 사용자의 성과 이름이 공백으로 구분되었다. 이때는 공백을 기준으로 성과 이름을 분리한다. 16행부터 마지막 행까지는 성명에 공백이 없이 작성되었다. 이 경우는 첫 글자를 성, 나머지 글자를 이름으로 삼아 분리한다.

다음은 파일 name1.xlsx을 읽어서 name_split.xlsx로 저장하는 프로그램이다.

사용자에 따라 다르게 입력된 파일 (name1.xlsx)

src/ch3/name_split.py

```python
import openpyxl as excel
# 입출력 파일 지정
in_file = './input/name1.xlsx'
out_file = './output/name_split.xlsx'

# 입력 문서를 열고 시트 가져오기 --- ❶
book = excel.load_workbook(in_file)
sheet = book.worksheets[0]

# 신규 문서를 생성해 시트 가져오기 --- ❷
out_book = excel.Workbook()
out_sheet = out_book.active

# 시트의 행 읽기 --- ❸
for row in sheet.iter_rows():
    # 앞뒤 공백이 제거된 성명 가져오기 --- ❸a
    name = row[0].value.strip()
    # 성과 이름 나누기 --- ❸b
```

```
    if ' ' in name:
        sung, myung = name.split(' ')
    else :
        sung, myung = name[0], name[1:]
    # 신규 시트에 추가하기 --- ③c
    out_sheet.append([sung, myung])
# 결과를 저장
out_book.save(out_file)
```

프로그램을 실행하면 output 폴더에 name_split.xlsx라는 엑셀
문서가 생성된다. 오른쪽 그림과 같이 성과 이름이 제대로 분리되었
음을 알 수 있다.

프로그램을 확인해보자. ❶에서는 입력 문서를 열고 ❷에서는 신규
문서를 생성한다. 그리고 ❸ 이하는 for 문으로 시트를 탐색해 성과
이름을 합치는 부분이다. ③a에서는 A열의 성명이 적힌 셀을 읽는
다. 만약 앞뒤에 공백이 있다면 제거하기 위해 strip() 메서드를 사
용한다. ③b에서는 name을 성과 이름으로 분리한다. 먼저 if 문에서
in 연산자를 사용해 name이 공백으로 분리되어 있는지 검사한다.
if 문이 TRUE라면 split() 메서드를 사용해 공백space를 기준으로
성과 이름을 분리한다. if 문이 FALSE라면 문자열 슬라이스를 사용
해 첫 글자를 성, 나머지를 이름으로 분리한다. ③c에서는 분리된 이
름을 신규 시트에 추가한다. for 문이 끝나면 마지막으로 문서를 저
장한다.

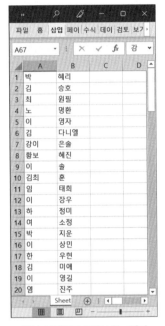

성과 이름으로 열을 나눈 결과
(name_split.xlsx)

마무리

이 절에서는 엑셀 시트의 형식 변경을 다뤘다. 날짜 형식 변경, 특정 조건의 셀 색상 변경, 성명 필드
조작 등의 프로그램을 작성했다. 이처럼 시트를 변경하는 작업은 실무에 자주 등장한다. 프로그램을
사용해 파일의 개수와 상관없이 빠르게 시트의 형식을 변경해보자.

이 책에서는 엑셀을 다루는 법 외에도 복수 파일이나 파일 경로 등 파일 관련한 주제도 소개했다. 다만 실제 업무에서는 더 복잡한 파일 처리를 해야 할 때가 많다. 여기서는 실무에 도움이 될 만한 파일 관련 처리를 간단히 정리한다.

파이썬에서 작업 폴더 가져오기

파이썬에서 파일과 폴더를 조작할 때는 현재 어느 경로에서 작업하고 있는지 의식하고 있어야 한다. os 모듈의 getcwd() 메서드를 사용하면 **현재 작업 디렉터리**current working directory(이하 cwd)를 얻을 수 있다. IDLE 셸에서 다음 코드를 실행해보자.

```
>>> import os
>>> os.getcwd()
```

실행하는 환경에 따라 다른 경로가 표시될 것이다. 윈도우에서는 파이썬이 설치된 경로가 표시된다. macOS에서는 /Users/(유저명)/Documents가 표시된다. IDLE에서 파이썬 프로그램을 열어서 실행하면 그 프로그램이 있는 폴더가 현재 작업 디렉터리가 된다.

```
IDLE Shell 3.9.6
File  Edit  Shell  Debug  Options  Window  Help
Python 3.9.6 (tags/v3.9.6:db3ff76, Jun 28 2021, 15:26:21) [MSC v.1929 64 bit (AMD64)]
Type "help", "copyright", "credits" or "license()" for more information.
>>> import os
>>> os.getcwd()
'C:\\Users\\    \\AppData\\Local\\Programs\\Python\\Python39'
>>>
```

윈도우에서 os.getcwd를 실행한 결과

특정 폴더로 현재 작업 디렉터리를 변경하고자 한다면 os 모듈의 chdir() 메서드를 이용한다. 특정 폴더의 경로를 얻는 방법은 3-3절의 [TIP]에서 소개했다. 그런데 윈도우의 경로를 복사해서 쓸 때는 주의할 점이 있다. 윈도우에서는 역슬래시(\)로 경로를 구분한다. 하지만 파이썬에서는 역슬래시를 이스케이프 코드로 사용하므로 역슬래시를 나타내려면 \\로 써야 하고, 따라서 윈도우 경로는 \\로 구분해줘야 한다. 또는 이스케이프 코드를 사용하지 않는다는 의미로 경로 문자열 앞에 r을 붙여서 (6-5절 참고)를 사용할 수도 있다.

```
>>> import os
>>> # 작업 폴더 변경 ('\\'로 구분)
>>> os.chdir('c:\\Users\\kujira\\Desktop')
>>>
>>> # 작업 폴더 변경 ('r'을 붙이고 '\'로 구분)
>>> os.chdir( r'c:\Users\kujira\Desktop')
```

폴더 유무 확인과 생성

특정 파일이나 폴더가 존재하는지 확인하려면 os.path.exists() 함수를 이용한다. 결과로는 True 또는 False가 반환된다. 그리고 대상 경로가 폴더(디렉터리)인지 아닌지 확인할 때는 os.path.isdir() 함수를 사용한다.

```
>>> import os
>>> os.path.exists('hoge.xlsx')
True
>>> os.path.isdir('hoge.xlsx')
False
```

그리고 폴더를 생성할 때는 os.mkdir() 함수를 사용한다. 다음은 data 폴더가 있는지 확인하고, 없으면 data 폴더를 생성하는 프로그램이다.

```
>>> import os
>>> if not os.path.exists('data'):
        os.mkdir('data') # — 윗줄에서 개행해 입력
```

만약 os.mkdir() 함수로 생성하려는 폴더가 이미 존재하는 폴더라면 에러가 발생한다.

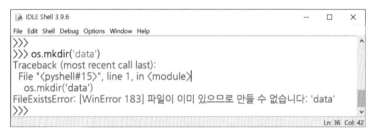

이미 존재하는 폴더를 생성하려 하면 에러 발생

파일 목록 가져오기: 심화

3-2절에서 살펴봤듯이 glob 모듈의 glob() 메서드를 사용하면 원하는 파일의 목록을 가져올 수 있다. 특히 *와 같은 와일드카드 문자를 사용하면 가져올 파일의 종류를 기술할 수 있다.

다음은 glob에서 사용할 수 있는 와일드카드이다. 엑셀 VBA에서도 비슷한 형태의 와일드카드를 사용한다. 파이썬 와일드카드는 유닉스에서 경로를 기술하는 규칙을 확장한 것으로, 파이썬 내부 함수로 구현되어 OS 의존성이 없다.

와일드카드 문자	의미
*	모든 문자에 매치
?	문자 1개에 매치
[seq]	seq에 있는 특정 문자에 매치
[!seq]	seq에 없는 특정 문자에 매치

먼저 복습으로 *를 사용해 모든 파일을 출력해보자. 다음 프로그램들은 실행 경로에 따라 결과가 다르게 나타난다. 여기서는 ch3 폴더에서 실행했다.

```
>>> import glob, os
>>> glob.glob('*')
['csv_card.py', 'csv_read.py', 'csv_read2.py', 'docx_event.py', 'docx_letter.py',
'docx_letter_style.py', …생략]
```

다음으로 input 폴더에서 엑셀 파일(확장자 .xlsx)만을 찾아 열거해보자.

```
>>> glob.glob('./input/*.xlsx')
['./input\\card-template.xlsx', './input\\invoice-template.xlsx',
'./input\\name1.xlsx', './input\\name2.xlsx', …생략]
```

이번에는 na로 시작하는 엑셀 파일을 열거해보자.

```
>>> glob.glob('input\\na*.xlsx')
['input\\name1.xlsx', 'input\\name2.xlsx', 'input\\name_addr.xlsx']
```

마지막으로 파일명 끝에 2가 들어가는 엑셀 파일을 열거해보자.

```
>>> glob.glob(r'input\*2.xlsx')
['input\\name2.xlsx']
```

이처럼 (문자열)*.xlsx나 *(문자열).xlsx 등의 표현으로 어떤 패턴을 지정해 파일을 검색할 수 있다. 이를 이용해 파일명에 해당 연월일이 들어 있는 엑셀 파일만 처리 대상으로 삼을 수 있다.

예를 들어 A지점-2020-10.xlsx, B지점-2020-10.xlsx 등과 같이 파일명을 지점명-년-월.xlsx 형식으로 붙인다고 해보자. A지점의 2020년 매출을 계산하고 싶을 때는 다음과 같이 파일을 열거하고 내용을 읽어 처리한다.

```
files = glob.glob('A지점-2020-*.xlsx')
# 여기에 각 파일의 내용을 읽는 처리를 기술
```

절대 경로와 상대 경로

파이썬에서 어떤 파일의 경로를 기술할 때는 **절대 경로**와 **상대 경로**를 사용할 수 있다. 프로그램을 실행할 때 현재 작업 디렉터리(cwd)를 알고 있어야 절대 경로와 상대 경로를 구분해 사용할 수 있다.

절대 경로란 컴퓨터 루트에서부터 기술한 경로를 말한다. 윈도우의 경우 다음과 같이 C 드라이브에서 해당 파일까지의 폴더명을 구분 기호 \로 구분한 경로를 나타낸다. macOS의 경우 구분 기호 /로 나타낸다.

OS	절대 경로 표기
윈도우	C:\Users\(유저명)\Desktop\python-data
macOS	/Users/(유저명)/Desktop/python-data

이에 비해 상대 경로는 실행하는 프로그램의 경로 기준으로 표현한 경로이다. 상대 경로 규칙은 다음과 같다.

경로 기호	의미
.	cwd
./data	cwd 하위의 data 폴더
./data/aaa	cwd 하위의 data 폴더 하위의 aaa 폴더
..	cwd 한 계층 상위 폴더
../bbb	cwd 한 계층 상위 폴더에 있는 bbb 폴더
../../ccc	cwd 두 계층 상위 폴더에 있는 ccc 폴더

상대 경로로 경로를 표시할 때의 이점은 특정 경로에서 상대적으로 봤을 때 어디에 있는가로 표현할 수 있다는 점이다. 예를 들어 AA.py가 있는 폴더 하위에 BB라는 폴더를 만들어서 data.xlsx로 저장한다고 하자. 그리고 AA.py 안에서 상대 경로로 BB의 data.xlsx에 접근한다. 그러면 AA.py와 BB 폴더를 그대로 외부 스토리지에 복사하거나 다른 폴더로 이동해도 문제없이 프로그램을 실행할 수 있다.

만약 절대 경로를 통해 data.xlsx에 접근한다면 data.xlsx의 위치가 변경되었을 때 프로그램을 다시 작성해야 한다. 특히 자신이 만든 프로그램을 타인에게 배포할 때는 절대 경로를 사용하면 에러가 나서 작동할 수 없는 경우가 대부분이다. 따라서 특별한 이유가 없다면 상대 경로를 이용해 프로그램을 작성하는 것이 편리하다.

상대 경로를 절대 경로로 변경

os 모듈의 abspath() 메서드를 사용하면 상대 경로를 절대 경로로 바꿀 수 있다. abspath()의 인수에 상대 경로를 전달하면 절대 경로로 변환해 반환한다. IDLE 셸에서 다음 세 줄로 간단하게 테스트해보자. 다음과 같이 os.getcwd() 함수로 현재 작업 디렉터리를 가져오고, os.abspath() 함수로는 한 계층 위의 경로를 가져온다.

```
>>> import os
>>> os.getcwd()
>>> os.path.abspath('../')
```

예를 들어 ch3 폴더에서 하나 위의 폴더를 절대 경로로 변환해 표시해보자. 다음 그림과 같이 ch3의 한 계층 위의 폴더가 잘 반환되었음을 확인할 수 있다.

상대 경로를 절대 경로로 변환

절대 경로에서 폴더 경로 또는 파일명만 가져오기

어떤 파일의 절대 경로에서 폴더 경로만 가져오려면 os.path.dirname() 함수를, 파일명만 가져오려면 os.path.basename() 함수를 사용한다.

```
>>> import os
>>> a = 'c:\\a\\b\\c.py'
>>> os.path.dirname(a)
'c:\\a\\b'
>>> os.path.basename(a)
'c.py'
```

OS 의존 없이 경로 결합하기

한편, 지금까지 살펴본 것처럼 윈도우의 경로 구분 기호는 \이고 masOS와 리눅스는 /이다. OS에 의존하지 않고 경로를 기술하려면 os.path.join() 함수를 쓸 수 있다.

```
>>> import os
>>> os.path.join('a','b','c')
```

윈도우에서 이 코드를 실행하면 'a\\b\\c'로 표시되고 macOS/리눅스에서는 'a/b/c'로 표시된다.

프로그램 자신을 나타내는 __file__

파이썬에서 __file__은 프로그램 내에서 자신을 나타내는 특수한 변수이다. 이 변수를 이용하면 현재 프로그램이 위치한 폴더를 추출할 수 있다.

예를 들어 아래의 프로그램은 두 가지 방법으로 input 폴더에 있는 name1.xlsx 파일의 절대 경로를 구해 출력한다.

src/ch3/getpath.py

```
import os

# 작업 디렉터리 기준으로 파일의 절대 경로 얻기 --- ❶
path1 = os.path.abspath('./input/name1.xlsx')
print(path1)

# 실행중인 프로그램 경로 기준으로 파일의 절대 경로 얻기 --- ❷
base_dir = os.path.dirname(__file__)
path2 = os.path.join(base_dir, 'input', 'name1.xlsx')
path2 = os.path.abspath(path2)
print(path2)
```

❶에서는 작업 디렉터리를 기준으로 name1.xlsx의 절대 경로를 출력한다. ❷는 실행 중인 프로그램의 경로를 기준으로 name1.xlsx의 절대 경로를 출력한다.

IDLE 셸 등에서 파이썬을 실행하면 대체로 프로그램이 있는 폴더가 곧 작업 디렉터리가 된다. 따라서 앞의 프로그램을 실행하면 ❶, ❷는 동일한 절대 경로를 출력한다. 하지만 ❷는 항상 동일한 경로를 반환하는 데에 반해 ❶은 실행 환경에 따라 출력 결과가 달라질 수 있다.

그 이유는 여러 가지가 있다. 먼저 앞에서 os.chdir() 메서드에서 확인했듯이, 작업 디렉터리는 프로그램 실행 도중에 변경될 수도 있다. 또한 배치 파일에서 파이썬 프로그램을 실행했을 때는 배치 파일의 경로가 작업 폴더로 설정된다. 따라서 실행 환경에 변동이 있다면 현재 프로그램의 경로를 얻을 때 ❷를 쓰는 편이 좋다.

os 모듈의 파일 관련 명령 목록

파이썬은 그 밖에도 다양한 파일 관련 명령을 갖추고 있다.

함수	설명
os.chdir(path)	작업 디렉터리를 path로 변경
os.chmod(path, mode)	path의 파일 속성을 mode로 변경
os.getcwd()	작업 폴더 가져오기
os.mkdir(path, mode=0o777)	path에 폴더를 만들고 mode로 파일 속성 설정
os.remove(path)	path 파일 삭제(폴더는 삭제되지 않음)
os.rmdir(path)	path 폴더 삭제(단, 폴더가 비어 있어야 함)
os.rename(src, dst)	파일명을 src에서 dst로 변경
os.stat(path)	파일(폴더) path의 정보 가져오기
os.symlink(src,dst)	src를 가리키는 심벌릭 링크를 dst로 작성하기

표에서 mode를 사용하는 부분에서 **파일 속성**이란 **파일의 읽고 쓰기 등에 관한 권한을 지정**하는 부분이다. '소유자·그룹·그 외' 각각에 8진수로 권한을 표시하는 값을 지정한다. 여기서 0은 권한 없음, 4는 읽기 권한, 6은 쓰기 권한, 7은 읽고 쓰기 권한을 지정한다.

예를 들어 0o740이라고 지정하는 파일은 소유자는 읽고 쓰기 가능, 그룹 유저는 읽기 가능, 그 외 유저는 권한 없음을 의미한다. 상세한 내용은 리눅스의 chmod 명령어를 참고하기 바란다.

또한 파이썬에서는 0o740과 0o666처럼 0o로 시작하는 수치는 8진수로 나타낸다. 관련 내용은 문법 소개(부록 A-1)을 참조하자.

그 밖에 파이썬 os 모듈에서 자주 사용되는 속성과 메서드는 다음과 같다.

함수	설명
os.name	OS의 모듈명 반환(윈도우에서는 'nt', macOS/리눅스에서는 'posix')
os.getenv(key)	환경변수 key의 값을 반환
os.getlogin()	로그인한 유저명을 반환
os.cpu_count()	시스템의 CPU 수를 반환
os.sep	경로를 구분하는 기호(윈도우에서는 \, macOS와 리눅스에서는 /)

고수준 파일 처리를 할 수 있는 shutil 모듈

앞에서 살펴본 os 모듈에는 파일 복사 등의 기능이 없다. 더 고수준의 파일 처리는 shutil 모듈을 사용한다. 다음과 같이 shutil.copytree() 함수를 사용하면 폴더와 복수 파일을 포함해 복사할 수 있다.

또한 os.rmdir() 메서드는 폴더가 비어 있지 않으면 에러가 나지만, shutil.rmtree() 메서드는 비어 있지 않은 폴더도 삭제할 수 있다.

```
>>> import shutil
>>> # 파일 복사
>>> shutil.copytree("./dir1", "./dir2")
>>> # 폴더 삭제
>>> shutil.rmtree("./dir1")
```

배치 파일로 파이썬을 실행할 때 주의점

1장에서 배치 파일을 사용해 프로그램을 실행하는 방법을 소개했다. 이때 상대 경로를 사용할 때는 주의해야 한다. 배치 파일로 파이썬 프로그램을 실행할 때는 배치 파일이 있는 경로가 현재 작업 디렉터리가 된다. 즉, 상대 경로의 기준이 배치 파일 위치가 된다. 따라서 프로그램에 파일 경로를 기술할 때는 절대 경로를 지정하거나, 현재 작업 디렉터리를 기준으로 상대 경로를 지정해야 한다.

워드와 엑셀 연계하기

엑셀과 함께 사무 업무에 많이 사용되는 애플리케이션이 워드Word이다. 이 절에서는 파이썬에서 워드 문서를 조작하는 방법을 알아본다. 그리고 엑셀 데이터를 워드 템플릿에 삽입해 문서를 작성하는 프로그램을 소개한다.

키워드 **워드/python-docx**

워드 자동화하기: python-docx 설치

비지니스에서 사용하는 요청서나 공고문은 자주 사용하는 문구가 정형화되어 있다. 따라서 양식을 만들어두고 세부 내용만 바꿔서 사용할 때가 많다. 평소 정형화된 워드 문서를 자주 작성한다면 문서 작성을 자동화해 업무 시간을 단축해보자.

앞에서는 엑셀을 자동화할 때 `openpyxl` 모듈을 사용했다. 워드 문서를 조작할 때는 `python-docx` 모듈을 사용한다. `python-docx` 모듈도 `pip` 명령어를 통해 설치한다. 커맨드라인(윈도우에서는 파워셸 또는 명령 프롬프트, macOS에서는 터미널)에서 다음 명령어를 입력해 설치하자.

```
pip install python-docx
```

윈도우 파워셸에서 python-docx 설치하기

python-docx의 기본적인 사용법 확인하기

여기서는 python-docx 모듈로 워드 문서를 읽고 쓰는 기본적인 사용법을 확인한다. 다음 코드의 내용을 프로그램을 통해 구체적으로 살펴보자.

```python
# 문서 생성하기
doc = docx.Document() # 새 문서 생성
doc = docx.Document('파일명.docx') # 기존 문서 열기

# 제목 추가하기
doc.add_heading('새로운 제목'[,level = n]) # n은 0~9의 정수

# 단락 추가하기
par = doc.add_paragraph('새로운 단락 내용') # 새 단락 추가
par.insert_paragraph_before('끼워넣을 단락 내용') # 중간에 단락 끼워넣기

# 단락 출력하기
print(par.text) # par 단락 출력
for p in doc.paragraphs: print(p.text) # 모든 단락 출력

# 단락 수정하기
par.text = '교체할 단락 내용1' # par 단락 수정
doc.paragraphs[0].text = '교체할 단락 내용2' # 첫 번째 단락 수정

# 테이블 추가하기
table = doc.add_table(rows=3, cols=2,  style = "Table Grid")
table.cell(0,0).text = "(0,0)셀에 내용 추가하기"
table.rows[1].cells[0].text = "(1,0)셀에 내용 추가하기"
table.columns[0].cells[2].text="(2,0)셀에 내용 추가하기"

# 문서 저장하기
doc.save('파일명.docx')
```

워드 문서 쓰기

앞의 코드에 따라 워드 문서에 단락, 테이블, 제목을 추가해보자.

src/ch3/docx_write.py

```python
import docx

# 문서 생성 --- ❶
doc = docx.Document() # 새 문서 생성
# doc = docx.Document('파일명.docx') 기존 문서 열기

# 단락 추가 --- ❷
```

```
par = doc.add_paragraph('par 단락을 추가합니다')
par2 = par.insert_paragraph_before('par 단락 앞에 새 단락을 추가합니다')

# 테이블 추가--- ❸
table = doc.add_table(rows=1, cols=3,  style = "Table Grid")
table.cell(0,0).text = "(0,0)셀"
table.rows[0].cells[1].text = "(0,1)셀"
table.columns[2].cells[0].text="(0,2)셀"

# 제목 추가 --- ❹
for i in range(10):
    doc.add_heading('level{} 제목을 추가합니다'.format(i), level = i)

# 문서 저장 --- ❺
doc.save('./output/docx_write.docx')
```

이 프로그램을 실행하면 다음과 같은 문서가 생성된다.

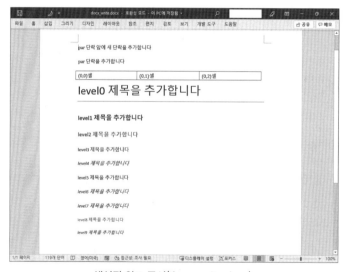

생성된 워드 문서(docx_write.docx)

프로그램을 확인해보자. ❶에서는 워드 문서를 생성한다. python-docx 모듈에서 워드 문서를 나타내는 클래스는 Document이다. Document()를 호출하면 새 워드 문서 객체가 반환된다. 기존 워드 파일을 열 때는 Document()에 **파일명.docx**를 전달한다.

❷에서는 워드 문서에 단락을 추가한다. Document 객체에 대해 add_paragraph('새 단락 내용') 형식으로 메서드를 호출하면 Paragraph 객체가 반환된다. Paragraph 객체는 문서 중간에 내용을 끼워 넣을 때 커서 역할을 할 수도 있다. A단락 앞에 B단락을 추가하고 싶다면 변수에 A단락의 객체

를 가져온다(여기서는 par). 그리고 A단락 객체에 대해 insert_paragraph_before('B단락 내용') 형식으로 메서드를 호출하면 A단락 앞에 새 단락이 추가된다.

❸에서는 테이블을 추가한다. Document 객체의 메서드 add_table(rows = '행 개수' cols = '열 개수'[, style = "스타일명"])를 호출하면 테이블이 생성된다. 이때 style 인수는 생략할 수 있으며 생략할 때는 "Table Grid"가 지정된다. 테이블의 Cell 객체에 접근하는 방법에는 크게 세 가지가 있다. Table 객체에 대해 cell(행, 열)을 호출하거나 rows[행].cells[열] 또는 columns[열].cells[행]을 지정하는 방식이다. Cell 객체를 얻으면 text 속성에 셀의 내용을 입력할 수 있다.

❹에서는 제목을 추가한다. Document 객체에 대해 add_heading('새 제목 내용', level = '0~9까지의 숫자') 형식으로 제목을 추가할 수 있다. level에 지정하는 정수는 제목의 스타일을 의미하며 제목0부터 제목9까지 설정할 수 있다. 두 번째 인수는 생략할 수 있고 생략할 때는 제목1로 지정된다.

❺에서는 문서를 파일로 저장한다.

워드 문서 읽기

다음으로는 앞에서 작성했던 워드 문서를 읽고 일부를 수정해 출력하는 프로그램을 만들어보자. 프로그램은 다음과 같다.

src/ch3/docx_read.py

```python
import docx

# 기존 워드 파일 열기 --- ❶
doc = docx.Document('./output/docx_write.docx')

# 단락 수정 --- ❷
doc.paragraphs[0].text='첫 번째 단락을 교체합니다'

# 테이블 수정 --- ❸
table = doc.tables[0]
new_row = table.add_row()
r_num = len(table.rows)
c_num = len(table.columns)
for c in range(c_num):
    new_row.cells[c].text = "({},{})셀 추가하기".format(r_num, c)

# 단락과 테이블 출력 --- ❹
for p in doc.paragraphs:
    print(p.text)
```

```
for r in range(r_num):
    for c in range(c_num):
        print(table.cell(r,c).text)

doc.save('./output/docx_read.docx')
```

IDLE 셸에서 실행하면 셸 창에 다음 그림과 같이 출력된다. 프로그램에서 수정한 텍스트가 제대로 출력되었다.

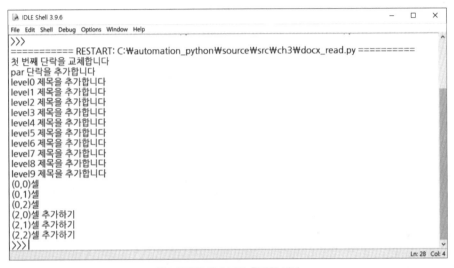

워드 문서의 텍스트를 출력한 결과

프로그램을 살펴보자. ❶에서는 Document()에 워드 파일명을 전달해 Document 객체를 가져온다. 이 때 docx_write.xlsx 파일은 output 폴더에 있다. output 폴더는 현재 작업 디렉터리 하위에 있으므로 상대경로 방식으로 경로를 명시한다.

❷에서는 doc.paragraphs와 같은 표현식을 썼다. Document 객체에는 paragraphs라는 속성이 있다. paragraphs 속성을 참조하면 문서에 추가된 단락 객체를 리스트로 반환한다. 일반 리스트와 동일하게 인덱스로 단락 객체를 참조할 수도 있다. doc.paragraphs[0]는 첫 번째 단락을 의미한다. 여기서는 doc.paragraphs[0]의 text 속성에 값을 입력해 단락의 내용을 교체한다.

❸에서는 테이블의 행을 추가한다. Table 객체에 대해 add_row() 메서드를 호출하면 새로운 행이 추가된다. table.rows와 table.columns는 각각 Table의 Row객체와 Column객체의 집합이다. 이는 파이썬에서 시퀀스 자료형의 길이를 반환하는 len() 연산자를 지원한다. 즉 len(table.rows)와 같이 쓰면 테이블에 행이 몇 개 있는지 알려준다. for 문에서는 추가된 행의 모든 셀에 내용을 작성한다.

❹에서는 for 문을 사용해 모든 단락과 테이블의 내용을 출력한다.

python-docx 더 알아보기

이 밖에도 docx 라이브러리에는 워드 문서를 작성할 수 있는 여러 가지 기능들이 있다. 하지만 모든 내용을 한 번에 익히는 것은 어려우니 그때그때 궁금한 기능을 찾아보며 익히는 편이 좋다.

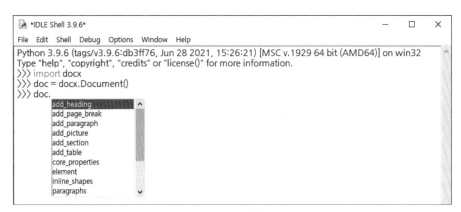

자동 완성 기능 활용하기

파이썬 셸 창에서 문서나 단락 객체를 생성한 뒤 .을 찍고 [Tab] 키를 누르면 다음 그림과 같이 사용할 수 있는 속성과 메서드가 자동 완성된다. 그중 궁금한 기능이 눈에 띈다면 해당 키워드로 다음의 공식 문서를 검색해보자. 좀 더 여유가 있다면 공식 문서의 User Guide를 하나씩 따라가는 것도 좋다.

> **python-docx 공식 문서**
> https://python-docx.readthedocs.io/

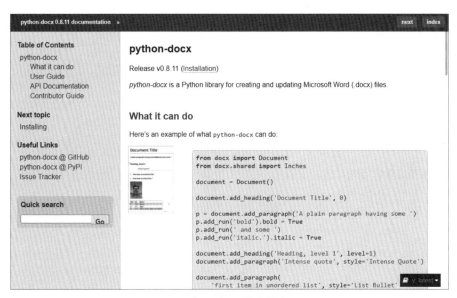

python-docx 공식 문서

템플릿 활용하기

다음으로 워드 템플릿을 사용해 문서를 작성해보자. 여기서는 전형적인 요청문 템플릿인 letter-template.docx를 열어서 내용을 교체한다.

다음은 letter-template.docx의 내용을 변경해 letter-kim.docx로 저장하는 프로그램이다.

src/ch3/docx_letter.py

```python
import docx
import datetime

template_file = './input/letter-template.docx'
save_file = './output/letter-kim.docx'
now = datetime.datetime.now()

# 바꿔 넣을 내용 작성 --- ①
new_data = {
  '*** 요청문': '송금 확인 요청문',
  '[[회사명]]': 'JY전자정밀',
  '[[수신인]]': '김진우',
  '[[제품명]]': 'M-123',
  '[[발행일]]': now.strftime('%Y년%m월%d일')
}

# 워드 파일 열기 --- ②
doc = docx.Document(template_file)

# 내용 바꿔 쓰기 --- ③
for p in doc.paragraphs:
    # 텍스트 교체하기 --- ④
    for k,v in new_data.items():
        if p.text.find(k) >= 0:
            p.text = p.text.replace(k, v)

# 워드 파일 저장 --- ⑤
doc.save(save_file)
```

IDLE에서 프로그램을 실행하면 다음과 같이 워드 파일이 생성된다.

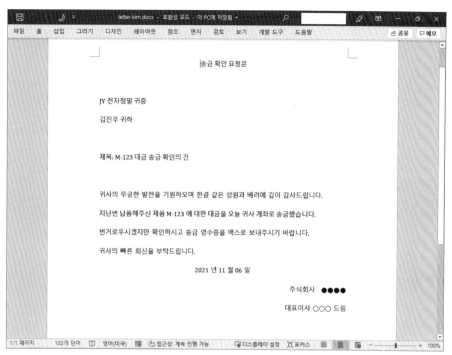

요청문을 자동 생성한 결과(letter-kim.docx)

프로그램을 확인해보자. 먼저 ❶에서는 템플릿 문서에서 바꿔 쓸 내용을 딕셔너리 변수 `new_data`에 작성한다. 여기서는 요청문 제목, 회사명, 수신인, 제품명, 날짜를 변경한다.

❷에서는 템플릿 파일을 연다. ❸에서는 `paragraphs` 속성을 사용해 단락 리스트를 가져오고 `for` 문으로 단락을 하나씩 조회한다. ❹의 `for` 문에서는 `items()` 메서드를 사용해 딕셔너리의 항목을 하나씩 조회하는데 k에는 키를, v에는 값을 받는다.

`for` 문 내부에서는 파이썬 문자열 메서드 `find()`와 `replace()`를 사용한다. `find()` 메서드는 앞서 살펴봤다(2-8절의 칼럼 참고). `str.replace(a,b)`는 문자열 `str`에서 a를 찾아 b로 바꾸는 메서드이다.

`for` 문으로 들어가면 현재 단락에 문자열 k가 들어 있는지 확인한다(`p.text.find(k)`). 만약 들어 있다면 기존 단락에서 문자열 k를 v로 교체한 뒤(`p.text.replace(k, v)`), 현재 단락 개체의 `text` 속성에 덮어쓴다.

마지막으로 ❺에서는 워드 파일을 저장한다.

워드에 서식 지정하기

그런데 만들어진 문서를 잘 보면 상단 제목의 강조 표시가 사라졌다. text 속성을 변경하면 서식이 삭제되기 때문이다. 기존의 서식을 유지하도록 앞의 프로그램을 수정할 필요가 있다.

요청문을 수정하기에 앞서 서식 수정에 필요한 Run 객체와 font 속성에 대해 살펴보자.

문서(Document) 객체 아래에 단락(Paragraph)이 있는 것처럼, 단락(Paragraph) 객체 아래에는 Run 객체가 있다. 단락 객체에 대해 add_run("단락에 추가할 내용")를 호출하면 단락 객체에 Run 객체가 추가되고, 이는 스타일을 적용할 수 있는 단위가 된다.

다음 코드는 문서-단락-Run 객체를 순차적으로 생성하는 과정을 보여준다. 코드의 마지막 줄과 같이 객체의 font 속성을 사용하면 텍스트에 스타일을 지정할 수 있다.

```python
# 문서 생성하기
doc = docx.Document() # 새 문서 생성

# 단락 추가하기
par = doc.add_paragraph() # 새 단락 생성

# Run 추가하기
r1 = par.add_run("Run 추가하기") # 새 Run 객체 생성
r1.font.bold = True # 볼드체 설정
```

font 속성에 지정할 수 있는 스타일은 다음과 같다.

요소	설명	용례
bold	볼드체	font.bold = True
italic	이탤릭체	font.italic = True
underline	밑줄	font.underline = True
size	글꼴 크기	font.size = docx.shared.Pt(20)
color.rgb	글꼴 색상	font.color.rgb = docx.shared.RGBColor(255,0,0)

이 표의 스타일을 실제 문서에서 확인해보자.

src/ch3/docx_style.py

```python
import docx

# 문서 생성 --- ❶
doc = docx.Document() # 새 문서 생성
```

```
# 단락 추가 --- ❷
par = doc.add_paragraph() # 빈 단락 생성

# Run 객체 추가 --- ❸
for i in range(5):
    par.add_run('({})par 단락에 {}번째 run을 추가했습니다.'.format(i+1,i+1))
    r_num = len(par.runs)
    print('({})run 개수: {}'.format(i+1, r_num))

# 각 Run 객체에 font 속성 설정  --- ❹
r = par.runs
r[0].font.bold = True
r[1].font.italic = True
r[2].font.underline = True
r[3].font.size = docx.shared.Pt(20)
r[4].font.color.rgb = docx.shared.RGBColor(255,0,0)

# 문서 저장 --- ❺
doc.save('./output/docx_style.docx')
```

프로그램을 실행하면 다음 그림과 같이 하나의 단락 안에 여러 개의 스타일이 지정된 모습을 확인할 수 있다. 또한 Run 객체를 하나 추가할 때마다 par.runs 리스트의 길이가 하나씩 늘어나는 것을 셸 창의 결과를 통해 알 수 있다.

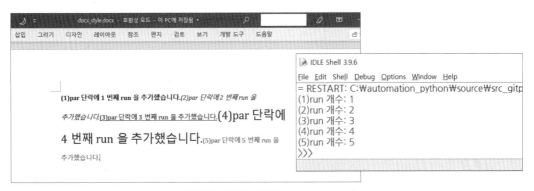

스타일을 추가한 문서(docx_style.docx)

프로그램을 확인해보자. ❶과 ❷에서는 빈 문서와 빈 단락을 생성한다. ❸에서는 for 문 내에서 add_run() 메서드를 사용해 par 단락에 Run 객체를 5개 추가한다. 메서드에 전달하는 텍스트에는 format() 메서드를 사용해 몇 번째 Run 객체인지 표시했다. ❹에서는 생성한 Run 객체의 font 속성에 앞의 코드에서 살펴본 스타일을 설정한다. 그리고 마지막으로 ❺에서 새 문서로 저장한다.

그런데 Run 객체를 사용할 때 주의할 점이 있다. python-docx 모듈의 add_paragraph()나 add_ run() 메서드를 통해 사용할 때는 Run 객체가 잘 생성된다. 하지만 사용자가 워드 프로그램에서 작성한 문서를 python-docx로 읽었을 때는 단락 안에서 Run 객체가 임의로 나뉘는 경우가 있다. 만약 의도한대로 스타일 지정이 되지 않는다면, 해당 단락의 Run 객체가 제대로 나뉘어 있는지 조사해보자.

요청문에 서식 적용하기

이제 앞에서 작성했던 요청문에 서식을 적용해보자.

src/ch3/docx_letter_style.py

```python
import docx
import datetime

template_file = './input/letter-template.docx'
save_file = './output/letter-kim2.docx'
now = datetime.datetime.now()

# 바꿔 넣을 내용 작성
new_data = {
  '★★★ 요청문': '송금 확인 요청문',
  '[[회사명]]': 'JY전자정밀',
  '[[수신인]]': '김진우',
  '[[제품명]]': 'M-123',
  '[[발행일]]': now.strftime('%Y년%m월%d일')
}

# 서식을 입힐 부분 지정 --- ❶
cstyle = {
  '★★★ 요청문': True
}

# 워드 파일 열기
doc = docx.Document(template_file)

# 내용을 바꿔 쓰기
for p in doc.paragraphs:
    # 텍스트 교체 --- ❷
    for k,v in new_data.items():
        if p.text.find(k) >= 0:
            p.text = p.text.replace(k, v)
            # 서식 설정 --- ❸
            if k in cstyle:
                font = p.runs[0].font
                font.bold = True
                font.underline = True
                font.size = docx.shared.Pt(20)
```

```
# 워드 파일 저장
doc.save(save_file)
```

프로그램을 실행하면 letter-kim2.docx라는 파일이 생성된다. 워드에서 열어보면 다음과 같이 제목에 스타일이 지정된 문서를 확인할 수 있다.

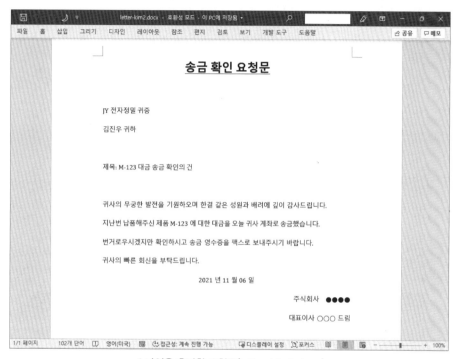

스타일을 추가한 요청문(letter-kim2.docx)

프로그램에서 추가된 부분을 확인해보자. ❶에서는 서식을 입힐 단락을 지정한다. 서식을 설정할 키워드를 사전형의 키로 지정한다. ❷ 이하는 텍스트를 바꾸고 서식을 설정하는 부분이다. ❸에서는 cstyle에서 지정한 단락의 폰트 서식을 변경한다. '★★★ 요청문'이라는 단락은 하나의 Run 객체를 가지고 있으므로 p.runs[0] 객체에 font 속성을 설정한다. 이 단락의 font에 볼드체, 밑줄, 글자크기 세 가지 스타일을 설정한다.

엑셀과 워드 연계하기: 고객 명부를 기반으로 안내장 작성

워드 조작법을 어느 정도 익혔으니 이제 엑셀과 워드를 조합한 문서를 만들어보자. 고객명과 주소가 적혀 있는 명부를 이용해 각 고객에게 이벤트 안내장을 작성한다.

먼저 엑셀 고객 명부(name_addr.xlsx)와 워드 행사 안내장 템플릿(event-template.docx)의 두 가지 파일을 준비한다. 두 파일 모두 ch3\input 예제 폴더에 들어 있다.

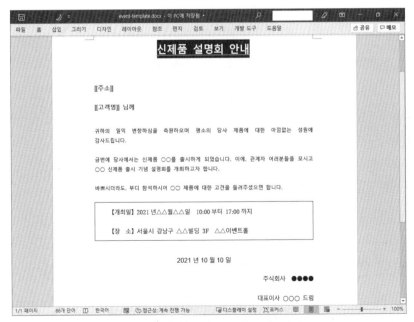

고객 명부(name_addr.xlsx)

안내장 템플릿(event-template.docx)

다음은 엑셀 명부를 바탕으로 고객별 이벤트 안내장을 작성하는 프로그램이다.

src/ch3/docx_event.py

```python
import openpyxl as excel, docx, os

# 설정
in_file = './input/name_addr.xlsx'
template_file = './input/event-template.docx'
save_dir = os.path.join(os.path.dirname(__file__),'output', 'events')

# 안내장을 저장할 폴더 생성 --- ❶
if not os.path.exists(save_dir):
    os.mkdir(save_dir)

# 엑셀 파일을 열고 행 데이터를 리스트로 가져오기 --- ❷
def read_book():
    result = []
    sheet = excel.load_workbook(in_file).active
    for row in sheet.iter_rows(min_row=2):
        v = [c.value for c in row]
        if v[0] is None: break
        result.append(v)
    return result

# 고객의 수만큼 안내장 생성 --- ❸
for person in read_book():
    name, zipnum, addr = person
    card = {
        '[[주소]]': '(우)'+zipnum+' | '+addr,
        '[[고객명]]': name
    }
    # 워드 템플릿 읽기 --- ❹
    doc = docx.Document(template_file)
    # 내용을 바꿔 쓰기
    for p in doc.paragraphs:
        # 텍스트 교체 --- ❺
        for k,v in card.items():
            if p.text.find(k) >= 0:
                p.text = p.text.replace(k, v)
                p.runs[0].font.bold = True
    # 워드 파일 저장 --- ❻
    save_file = os.path.join(save_dir,
                name+' 님.docx')
    print('save:', save_file)
    doc.save(save_file)
```

프로그램을 실행하면 output 폴더의 하위에 events 폴더가 생기고 그 안에 고객 수만큼 워드 파일이 생성된다.

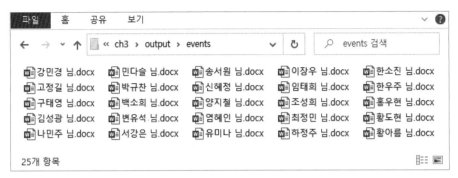

명부의 고객 수만큼 워드 파일 생성

생성된 파일을 열어보면 고객의 주소와 이름이 적절히 교체되었음을 알 수 있다.

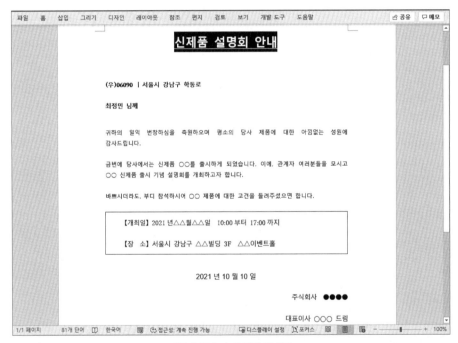

이름과 주소가 삽입된 안내장

그렇다면 프로그램을 확인해보자. ❶에서는 워드 파일을 저장할 폴더가 이미 있는지 확인하고 없다면 폴더를 생성한다. ❷에서는 엑셀 명부 문서의 한 행을 리스트로 변환하고 이를 다시 리스트에 저장해 2차원 리스트를 구한다.

❸ 이하에서는 읽은 고객 행의 수만큼 반복해 안내장을 생성한다. ❹는 워드의 템플릿 파일을 읽어서 단락을 조회하며 내용을 변경하는 부분이다. ❺에서는 단락을 조회하며 card의 키와 일치하는 단락은 데이터를 교체하고, 교체한 단락은 글꼴을 '볼드체'로 변경한다.

마지막으로 ❻에서는 워드 파일을 저장한다.

마무리

이 절에서는 python-docx 모듈을 이용해 워드 파일을 읽고 쓰는 방법을 소개했다. 워드 파일을 작성할 때 템플릿을 이용하면 서식이 갖춰진 문서를 손쉽게 만들 수 있다. 또한, 워드 조작에 엑셀을 조합해 사용할 수 있다면 더욱 다방면으로 자동화할 수 있다.

3-6 CSV와 엑셀 연계하기

대응 OS 윈도우/macOS/리눅스 **난이도** ★★☆☆☆

CSV 파일은 콤마로 데이터를 구분하는 텍스트 형식 데이터로, 다양한 방면에서 활용된다. 여기서는 엑셀과 CSV를 연계해 활용하는 방법을 살펴보자.

키워드 **CSV/openpyxl**

CSV 형식이란?

CSVcomma-separated values는 **콤마**comma**로 데이터를 구분하는 텍스트 형식**이다. 확장자는 `.csv`이며 필드(열)와 레코드(행) 형식으로 구성되므로 엑셀과 호환할 수 있다. 엑셀 문서를 CSV 형식으로 저장할 수도 있고 CSV 파일을 엑셀에서 열 수도 있다. 엑셀 외에도 많은 데이터 관리 프로그램에서 CSV 내보내기 기능을 지원한다.

간단한 CSV 데이터를 살펴보자. 다음은 매출 데이터를 CSV 형식으로 나타낸 예이다. 매출 항목은 콤마로, 매출 건은 개행으로 구분한다. CSV 형식은 이처럼 콤마로 '필드(열)'를 구분하고 개행으로 '레코드(행)'를 구분한다.

src/ch3/input/items.csv

```
상품명, 단가, 수량, 소계
사과, 300, 3, 900
바나나, 200, 5, 1000
딸기, 800, 2, 1600
```

이 파일을 엑셀에서 열어보면 다음 그림과 같이 열린다. 단, CSV 파일을 엑셀 프로그램으로 열 때는 인코딩 형식에 유의해야 한다. 엑셀의 기본 인코딩 방식이 ANSI(CP949)이므로 UTF-8 형식의 파일을 열면 문자 깨짐 현상이 발생한다. 따라서 CSV 파일을 엑셀과 연계하고자 할 때는 인코딩을 ANSI로 지정한다.

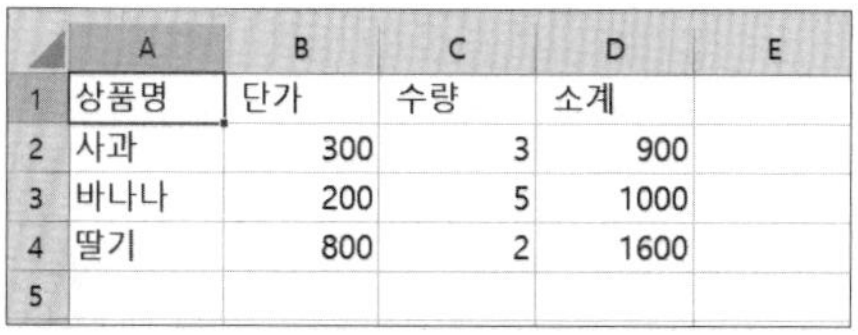

	A	B	C	D	E
1	상품명	단가	수량	소계	
2	사과	300	3	900	
3	바나나	200	5	1000	
4	딸기	800	2	1600	
5					

CSV 파일을 엑셀에서 열기(items.csv)

한편 CSV의 변형으로 TSVtab-separated values라는 형식이 있다. TSV는 콤마 대신에 탭tab으로 필드 (열)를 구분한다.

CSV는 국제 인터넷 표준화기구 IETFInternet Engineering Task Force에 의해 표준 사양이 문서화되었으나, 많은 애플리케이션에서 CSV를 독자 규격으로 사용한다. 이러한 규격의 차이로 인해 가져오기 또는 불러오기를 할 때 데이터가 깨지는 일도 빈번히 발생한다. 하지만 데이터 형식이 쉽고 간결하다는 장점에 힘입어 여러 분야에서 쓰인다.

파이썬에서 CSV 다루기

파이썬에는 CSV 파일을 다루는 전용 모듈 csv가 있어서 다양한 형식의 CSV와 TSV를 파이썬 리스트 형식으로 읽을 수 있다.

다음 프로그램에서는 앞에서 확인했던 CSV 파일(items.csv)을 파이썬에서 읽는다. csv 모듈을 사용하는 방법과 사용하지 않는 방법 두 가지를 이용해보자. '예쁘게' 인쇄하기 위해 파이썬 기본 모듈 pprint를 사용했다.

src/ch3/csv_read.py

```
import csv, pprint

# csv 모듈을 이용하지 않는 방법 --- ❶
with open('./input/items.csv', encoding='ansi') as f:
    text = f.read().strip()
    lines = text.split("\n")
    data = [v.split(',') for v in lines]
    pprint.pprint(data)

# csv 모듈을 이용하는 방법 --- ❷
with open('./input/items.csv', encoding='ansi') as f:
    reader = csv.reader(f)
    data = [row for row in reader]
    pprint.pprint(data)
```

이 프로그램을 실행하면 CSV 파일의 데이터를 파이썬의 2차원 리스트로 읽어 출력한다. 다음 그림은 IDLE에서 실행한 결과이다.

CSV파일을 파이썬 2차원 리스트로 읽은 결과

프로그램을 확인해보자. **❶**에서는 csv 모듈을 사용하지 않고 데이터를 읽는다. 이때 split() 메서드를 사용한다. split()는 특정 문자를 기준으로 문자열을 자른 후 리스트로 반환하는 메서드이다. 여기서는 개행 문자를 기준으로 text를 자른 후 리스트 변수 lines에 저장한다. 그 뒤에 리스트 컴프리헨션을 사용한다. 리스트 컴프리헨션은 기존 리스트에 특정 처리를 해 새로운 리스트로 만들 때 자주 사용한다. 여기서는 lines의 각 문자열에 대해 콤마를 기준으로 슬라이싱 처리를 하고 data 리스트에 추가한다. data 리스트에 추가되는 요소가 리스트이므로 data는 2차원 리스트가 된다.

❷에서는 csv 모듈(csv.reader())을 이용해 CSV 파일을 읽는다. 파일을 읽을 때는 encoding = 'ansi'를 지정한다.[2]

개행과 콤마를 포함한 CSV 데이터 다루기

앞에서 다룬 CSV 파일은 간단한 형식이었기에 이를 읽는 처리 또한 쉬웠다. 하지만 현실의 데이터는 그렇게 간단하지 않다. 이를테면 데이터 내에 콤마와 개행, 큰따옴표를 포함한 CSV 파일이 있을 수 있다.

CSV에서 콤마를 포함할 때는 데이터를 큰따옴표로 감싸서 "3,100"과 같은 형태로 작성하도록 정해져 있다. 또한 큰따옴표를 포함할 때는 큰따옴표를 이중으로 사용한다. 이런 경우에는 앞 프로그램과 같이 CSV를 단순히 콤마와 개행을 기준으로 분할하면 데이터가 깨져버린다.

다음 CSV 데이터를 items2.csv라는 이름으로 저장해 엑셀에서 열어보자.

src/ch3/input/items2.csv

```
상품명, 단가, 수량, 소계
"사과""제철""세트",500,5,1500
"과일 세트 A(바나나, 사과)",1000,5,5000
"과일 세트 B(딸기, 메론)",2000,2,4000
```

---

2   [옮긴이] macOS에서는 인코딩을 cp949로 지정해야 한다. 이후 예제도 동일하다.

엑셀에서 열면 다음 그림과 같이 표시된다.

콤마와 큰따옴표를 포함한 CSV 파일을 엑셀에서 확인한 결과

이러한 형식의 CSV를 기본 파이썬 기능만으로 읽으려면 상당히 까다롭다. 이때는 편리한 표준 라이브러리인 csv 모듈을 사용해 읽는 편이 좋다.

다음은 csv 모듈을 이용해 items2.csv 파일을 읽어서 표시하는 프로그램이다.

src/ch3/csv_read2.py

```python
import csv

# 파일을 열어서 reader 가져오기 --- ❶
with open('./input/items2.csv', encoding='ansi') as f:
    reader = csv.reader(f)
    # 헤더 행 건너뛰기 --- ❷
    head = next(reader)
    # 한 행씩 조사하기 --- ❸
    total = 0
    for row in reader:
        # CSV의 한 행의 요소를 각 변수에 담기 --- ❹
        name,price,cnt,subtotal = row
        print(name, price, cnt, subtotal)
        total += int(subtotal)
    # 합계를 출력
    print("합계:", total, "원")
```

IDLE 셸에서 실행하면 다음과 같이 출력된다. 콤마와 큰따옴표를 포함한 복잡한 CSV 파일을 읽어 소계의 합계를 출력한다.

```
IDLE Shell 3.9.6                                                    —  □  ×
File Edit Shell Debug Options Window Help
>>>
============ RESTART: C:\automation_python\source\src\ch3\read_csv2.py ==========
사과"제철"세트 500 5 1500
과일 세트 A(바나나, 사과) 1000 5 5000
과일 세트 B(딸기, 메론) 2000 2 4000
합계: 10500 원
>>>|
                                                                   Ln: 16  Col: 4
```

큰따옴표와 콤마를 포함한 CSV를 읽어 합계 처리를 한 결과

프로그램을 확인해보자. ❶에서는 파일을 열어서 csv.reader 객체를 가져온다. 그리고 ❷에서는 next() 메서드로 reader 객체에서 한 행을 건너뛴다. CSV의 첫 행을 헤더 행으로 사용하므로 이를 읽지 않고 건너뛴다.

❸ 이하에서 for 문을 이용해 1행씩 CSV를 읽는다. ❹에서는 행에 들어 있는 요소들을 각 변수에 분배한다. 그리고 변수 total에 각 행의 소계 금액을 합산하고, 마지막에 total 값을 출력한다.

TSV 데이터를 읽고 싶을 때

csv 모듈은 탭을 구분 기호로 하는 TSV 형식에도 대응한다. 다음과 같이 탭으로 구분한 데이터를 읽어보자.[3]

src/ch3/input/items3.tsv

```
상품명→ 단가→ 수량→ 소계
"사과""제철""세트"→  500→  5→   1500  11
"과일 세트 A(바나나, 사과)"→ 1000→5→   5000
"과일 세트 B(딸기, 메론)"→  2000→2→   4000
```

앞에서 CSV를 읽을 때와 거의 비슷하지만, csv.reader에 구분 기호를 키워드 인수로 전달하는 부분만 다르다. 다음과 같이 TSV 파일을 읽어서 내용을 출력해보자.

src/ch3/tsv_read.py

```python
import csv

# 파일 열기 --- ❶
with open('./input/items3.tsv', encoding='utf-8') as f:
    # 구분 기호를 지정해 읽기 --- ❷
    reader = csv.reader(f, delimiter='\t')
    # 읽은 데이터를 화면에 출력
    for row in reader:
        print(row)
```

프로그램을 실행하면 다음과 같이 읽은 데이터가 잘 출력되어, TSV 형식을 올바르게 읽었음을 알 수 있다.

---

3 [옮긴이] 탭 문자(\t)를 편의상 →로 나타냈다. 텍스트 에디터에서 열면 설정에 따라 다르게 표시될 것이다.

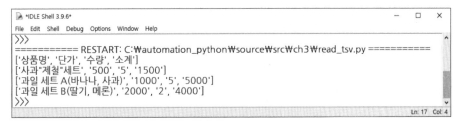

tsv 파일을 읽은 결과

프로그램을 확인해보자. ❶에서는 파일을 읽는다. 이 TSV 파일은 문자 인코딩이 UTF-8으로 설정되어 있다. 따라서 encoding에 utf-8을 지정한다. 그리고 이 프로그램의 포인트가 되는 부분이 ❷이다. csv.reader의 키워드 인수에 delimiter(구분 기호)는 탭 문자를 나타내는 \t을 지정한다. 이로써 탭을 구분 기호로 하는 TSV 파일에 대응하는 구조가 된다.

> **TIP 엑셀에서 TSV를 읽는 방법**
>
> 엑셀에서 TSV 파일을 읽는 방법을 소개한다. 엑셀에서도 TSV 파일을 읽을 수 있지만 더블클릭해서 열면 엑셀에서 열리지 않거나, 열려도 글자가 깨질 가능성이 있다.
>
> 먼저 엑셀을 실행한 뒤 엑셀의 메뉴에서 '열기'를 선택하여, 파일 열기 대화상자에서 '모든 형식'을 지정하고 items3.tsv를 선택해 읽는다.
>
> 그러면 다음 그림과 같이 '텍스트 마법사' 대화상자가 표시된다. 여기서 구분 기호과 문자 코드(UTF-8)를 지정하면 데이터를 제대로 가져올 수 있다.

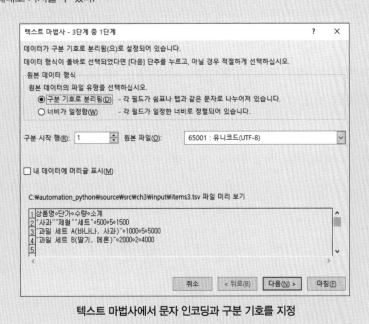

텍스트 마법사에서 문자 인코딩과 구분 기호를 지정

CSV를 읽어서 엑셀 시트 채우기: 이름표 시트 작성

다음으로 CSV 데이터를 읽어서 엑셀 시트에 채우는 프로그램을 만들어보자. 여기서는 명부 관리 애플리케이션에서 내보내기한 CSV 파일 name_addr.csv를 읽는다. 그리고 이 데이터를 이름표 템플릿 card-template.xlsx에 채워 넣는다.

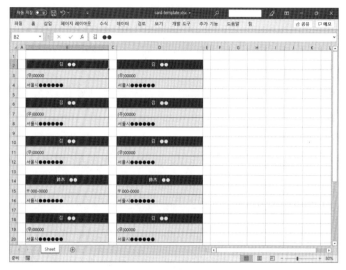

이름표 템플릿(card-template.xlsx)

먼저 이름표 템플릿 card-template.xlsx를 확인해보자. 이 시트의 포인트는 다음 세 가지이다.

- 위에서부터 아래로 [공백 1행]·[데이터 3행]·[공백 1행]·[데이터 3행]··· 식으로 나열되어 있다.
- 왼쪽에서 오른쪽으로 [공백 1열]·[데이터 1열]·[공백 1열]·[데이터 1열]··· 식으로 나열되어 있다.
- 인쇄했을 때 1페이지에 10개의 이름표만 들어간다. 따라서 이름표가 10개를 넘어가면 페이지가 바뀌어야 한다.

이 점을 유념하면서 프로그램을 작성해보자. 한편 명부 CSV 파일은 다음 그림과 같은 형태이다.

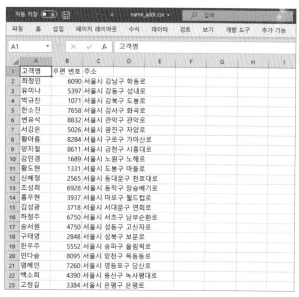

명부 데이터(name_addr.csv)

고객명	우편 번호	주소
최정민	6090	서울시 강남구 학동로
유미나	5397	서울시 강동구 성내로
박규찬	1071	서울시 강북구 도봉로
한소진	7658	서울시 강서구 화곡로
변유석	8832	서울시 관악구 관악로
서강은	5026	서울시 광진구 자양로
황아름	8284	서울시 구로구 가마산로
양지철	8611	서울시 금천구 시흥대로
강민경	1689	서울시 노원구 노해로
황도현	1331	서울시 도봉구 마들로
신혜정	2565	서울시 동대문구 천호대로
조성희	6928	서울시 동작구 장승배기로
홍우현	3937	서울시 마포구 월드컵로
김성광	3718	서울시 서대문구 연희로
하정주	6750	서울시 서초구 남부순환로
송서원	4750	서울시 성동구 고산자로
구태영	2848	서울시 성북구 보문로
한우주	5552	서울시 송파구 올림픽로
민다슬	8095	서울시 양천구 목동동로
염혜인	7260	서울시 영등포구 당산로
백소희	4390	서울시 용산구 녹사평대로
고정길	3384	서울시 은평구 은평로

총 26건(헤더 포함)의 데이터가 들어 있다. 즉, 이름표 시트 3페이지 분량의 데이터이다. 따라서 시트에 데이터를 채울 때 데이터가 10개를 넘어가는 시점에 시트를 추가해야 한다.

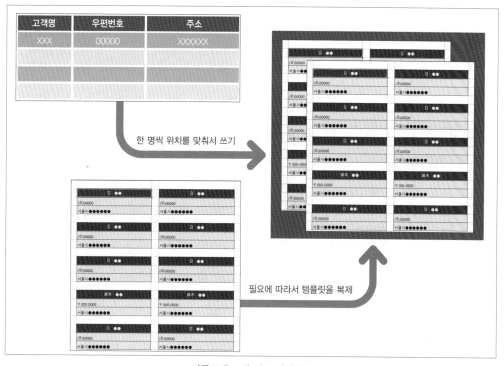

이름표에 고객 정보 배치하기

그렇다면 파이썬 프로그램을 만들어보자.

src/ch3/csv_card.py

```python
import csv, openpyxl as excel

# 설정
in_file = './input/name_addr.csv'
template_file = './input/card-template.xlsx'
save_file = './output/csv_card.xlsx'

# CSV 파일 읽기 --- ❶
def read_csv(fname):
    with open(fname, encoding='ansi') as f:
        reader = csv.reader(f)
        next(reader) # 헤더 건너뛰기
        return [v for v in reader]

# 엑셀 파일 읽기 --- ❷
book = excel.load_workbook(template_file)

# 템플릿 시트 가져오기 --- ❸
sheet_tpl = book['Sheet']

# CSV에서 고객 목록을 가져오고 한 명씩 처리 --- ❹
for i, person in enumerate(read_csv(in_file)):
    # CSV의 한 행을 각 변수에 저장 --- ❹ₐ
    name, zipnum, addr = person
    # 이름표 10개가 다 차면 시트를 추가 --- ❹ᵦ
    idx = i % 10
    if idx == 0:
        # 템플릿 시트를 복사
        sheet = book.copy_worksheet(sheet_tpl)
        sheet.title = 'Page'+str(i//10)
    # 데이터를 쓸 위치를 결정 --- ❹ᵪ
    row = 4 * (idx % 5) + 2
    col = 2 * (idx // 5) + 2
    #print(person)
    #print('idx % 5:{}, row:{}, idx // 5:{}, col:{}'.format(idx % 5, row, idx // 5, col))

    # 셀에 데이터 쓰기 --- ❹ᵈ
    sheet.cell(row=row+0, column=col, value=name)
    sheet.cell(row=row+1, column=col, value=zipnum)
    sheet.cell(row=row+2, column=col, value=addr)

# 템플릿 시트를 삭제하고 문서를 저장 --- ❺
book.remove(sheet_tpl)
book.save(save_file)
```

프로그램을 실행하면 output 폴더에 csv_cad.xlsx가 생성된다. 25명의 고객 명부를 넣었으므로 총 3장의 시트가 생성되었다. 마지막 시트의 남는 카드 5장을 제외하고 고객의 이름, 우편번호, 주소가 잘 들어가 있다.

생성된 시트 세 장

프로그램을 확인해보자. ❶은 CSV 파일을 읽는 함수이다. 이제까지 몇 차례 나왔지만 csv 모듈을 사용해 CSV 파일을 간단하게 읽을 수 있다. ❷는 템플릿 파일을 읽고 ❸에서는 시트를 가져온다.

❹에서는 for 문에서 read_csv(in_file) 값을 하나씩 가져온다. read_csv(in_file)의 반환값이 잘 떠오르지 않는다면, csv_card.py를 실행한 IDLE 셸에서 다음과 같이 read_csv(in_file)이라고 입력해 출력 결과를 확인해보자.

read_csv(in_file)의 반환값 확인

그림과 같이 CSV 파일의 고객 명부를 2차원 리스트로 반환한다. 이 리스트를 한 행씩 읽되 enumerate를 사용해 요소의 인덱스까지 i에 가져온다. ❹a에서는 CSV의 한 행을 각 변수에 저장한다. ❹b에서는 인덱스를 10으로 나눈 나머지(i%10)가 0이 되면 시트를 추가한다. 즉 11번째, 21번째 고객일 때 시트를 추가한다. 그리고 인덱스를 10으로 나눈 몫(i//10)으로 시트의 이름을 설정한다. ❹c에서는 데이터를 쓸 위치를 결정한다.

규칙을 쉽게 이해하기 위해 csv_card.xlsx 파일의 첫 번째 페이지에서 10명의 고객 데이터를 확인해보자.

고객 정보가 시작하는 행(이름이 들어가는 셀)은 2, 6, 10, 14, 18과 같이 4씩 커진다. 즉, $4*n+2$ (n = 0, 1, 2, 3, 4)의 등차수열이다. 그리고 세로 방향으로 5개씩 배치되어 있으므로 6번째 이름표는 다시 2행에서 시작한다. 즉, 인덱스를 5로 나눈 나머지가 같으면 같은 행에 배치된다. 따라서 인덱스가 i일 때 고객 이름이 들어가는 행은 $4*(i \% 5)+2$행이다.

고객 정보가 시작하는 행	고객 이름 (i = 인덱스)	고객 이름 (i = 인덱스)
2	최정민 (i=0)	서강은 (i=5)
6	유미나 (i=1)	황아름 (i=6)
10	박규찬 (i=2)	양지철 (i=7)
14	한소진 (i=3)	강민경 (i=8)
18	변유석 (i=4)	황도현 (i=9)

열을 구할 때도 같은 방식으로 생각해보자. 이름이 들어가는 열은 인덱스 순서대로 2, 2, 2, 2, 2, 4, 4, 4, 4, 4 이다. 즉 인덱스가 5 미만(0~4)일 때는 2열이고, 5 이상(5~9)일 때는 4열이다. 5 미만일 때는 5로 나누었을 때 몫이 0이고, 5 이상일 때는 몫이 1이 된다. 따라서 고객 이름이 들어가는 열은 $2*(i // 5)+2$로 나타낼 수 있다(i // 5는 i를 5로 나눈 몫을 뜻한다).

고객 정보가 시작하는 열	2	4
고객 이름 (i=인덱스)	최정민 (i=0)	서강은 (i=5)
고객 이름 (i=인덱스)	유미나 (i=1)	황아름 (i=6)
고객 이름 (i=인덱스)	박규찬 (i=2)	양지철 (i=7)
고객 이름 (i=인덱스)	한소진 (i=3)	강민경 (i=8)
고객 이름 (i=인덱스)	변유석 (i=4)	황도현 (i=9)

다시 프로그램으로 돌아가보자. ❹c에서는 앞에서 확인한 대로 $4*(idx \% 5)+2$행과 $2*(idx // 5)+2$열을 시작하는 셀로 지정한다. 이때 idx는 인덱스 i를 10으로 나눈 값이다. 따라서 10개마다 시트가 추가되면 다시 2행 2열에서 입력을 시작한다. 시작하는 셀을 결정했으니 나머지는 간단하다. ❹d에서는 시작하는 셀에 이름을 입력하고, 한 행씩 아래로 각각 우편번호와 주소를 입력한다.

마지막으로 ❺에서는 문서를 저장한다. 이때 템플릿 시트를 결과물에 포함할 필요가 없기 때문에 템플릿 시트는 삭제하고 문서를 저장한다.

시트 복사 및 삭제

여기서 한 번 더 시트 관련 메서드를 확인해보자.

메서드	설명
book.copy_worksheet(sheet)	시트(sheet)를 복사해 문서(book)에 추가
book.remove(sheet)	문서(book)에서 시트(sheet)를 삭제
sheet.title = "title"	시트(sheet)의 제목 설정

마무리

이상으로 CSV 파일을 다루는 방법을 살펴봤다. CSV 형식은 다양한 애플리케이션에서 내보내기 형식으로 지원한다. 따라서 내보내기를 한 CSV 데이터를 가공해 엑셀 문서로 저장하는 경우가 많다. 그럴 때는 이 절에서 실습한 대로 엑셀 시트로 템플릿을 만들어두고 CSV 데이터를 불러와서 깔끔한 문서를 만들어보자.

COLUMN **버그는 다른 사람에게 설명하다 보면 해결된다**

2-4절의 칼럼에서는 프로그래밍하다가 막힐 때 한숨 자고 나면 버그를 쉽게 찾을 수 있다고 이야기했다. 사실 자는 것 외에도 버그 해결에 좋은 방법이 한 가지 더 있다. 바로 '다른 사람에게 설명하는 것'이다.

주변에 이야기를 들어줄 사람이 있다면 어떤 프로그램을 만드는 데 어떤 문제가 나와서 고민하고 있다고 이야기해보자. 상대가 프로그램을 잘 몰라도 그저 잘 들어줄 수 있는 상대라면 충분하다.

이 방법이 왜 효과가 있을까? 당신이 누군가의 고민을 들어줄 때를 생각해보자. 말하고 있는 사람이 이야기를 다 털어놓은 뒤에 이쪽에서는 아무 말도 하지 않았는데 혼자 해결책을 찾았다고 할 때가 있다. 사람은 누군가에게 문제를 설명하다 보면 머릿속이 정리된다.

만약 이야기할 사람이 없다면 블로그에 쓰거나 SNS에서 문제에 관해 이야기해보자. 누군가가 답변을 해주리라 기대하고 쓰는 것이 아니다. 그저 글을 쓰기 위해 생각을 정리하는 것만으로 문제가 해결될 수도 있기 때문이다. 이는 프로그래밍 질문 게시판에서도 확인할 수 있다. 종종 질문자의 질문에 아무도 답변하지 않았는데 질문자가 '스스로 해결했습니다'라고 댓글을 달곤 한다. 필자도 질문 게시판에 글을 올리려고 문제에 관해서 쓰다가 해결 방법이 생각났던 경험이 몇 번이나 있다.

3-7 엑셀 파일을 PDF로 출력하기(윈도우)

대응 OS 윈도우 난이도 ★★☆☆☆

엑셀로 작성한 데이터를 PDF로 출력해 사용할 때가 많다. 청구서 등 비즈니스 서류를 주고받을 때 PDF 형식을 사용하는 경우도 늘고 있다. 3-7절에서는 엑셀을 PDF로 출력하는 방법을 소개한다.

키워드 엑셀/pywin32

openpyxl에는 PDF 출력 기능이 없다

지금까지는 openpyxl 라이브러리를 이용해 엑셀 문서를 조작했다. 하지만 앞에서 설명했듯이 openpyxl은 모든 엑셀 기능을 지원하지는 않는다. 그중 한 예가 PDF 출력 기능이다.

그렇다면 파이썬으로는 엑셀 PDF 출력이 불가능할까? 그렇지 않다. 윈도우에서는 pywin32 라이브러리를 사용해 PDF 출력을 할 수 있고 그 외에도 더 많은 엑셀 기능을 사용할 수 있다.

pywin32 알아보기

2-1절에서 살짝 언급했지만 pywin32는 엑셀 전용 라이브러리는 아니다. 윈도우의 각종 기능을 파이썬에서 이용하기 위한 라이브러리다. 윈도우는 COM(ActiveX/OLE)이라고 부르는 컴포넌트 기능을 갖추고 있다. 이 인터페이스에 대응하는 애플리케이션은 외부 프로그램에서 제어할 수 있다. 엑셀과 워드는 COM 기능을 갖추고 있어서 외부 프로그램에서 제어할 수 있다. 즉, pywin32 라이브러리를 사용하면 파이썬에서 엑셀·워드 등 COM에 대응하는 애플리케이션을 원격으로 조작할 수 있다. 다만 이 방법을 사용할 때는 조작하려는 애플리케이션(엑셀 또는 워드)이 실제로 PC에 설치되어 있어야 한다.

pywin32 설치하기

pywin32 라이브러리를 설치해보자. 라이브러리를 설치할 때는 pip 명령어를 이용한다. 파워셸 또는 명령 프롬프트(실행 방법은 2-1절 참고)에서 다음 명령어를 실행해보자. 윈도우에서만 설치 가능하다.

```
pip install pywin32==303
```

제대로 실행되었다면 다음과 같이 'Successfully installed pywin32-xxx'라고 출력된다.

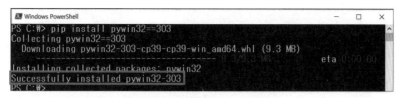

pywin32를 성공적으로 설치한 결과

pywin32의 기본적인 사용법

그렇다면 pywin32 라이브러리를 이용해 엑셀을 조작하는 간단한 프로그램을 만들어보자. 앞에서 언급했듯이 pywin32를 이용하려면 PC에 엑셀이 설치되어 있어야 한다.

다음은 파이썬에서 엑셀을 실행하고 신규 시트를 생성한 뒤 셀 B2에 '안녕하세요'라고 값을 설정하는 프로그램이다.

src/ch3/pywin32_hello.py

```python
# pywin32(win32com) 라이브러리 불러오기 --- ❶
import win32com.client as com

# 엑셀 실행하기 --- ❷
app = com.Dispatch("Excel.Application")
app.Visible = True
app.DisplayAlerts = False

# 엑셀에 신규 문서 생성 --- ❸
book = app.Workbooks.Add()
# 활성 시트 가져오기 --- ❹
sheet = book.ActiveSheet

# 시트에 값 쓰기 --- ❺
sheet.Range("B2").Value = "안녕하세요"
```

프로그램을 실행하면 엑셀이 열리고 시트에 '안녕하세요'라고 적힌 결과를 확인할 수 있다.

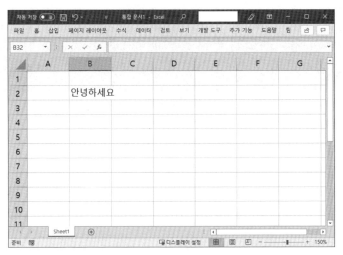

pywin32로 신규 생성한 엑셀 파일(pywin32_hello.py)

프로그램을 확인해보자. ❶에서는 pywin32 라이브러리를 불러온다. import 문에는 모듈명인 win32com을 지정한다. ❷에서는 엑셀 객체를 읽는다. 엑셀 객체의 Visible 속성에 True를 설정하면 엑셀 창이 화면에 나타난다. ❸에서 신규 문서를 생성하고 ❹에서 활성 시트를 가져온 뒤에 ❺에서 셀에 값을 설정한다.

이 프로그램에서 알 수 있듯이, pywin32 라이브러리에서 엑셀을 조작할 때 사용하는 방법과 openpyxl 라이브러리에서 사용하는 방법은 서로 다르며 호환성이 없다. pywin32에서는 엑셀 COM 의 규격에 맞는 메서드와 속성을 사용한다. 이는 VBA에서 엑셀을 조작하는 메서드와 같다. 즉, pywin32는 VBA와 같은 방법으로 엑셀을 조작한다.

pywin32에서 엑셀 문서를 저장하는 방법

계속해서 pywin32 라이브러리로 문서를 작성한 후 파일로 저장해보자. pywin32 라이브러리를 사용할 때는 '엑셀을 원격 조작하고 있다'는 점을 의식해야 한다. 엑셀 문서를 저장할 때 경로명을 지정하지 않으면 생각지 못한 폴더에 저장될 수도 있다.

그렇다면 프로그램의 하위 폴더(output)에 pywin32_save.xlsx라는 이름으로 문서를 저장해보자.

src/ch3/pywin32_save.py

```
# pywin32(win32com) 라이브러리 불러오기
import win32com.client as com
import os

# 절대 경로 형식으로 파일명 지정 --- ❶
```

```python
src_file = os.path.abspath(__file__)
src_dir = os.path.dirname(src_file)
save_file = os.path.join(src_dir,'output','pywin32_save.xlsx')

# 엑셀 실행하기  --- ❷
app = com.Dispatch("Excel.Application")
app.Visible = True
app.DisplayAlerts = False

# 엑셀에 신규 문서 생성 --- ❸
book = app.Workbooks.Add()
# 활성 시트 가져오기
sheet = book.ActiveSheet

# 시트에 값 쓰기 --- ❹
sheet.Range("A1").Value = "배우고 시시때때로 익히면 또한 기쁘지 아니한가"
sheet.Range("B2").Value = "벗이 먼 곳에서 찾아오면 또한 즐겁지 아니한가"
sheet.Range("C3").Value = "남이 알아주지 않아도 성내지 않으면 이 또한 군자가 아닌가"

# 파일 저장 --- ❺
book.SaveAs(save_file)
# 엑셀 종료 --- ❻
app.Quit()
```

프로그램을 실행하면 pywin32_save.xlsx라는 엑셀 파일이 생성된다. 이 파일을 열면 다음 그림과 같이 세 개의 문장이 시트에 입력된 것을 확인할 수 있다.

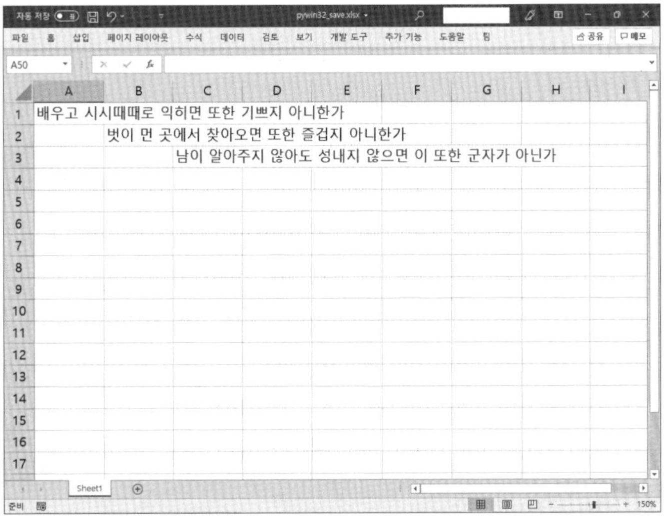

pywin32로 생성하고 저장한 엑셀 파일(pywin32_save.xlsx)

프로그램을 확인해보자. ❶에서는 저장할 파일의 절대 경로(3-4절의 칼럼 참고)를 지정한다. pywin32를 사용할 때는 경로를 포함해 파일명을 지정해야 한다. 여기서는 ch3 폴더 하위의 output 폴더에 최종 파일을 저장한다. 실행 중인 파이썬 파일이 ch3 폴더에 있으므로 __file__(3-4절의 칼럼 참고)의 절대 경로에서(os.path.abspath) 폴더 부분만 추출한다(os.path.dirname). 그리고 os.path.join() 메서드로 ch3 폴더의 절대 경로와 output 폴더, 파일명 pywin32_save.xlsx를 결합한다.

❷에서는 pywin32로 엑셀을 실행하고 ❸에서는 신규 문서를 생성한 후 시트를 가져온다. 그리고 ❹에서는 적당한 셀에 격언을 입력한다.

❺에서는 문서를 파일에 저장한다. ❻에서는 실행한 엑셀을 종료한다. COM으로 엑셀을 조작한 뒤에는 반드시 Quit() 메서드로 엑셀을 종료해줘야 한다. 엑셀을 종료하지 않으면 엑셀 프로세스가 계속 실행되어 메모리에 남아 있으므로 Quit() 메서드를 잊지 말고 실행하자.

pywin32에서 엑셀을 조작할 때 기억해야 할 점은 다음과 같다.

1. 문서를 읽을 때나 저장할 때 절대 경로로 지정한다.
2. 셀 조작을 마치면 Quit() 메서드로 엑셀 프로세스를 종료한다.

엑셀 문서를 PDF로 내보내기

본론으로 돌아가서 엑셀 문서를 PDF로 내보내는 방법을 살펴보자. 다음 프로그램에서는 앞에서 사용한 stock-data.xlsx를 PDF로 변환한다.

src/ch3/pywin32_pdf.py

```python
import win32com.client as com
import os

# 절대 경로 형식으로 파일명 지정 --- ❶
src_file = os.path.abspath(__file__)
src_dir = os.path.dirname(src_file)
in_file = os.path.join(src_dir,'input', 'stock-data.xlsx')
pdf_file = os.path.join(src_dir, 'output', 'pywin32_pdf.pdf')

# 엑셀 실행하기 --- ❷
app = com.Dispatch("Excel.Application")
app.Visible = True
app.DisplayAlerts = False

# 엑셀에서 기존 문서 열기 --- ❸
book = app.Workbooks.Open(in_file)
```

```
# 문서를 PDF로 내보내기 --- ❹
xlTypePDF = 0 # PDF를 나타내는 상수
book.ExportAsFixedFormat(xlTypePDF, pdf_file)

# 엑셀을 종료 --- ❺
app.Quit()
```

프로그램을 실행하면 pywin32_pdf.pdf라는 파일이 생성된다. PDF를 열어보면 다음 그림과 같이 엑셀 문서와 동일한 내용의 PDF가 생성되어 있다.

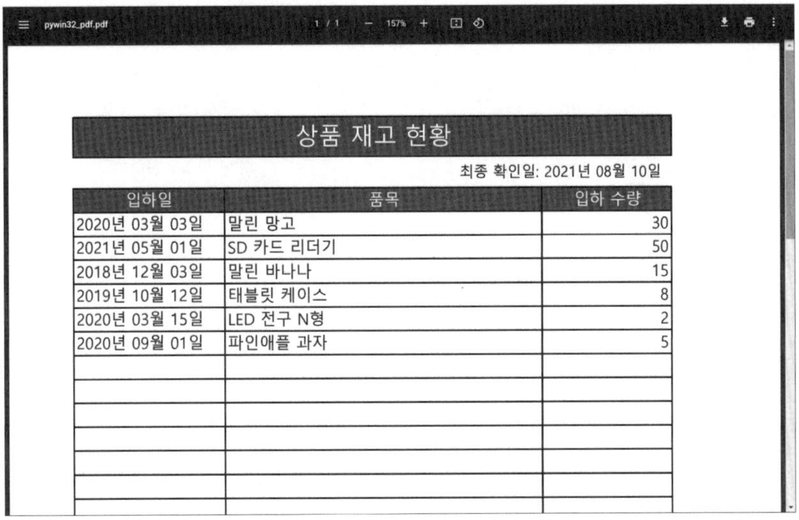

상품 재고 현황

최종 확인일: 2021년 08월 10일

입하일	품목	입하 수량
2020년 03월 03일	말린 망고	30
2021년 05월 01일	SD 카드 리더기	50
2018년 12월 03일	말린 바나나	15
2019년 10월 12일	태블릿 케이스	8
2020년 03월 15일	LED 전구 N형	2
2020년 09월 01일	파인애플 과자	5

엑셀 파일을 PDF로 변환한 결과(pywin32_pdf.pdf)

프로그램을 확인해보자. ❶에서는 변환할 엑셀 파일명과 저장할 PDF 파일명을 지정한다. 이때 파일의 절대 경로를 포함해 작성한다. ❷에서는 엑셀 파일을 실행한다. ❸에서는 변환할 엑셀 파일을 읽고 ❹에서는 이를 PDF로 내보낸다. 마지막으로 ❺에서는 Quit() 메서드로 엑셀을 종료한다.

예외 처리 기법 사용하기

프로그램을 실행하다 보면 어떤 요인으로 중간에 멈추고 비정상 종료될 때가 있다. 이로 인해 Quit() 메서드를 실행하지 못하는 상황이 발생한다. 그런데 엑셀은 제어 프로그램이 비정상 종료되었음을 감지하지 못하므로 종료되지 못하고 메모리에 계속 남게 된다.

이때 만약 app.Visible 속성을 False로 지정했다면, 엑셀은 백그라운드에서 실행되므로 작업 표시줄에서 종료할 수 없다. 따라서 윈도우의 작업 관리자에서 엑셀을 강제 종료해야 한다. app.Visible

을 False로 지정했을 때는 엑셀을 화면에 띄우지 않으므로 프로그램 속도가 빠르다는 장점이 있다. 하지만 이와 같은 상황에서는 엑셀을 강제 종료해야 하기 때문에 테스트 중에는 app.Visible을 True로 설정하는 편이 좋다.

프로그램을 작성할 때 파이썬의 예외 처리 기법을 사용하면 예외 상황에 대응할 수 있다. 다음 코드와 같이 try/except/else/finally 구문을 조합해 사용한다. 특히 이와 같은 상황에서는 finally 문 안에 Quit() 메서드를 작성하면 에러 발생과 상관없이 Quit() 메서드를 실행할 수 있다.

```
try:
    # 예외가 발생할 수도 있는 처리
except [예외 클래스[as 예외 클래스 변수]]:
    # 예외가 발생했을 때 실행
else :
    # 예외가 발생하지 않았을 때 실행
finally:
    # 예외 발생과 상관없이 실행
```

다음은 앞에서 생성한 pywin32_save.xlsx을 읽다가 인위적으로 예외를 발생시키는 프로그램이다. 이때 예외 처리 기법을 통해 엑셀이 언제나 확실히 종료될 수 있도록 한다.

src/ch3/pywin32_error.py

```
import win32com.client as com
import os

# 절대 경로 형식으로 파일명 지정
src_file = os.path.abspath(__file__)
src_dir = os.path.dirname(src_file)
in_file = os.path.join(src_dir,'output','pywin32_save.xlsx')

# 엑셀 실행하기
app = com.Dispatch("Excel.Application")
app.Visible = False # 엑셀 창 띄우지 않기
app.DisplayAlerts = False # 엑셀의 알람창 띄우지 않기

try:# 예외가 발생할 가능성이 있는 처리 --- ❶
    book = app.Workbooks.Open(in_file)
    sheet = book.ActiveSheet
    print("A1:", sheet.Cells(1,1).Value)
    print("B2:", sheet.Cells(2,2).Value)
    print("C3:", sheet.Cells(3,3).Value)

    # 인위적으로 예외 발생시키기 --- ❶a
    if True:
```

```
        raise Exception('엑셀을 읽던 도중 예외가 발생했습니다.')

    print('예외가 발생하지 않으면 이 부분이 실행됩니다.') #--- ①b

except Exception as e:
    # 예외가 발생했을 때 실행 --- ②
    print('에러 메시지::', e)

else :
    # 예외가 발생하지 않았을 때 실행 --- ③
    print('else 문이 실행되었습니다.')

finally:
    # 예외 발생과 상관없이 실행 --- ④
    app.Quit()
    print('엑셀이 종료되었습니다')
```

이 프로그램을 실행하면 다음과 같이 출력된다.

```
IDLE Shell 3.9.6                                          —    □    ×
File  Edit  Shell  Debug  Options  Window  Help
== RESTART: C:\automation_python\source\src\ch3\pywin32_error.py =
배우고 시시때때로 익히면 또한 기쁘지 아니한가
벗이 먼 곳에서 찾아오면 또한 즐겁지 아니한가
남이 알아주지 않아도 성내지 않으면 이 또한 군자가 아닌가
에러 메시지:: 엑셀을 읽던 도중 에러가 발생했습니다.
엑셀이 종료되었습니다
>>>|
                                                              Ln: 19  Col: 4
```

예외 처리 기법을 사용한 결과

프로그램을 확인해보자. ①의 try 문에서는 예외가 발생할 수도 있는 처리를 작성한다. 여기서는 우선 pywin32_save.xlsx를 읽고 셀 A1, B2, C3를 출력한다. 그리고 ①a에서는 raise 문을 사용해 예외를 인위적으로 발생시킨다. raise 문은 raise 예외 클래스 또는 raise 예외 클래스(예외 메시지) 형식으로 쓴다. 여기서는 후자의 방법으로 에러 메시지를 작성했다. 또한 예외 클래스로는 내장 예외 클래스를 사용할 수도 있고, Exception을 상속받은 사용자 정의 클래스를 사용할 수도 있다. 여기서는 내장된 Exception 클래스를 사용했다. ①a에서 예외가 발생하면 ①b 부분은 건너뛰고 except 문을 실행한다.

②의 except 문 내부에서는 예외가 발생했을 때 실행할 처리를 작성한다. except 문 자체는 except 또는 except 예외 클래스 또는 except 예외 클래스 as 예외 메시지 변수와 같은 형식으로 작성한다. 여기서는 세 번째 방식을 사용하고, except 문 내부에서는 예외 메시지를 출력한다.

③의 else 문에는 예외가 발생하지 않았을 때 실행할 처리를 작성한다. ①a의 True를 False로 변경

하면 ❶ 부분까지 출력된 뒤 else 문의 출력문이 실행된다.

❹의 finally는 except 문 또는 else 문이 실행된 뒤에 에러 여부와 상관없이 실행되는 부분이다. 여기에 Quit() 메서드를 작성해 엑셀을 종료한다.

COM으로 엑셀 이외 애플리케이션 조작하기

앞에서 소개했듯이 윈도우의 COM 방식은 컴포넌트 객체를 사용하는 소프트웨어 개발 모델이다. COM 방식으로 작성된 객체는 다른 언어로 작성된 프로그램에서도 사용할 수 있다. 예를 들어 앞의 파이썬 프로그램에서는 엑셀의 COM 객체를 사용했다(app = com.Dispatch("Excel.Application")). 엑셀은 파이썬으로 작성된 프로그램이 아닌데도 엑셀 객체의 속성(app.Visible)과 메서드(app.Workbooks. Open)를 사용할 수 있었다. 이처럼 오피스 제품군을 포함하여 COM 규격으로 작성된 객체라면 파이썬으로 자동화할 수 있다.

또한 COM을 사용하면 윈도우의 셸 기능을 사용할 수 있다. 윈도우의 셸은 바탕화면, 작업 표시줄, 파일 탐색기 등 사용자의 GUI 인터페이스를 표시해 사용자의 명령을 받아들이는 프로그램이다. 다음 프로그램에서는 WScript.shell 객체를 구해 현재 로그인한 유저의 바탕화면 경로를 구한다.

src/ch3/pywin32_shell.py

```
import win32com.client as com

shell = com.Dispatch('WScript.shell')
value = shell.SpecialFolders(4)
print(value)
```

프로그램을 실행하면 다음과 같이 출력된다.

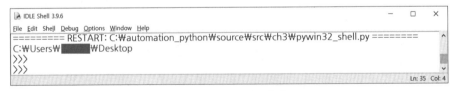

로그인한 유저의 바탕화면 경로

이처럼 윈도우의 셸 오프젝트(WScript.Shell)을 사용하면 파이썬에서 윈도우의 각종 기능에 접근할 수 있다.

마무리

이 절에서는 pywin32 라이브러리를 이용해 COM으로 엑셀을 조작하는 방법을 소개했다. pywin32 라이브러리를 활용하면 엑셀 문서 읽기나 쓰기를 비롯해 PDF 내보내기 등의 기능을 구현할 수 있다.

4

스크레이핑과 웹 브라우저를
자동화해보자

현재 대부분의 전자 데이터는 인터넷을 매개로 오고 간다. 따라서 인터넷상의 데이터 교환을 자동화하면 많은 업무를 효율화할 수 있다. 4장에서는 웹 문서를 분석하거나 브라우저의 작동을 자동화해 데이터를 효율적으로 다루는 스크레이핑 기법을 소개한다.

대응 OS 윈도우/macOS/리눅스 　**난이도** ★★☆☆☆

스크레이핑은 웹에서 데이터를 수집하는 기술이다. 여기서는 스크레이핑 라이브러리인 뷰티풀 수프의 사용법을 소개한다.

　　　　　　　　　　　　　키워드 스크레이핑/뷰티풀 수프 4/DOM/CSS 선택자

웹 스크레이핑이란

웹 스크레이핑web scraping이란 프로그램을 통해 웹에서 원하는 정보를 추출하는 기법이다. 웹 크롤링crawling 혹은 스파이더링spidering이라고도 한다. 웹페이지의 내부 구조는 상당히 복잡하므로 간단한 문자열을 추출할 때도 다양한 변수가 발생한다. 이에 따라 HTML 데이터를 구조화해 효율적으로 정보를 추출할 수 있는 스크레이핑 기법이 발전했다.

일반적인 스크레이핑 과정은 다음과 같다.

1. 웹사이트에서 HTML 데이터를 읽는다.

2. 읽은 HTML을 파서parser(구문 분석기)를 통해 구조를 가진 데이터로 분석한다.

3. 분석된 HTML을 바탕으로 필요한 부분을 추출한다.

4. 추출한 정보를 필요에 따라 가공한다.

이 절에서 살펴볼 **뷰티풀 수프**BeautifulSoup 라이브러리는 이 과정의 2·3번에서 사용된다. 즉, 뷰티풀 수프를 사용하면 HTML 데이터를 분석하고 원하는 요소를 추출할 수 있다. 1번의 HTML 데이터는 다양한 방식으로 읽을 수 있다. 대표적으로는 로컬에서 HTML 파일 읽기, Requests 라이브러리로 HTML 데이터 가져오기, 셀레늄 라이브러리로 동적인 HTML 데이터 가져오기 등이 있다.

4장의 4-1절과 4-2절에서는 HTML 파일을 입력받는 방식으로 뷰티풀 수프를 사용한다. Requests나 셀레늄 라이브러리를 사용하는 방법은 나머지 절에서 다시 다룬다.

한편 뷰티풀 수프는 HTML을 조작 대상으로 삼기 때문에 이를 사용하려면 HTML을 이해해야 한다. 실제로 스크레이핑을 진행하기 전에 HTML의 기본 지식을 정리해보자.

HTML이란

우리가 웹 브라우저에서 보는 페이지는 HTML로 작성된다. HTML_{HyperText Markup Language}이란 '하이퍼텍스트를 표현하는 마크업 언어'라는 의미이다. 마크업_{markup}이란 문서 안에 문서 구조의 정보를 표시하는 것을 의미한다. HTML은 요소를 사용해서 문서의 구조를 나타낸다. HTML 요소는 `<요소명>컨텐츠</요소명>`과 같이 여는 태그와 닫는 태그를 사용하여 컨텐츠를 감싼다. 브라우저는 HTML 문서에 명시된 요소를 해석해서 문서 내용을 알맞게 출력한다.

HTML의 요소

HTML에는 다양한 종류의 요소가 있다. 예를 들어 `<h1>`은 페이지의 제목을 나타내는 요소이고 `<p>`는 문단을 나타내는 요소이다. 따라서 페이지에서 제목 또는 문단을 나타낼 때는 다음과 같이 표현한다(첫 번째 행에 제목을, 두 번째 행에 문단을 나타내는 요소를 사용했다).

```
<h1>스크레이핑에 대해서</h1>
<p>스크레이핑이란 Web에서 원하는 정보를 추출하는 기법이다.</p>
```

또한 이러한 요소는 중첩된 구조로 사용할 수 있다.

```
<body>
  <div>
    <h1>스크레이핑에 대해서</h1>
    <p>스크레이핑이란 Web에서 원하는 정보를 추출하는 기법이다.</p>
    <p>뷰티풀 수프를 사용하면 간편하게 스크레이핑을 할 수 있다.</p>
  </div>
</body>
```

여기서는 본문을 표현하는 `<body>` 요소 안에 컨텐츠를 그룹화하는 `<div>` 요소를 사용했다. `<div>` 안에는 `<h1>`과 `<p>` 요소가 들어 있다. 이렇게 데이터가 중첩되는 구조를 나무의 가지가 뻗어나가는 모습과 같다고 해 '트리 구조'라고 부른다.

HTML 빈 요소(단일 태그)

앞에서 본 것처럼 기본적으로 HTML 요소는 `<요소명>~</요소명>`의 형태로 사용한다. 하지만 닫는 태그(종료 태그)를 생략하는 요소도 있다. 예를 들어 `<br>`은 개행을 나타내므로 콘텐츠를 감싸는 `<br></br>`와 같은 형식은 불필요하다. 따라서 닫는 태그를 생략해 `<br />` 또는 `<br>`과 같이 쓴다. 그 외에 닫는 태그를 생략하는 요소는 `<hr>`, `<img>`, `<input>`, `<link>`, `<meta>` 등이 있다.

HTML의 속성

HTML 요소에는 **속성**attribute이라는 부가 정보를 덧붙일 수 있다. 속성은 시작 태그 안에 지정되며, 일반적으로 **속성 = "값"**과 같은 형식으로 표현한다. 다음은 <h1> 요소에 id 속성과 class 속성을 작성한 것이다.

```
<h1 id="title" class="about">스크레이핑에 관하여</h1>
```

id와 class는 요소를 식별하려고 지정한다. 하나의 id 값은 HTML 문서에서 한 번만 사용할 수 있어서 특정 요소를 고유하게 식별할 때 사용한다. 이와 달리 하나의 class 속성은 여러 요소에 지정할 수 있으므로 요소를 그룹화해 분류할 때 사용한다.

그 외에도 다양한 속성이 있다. 예를 들어 이미지를 나타내는 <img> 요소에는 다음과 같이 src 속성에 이미지 주소를 지정한다.

```
<img src="image.jpg" width="400" height="300">
```

브라우저에서 HTML 소스 확인하기

앞에서 작성한 HTML에 몇 가지 메타 정보를 더하면 다음과 같은 온전한 HTML 문서가 된다.

ch4/input/scraping.html

```
<!DOCTYPE html>
<head>
    <meta charset="UTF-8">
    <title>스크레이핑에 대해서</title>
</head>
<body>
    <div id='content'>
        <h1 id="title" class="about">스크레이핑에 대해서</h1>
        <p>스크레이핑이란 Web에서 원하는 정보를 추출하는 기법이다.</p>
        <p>뷰티풀 수프를 사용하면 간편하게 스크레이핑을 할 수 있다.</p>
    </div>
  </body>
</html>
```

이를 웹 브라우저에서 열어보면 다음과 같이 출력된다. 문서에 <h1>과 <p> 요소가 역할에 맞는 형태로 반영된 것을 확인할 수 있다. 여기서는 크롬 브라우저를 사용했다.

웹 브라우저에서 HTML 문서 열기

브라우저에서 HTML 소스를 확인하려면 웹페이지의 여백을 우클릭해 [페이지 소스 보기]를 선택한다.

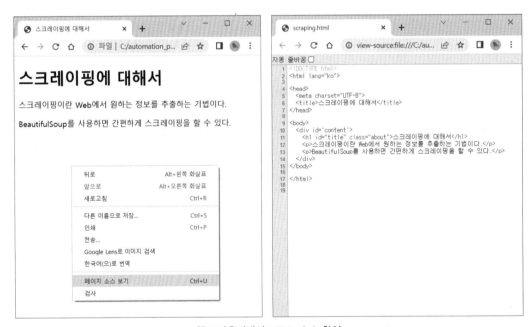

웹 브라우저에서 HTML 소스 확인

HTML을 객체로 나타낸 DOM

앞에서는 프로그래밍 관점에서 스크레이핑을 하는 방법을 살펴봤다. 여기서는 사람이 스크레이핑 프로그램을 작성할 때 거치는 단계를 생각해보자.

1. 브라우저에 출력된 화면에서 원하는 정보를 확인한다.

2. HTML 소스를 확인해 해당 정보의 구조와 식별자를 확인한다.

3. 식별자를 통해 HTML에서 정보를 추출하는 프로그램을 작성한다.

그런데 우리가 브라우저를 통해 보는 화면은 HTML 원본 데이터 그대로가 아니다. 브라우저는 HTML을 화면에 출력하기 위해 HTML 소스를 적절히 재구성한다. 이에 따라 화면에 나타난 내용이나 구조가 소스에 일대일로 대응되지 않을 때도 있다. 따라서 앞에서 살펴본 1번과 2번 과정을 거칠 때 브라우저가 HTML을 다루는 형식인 DOM을 알고 있으면 편리하다. 또한, 스크레이핑에 사용하는 뷰티풀 수프나 셀레늄 등의 라이브러리는 직간접적으로 DOM 구조를 사용한다. 따라서 3번에서 프로그램을 작성할 때도 DOM을 이해하면 스크레이핑이 한결 수월해진다.

웹 브라우저는 HTML을 화면에 표시할 때 **DOM**Document Object Model이라는 구조를 사용한다. DOM은 HTML의 각 요소를 노드node라는 객체로 변환한 트리 데이터이다. 즉, HTML이 '요소의 트리'라면 DOM은 '노드의 트리'라고 할 수 있다.

DOM의 노드는 객체이므로 속성이나 메서드를 사용해 동적으로 제어할 수 있다. 또한 노드는 트리 구조의 중첩 관계에 따라 다른 노드와 관계를 갖는다. 그럼 지금부터 뷰티풀 수프에서 자주 사용되는 트리 구조 내의 관계성에 대해 살펴보자.

DOM 트리의 관계성

트리 구조에서는 요소 간에 '조상, 부모, 형제, 자식, 후손'과 같은 관계가 생긴다. DOM 구조에서는 이러한 노드 간의 관계성을 이용해 주변 노드를 쉽게 탐색할 수 있다. 여기서는 앞에서 작성한 scraping.html의 소스를 보면서 각 요소들이 DOM 구조로 치환되었을 때 어떤 관계성을 갖는지 살펴보자.

```
<> scraping.html ×

ch4 > input > <> scraping.html > ...
    1   <!DOCTYPE html>
    2   <html lang="ko">
    3
    4   <head>
    5     <meta charset="UTF-8">
    6     <title>스크레이핑에 대해서</title>
    7   </head>
    8
    9   <body>
   10     <div id='content'>
   11       <h1 id="title" class="about">스크레이핑에 대해서</h1>
   12       <p>스크레이핑이란 Web에서 원하는 정보를 추출하는 기법이다.</p>
   13       <p>BeautifulSoup를 사용하면 간편하게 스크레이핑을 할 수 있다.</p>
   14     </div>
   15   </body>
   16
   17   </html>
   18
```

scraping.html 소스 상세 확인

앞의 소스에서 <title> 요소의 부모는 <head>이고, <head> 요소의 부모는 <html>이다. HTML 소스의 이러한 부모·자식 관계는 구조는 DOM 구조에서도 그대로 반영된다. 단, DOM 구조에서는 <html> 노드 상위에는 전체 문서의 부모 노드인 document 노드가 생성된다.

그렇다면 <head>의 자식 노드는 무엇일까? HTML 소스에서 <head> 요소 하위에 중첩된 <title>과 <meta>가 <head>의 자식에 속한다는 것은 쉽게 유추할 수 있다. 그런데 DOM 구조에서는 요소 사이에 있는 공백도 하나의 노드로 취급된다. 즉 <head>의 자식 노드는 다음 다섯 개다.

```
'\n(공백 2개)'
<meta charset="utf-8"/>
'\n(공백 2개)'
<title>스크레이핑에 대해서</title>
'\n'
```

이처럼 DOM 구조에서는 HTML상의 요소뿐만 아니라 요소와 요소 사이, 여는 태그와 닫는 태그 사이의 텍스트나 공백, 주석도 하나의 노드로 취급된다. 따라서 <title> 요소 노드의 자식은 태그 사이에 있는 '스크레이핑에 대해서'라는 텍스트 노드이다. 단, <head> 앞에 있는 개행과 공백은 무시되므로 <html>의 첫 번째 자식은 <head>가 된다.

다음은 앞의 소스를 Live DOM Viewer를 통해 DOM의 구조로 나타낸 모습이다. 스크레이핑을 진행할 때는 HTML 소스가 브라우저에서 다음의 구조로 변환된다는 점을 항상 염두에 두자.

```
DOCTYPE: html
HTML lang="ko"
  HEAD
    #text:
    META charset="UTF-8"
    #text:
    TITLE
      #text: 스크레이핑에 대해서
    #text:
  #text:
  BODY
    #text:
    DIV id="content"
      #text:
      H1 id="title" class="about"
        #text: 스크레이핑에 대해서
      #text:
      P
        #text: 스크레이핑이란 Web에서 원하는 정보를 추출하는 기법이다.
      #text:
      P
        #text: BeautifulSoup를 사용하면 간편하게 스크레이핑을 할 수 있다.
      #text:
    #text:
```

scraping.html을 DOM 트리 구조로 나타낸 모습

개발자 도구로 DOM 트리 확인하기

웹 브라우저의 '개발자 도구'를 사용하면 DOM 트리를 확인할 수 있다. 브라우저에서 직접 노드를 열고 닫으면서 세부 내용을 확인할 수 있으므로 웹페이지의 구조를 쉽게 파악할 수 있다. 단, 개발자 도구의 DOM 트리는 요소 노드 중심으로 구성되어 있으며, 공백 노드나 텍스트 노드의 표현에 실제 DOM과 약간의 차이가 있다.

크롬에서 개발자 도구를 실행해보자. 크롬 창을 열고 F12 단축 키를 누르거나, 페이지 여백을 우클릭한 뒤에 팝업 메뉴에서 [검사]를 클릭한다. 또는 크롬 주소창 오른쪽 끝에 점 세 개로 표시되는 '메뉴' 아이콘을 클릭하고 [도구 더보기 〉 개발자 도구]를 선택해 다음 그림과 같이 실행할 수도 있다.

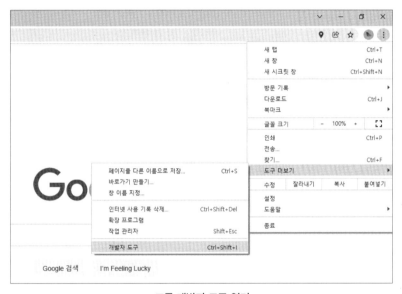

크롬 개발자 도구 열기

개발자 도구가 열리면 [Elements] 탭을 선택한다. 그리고 탭의 왼쪽에 있는 화살표 버튼을 클릭해보자. 버튼을 클릭하고 브라우저 화면 위에 마우스 커서를 올려놓으면 이에 해당하는 트리의 노드가 하이라이트로 표시된다.

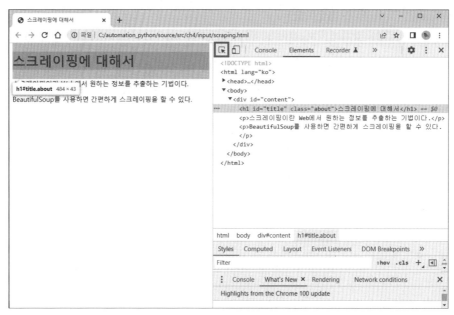

화살표를 클릭하고 요소 위에 커서를 놓으면 색으로 표시

뷰티풀 수프 사용하기

여기까지 HTML과 DOM 구조에 대해서 살펴봤다. 이제 뷰티풀 수프의 사용법을 알아보자.

뷰티풀 수프 설치

다음 명령어를 입력해 뷰티풀 수프와 파서를 설치한다.

```
# 뷰티풀 수프 4 설치
pip install -U beautifulsoup4==4.9.1
# HTML5 대응 파서 설치
pip install html5lib
```

뷰티풀 수프의 웹사이트에서 (다소 오래된 버전이지만) 한국어 매뉴얼도 확인할 수 있다.

> **뷰티풀 수프 4 한국어 매뉴얼**
> https://www.crummy.com/software/BeautifulSoup/bs4/doc.ko/

뷰티풀 수프의 기본적인 사용법

다음 프로그램에서 뷰티풀 수프의 기본적인 사용법을 살펴보자.

src/ch4/bs4_object.py

```python
# import 문으로 라이브러리 불러오기 --- ❶
from bs4 import BeautifulSoup

# HTML 파일 읽기 --- ❷
hfile = 'input/scraping.html'
with open(hfile, encoding='utf-8') as fp:
  html_str = fp.read()

# BeautifulSoup 객체 --- ❸
soup = BeautifulSoup(html_str, 'html5lib')
print(soup.prettify()+'\n') #--- ❸a

# title 요소 확인하기 --- ❹
title = soup.title
print(title)
print(title.string+'\n')

# bs4 객체 타입 --- ❺
print(type(soup))
print(type(title))
print(type(title.string))
```

프로그램 실행 결과는 다음과 같다.

```
<!DOCTYPE html>
<html>
 <head>
  <meta charset="utf-8"/>
  <title>
   스크레이핑에 대해서
  </title>
 </head>
  …생략…
</html>

<title>스크레이핑에 대해서</title>
스크레이핑에 대해서

<class 'bs4.BeautifulSoup'>
<class 'bs4.element.Tag'>
<class 'bs4.element.NavigableString'>
```

❶과 같이 BeautifulSoup 모듈을 불러올 때는 bs4를 지정한다. 여기서는 from/import 문을 통해 bs4 모듈의 BeautifulSoup 클래스를 불러왔다.

❷에서는 정보를 추출할 HTML 파일을 읽는다. 여기서는 `hfile` 변수에 `scraping.html`의 경로를 지정하고 이를 `open()` 함수로 파일을 읽는다. 그리고 `html_str` 변수에 HTML 데이터를 문자열로 가져온다.

❸에서는 BeautifulSoup 객체를 생성한다. 이때 BeautifulSoup()에 HTML 텍스트와 파서를 전달한다. 여기서는 `html5lib` 파서를 사용했다.[1] BeautifulSoup 객체에는 파서를 통해 구문 분석된 트리 형태의 데이터가 담긴다. ❸ⓐ에서는 `soup` 객체의 `prettify()` 메서드를 사용해 구조화된 데이터를 출력한다.

❹와 같이 `soup` 객체에 대해 요소명을 참조하면 문서에서 첫 번째 요소를 얻을 수 있다. 여기서는 첫 번째(이자 유일한) `title` 요소를 가져왔다. `title`에 대해 `string` 속성을 참조하면 태그 사이에 있는 텍스트를 가져온다.

❺에서는 각 요소들의 타입을 출력한다. 앞에서 생성한 `soup` 객체는 bs4.BeautifulSoup 타입이다. HTML 요소는 bs4.element.Tag 타입에 대응하고, 태그 사이의 텍스트는 bs4.element. NavigableString 타입에 대응한다. `soup` 객체는 이러한 파이썬 객체가 중첩된 트리 데이터이며, 이는 DOM 트리의 형태를 가진다. 또한 `soup` 객체는 DOM의 document 노드처럼 트리의 최상위 요소로 작동한다.

BeautifulSoup 객체의 속성과 메서드

BeautifulSoup 객체에서 사용할 수 있는 속성과 메서드를 살펴보자. 사용할 기능은 크게 다음의 세 가지다. 이를 차례로 살펴보자.

1. 트리 구조를 활용한 요소 탐색하기
2. 요소에서 속성 및 텍스트 얻기
3. 메서드를 사용한 요소 검색하기

트리 구조를 활용한 요소 탐색

BeautifulSoup 객체는 DOM 트리의 형태를 띤다. 앞의 'DOM 트리의 관계성'에서 살펴본 DOM 트리의 특성을 BeautifulSoup 객체에서 확인해보자.

---

1   `html5lib` 외에도 `lxml` 등의 파서를 사용할 수 있다. `html5lib`은 브라우저와 같은 방식으로 HTML을 파싱한다는 장점이 있고, `lxml`은 파싱 속도가 빠르다는 장점이 있다.

src/ch4/input/scraping.html

```html
<html>
  <head>
    <meta charset="UTF-8">
    <title>스크레이핑에 대해서</title>
  </head>

  <body>
    <div id='content'>
      <h1 id="title" class="about">스크레이핑에 대해서</h1>
      <p>스크레이핑이란 Web에서 원하는 정보를 추출하는 기법이다.</p>
      <p>뷰티풀 수프를 사용하면 간편하게 스크레이핑을 할 수 있다.</p>
    </div>
  </body>
</html>
```

src/ch4/bs4_tree.py

```python
# import 문으로 라이브러리 불러오기
from bs4 import BeautifulSoup

# HTML 파일 읽기 --- ❶
hfile = 'input/scraping.html'
with open(hfile, encoding='utf-8') as fp:
  html_str = fp.read()

# BeautifulSoup 객체 --- ❷
soup = BeautifulSoup(html_str, 'html5lib')

# head의 조상 확인하기 --- ❸
head = soup.head
print('head의 부모:',head.parent.name)#--- ❸a
print('head의 부모의 부모:',head.parent.parent.name)#---❸b

# head의 자식 확인하기 --- ❹
print('head의 자식')
for e in head.contents:
    print('[{0}]{1}'.format(type(e),e.name))
```

프로그램의 실행 결과는 다음과 같다.

```
head의 부모: html
head의 부모의 부모: [document]
head의 자식
[<class 'bs4.element.NavigableString'>]None
[<class 'bs4.element.Tag'>]meta
```

```
[<class 'bs4.element.NavigableString'>]None
[<class 'bs4.element.Tag'>]title
[<class 'bs4.element.NavigableString'>]None
```

앞의 프로그램과 동일하게 ❶에서는 scraping.html 파일을 읽고 ❷에서는 BeautifulSoup 객체를
생성했다.

❸에서는 head의 조상 요소를 살펴본다. Tag 객체에 parent 속성을 참조하면 부모 Tag 객체를 반
환한다. 또한 Tag 객체에 name 속성을 참조하면 요소의 이름을 반환한다. 즉, ❸ⓐ와 같이 head.
parent.name 형태로 참조하면 head의 부모 요소 이름을 얻을 수 있다. 그 결과 'html'이 출력되었다.

이때 head.parent는 html 요소를 의미한다. 따라서 head.parent.parent와 같이 참조하면 html의
부모를 반환한다. html의 부모는 soup 객체를 가리킨다. 따라서 ❸ⓑ처럼 head.parent.parent.name
과 같이 참조하면 soup 객체의 이름인 '[document]'가 반환된다.

❹에서는 head의 자식을 출력한다. head.contents와 같이 참조하면 head의 자식 요소들을 리스트
형태로 얻을 수 있다. 앞에서 살펴봤던 것처럼 DOM에서 head의 자식은 meta, title 요소 노드와
3개의 텍스트 노드(공백)이다. print() 함수로 head 자식 요소의 타입과 이름을 출력한 결과, DOM
트리와 동일한 구조로 3개의 NavigableString 객체와 2개의 Tag 객체가 출력되었다.

이처럼 뷰티풀 수프에서는 트리 내의 관계성을 활용해 자유롭게 요소를 탐색할 수 있다. 다음 표에
는 요소 간 관계를 활용해 주변 요소를 탐색하는 방법을 정리했다. 용례에는 e = soup.head를 실행
했다고 가정하고 결과를 기재했다. 용례와 결과는 bs4_example1.py에서 확인할 수 있다.

이름	설명	용례	결과
e.요소명	e 하위의 첫 번째 요소	e.title	<title>…</title>
e.parent e.parents	부모 요소 모든 조상 요소(iter)	e.parent	<html>…</html>
e.contents e.children e.descendants	모든 자식 요소(list) 모든 자식 요소(iter) 모든 후손 요소(iter)	e.contents list(e.children)	['\n ', <meta charset="utf-8"/>, '\n ', <title>스크레이핑에 대해서</title>, '\n']
e.previous_sibling e.previous_siblings	바로 앞의 형제 요소 모든 앞의 형제 요소(iter)	e.previous_sibling	없음
e.next_sibling e.next_siblings	바로 뒤의 형제 요소 모든 뒤의 형제 요소(iter)	e.next_sibling	'\n\n'
e.previous_element e.previous_elements	바로 앞의 요소 모든 앞에 있는 요소(iter)	e.previous_element	<html>…</html>

이름	설명	용례	결과
e.next_element e.next_elements	바로 뒤의 요소 모든 뒤에 있는 요소(iter)	e.title.next_element	'스크레이핑에 대해서'

이 표에서 배경색이 칠해진 속성은 결과로 개행과 공백이 포함될 수 있음을 유의하자. 또한 복수 개의 요소를 반환하는 속성은 리스트 또는 이터레이터(2-5절 참고)를 반환한다. 이터레이터는 list() 함수로 감싸서 리스트로 변환할 수 있다.

요소의 속성 및 텍스트 반환

요소의 속성값과 텍스트를 얻을 때는 다음 속성을 이용한다. 여기서는 e = soup.div를 실행했다고 가정하고 용례를 소개한다. bs4_example2.py 프로그램에서 결과를 확인할 수도 있다.

이름	설명	용례	결과
e.name	요소의 이름 얻기	e.name	'div'
e['속성명']	요소의 속성 얻기	e.h1['id']	'title'
e.attrs	요소의 속성 목록(dic)	e.h1.attrs	{'id': 'title', 'class': ['about']}
e.string	요소의 텍스트	e.h1.string	'스크레이핑에 대해서'
e.strings	자식과 후손 요소 텍스트 목록(iter)	list(e.strings)[0:2]	['\n ', '스크레이핑에 대해서']
e.text	자식과 후손 요소의 텍스트를 문자열로 얻기	e.text	'\n 스크레이핑에 대해서\n 스크레이핑이란 Web에서 원하는 정보를 추출하는 기법이다.\n BeautifulSoup를 사용하면 간편하게 스크레이핑을 할 수 있다.\n '

메서드를 사용한 요소 탐색

다음은 soup 객체의 메서드를 사용해서 요소를 탐색하는 방법이다. 메서드를 사용하는 방법은 다음 절에서 구체적으로 살펴보자.

메서드	설명	인수
soup.find()	첫 번째 요소 찾기	name, attrs, string, recursive, limit, **kwargs
soup.find_all()	모든 요소 찾기	(※ limit는 find_all()에서만 가능)
soup.select_one()	첫 번째 요소 찾기	CSS 선택자
soup.select()	모든 요소 찾기	

find()와 find_all() 함수에는 키워드 인수 방식으로 요소를 검색할 수 있다. 여기서는 간단히 종류를 살펴보고 구체적인 사용 방법은 다음 절에서 설명한다.

```
# 요소명 검색
soup.find(name='요소명')

# 속성 검색
soup.find(attrs={'속성':'값'})
soup.find(속성='값') # 키워드 가변 인수 방식(**kwargs)

# 텍스트 검색
soup.find(string='텍스트')

# 검색 범위 결정
soup.find(recursive=true) # 기본값, 후손 요소 전체에서 검색
soup.find(recursive=false) # 직계 자식 내에서만 검색

# 검색 개수 제한
soup.find_all(limit=2) # 결과를 2개까지만 검색
```

select_one()과 selcet() 함수에서는 CSS 선택자selector를 인수로 받는다. CSS 선택자는 HTML 요소에 CSS 스타일을 지정하는 패턴을 말한다. CSS 선택자는 스크레이핑을 할 때 자주 사용되므로 사용 방법을 간단히 알아보자.

HTML의 요소를 식별자를 사용해 선택할 때는 '요소명', '#아이디명', '.클래스명' 등과 같이 지정한다. 여러 개의 식별자를 AND 관계로 조합할 때는 선택자를 공백 없이 붙여서 표현한다. 예를 들어 'div.item'은 <div> 요소 중에서 class가 item인 요소를 선택한다는 뜻이다. 또는 여러 개의 요소를 OR 관계로 선택할 때는 선택자를 콤마(,)로 구분해 사용한다. 예를 들어 'title, .item'은 <title> 요소와 class가 item인 요소를 모두 선택한다는 뜻이다. 트리 내의 관계성을 사용해 요소를 선택할 수도 있다. 특정 요소(A) 하위에 있는 요소(B)를 선택할 때는 'A B'와 같이 공백으로 구분한다. 또는 한 계층 아래에 있는 자식 범위에서 선택할 때는 'A>B'과 같이 부등호(>)로 구분한다.

```
# 모든 div 요소 선택하기
soup.select('div')

# id가 'content'인 div 요소 선택하기
soup.select_one('div#content')

# head 요소와 id가 'content'인 요소 선택하기
soup.select('head, #content')

# id가 'content'인 div 요소 하위에서 class가 'about'인 첫 번째 h1 요소 선택하기
soup.select_one('div#content h1.about')

# id가 'content'인 div 요소의 자식 중에서 첫 번째 p 요소 선택하기
soup.select_one('div#content>p')
```

마무리

이상으로 뷰티풀 수프를 이용해 스크레이핑을 하는 방법을 소개했다. 뷰티풀 수프 자체의 사용법은
무척 간결해서 한번 익숙해지면 빠르게 요소를 탐색할 수 있다. 다만 HTML 데이터를 다룰 때 등장
하는 HTML, DOM, CSS 선택자 등 관련된 지식이 처음에는 복잡하게 느껴질 수 있다. 앞으로 조
금씩 익숙해지자.

책 소개 HTML 분석하기

여기서는 앞 절의 내용을 심화해 HTML에서 다양한 정보를 추출해보자.

 키워드 **뷰티풀 수프/HTML/요소/속성/CSS 선택자**

가상의 책 소개 사이트

앞 절에서는 간단한 HTML을 통해 뷰티풀 수프의 기본적인 사용법을 살펴봤다. 이 절에서는 더욱 다양한 데이터를 포함한 HTML에서 정보를 추출하는 방법을 살펴본다.

본격적인 스크레이핑에 앞서 이 절의 앞부분에서는 4장 전반에 걸쳐 사용할 테스트 환경을 소개한다. 스크레이핑을 연습할 때 실제 사이트를 대상으로 코드를 작성하면 실전에서 바로 사용할 수 있다는 장점이 있다. 하지만 실제 운영되는 웹사이트에는 다양한 예외가 존재해 학습 요소에 집중하기가 어렵다. 또한 제작자의 사정에 따라 불시에 구조가 변경될 수 있으므로 코드가 어느 순간 작동하지 않을 가능성이 크다.

따라서 4장에서는 '가상의 책 소개 사이트'를 로컬 PC에 띄운 상태에서 스크레이핑을 진행한다. 즉, 로컬 PC에 서버 프로그램을 실행시킨 다음에 브라우저나 파이썬 프로그램을 통해 사이트에 접속한다. 여기서 사용할 책 소개 사이트는 스크레이핑 목적으로 제작된 만큼 기능과 구조가 단순하다. 4장에서 스크레이핑 기술을 연습해보고 업무에 사용할 사이트에 스스로 적용해보자.

이 절에서는 책 소개 HTML 파일을 입력받아 정보를 추출하는 방법을 살펴본다. 서버를 실행시켜서 스크레이핑을 하는 과정은 다음 절에서 소개한다. 참고로 여기서 사용할 웹 서버 프로그램은 플라스크(6-1절 참고)를 기반으로 작성했다. 추후 6장에서는 플라스크로 웹 서버를 만드는 방법에 대해 간단히 살펴본다.

사이트 UI 살펴보기

먼저 우리가 사용할 책 소개 사이트의 UI을 살펴보자. 다음은 예제 폴더 ch4/server/templates 경로에 있는 book_static.html 파일을 브라우저에서 연 모습이다.

book_static.html 파일 열기

책 소개 사이트는 출판사에서 새로 나온 책을 소개한다는 컨셉이다. 책 이미지를 갤러리 형태로 나열하고 각 이미지에 마우스 커서를 올리면 책의 제목, 출간 날짜, 가격을 보여준다. 이 HTML 파일에는 8권의 책이 등록되어 있다. '최근에 펴낸 책'이라는 제목 옆에는 책의 권수가 표시된다.

뒤에서는 이 HTML에서 책의 제목, 가격, 이미지 정보 등을 스크레이핑한다. 각 정보를 적절히 추출하기 위해 HTML의 내부 구조를 확인해보자.

책 소개 사이트의 HTML 구조 확인하기

여기서는 책 소개 사이트의 HTML 구조를 설명한다. 스크레이핑 기술과 직접 관계된 내용은 아니므로 시간이 없다면 필요할 때 돌아와서 읽어도 좋다. 다음은 ch4\server\templates 폴더에 있는 book_static.html의 소스 코드이다.

src/ch4/server/templates/book_static.html

```html
<!DOCTYPE html>
<html>
    <head>
        <title>책 소개 사이트</title>
        <meta charset="utf-8" />
        <link rel="stylesheet" href="../static/css/style.css" />
    </head>
    <body>
        <header>
            <a href="https://jpub.tistory.com/" target="_blank">
                <img src="../static/img/logo.png">
            </a>
            <h1>최근에 펴낸 책</h1>
            <div id="cnt">[[책 권수]]</div>
        </header>
        <section id="gallery-section">
            <div id="b1" class="item">
                <div class="image">
                    <img src="../static/img/book1.jpg">
                </div>

                <div class="text">
                    <div class="title">도커, 컨테이너 빌드업!</div>
                    <div class="date">출간 2021년 12월</div>
                    <div class="price">정가 28,000원</div>
                </div>
            </div>


            <div id="b2" class="item">
                <div class="image">
                    <img src="../static/img/book2.jpg">
                </div>

                <div class="text">
                    <div class="title">
                        <div>파이썬 머신 러닝</div>
                        <div>실무 테크닉 100</div>
                    </div>
                    <div class="date">출간 2021년 12월</div>
                    <div class="price">정가 25,000원</div>
                </div>
            </div>
            ...생략...
        </section>
        <script>
            var cntnum = document.getElementsByClassName('item').length;
```

```
            document.getElementById('cnt').innerText = cntnum
        </script>
    </body>
</html>
```

오른쪽 그림은 book_static.html을 트리 구조로 나타낸
것이다. 그림에서 요소를 나타낼 때는 CSS 선택자를 사용
했다.

소스 코드와 그림을 비교하면서 살펴보자. book_static.
html 파일은 크게 <head> 부분과 <body> 부분으로 나
뉜다. <head>에는 문서에 관한 정보가 담긴다. 여기서는
문서의 제목(title), 인코딩 방식(meta), 연결된 css 파일
(link) 정보가 명시된다.

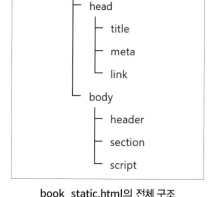

book_static.html의 전체 구조

<body>에는 화면에 표시되는 내용이 들어간다. <body>
는 헤더 정보를 보여주는 <header>, 갤러리를 표시하는
<section>, 스크립트를 작성하는 <script> 부분으로 나
뉜다.

<body> 하위의 각 요소를 자세히 살펴보자. <header>의
첫 번째 자식은 <a>이고 <a> 하위에는 출판사 로고를 표
시하는 <img>가 들어간다. 이를 통해 로고 이미지를 클
릭하면 출판사 페이지로 이동한다. 다음에 나오는 자식은
페이지의 제목을 나타내는 <h1>과 책의 권수를 표시하는
<div>이다. <div> 태그 사이에는 '[[책 권수]]'라는 텍스트
가 들어 있다. <body> 하단의 <script>에서 자바스크립
트를 사용해 실제 책 권수를 <div>에 반영한다.

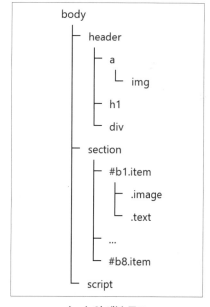

body의 세부 구조

<section> 하위에는 class가 item인 <div> 요소(이하 .item)에 책 정보가 들어 있다. .item은 책의
순서대로 'b1, b2, b3…'과 같은 아이디 속성을 가진다. 각각의 .item 하위에는 이미지 정보를 나타
내는 .image와 텍스트 정보를 나타내는 .text가 있다. 그런데 갤러리에는 이미지만 표시된다. 이는

CSS에 .text의 투명도(opacity)가 0으로 지정되어 있기 때문이다.

다음은 style.css 파일 중 일부를 발췌한 것이다.

src/ch4/server/static/css/style.css

```
.text {
  …생략…
  opacity: 0;
  …생략…
}
.item:hover .text {
  opacity: 1;
}
```

이 CSS 파일에 나타난 것처럼 .text 요소는 opacity가 0으로 지정되어 있다. 그리고 .item:hover .text에서 .item에 마우스 포인터를 올렸을 때 .text의 스타일을 변경하도록 지정한다. 즉, 마우스를 .item 위로 올리면 .text는 투명도가 1이 되어 텍스트 정보가 드러난다.

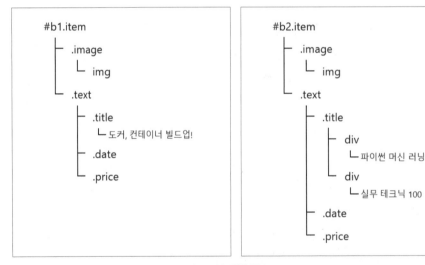

item의 세부 구조

.text 하위에는 책 제목을 나타내는 .title, 출간일을 나타내는 .date, 가격을 나타내는 .price 요소가 있다. 이때 #b1.item과 #b2.item의 .title 요소를 비교해보자. #b1.item에는 책 제목이 .title 요소에 들어간다. 이와 달리 #b2.item에는 .title 요소 안에 2개의 div 요소가 중첩되고 그 안에 책 제목이 나뉘어 들어간다. 이는 책 제목이 길 때 줄바꿈을 하기 위한 구조이다. 제목에 따라 3개의 div로 나뉘는 책도 있다. 이러한 구조를 염두에 두고, 책 제목을 스크레이핑할 때는 어떤 방법을 사용하면 좋을지 생각해보자.

책 소개 HTML에서 요소 찾기

뷰티풀 수프를 사용해 앞에서 살펴본 책 소개 HTML의 요소를 검색해보자.

요소명으로 검색하기

먼저 특정 요소를 검색해보자. 다음은 book_static.html 파일에서 title 요소를 가져오는 프로그램이다.

src/ch4/bs4_tag.py

```
from bs4 import BeautifulSoup
hfile = 'server/templates/book_static.html'

# HTML 파일 읽기 --- ❶
with open(hfile, encoding='utf-8') as fp:
  html_str = fp.read()

# BeautifulSoup 객체 생성 --- ❷
soup = BeautifulSoup(html_str, 'html5lib')

# 첫 번째 title 요소 출력 --- ❸
print(soup.title) #--- ❸a
print(soup.find('title')) #--- ❸b
print(soup.select_one('title')) #--- ❸c

# 모든 title 요소 출력 --- ❹
print(soup.find_all('title')) #--- ❹a
print(soup.select('title')) # --- ❹b
```

프로그램을 실행하면 다음과 같이 표시된다.

```
<title>책 소개 사이트</title>
<title>책 소개 사이트</title>
<title>책 소개 사이트</title>
[<title>책 소개 사이트</title>]
[<title>책 소개 사이트</title>]
```

자세히 살펴보자. ❶에서는 HTML 파일을 읽는다. ❷에서는 BeautifulSoup()를 이용해 HTML을 분석한다. 첫 번째 인수에는 HTML 문자열을 지정하고 두 번째 인수에는 HTML 파서를 지정한다. 파서 지정을 생략하면 속도가 빠른 lxml 파서가 적용된다. 여기서는 모던 웹 브라우저와 같은 방식으로 HTML을 해석하는 html5lib을 이용한다.

❸에서는 soup에서 첫 번째 <title> 요소를 검색한다. 만약 요소를 찾지 못했을 때는 None을 반환한다. ❸a는 soup 객체에 바로 요소명을 지정했다. ❸b와 ❸c에서는 각각 find()와 select_one() 메서드를 사용해서 첫 번째 <title>을 읽는다.

❹에서는 find_all()과 select() 함수를 사용해서 soup 객체의 모든 <title> 요소를 검색한다. 이 HTML에서는 <title>이 한 번만 나오지만, 여러 개 선택을 전제로 하므로 리스트 형태로 반환되었다.

또한 앞에서 살펴본 프로그램에서는 여는 태그·닫는 태그를 포함한 요소 전체를 출력했다. 만약 '책 소개 사이트'라는 텍스트만 얻고 싶다면 다음과 같이 string 속성을 지정해 텍스트만 추출한다.

```python
title = soup.find('title')
print(title.string) # 결과 → 책 소개 사이트
```

속성으로 검색하기

여기서는 속성으로 검색해보자. 다음은 id, class, string 속성으로 요소를 찾는 프로그램이다.

src/ch4/bs4_attr.py

```python
from bs4 import BeautifulSoup
hfile = 'server/templates/book_static.html'

# HTML 파일 읽고 BeautifulSoup 객체 생성 --- ❶
with open(hfile, encoding='utf-8') as fp:
  html_str = fp.read()
soup = BeautifulSoup(html_str, 'html5lib')

# id가 b1인 .item 요소 찾기 --- ❷
print(soup.find(id='b1', class_='item')) #--- ❷a
print(soup.find(name='div', attrs={'id':'b1', 'class':'item'})) #--- ❷b
print(soup.find_all('div', class_='item', limit=1)) #--- ❷c
print(soup.select_one('div#b1.item')) #--- ❷d
print('----------')

# 책 제목으로 .title 요소 찾기 --- ❸
print(soup.find(string='도커, 컨테이너 빌드업!')) #--- ❸a
print(soup.find('div', string='도커, 컨테이너 빌드업!')) #--- ❸b
print('----------')

# 책 제목이 나뉘어졌을 때 .title 요소 찾기 --- ❹
ele = soup.find(string='파이썬 머신러닝')
print(ele) #--- ❹a
print(ele.parent) #--- ❹b
print(ele.parent.parent) #--- ❹c
```

프로그램 실행 결과는 다음과 같다. 우측에 임의로 '실행 결과'를 표시했다.

```
<div class="item" id="b1">…생략…</div>       #  2a  실행 결과
<div class="item" id="b1">…생략…</div>       #  2b  실행 결과
[<div class="item" id="b1">…생략…</div>]     #  2c  실행 결과
<div class="item" id="b1">…생략…</div>       #  2d  실행 결과
----------
도커, 컨테이너 빌드업!                         #  3a  실행 결과
<div class="title">도커, 컨테이너 빌드업!</div>  #  3b  실행 결과
----------
파이썬 머신러닝                    #  4a  실행 결과
<div>파이썬 머신러닝</div>         #  4b  실행 결과
<div class="title">             #  4c  실행 결과
    <div>파이썬 머신러닝</div>
    <div>실무 테크닉 100</div>
</div>
```

❶에서는 HTML 파일을 읽고 BeautifulSoup 객체를 생성한다.

❷의 실행 결과는 모두 <div class="item" id="b1">…</div> 요소를 출력한다. 하나씩 살펴보자. ❷ⓐ에서는 id가 b1이고 class가 item인 요소를 찾는다. find() 또는 fiind_all() 함수에는 find(속성1 = '값', 속성2 = '값'…)과 같이 키워드 인수로 검색할 요소의 속성을 지정할 수 있다. 단, 키워드 인수 방식으로 class 속성을 지정할 때는 파이썬 키워드와 겹치지 않도록 class_로 쓴다.

❷ⓐ처럼 속성만 지정해서 검색할 수도 있고 ❷ⓑ와 같이 요소명을 지정할 수도 있다. ❷ⓑ는 div 중에서 id가 b1이고 class가 item인 요소를 찾는다는 뜻이다. ❷ⓑ와 같이 attrs 인수에 딕셔너리를 지정하면 속성을 한꺼번에 기술할 수도 있다. 딕셔너리 방식으로 class를 지정할 때는 그대로 class라고 쓴다.

❷ⓒ에서는 find_all() 함수를 사용하므로 출력 형태가 리스트이다. limit 인수를 지정하면 출력할 요소의 개수를 제한할 수 있다. 여기서는 class가 item인 div 요소를 최초 1개만 출력하도록 지정했다.

❷ⓓ에서는 select_one() 함수를 사용한다. CSS 선택자 'div#b1.item'을 지정해 div 요소 중 id가 b1이고 class가 item인 것을 선택한다. 여기서는 학습을 위해 다양한 속성을 조합했지만, 사실 id 값은 고유하므로 find(id='b1'), select_one('#b1')과 같이 사용해도 같은 결과를 얻는다.

❸에서는 string에 텍스트를 지정해 요소를 찾는다. ❸ⓐ에서는 string이 '도커, 컨테이너 빌드업!'인 요소를 찾는다. 이때 ❸ⓐ와 같이 string만 지정하면 NavigableString 객체가 선택되어서 출력 결과는 '도커 컨테이너 빌드업!'이 된다. 만약 해당 텍스트를 가진 요소를 선택하고 싶다면 ❸ⓑ

와 같이 요소명을 지정한다. 다만 **③b**에서 name이나 string 값은 요소에 지정된 속성이 아니기 때문에 attrs 딕셔너리에 넣을 수는 없다.

④는 두 번째 책처럼 제목이 나뉜 경우에 .title 요소를 찾는 방법이다. 먼저 '**파이썬 머신러닝**'을 string으로 가진 요소를 검색해 ele 변수에 담는다. 이를 **④a**에서 출력해보면 NavigableString 객체가 출력된다. **④b**에서는 ele의 부모 요소를 선택해 출력한다. NavigableString 객체를 자식으로 가진 Tag 객체인 `<div>파이썬 머신러닝</div>`이 출력된다. **④c**에서는 parent 속성을 중첩해 ele의 부모의 부모 요소를 선택한다. 그 결과 전체 책 제목을 포함한 `<div class="title">`이 출력된다.

책 소개 HTML에서 정보 추출하기

앞에서는 뷰티풀 수프를 사용해 특정 요소를 검색하는 방법을 살펴봤다. 여기서는 앞에서 배운 내용을 바탕으로 HTML에서 원하는 정보를 추출해보자.

트리 탐색으로 책 가격 조사하기

책 소개 사이트에서 책의 id로 가격을 조사하는 프로그램을 만들어보자. 그 순서는 다음과 같다. 먼저 id를 지정해 div.item 요소를 찾는다. 그리고 div.item의 후손 요소 중에서 div.price 요소를 찾는다. 그리고 그 요소의 string을 출력한다. 다음은 id가 b1인 책의 가격을 출력하는 프로그램이다.

src/ch4/bs4_price1.py

```
from bs4 import BeautifulSoup
hfile = 'server/templates/book_static.html'

# HTML 파일 읽고 BeautifulSoup 객체 생성 --- ❶
with open(hfile, encoding='utf-8') as fp:
  html_str = fp.read()
soup = BeautifulSoup(html_str, 'html5lib')

# 책 제목으로 가격 찾기 --- ❷
item = soup.find(id='b1', class_='item') #--- ❷a
for e in item.descendants: #--- ❷b
    if e.name=='div':
        if 'price' in e['class']:
            print(e.string)#--- ❷c
```

프로그램을 실행하면 다음과 같이 책의 가격을 가져온다.

프로그램을 확인해보자. ❶에서는 HTML 파일을 읽고 BeautifulSoup 객체를 만든다. ❷ⓐ에서는 find() 메서드로 id가 'b1'인 div 요소를 찾는다. ❷ⓑ에서는 div의 후손 요소를 반복해 탐색한다. 후손 중 div이면서 class 값이 price인 것을 찾는다. 이때 e['class']의 값은 리스트이므로 동치 (==)가 아닌 포함(in) 관계를 조사해야 한다. 일치하는 요소가 있으면 ❷ⓒ에서 요소의 string을 출력한다.

그런데 이 프로그램을 보면 후손 요소를 하나하나 검사하는 과정이 다소 장황하게 느껴진다. 좀 더 간편하게 추출할 수는 없을까?

메서드 중첩 및 CSS 선택자로 책 가격 조사하기

앞에서는 for 문 내에서 후손 요소를 하나씩 탐색하면서 원하는 정보인지 아닌지 구분했다. 여기서는 조금 더 간편하게 책 가격을 추출해보자.

뷰티풀 수프의 특징 중 하나는 범위를 좁혀가면서 검색할 수 있다는 점이다. 예를 들어 soup.div는 soup 객체에서 첫 번째 div 요소를 찾는다. 그리고 soup.section.div는 soup 객체의 section 내에서 div 요소를 찾는다. 이처럼 범위를 좁혀서 탐색하는 방법은 find()나 select() 메서드에서도 사용할 수 있다. 즉 soup.find('section').find_all('div')와 같이 검색하면 section 내의 모든 div 요소를 얻을 수 있다.

이런 특징을 사용하면 id가 b1인 책에서 가격을 쉽게 추출할 수 있다. price 클래스는 soup 객체 전체에서는 여러 번 등장하지만, 하나의 책(div.item) 안에서는 한 번만 등장한다. 따라서 원하는 div.item으로 범위를 좁히고 그 안에서 class가 price인 요소를 검색하면 가격을 얻을 수 있다.

또한 select() 메서드의 CSS 선택자를 사용하면 더 간단하게 조건을 서술할 수 있다. CSS 선택자는 부모자식 관계에 있는 요소들을 탐색할 때 무척 유용하다.

다음 프로그램을 실행해보면 앞에서와 같은 결과가 나온다.

src/ch4/bs4_price2.py

```python
from bs4 import BeautifulSoup
hfile = 'server/templates/book_static.html'

# HTML 파일 읽고 BeautifulSoup 객체 생성
with open(hfile, encoding='utf-8') as fp:
  html_str = fp.read()
soup = BeautifulSoup(html_str, 'html5lib')
```

```
# 메서드로 검색하기 --- ❶
item = soup.find('div', id='b1')
p = item.find(class_='price')
print(p.string)

# CSS 선택자로 검색하기 --- ❷
p = soup.select_one('#b1 .price')
print(p.string)
```

앞의 프로그램에서는 5행으로 가격을 추출했는데, 여기서는 각각 3행과 2행으로 가격을 가져왔다.

프로그램을 확인해보자. ❶에서는 앞에서와 같이 id가 b1인 div를 검색한다. 그리고 이 div 요소 하위에서 class가 price인 요소를 검색해 텍스트를 출력한다.

❷의 select() 메서드에서는 CSS 선택자를 사용한다. 여기서는 id가 b1인 요소 하위에 있고 class가 price인 요소를 검색한다.

이미지 파일 사이즈 구하기

마지막으로 책 소개 HTML에서 이미지의 절대 경로를 추출해 파일의 사이즈를 구해보자. 다음은 이미지의 이름과 사이즈를 csv 파일로 저장하는 프로그램이다.

src/ch4/bs4_imginfo.py

```
from bs4 import BeautifulSoup
import os

hfile = 'server/templates/book_static.html'

# HTML 파일 읽고 BeautifulSoup 객체 생성 --- ❶
with open(hfile, encoding='utf-8') as fp:
  html_str = fp.read()
soup = BeautifulSoup(html_str, 'html5lib')

# id가 gallery-section인 요소 아래에서 img 얻기 --- ❷
img_list = soup.select('#gallery-section img')
imginfo = []
# img 정보 얻기 --- ❸
for img in img_list:
    # 상대 경로 --- ❸a
    relpath = img['src']
    # Path를 절대 경로로 변환 --- ❸b
    basedir = os.path.dirname(hfile);
    joinpath =os.path.join(basedir, relpath);
```

```
        abspath = os.path.abspath(joinpath);
        # 사이즈 계산하기 --- ③c
        size = str(os.path.getsize(abspath))
        # 결과 출력 --- ③d
        imgtp = os.path.basename(abspath),size+"byte"
        print(imgtp)
        imginfo.append(imgtp)

# 결과를 CSV로 저장 --- ④
import csv
with open('output/imginfo.csv', 'wt', encoding='utf-8', newline='') as fp:
    csv.writer(fp).writerows(imginfo)
```

프로그램을 실행하면 다음과 같이 출력된다.

```
('book1.png', '657143byte')
('book2.png', '205076byte')
('book3.png', '177284byte')
('book4.png', '166446byte')
('book5.png', '144058byte')
('book6.png', '509593byte')
('book7.png', '369826byte')
('book8.png', '771152byte')
```

프로그램을 확인해보자. ❶에서는 파일에서 HTML을 읽어서 BeautifulSoup 객체를 만든다.

❷에서는 CSS 선택자로 id가 gallery-section인 요소 하위에서 img 요소를 가져온다. 다음은 이 HTML에서 사용한 img 요소의 예이다.

```
<img src="./img/book1.jpg">
```

③a에서는 img의 src 속성에서 이미지 URL을 가져온다. 그런데 이 URL은 ./img/book1.jpg와 같이 상대 경로로 작성되었다. 이미지의 절대 경로를 찾아서 이미지의 사이즈를 계산해보자.

③b에서는 os.path.dirname() 함수로 HTML 파일이 있는 폴더 경로를 가져와서 basedir에 저장한다. 그리고 os.path.join()로 basedir과 이미지의 상대 경로와 결합해 joinpath를 만든다. 마지막으로 joinpath를 os.path.abspath() 함수를 사용해 절대 경로로 변환한다. 이때 얻어진 절대 경로는 예를 들어 다음과 같다(결과는 예제 폴더가 저장된 경로에 따라 다르다).

```
# img의 src 경로
relpath: ../static/img/book1.png
```

```
# hfile이 있는 폴더 경로
basedir: server/templates

# basedir와 relpath를 합치기
joinpath: server/templates\../static/img/book1.png

# joinpath의 절대 경로
abspath: C:\automation_python\source\src\ch4\server\static\img\book1.png
```

❸c에서는 os.path.getsize() 함수에 절대 경로를 전달해 이미지 사이즈를 계산한다. ❸d에서는 os.path.basename() 함수로 이미지 이름을 추출하고 사이즈와 함께 imgtp이라는 튜플값으로 만든다. 이 튜플값을 출력한 후에는 imginfo 리스트에 추가한다. ❹에서는 imginfo 리스트를 CSV 파일로 저장한다.

마무리

이 절에서는 로컬에 있는 책 소개 HTML 파일에서 정보를 추출했다. 다음 절에서는 HTTP를 경유해 웹사이트의 HTML을 가져오고 이를 뷰티풀 수프로 분석하는 방법을 살펴본다.

4-3 Requests로 HTTP 요청 보내기

대응 OS 윈도우/macOS/리눅스   난이도 ★★☆☆☆

이 절에서는 웹에서 이미지를 다운로드하는 방법과, 이를 for 문과 연계해 이미지를 연속으로 다운로드하는 방법을 알아보자.

키워드 **Web/HTTP/HTTPS/다운로드/Requests**

Requests 라이브러리와 웹의 복잡성

이 절에서는 파이썬에서 HTTP 요청을 보낼 수 있는 **Requests** 라이브러리를 살펴본다. Requests의 GET/POST 메서드를 사용하면 스크레이핑하고 싶은 HTML 데이터를 가져오거나 서버에 폼 데이터를 전송할 수 있다. 또한 URL로 접근할 수 있는 정적 파일을 손쉽게 다운로드할 수 있다. Requests의 부제가 '인간을 위한 HTTP(Requests: HTTP for Humans)'인 만큼 사용성이 간편하다.

하지만 실제로 스크레이핑을 하다 보면 웹에서 데이터를 추출하는 과정이 그리 간단치 않다는 것을 알게 된다. 현재의 웹은 그 구조가 무척 복잡해서 원하는 데이터의 URL을 추출하는 일도 생각보다 까다롭다. 그 뿐만 아니라 URL 호출만으로는 다운로드할 수 없는 데이터도 있다. 쿠키cookie, 세션session, 리퍼러referrer 등 다양한 기술이 데이터를 보호하는 데 사용된다. 권한이 부여된 데이터라면 로그인 등의 인증을 거쳐야만 접근할 수 있다.

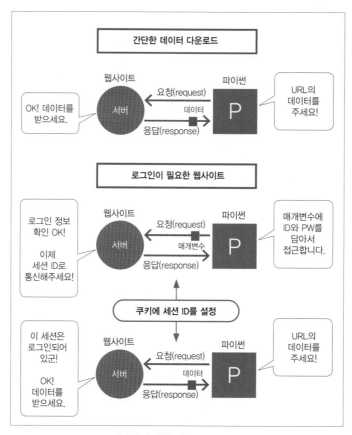

간단하지 않은 다운로드 과정

게다가 웹에서는 데이터의 URL이 언제든 변경될 수 있다. 내용이 자주 갱신되는 사이트에서 데이터를 다운로드한다면 이를 고려해 프로그램을 짜야 한다. 예를 들어 URL을 직접 하드코딩하는 것이 아니라 사이트의 HTML에서 데이터의 링크를 찾는 것이다.

또한, 원하는 데이터가 HTML에 정적으로 작성되었는지, 자바스크립트 등으로 동적으로 생성되는지에 따라 스크레이핑 전략이 달라진다. 클라이언트에서 동적으로 생성되는 데이터는 Reqeusts 모듈로 직접 가져올 수 없다. 따라서 이러한 데이터에 접근하려면 브라우저를 직접 조작해야 한다.

이처럼 웹을 통한 데이터 획득은 그 양상이 매우 다양하다. 따라서 상황에 맞게 데이터를 다루려면 웹의 구조에 관한 배경 지식이 어느 정도는 필요하다.

Requests 설치하기

Requests를 설치해보자. 커맨드라인에 다음 pip 명령어를 실행한다. #으로 시작하는 행은 주석이므로 입력하지 않아도 된다.

```
# Requests 설치
pip install -U requests==2.24.0
```

HTTP와 HTTPS

HTTP는 웹에서 데이터를 주고받을 받을 때 사용하는 프로토콜이다. HTTPS는 기존 HTTP 통신의 보안 취약성을 개선한 방식이다. HTTP 방식은 데이터를 암호화하지 않고 평문으로 전송하다 보니 안전성에 문제가 있었다. HTTPS 방식에서는 SSL/TLS 프로토콜에 따라 데이터를 암호화해 전송한다. 현재는 많은 웹사이트에서 보안을 위해 HTTPS를 채택한다. 보안 연결의 사용 여부는 URL 주소의 시작 부분(https://...)으로 쉽게 구분할 수 있다.

4장에서 사용하는 책 소개 사이트는 테스트 용도이므로 HTTP 통신을 사용한다. 하지만 나중에 실제 사이트에서 데이터를 다운로드할 때를 대비해 관련 내용을 알아두자. HTTPS 통신을 사용할 때는 SSL 인증서를 사용해 암호화·복호화를 하기 때문에 로컬에 올바른 인증서가 설치되어야 한다. 파이썬에서 사용하는 SSL 인증서는 웹 브라우저에서 사용하는 인증서와 다르다. 그래서 웹 브라우저에서는 웹사이트가 제대로 보이는데 파이썬으로 접속하면 SSL 에러가 발생할 때도 있다.

만약 다음과 같은 에러가 난다면 SSL 인증서가 올바르지 않은 사이트이거나, SSL 인증서가 제대로 설치되지 않았음을 의미한다.

```
ssl.SSLError: [SSL: CERTIFICATE_VERIFY_FAILED] certificate verify failed
```

그때는 커맨드라인에서 다음 명령어를 실행해 파이썬에서 사용하는 SSL 인증서를 최신으로 업데이트한다.

```
pip install --upgrade certifi
```

로컬 서버 실행하기

이제부터 실습할 4장의 내용은 미리 준비된 플라스크 서버를 실행해 실습한다. 서버 모듈은 ch4\server 폴더 안에 있고 ch4_start_server.py를 통해 실행한다. 단, 이 파일을 실행하려면 먼저 플라스크를 설치해야 한다. 또한 IDLE이 아니라 커맨드라인에서 실행하는데 그 이유는 6-1절에서 설명한다.

```
pip install flask==2.1.1
```

서버를 실행하는 방법을 알아보자. 먼저 커맨드라인을 열고 **ch4** 폴더 경로로 이동한다. 그리고 python3 명령어로 _start_server.py를 실행시킨다.

```
cd (ch4 경로)
python3 _start_server.py
```

명령어를 실행한 뒤에 커맨드라인의 마지막 줄에 Running on (IP 주소):5000이 출력되면 정상 실행된 것이다. 서버를 종료할 때는 Ctrl + C 키를 입력한다.

_start_server.py 실행

더 간단하게 실행하는 방법은 ch4 폴더의 _start_server.bat(macOS는 _start_server.sh)를 더블 클릭하는 것이다. 이 배치 파일은 앞의 두 줄의 명령어를 파일로 작성한 것이다.

서버를 실행했다면 브라우저에서 http://127.0.0.1:5000으로 접속해보자. 다음 그림과 같이 책 소개 HTML이 기본 페이지로 반환된다.

[서버] 기본 페이지

앞으로 이 책에서 [서버]를 실행한다고 표현할 때는 앞의 두 가지 방법 중에 하나로 _start_server.
py를 실행한 뒤에 테스트를 진행한다.

로컬 서버의 설정을 변경하는 방법

만약 로컬 서버의 포트 번호를 변경하고 싶다면 _start_server.py에서 port=5000을 다른 값으로
변경한다. host='0.0.0.0'은 같은 네트워크 안에서 서버에 접근할 수 있도록 허용하는 값이다(6장
에서 다시 다룬다). 만약 컴퓨터가 2대라면 한 대의 컴퓨터에서는 서버를 실행하고, 다른 컴퓨터에서
http://(IP 주소):5000으로 접속해 예제를 테스트할 수도 있다. 만약 자신의 컴퓨터에서만 접근할
수 있도록 설정하고 싶다면 host='127.0.0.1'로 변경한다.

src/ch4/_start_server.py

```
import server

app = server.create_app()
app.run(debug=True, host='0.0.0.0', port=5000)
```

앞으로 살펴볼 예제에서는 서버의 URL을 다음 _MyPath.py 파일의 URL 값을 임포트해 사용한다
(DRIVER 값은 4-6절에서 사용할 값이므로 다음에 다시 설명한다). 만약 두 대의 컴퓨터로 테스트한다면 이
파일의 URL 값을 서버를 실행할 컴퓨터의 IP로 변경한다.

src/ch4/_MyPath.py

```
import os
URL = 'http://127.0.0.1:5000/'
DRIVER = os.path.join(os.path.dirname(__file__), 'input','chromedriver')
```

특별히 설정을 변경할 이유가 없다면 앞의 두 파일은 그대로 두고 서버를 실행한다.

Requests의 기본적인 사용법

서론이 다소 길어졌다. 여기서는 requests 모듈의 GET 메서드를 호출하는 방법을 살펴보자. 서버의
/today라는 경로로 접근하면 현재 시각을 반환해준다. 브라우저에서 직접 결과를 확인해보자.

먼저 [서버]를 실행하고 브라우저 주소창에 http://127.0.0.1:5000/today를 입력한다. 서버가 잘
실행되었다면 다음과 같은 화면이 나타날 것이다.

현재 시각은 2022년 01월 31일 08:51PM 입니다.

브라우저로 현재 시각 표시

화면에 출력된 문자열은 브라우저가 서버에 URL을 호출해서 응답받은 값이다. 파이썬에서도 같은 URL을 호출해보자. 다음은 서버에서 받은 현재 시각을 출력하는 프로그램이다. 서버가 실행된 상태에서 다음 파이썬 파일을 실행한다.

src/ch4/requests_time1.py

```python
# requests 모듈 불러오기 --- ❶
import requests
from _MyPath import URL

# 현재 시각을 반환하는 서버에 요청 보내기 --- ❷
url = URL+'today'
response = requests.get(url)

# 결과 출력 --- ❸
print(response.text)
```

IDLE에서 프로그램을 실행하면 다음 그림과 같이 현재 시각이 출력된다. 물론 현재 시각이므로 지면과는 다른 결과가 보일 것이다.

```
IDLE Shell 3.9.6                                            —  □  ×
File  Edit  Shell  Debug  Options  Window  Help
========= RESTART: C:₩automation_python₩source₩src₩ch4₩requests_time.py =========
현재 시각은 2022년 01월 04일 01:37PM 입니다.
>>>
>>>
>>>
                                                          Ln: 13  Col: 4
```

파이썬으로 현재 시각 구하기

프로그램을 확인해보자. ❶에서는 requests 모듈을 불러오고 _MyPath 모듈에서 URL을 가져온다. ❷에서는 _MyPath의 URL(http://127.0.0.1/)에 today를 결합해 원하는 경로를 만든다. 그리고 requests.get() 함수에 이를 전달해 서버에 GET 방식으로 요청을 보낸다. 그리고 서버에서 받은 응답이 response 변수에 담긴다. ❸에서는 서버의 응답을 화면에 출력한다.

서버의 응답에는 구체적으로 무엇이 들어 있을까? 다음은 앞의 프로그램을 수정해 응답 결과를 더 자세하게 출력한 프로그램이다. 어떤 정보가 담겨 있는지 확인해보자.

src/ch4/requests_time2.py

```python
import requests
from _MyPath import URL

# 서버에 요청 보내기
url = URL+'today'
response = requests.get(url)

# response의 타입 출력 --- ❶
print("type=", type(response))

# 요청 성공 여부 출력 --- ❷
print("ok=", response.ok)

# 요청에 성공했다면 텍스트 출력--- ❸
if response.ok:
    print("text=", response.text)

# 상태 코드 출력 --- ❹
print("status_code=", response.status_code)
```

실행하면 다음과 같은 정보가 출력된다.

```
type= <class 'requests.models.Response'>
ok= True
text= 현재 시각은 2022년 01월 04일 01:53PM 입니다.
status_code= 200
```

프로그램을 확인해보자. ❶에서 response의 타입을 출력한다. 서버의 응답이 requests 모듈의 Response 객체 형태로 반환됨을 알 수 있다. ❷에서는 response의 ok 속성을 출력한다. Response 객체의 ok 속성에는 접근 성공 여부가 True 혹은 False로 담긴다. ❸에서는 ok 속성이 True일 때 text 속성을 참조해 서버에서 반환한 데이터를 출력한다. ❹에서는 Response 객체의 상태 코드 (status_code)를 출력한다. HTTP 프로토콜에서는 접근에 성공하면 200번을 반환한다. 서버에 요청을 보냈는데 text가 비어 있다면 접근에 실패한 것인지 혹은 접근에는 성공했는데 내용이 비어 있는 것인지 ok 속성이나 status_code 속성을 통해 확인해보자.

HTTP의 상태 코드

만약 접근하는 데 실패하면 상태 코드에 200 이외의 값이 설정된다. 다음은 대표적인 HTTP 상태 코드이다.

상태 코드	상태	의미
200	OK	요청이 성공함
301	Moved Permanently	리소스가 영구적으로 이동함*
302	Found	리소스가 일시적으로 이동함*
400	Bad Request	서버가 요청의 구문을 이해하지 못함
401	Unauthorized	인증이 되지 않아서 접근 권한이 없음
403	Forbidden	서버가 요청을 거부해 접근이 금지됨
404	Not Found	요청한 페이지를 찾을 수 없음
500	Internal Server Error	서버에 오류가 발생해 요청을 수행할 수 없음†
503	Service Unavailable	현재 서버를 사용할 수 없음‡

* 서버에서 반환된 헤더의 Location에 이동한 URL이 설정됨
† 서버에서 실행하는 프로그램에서 에러가 발생하는 경우 등
‡ 서버의 이용 부하가 높아지거나 유지 관리 등으로 서버가 내려간 경우 등

이 표의 400번과 500번 코드는 자주 발생하는 에러 코드이다. requests 모듈을 사용할 때 요청이 제대로 처리되지 않는다면 어떤 에러가 발생했는지 표에서 확인해보자.

옵션을 추가해 메서드 호출하기

앞에서는 단순한 URL을 호출해 GET 요청을 보내는 예제를 살펴봤다. 이번에는 데이터 및 옵션을 추가해 GET/POST 요청을 보내는 방법을 살펴본다.

이번에도 브라우저를 통해 먼저 작동을 테스트해보자. [서버]를 실행한 상태에서 http://127.0.0.1:5000/method로 접속하면 다음과 같은 페이지가 뜬다.

브라우저로 메서드 테스트

이 페이지의 입력박스에 값을 입력하고 [GET] 또는 [POST] 버튼을 클릭해보자. 각각 /reqinfo 경로로 GET/POST 메서드를 호출한다. 첫 화면은 입력박스의 초깃값으로 메서드를 호출한 결과이다. 서버는 /reqinfo로 GET/POST 요청이 들어오면 요청의 주요 정보(URL, 메서드명, 데이터, 쿠키, 헤더)를 JSON 형식으로 만들어서 반환한다.

첫 번째 폼에 query1, query2라고 입력하고 [GET] 버튼을 클릭하면 다음과 같은 값을 반환한다. GET 방식이므로 입력한 데이터가 URL 끝에 쿼리 스트링 형식으로 전달된 것을 확인할 수 있다.

GET 결과

두 번째 줄의 폼에 data1, data2라고 입력하고 [POST] 버튼을 클릭하면 다음과 같은 값을 반환한다. POST 방식이므로 입력한 데이터가 URL에 표시되지 않는다. 또한 GET 방식과 달리 "Content-Type"에 application/x-www-form-urlencoded 값이 기본으로 들어가는 점을 확인할 수 있다.

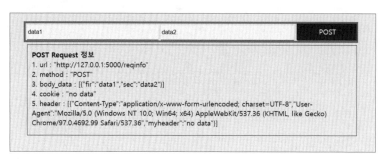

POST 결과

이제 파이썬 프로그램을 통해 같은 작동을 테스트해보자. 다음 프로그램에서는 GET/POST 요청을 할 때 데이터를 담아서 보낸다. 단, GET 방식에서는 데이터만 전달하고 POST 방식에서는 쿠키와 헤더를 추가해서 전송한다.

src/ch4/requests_method.py

```
import requests
from _MyPath import URL

# URL, User-Agent 값 --- ❶
url = URL+'reqinfo'
ua = 'Mozilla/5.0 (Windows NT 10.0; Win64; x64) AppleWebKit/537.36 (KHTML, like Gecko)
Chrome/97.0.4692.99 Safari/537.36'

# 데이터, 쿠키, 헤더 딕셔너리 지정하기 --- ❷
cookie={'mycookie':"it's my cookie"}
header = {'User-Agent':ua,'myheader':"it's my header"}
data1 = {'fir':'queryStr1', 'sec':'queryStr2'}
data2 ={'fir':'bodyData1', 'sec':'bodyData2'}

# GET 요청 보내기 --- ❸
res1 = requests.get(url, params=data1) #--- ❸ⓐ
dic1 = res1.json() #--- ❸ⓑ

# POST 요청 보내기 --- ❹
res2 = requests.post(url, data=data2, cookies=cookie, headers=header) #--- ❹ⓐ
dic2 = res2.json()

# 결과 출력하기 --- ❺
print('---GET Request Info---')
```

```
for i in dic1.items() : print(i)
print('---POST Request Info---')
for i in dic2.items() : print(i)
```

프로그램 실행 결과는 다음과 같다.

```
IDLE Shell 3.9.6                                                    —  □  ×
File  Edit  Shell  Debug  Options  Window  Help
>>>
= RESTART: C:₩automation_python₩source₩src₩ch4₩requests_method.py
---GET Request Info---
('1. url', 'http://127.0.0.1:5000/reqinfo?fir=queryStr1&sec=queryStr2')
('2. method', 'GET')
('3. query_string', [{'fir': 'queryStr1', 'sec': 'queryStr2'}])
('4. cookie', 'no data')
('5. header', [{'Content-Type': 'no data', 'User-Agent': 'python-requests/2.24.0', 'myheader': 'no data'}])
---POST Request Info---
('1. url', 'http://127.0.0.1:5000/reqinfo')
('2. method', 'POST')
('3. body_data', [{'fir': 'bodyData1', 'sec': 'bodyData2'}])
('4. cookie', "mycookie=it's my cookie")
('5. header', [{'Content-Type': 'application/x-www-form-urlencoded', 'User-Agent': 'Mozilla/5.0 (Windows NT 10.0; Win64; x64)
AppleWebKit/537.36 (KHTML, like Gecko) Chrome/97.0.4692.99 Safari/537.36', 'myheader': "it's my header"}])
>>>
                                                                      Ln: 33  Col: 4
```

파이썬에서 메서드 테스트

프로그램 결과를 확인해보자. 두 결과의 url, method, data 항목은 브라우저에서 테스트했을 때와 같다. POST 결과에는 추가한 쿠키와 헤더 값이 들어가 있다.

프로그램을 살펴보자. ❶에서는 url과 ua 문자열을 지정한다. 여기서 ua는 User-Agent에 들어갈 값으로, 앞의 브라우저 테스트 시 출력된 결과를 사용했다.

❷에서는 데이터, 쿠키, 헤더를 딕셔너리 형식으로 지정한다.

❸에서는 requests.get() 메서드로 GET 요청을 보낸다. ❸ⓐ에서는 기존 GET 요청에 데이터를 추가해 전달한다. 이때 데이터는 params = 값 형식으로 전달한다. res1에는 서버에서 전달받은 JSON 형식의 문자열이 담긴다. ❸ⓑ에서는 Response 객체의 json() 메서드를 사용해 JSON 데이터를 파이썬 딕셔너리로 변환한다.

❹에서는 requests.post() 메서드로 POST 요청을 보낸다. ❹ⓐ에서는 URL과 데이터를 비롯해 쿠키, 헤더 값을 추가해서 보낸다. 이때 데이터는 data = 값 형식으로 전달한다. 결과를 확인해보면 GET과 달리 POST의 응답 결과에는 4.cookies와 5.header 부분에 앞에서 지정한 값이 들어간 것을 확인할 수 있다.

❺에서는 ❸과 ❹에서 얻은 딕셔너리 데이터를 하나씩 출력한다.

URL로 이미지 다운로드하기

여기서는 웹에서 이미지를 다운로드하는 방법을 알아본다. 원하는 이미지의 URL을 알고 있으면 GET 요청을 통해 손쉽게 다운로드할 수 있다.

단일 이미지 다운로드

먼저 책 소개 페이지에서 단일 이미지 파일을 다운로드해보자. 다음은 첫 번째 책의 이미지인 book1.png를 다운로드하는 프로그램이다.

src/ch4/requests_img.py

```python
import requests
from _MyPath import URL

# 이미지 파일 URL
url = URL+'static/img/book1.png'

# URL 리소스 읽기 --- ❶
res = requests.get(url)

# 성공 여부 체크 --- ❷
if not res.ok:
    print("실패 :", res.status_code)
    quit()

# 파일 저장 --- ❸
with open('output/book-image.jpg', 'wb') as fp:
    fp.write(res.content)
print("성공 :", res.status_code)
```

프로그램을 실행하고 이미지가 정상 다운로드되면 파이썬 셸에 '성공 : 200'라고 출력된다. 그리고 ch4\ouput 폴더에 book-image.png 파일이 저장된다.

내려받은 이미지 파일(book-image.png)

프로그램을 확인해보자. ❶에서 requests.get() 함수를 사용해 URL의 데이터를 가져온다. ❷에서는 접근 결과를 확인해서 실패했다면 상태 코드를 화면에 출력하고 quit() 함수로 프로그램을 종료한다. ❸에서는 다운로드한 데이터를 파일로 저장한다. 가져오려는 데이터가 텍스트라면 text 속성을 참조하지만, 이미지나 미디어 파일 등의 같은 바이너리 데이터라면 content 속성으로 가져온다.

연속 이미지 다운로드

앞에서는 이미지 한 개를 다운로드했다. 이 페이지의 책 이미지를 모두 다운로드하려면 어떻게 해야 할까? 먼저 책 소개 페이지를 우클릭해서 [페이지 소스 보기]를 클릭한다. 페이지의 HTML 소스를 살펴보면 책 이미지의 파일 경로가 /static/img/book+[ID 번호].png 형태임을 알 수 있다. 이 규칙을 활용해서 이미지를 연속으로 다운로드해보자.

다음은 페이지의 책 이미지를 전부 읽어서 output\requests_img_all 폴더에 저장하는 프로그램이다.

src/ch4/requests_img_all.py

```python
import requests
import os, time
from _MyPath import URL

# 저장 폴더 지정 --- ❶
save_dir = './output/requests_img_all'

# 이미지 기본 URL 지정 --- ❷
base_url = URL+'static/img/book{0}.png'

# 이미지 연속 다운로드 --- ❸
def download_all():
    # 저장 폴더 생성 --- ❸a
    if not os.path.exists(save_dir):
        os.mkdir(save_dir)
    # 연속 다운로드 --- ❸b
    for id in range(1, 9):
        download_file(id)
        time.sleep(1) # 대기 --- ❸c

# 이미지 한 장 다운로드 --- ❹
def download_file(id):
    # 이미지 URL과 저장 위치를 동적으로 결정 --- ❹a
    url = base_url.format(id)
    save_file = save_dir + '/book' + str(id) + '.png'
    # URL 리소스 얻기--- ❹b
    res = requests.get(url)
    # 요청 성공 여부 체크--- ❹c
    if not res.ok:
        print("실패:", res.status_code)
        return
    # 데이터를 파일로 저장 --- ❹d
    with open(save_file, 'wb') as fp:
        fp.write(res.content)
    print("save:", save_file)

if __name__ == '__main__':
    download_all()
```

프로그램을 실행해보자. output 폴더에 requests_img_all 폴더가 생성되고 그 안에 book1.png부터 book8.png까지의 이미지가 생성되었다.

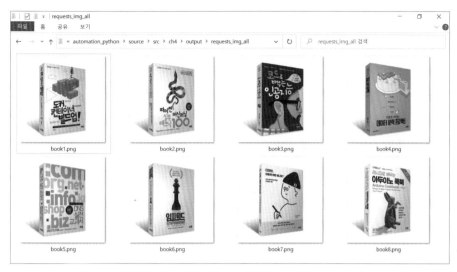

연속 다운로드한 이미지

결과를 확인했다면 프로그램을 살펴보자. 이 프로그램에서 이미지 다운로드 처리는 앞의 requests_img.py와 같다. 주목할 부분은 이를 연속으로 처리하는 부분이다.

먼저 프로그램 앞부분에는 각종 설정을 기술한다. ❶에서는 저장할 폴더를 지정한다. 여기서는 output 폴더 하위에 requests_img_all 폴더를 상대 경로 방식으로 기술했다.

❷에서는 책 소개 사이트의 이미지 기본 URL을 지정한다. URL의 {0} 부분에 그림 ID 번호를 지정하면 저장할 이미지의 URL이 된다. 이후 ❹ⓐ에서 format() 메서드(2-4절 참고)를 이용해 교체한다.

❸에서는 이미지를 연속으로 다운로드하는 download_all() 함수를 정의한다. ❸ⓐ에서는 먼저 이미지의 저장 폴더를 생성한다. 그리고 ❸ⓑ에서 for 문을 이용해 id가 1부터 8까지인 이미지를 다운로드한다. ❸ⓒ에서는 time.sleep() 함수를 사용해 1초간 처리를 대기한다. 뒤에서 설명하겠지만, 연속으로 데이터를 다운로드할 때는 중간에 텀을 두고 처리하는 것이 중요하다.

❹에서는 id를 전달받아 이미지를 다운로드하는 download_file() 함수를 정의한다. ❹ⓐ에서는 요청할 URL과 저장할 파일 경로를 지정한다. ❹ⓑ에서 서버에 GET 요청을 보내서 이미지 데이터를 읽는다. ❹ⓒ에는 요청이 성공했는지를 확인하고 실패 시의 처리를 작성한다. 성공했다면 ❹ⓓ에서 파일로 저장한다.

연속 다운로드의 포인트

웹에서 파일을 다운로드할 때는 requests_img_all.py와 같이 연속으로 많은 파일을 다운로드할 때가 많다. 이렇게 파일을 연속으로 다운로드할 때의 포인트를 다시 한번 짚어보자.

URL 지정하기

앞의 프로그램에서는 스크레이핑을 하기 전에 페이지 소스를 확인해 이미지 URL의 규칙을 확인했다. 이처럼 URL을 통해 파일을 다운로드할 때는 페이지 소스를 통해 파일명이 규칙적으로 지정되었는지 확인한다. 여기서 사용한 이미지는 정수 id를 사용해 접근할 수 있도록 규칙화되어 있었다. 때에 따라서는 0001.jpg, 0002.jpg, 0003.jpg와 같이 0으로 자릿수를 채우는 경우도 있다. 규칙을 찾았다면 이를 프로그램으로 표현할 수 있을지 확인한다. 앞에서 살펴본 프로그램처럼 숫자만 변경된다면 for 문과 format() 메서드를 사용해 URL을 동적으로 생성할 수 있다.

물론 규칙을 찾을 수 없을 때도 있다. 그럴 때는 파일의 URL을 목록화해서 CSV 파일로 준비해두고 CSV 파일을 한 줄씩 읽어서 다운로드한다.

대기 시간 넣기

앞의 프로그램을 실전에 사용할 때 꼭 지켜야 하는 부분이 있다. 연속 다운로드를 할 때는 '데이터 요청 사이에 1초 정도 대기 시간 넣기'이다.

시간 지연 없이 연속으로 데이터를 요청하는 행위는 서버에 큰 부담을 준다. 서버 부하가 발생하면 최악의 경우 서버가 내려가거나 작동이 느려지는 등 다른 이용자에게 피해를 줄 수 있다. 혹은 서버 측에서 부하의 원인이 되는 접근을 거부할 수도 있다. 웹 서버에 피해가 가지 않도록 연속 다운로드를 할 때는 time.sleep() 함수를 사용해 대기 시간을 넣어주자.

Requests 사용법 정리

앞에서 살펴본 Requests의 메서드 사용법을 정리해보자. GET과 POST 메서드 외에도 PUT, DELTE 등 다른 HTTP 메서드를 호출할 수도 있다.

```
# GET 메서드
payload = {'param1': 'value1', 'param2': 'value'}
res = requests.get(URL, params=payload)

# POST 메서드
payload = {'param1': 'value1', 'param2': 'value'}
res = requests.post(URL, data=payload)

# 헤더, 쿠키 지정
headers = {'myheader':"it's my header"}
cookies = {'mycookie':"it's my cookie"}
res = requests.get(URL, headers=headers, cookies=cookies)
```

```
# 기타 메서드
res = requests.put(URL, data={'key': 'value'}) # PUT 메서드
res = requests.delete(URL) # DELETE 메서드
res = requests.head(URL) # HEAD 메서드
res = requests.options(URL) # OPTIONS 메서드
```

Response 객체의 속성과 메서드를 사용하면 서버에서 보낸 응답에 관한 정보를 얻을 수 있다. 그뿐만 아니라 클라이언트에서 보낸 요청 정보도 조회할 수 있다.

```
# 응답 관련 정보
res.headers # 응답 헤더
response.ok # 요청 성공 여부
res.status_code # 응답 코드
res.encoding # 인코딩 방식

# 응답 결과 가져오기
res.text # 결과를 텍스트로 가져오기
res.content # 결과를 바이너리로 가져오기
res.json() # 결과가 JSON일 때 딕셔너리 반환

# request 객체 접근
req = res.request # request 객체
req.header # 요청 헤더
req.body # 요청 본문
```

마무리

이 절에서는 로컬 서버의 실행 방법과 requests 모듈의 사용 방법을 살펴봤다. 다음 절에서는 Requests와 뷰티풀 수프를 사용해 책 소개 페이지를 스크레이핑해보자.

4-4 책 소개 사이트 스크레이핑하기

대응 OS 윈도우/macOS/리눅스   **난이도** ★★☆☆☆

이 절에서는 Requests로 HTML 데이터를 가져온 뒤에 뷰티풀 수프로 정보를 추출하는 프로그램을 만들어보자.

키워드 **스크레이핑/뷰티풀 수프/Requests**

URL을 추출해 이미지 내려받기

4-2절에서는 HTML 파일에서 이미지 파일의 절대 경로를 구했다. 4-3절에서는 URL로 책 이미지를 다운로드했다. 여기서는 책 소개 사이트에서 이미지의 절대 URL을 추출해 다운로드하는 프로그램을 만들어보자. 다음은 작성할 프로그램의 전체 흐름이다.

1. Requests로 책 소개 사이트의 HTML을 읽는다.

2. 뷰티풀 수프로 HTML을 분석한다.

3. HTML에서 이미지의 상대 URL을 읽어 절대 URL로 변환한다.

4. 읽은 URL로 이미지를 연속 다운로드한다.

이 흐름에 따라 프로그램을 작성해보자.

src/ch4/reqbs4_img_all.py

```python
import os, time, requests, urllib
from bs4 import BeautifulSoup
from _MyPath import URL

# 저장 폴더 지정
save_dir = './output/reqbs4_img_all'
# 이미지를 가져올 웹사이트
target_url = URL

# 메인 처리 --- ①
def download_images():
    # 페이지의 HTML 읽기 --- ①a
    html = requests.get(target_url).text
    # HTML을 분석해 이미지 URL 추출 --- ①b
    urls = get_url(html)
    # URL의 이미지 다운로드 --- ①c
```

```python
    request_url(urls)

# 이미지 URL 추출 --- ❷
def get_url(html):
    # 뷰티풀 수프로 HTML 분석 --- ❷a
    soup = BeautifulSoup(html, 'html5lib')
    res = []
    # img 요소에서 URL 가져오기 --- ❸
    for img in soup.select('#gallery-section img'):
        # 상대 경로 --- ❸a
        src = img['src']
        # URL을 절대 경로로 변환 --- ❸b
        url = urllib.parse.urljoin(target_url, src)
        print('img.src=', url)
        res.append(url) # 담기 --- ❸c
    return res

# 연속으로 이미지 다운로드 --- ❹
def request_url(urls):
    # 저장 폴더가 없으면 생성 --- ❹a
    if not os.path.exists(save_dir):
        os.mkdir(save_dir)
    for url in urls:
        # 파일명 지정 --- ❹b
        fname = os.path.basename(url)
        save_file = save_dir + '/' + fname
        # 이미지 다운로드 --- ❹c
        r = requests.get(url)
        # 파일로 저장 --- ❹d
        with open(save_file, 'wb') as fp:
            fp.write(r.content)
            print("save:", save_file)
        time.sleep(1) # 대기 --- ❹e

if __name__ == '__main__':
    download_images()
```

IDLE에서 프로그램을 실행하면 output 폴더 하위에 reqbs4_img_all이라는 폴더를 생성하고 페이지의 이미지를 전부 다운로드한다.

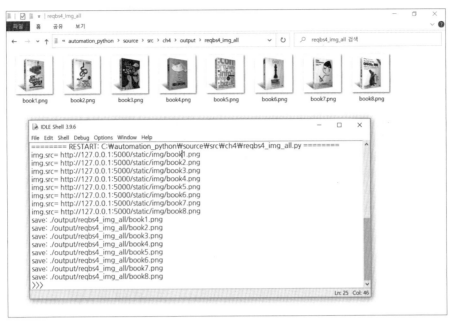

다운로드한 이미지 목록

프로그램을 확인해보자. 먼저 ❶은 메인 처리 부분으로 프로그램의 전체 흐름이 담겨 있다. ❶ⓐ에서 는 책 소개 사이트의 HTML을 읽는다. ❶ⓑ에서는 HTML을 분석해 이미지 URL 목록을 읽는다. ❶ⓒ 에서는 가져온 URL을 기반으로 이미지를 연속 다운로드한다.

❷의 get_url()은 HTML에서 이미지의 URL 목록을 구하는 함수이다. 먼저 ❷ⓐ에서 HTML을 분 석해 BeautifulSoup 객체인 soup를 생성한다.

❸에서는 soup 객체의 select('#gallery-section img')를 통해 id가 gallery-section인 요소 하위에 있는 img 요소를 검색한다. 그리고 ❸ⓐ에서는 img의 src 속성값을 가져온다. 앞에서 살펴봤 듯이 src에는 ../static/img/book1.jpg와 같이 상대 경로가 작성되어 있다. 이미지를 다운로드하 려면 실제 URL을 호출해야 하므로 상대 URL을 절대 URL로 변경한다. ❸ⓑ에서는 urljoin() 함수 를 사용해 URL을 절대 경로로 변경한다. 이 함수는 자주 사용하므로 뒤에서 다시 살펴본다. ❸ⓒ에 서는 URL을 배열에 담는다. img 요소를 전부 탐색하고 for 문이 완료되면 URL이 담긴 배열을 반환 한다.

❹의 request_url() 함수는 URL 목록을 입력받고 이미지 파일을 다운로드한다. ❹ⓐ에서는 저장 폴 더가 있는지 확인하고 없으면 생성한다. ❹ⓑ에서는 URL에서 파일 이름만 추출해 저장할 파일 경로 를 생성한다. ❹ⓒ에서는 URL을 호출해 이미지 데이터를 가져온다. 그리고 ❹ⓓ에서는 이를 파일로 저 장한다.

연속 다운로드를 할 때 잊지 말아야 할 점이 ❹ⓔ의 time.sleep()이다. 데이터를 가져오는 서버에 부담이 되지 않도록 1초 정도 대기 시간을 둔다.

> **TIP** 책의 차례와 같은 '메인 처리'를 만들자
>
> 앞의 프로그램과 같이 소스 코드가 길어질 때는 ❶과 같이 메인 처리 함수를 만들면 좋다. 메인 처리에는 전체 흐름을 기술하고 개별 처리는 함수로 기술하면 프로그램의 가독성이 좋아진다.
>
> 메인 처리는 책의 차례처럼 사용할 수 있다. 차례를 보고 원하는 페이지를 금방 찾듯이 메인 처리를 처음(또는 마지막)에 기술해두면 프로그램을 수정할 때 코드를 쉽게 찾을 수 있다.

상대 URL을 절대 URL로 변환하기: urljoin() 함수

앞의 프로그램의 ❸ⓑ에서는 urllib.parse.urljoin() 함수를 사용해 상대 URL을 절대 URL로 변환했다. 여기서 다시 한번 사용법을 살펴보자.

```
절대URL = urllib.parse.urljoin(기본URL, 상대URL)
```

이 함수를 사용하면 기본 URL을 기준으로 상대 URL의 절대 경로를 얻을 수 있다. 다음 프로그램에서 기본 URL에 tree.jpg의 상대 URL을 결합해 절대 URL을 얻는 방법을 살펴보자.

src/ch4/test_urljoin.py

```python
from urllib.parse import urljoin

# 현재 경로 결합 --- ❶
# 결과: https://example.com/a/b/tree.jpg
print(urljoin('https://example.com/a/b/c.html', 'tree.jpg'))
print(urljoin('https://example.com/a/b/c.html', './tree.jpg'))

# 한 계층 위 결합 --- ❷
# 결과: https://example.com/a/tree.jpg
print(urljoin('https://example.com/a/b/c.html', '../tree.jpg'))

# 두 계층 위 결합 --- ❸
# 결과: https://example.com/img/tree.jpg
print(urljoin('https://example.com/a/b/c.html','../../img/tree.jpg'))

# 루트 계층 결합 --- ❹
# 결과: https://example.com/tree.jpg
print(urljoin('https://example.com/a/b/c.html', '/tree.jpg'))
```

프로그램을 살펴보자. ❶은 상대 URL을 현재 경로와 결합한다. c.html의 경로는 `https://example.com/a/b`이다. 여기에 상대 URL인 `tree.jpg` 또는 `./tree.jpg`이 결합하면 절대 URL은 `https://exmaple.com/a/b/tree.jpg`가 된다. 여기서 `./`은 현재 경로, 즉 현재 작업 디렉터리(cwd)를 뜻한다(3-4절 칼럼 참고).

❷에서는 상대 URL에 `../tree.jpg`를 지정했다. `../`는 한 계층 위의 경로를 뜻한다. 그 결과 절대 URL은 `https://exmaple.com/a/tree.jpg`이 된다. ❸에서는 두 계층 위의 경로(`../../`)에 `img/tree.jpg`를 결합하므로 결과는 `https://exmaple.com/img/tree.jpg`가 된다.

❹에서는 상대 경로에 `/tree.jpg`를 지정했다. 상대 경로에서 `/`는 루트 계층을 의미한다. 따라서 결과는 `https://example.com/tree.jpg`이 된다.

상대 URL의 규칙을 다시 정리해보자.

상대 URL	의미
./	현재 경로
../	한 계층 위 경로
../../	두 계층 위 경로
/	루트 경로

책 정보를 가공해 파일로 저장하기

앞에서는 책의 이미지를 다운로드했다. 이번에는 HTML에서 책 정보(책 제목, 가격, 출간일, 이미지 사이즈)를 종합적으로 가져오는 프로그램을 살펴보자.

스크레이핑 방향 정하기

개발자 도구(4-1절 참고)로 소스를 확인하면서 추출할 정보를 살펴보자.

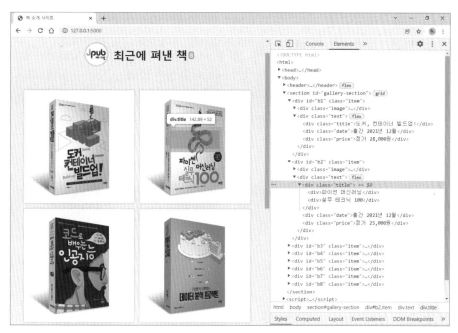

크롬 개발자 도구에서 HTML 구조 확인

4-2절의 '책 소개 사이트의 HTML 구조 확인하기'에서 살펴봤듯이 `div.item` 아래에 `div.image`와 `div.text`가 있고 `div.text` 아래에는 각각 `title`, `date`, `price` 정보가 속해 있다. 그런데 두 번째 책처럼 제목이 책 제목이 길 때는 여러 개의 `div` 요소에 제목이 나뉘어 들어간다.

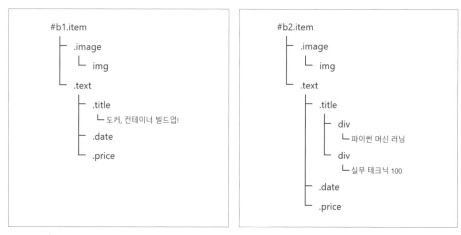

item의 구조

따라서 책 제목을 추출할 때는 `div.title`의 자식 개수에 따라 다르게 처리해야 한다. 첫 번째 책은 제목이 `div.title` 사이에 들어있으므로 `div.title`의 자식은 '도커, 컨테이너 빌드업!'이라는 텍스트

(NavigableString 객체) 1개이다. 두 번째 책의 div.title 하위에는 두 개의 div 요소가 있다. 그리고 DOM 구조에서는 요소 사이 개행도 자식에 포함되므로 총 5개의 자식을 가진다.

스크레이핑 방향을 정리해보자. 먼저 HTML에서 class 속성이 item인 것을 구한다. 그리고 div.title, div.price, div.date의 값을 가져오되 div.title의 자식이 2개 이상일 때는 하위 요소에서 책 제목을 가져온다. 그리고 img의 src를 절대 URL 변환하고 이미지의 사이즈를 구한다.

책 정보 읽기

앞에서 HTML 구조를 살펴보고 스크레이핑 방향을 정리했다. 이제 프로그램을 만들어보자.

src/ch4/reqbs4_bookinfo.py

```python
import os, requests, csv, urllib
from bs4 import BeautifulSoup
from _MyPath import URL

# 이미지를 가져올 페이지
target_url = URL

# HTML을 읽고 뷰티풀 수프로 분석 --- ❶
html = requests.get(target_url).text
soup = BeautifulSoup(html, 'html5lib')

# 메인 처리 --- ❷
def get_bookinfo():
    bookinfo = []
    for item in soup.select('.item'): #--- ❸
        # 책 제목 얻기 #--- ❸a
        title = get_title(item.select_one('.title'))
        # 책 가격, 출간일 얻기 #--- ❸b
        price = item.select_one('.price').string
        date = item.select_one('.date').string
        # 책 이미지 사이즈 얻기 #--- ❸c
        imgsize = get_imgsize(item.img['src'])
        # 리스트에 추가 #--- ❸d
        bookstr = title, price, date, imgsize
        bookinfo.append(bookstr)
        print(bookstr)
    # 결과를 파일로 저장
    save_file(bookinfo)

# 책 제목 구하기 #--- ❹
def get_title(title):
    titlestr=""
    if(len(title.contents)==1): #--- ❹a
```

```
            titlestr = title.string
        else:
            for child in title.contents: #--- ④b
                tmp=child.string.strip()
                if tmp: #--- ④c
                    titlestr+=tmp + " "
        return titlestr

# 이미지 사이즈 구하기 #--- ❺
def get_imgsize(relurl):
    absurl = urllib.parse.urljoin(target_url, relurl) #--- ❺a
    res = requests.head(absurl) #--- ❺b
    size=res.headers.get('Content-Length')
    imgsize = os.path.basename(absurl)+"("+size+"byte)" #--- ❺c
    return imgsize

# tsv 파일로 저장하기
def save_file(bookinfo):
    with open('./output/bookinfo.tsv', 'wt', encoding='utf-8', newline='') as fp:
        csv.writer(fp, delimiter='\t').writerows(bookinfo)

if __name__ == '__main__':
    get_bookinfo()
```

프로그램을 실행하면 책 제목, 가격, 출간일, 이미지 정보가 output 폴더에 bookinfo.tsv로 저장된다. 이 파일은 문자 인코딩을 UTF-8로 해서 TSV 형식으로 작성했다.

책 정보 추출 결과

프로그램을 확인해보자. ❶에서는 requests.get()으로 책 소개 페이지를 가져와서 BeautifulSoup 객체로 만든다.

❷에서는 메인 처리를 하는 get_bookinfo() 함수를 정의한다. 먼저 책 정보를 저장할 bookinfo 리스트를 초기화한다. ❸에서는 CSS 선택자로 class 속성이 item인 요소를 가져온다. 그리고 for 문 하위에서 item의 정보를 추출해 bookinfo 리스트에 담는다.

for 문 내부를 살펴보자. ❸a에서는 get_title() 함수에 class가 title인 요소를 전달해 책 제목을 가져온다. ❸b에서는 item(Tag 객체)에 대해 select_one() 메서드로 class가 price, date인 요소의 string을 가져온다. ❸c에서는 get_imgsize() 함수에 img의 src 속성을 전달해 이미지 사이즈를 가져온다. ❸d에서는 앞에서 얻은 값을 튜플 형식으로 만들고 이를 bookinfo 리스트에 추가한다. for 문을 빠져나가면 save_file() 함수를 호출해 bookinfo를 파일로 저장한다.

함수의 세부 내용을 살펴보자. ❹의 get_title() 함수에서는 title을 입력받고 책의 제목을 구한다. ❹a에서 title의 자식 개수를 검사해서 자식이 1개이면 title의 string을 titlestr 변수에 담는다. 만약 자식이 2개 이상이면 else 문으로 들어간다. ❹b에서는 title의 자식child을 for 문으로 탐색한다. for 문 내에서는 먼저 child의 string에 strip() 메서드를 호출한다. strip()는 문자열의 양 끝의 공백을 제거하는 메서드로, 이를 통해 요소 사이의 개행·공백은 빈 문자열이 된다. ❹c에서는 tmp가 실제 제목인지 검사한다. 빈 문자열은 bool의 False 값을 가지므로 if 문으로 들어가지 못하고 titlestr에는 실제 제목만 추가된다.

❺의 get_imgsize() 함수는 img 요소의 src 값(상대 경로)을 relurl로 입력받는다. ❺a에서는 relurl을 기본 URL과 결합해 절대 URL로 변환한다. ❺b에서는 변환한 경로로 requests.head() 메서드를 호출한다. head() 메서드를 호출하면 데이터를 가져오지 않고 헤더만 반환한다. Response 객체에 대해 res.headers.get('Content-Length')와 같이 호출하면 데이터의 사이즈를 알 수 있다. ❺c에서는 이미지 이름과 사이즈를 하나의 문자열로 만들고 이를 반환한다.

동적 스크레이핑이 필요한 이유

앞에서는 Requests와 뷰티풀 수프의 조합으로 여러 가지 스크레이핑 프로그램을 작성했다. 그런데 이 방법만으로는 스크레이핑을 할 수 없을 때가 있다. 바로 자바스크립트를 사용해서 화면을 표시할 때이다.

다음 그림의 책 소개 페이지에서는 페이지 제목 옆에 책의 권수가 나타난다. 이를 개발자 도구에서 확인하면 <div id='cnt'> 태그 사이에 책 권수 8이 표시된다.

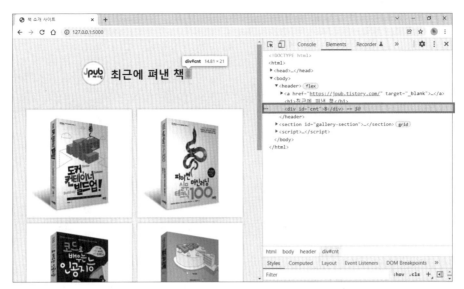

책 권수 확인

다음은 127.0.0.1:5000/method 페이지에서 GET 메서드를 테스트하는 부분이다. 처음 들어가면 초 깃값 query1과 query2를 넣고 호출한 결과를 하단 박스에 보여준다. 이를 개발자 도구에서 확인해 보면 <div class="mResult" id="gResult"> 안에 호출 결과가 들어 있는 모습을 확인할 수 있다.

GET 결과 확인

앞의 두 정보를 Requests와 뷰티풀 수프로 스크레이핑해보자.

src/ch4/reqbs4_js.py

```
import os, requests, csv, urllib
from bs4 import BeautifulSoup
from _MyPath import URL

# 결과를 가져올 페이지
book_url = URL
method_url = URL+'method'

# 책 페이지에서 책의 권수 가져오기 --- ❶
html = requests.get(book_url).text
soup = BeautifulSoup(html, 'html5lib') #--- ❶a
cnt = soup.select_one('#cnt') #--- ❶b

# 메서드 페이지에서 결과 가져오기 --- ❷
html = requests.get(method_url).text
soup = BeautifulSoup(html, 'html5lib') #--- ❷a
gResult = soup.select_one('#gResult') #--- ❷b

# 결과 출력하기 --- ❸
print("책 권수:",cnt.string)
print("GET 결과:",gResult.string)
```

프로그램 내용을 먼저 살펴보자. ❶에서는 책 페이지에 표시된 책의 권수를 가져온다. ❶a에서는 book_url의 HTML 데이터로 soup 객체를 만든다. ❶b에서는 CSS 선택자로 id가 cnt인 요소를 가져온다.

❷에서는 메서드 페이지에 표시된 결과를 가져온다. ❷a에서는 method_url의 HTML 데이터로 soup 객체를 만든다. ❷b에서는 CSS 선택자로 id가 gResult인 요소를 가져온다.

❸에서는 cnt와 gResult 요소의 텍스트를 각각 출력한다.

이 프로그램의 실행 결과는 다음과 같다.

정적 스크레이핑 결과

앞의 그림과 같이 데이터를 제대로 가져오지 못한 것을 확인할 수 있다. 그 이유를 다음에서 확인해 보자. 브라우저에서 여백을 우클릭해 [페이지 소스 보기]를 클릭하거나 **ch4\server\templates** 폴더의 다음 HTML 파일을 열어보면 다음과 같다.

src/ch4/server/templates/book_static.html

```
<header>
    …생략…
    <div id="cnt">[[책 권수]]</div>
    …생략…
</header>
<script>
    …생략…
    document.getElementById('cnt').innerText = cntnum;
</script>
```

src/ch4/server/templates/test_method.html

```
<h1>GET/POST 테스트</h1>
    …생략…
    <div class = "mResult" id="gResult">[[GET 결과]]</div>
    …생략…
<br>
<script>
    …생략…
    $('#gResult').html(str);
    …생략…
</script>
```

두 HTML 파일을 보면 **#cnt**, **#gResult** 요소에 각각 '[[책 권수]]', '[[GET 결과]]'와 같은 임시 데이터가 들어가 있다. 그리고 **script** 안에서는 (표현 방식은 조금 다르지만) 각 요소에 값을 동적으로 설정한다.

이처럼 Requests는 자바스크립트 연산이 반영되기 전의 HTML 소스를 가져온다. 요즘은 클라이언트 측에서 화면을 동적으로 생성하는 사이트가 많아지는 추세이다. 따라서 원활하게 스크레이핑을 하려면 브라우저에 렌더링된 데이터에 접근할 방법이 필요하다. 이후 4-6절에서 셀레늄 라이브러리를 사용해 동적 스크레이핑을 하는 방법을 살펴보자.

마무리

이 절에서는 서버에 올라간 HTML 파일에서 스크레이핑하는 방법을 알아봤다. 스크레이핑의 난이도는 대상 사이트의 구조에 따라 달라지므로 페이지의 소스를 보면서 방향을 잡는 부분이 중요하다.

링크를 탐색하며 문서 다운로드하기

4-4절까지 한 페이지 안에 있는 정보를 추출하거나 이미지를 다운로드했다. 이 절에서는 여러 페이지를 탐색하면서 자료를 다운로드하는 방법을 소개한다.

키워드 스크레이핑/재귀 처리/Requests/chardet

파이썬 자습서 다운로드하기

파이썬 공식 문서에는 누구든 파이썬 프로그래밍을 가볍게 시작할 수 있는 자습서(튜토리얼)가 준비되어 있다. 이 절에서는 파이썬 한국어 자습서를 로컬 PC에 다운로드하는 프로그램을 만들어보자.

파이썬 한국어 자습서

> **Python 한국어 자습서**
> https://docs.python.org/ko/3/tutorial/index.html

스크레이핑의 전체 흐름

파이썬 공식 문서에서 한국어 자습서를 다운로드해보자. 흐름은 다음과 같다. 먼저 자습서의 첫 번째 페이지를 방문하고 다운로드한다. 그리고 방문한 페이지에 링크된 페이지를 다시 방문해 자료를 다운로드한다. 그런데 페이지에 있는 많은 URL 중에 어떤 URL이 필요한 자료인지 판단할 수 있을까? 한국어 자습서의 URL은 형태가 https://docs.python.org/ko/3/tutorial/xxx.html이다. 따라서 이 형식을 판단 기준으로 사용한다. 그리고 중복 다운로드를 막기 위해 어떤 페이지를 방문했는지 표시한다. 이 내용을 순서로 표현하면 다음과 같다.

1. URL 검사하기

   1.1. 자습서 URL 형식인지 검사

   1.2. 아직 읽지 않은 URL인지 검사

2. 검사 결과가 참이면 HTML 파일로 다운로드하기

3. HTML에 링크된 URL에 목록 가져오기

4. 목록의 각 URL에 대해 1번으로 돌아가기

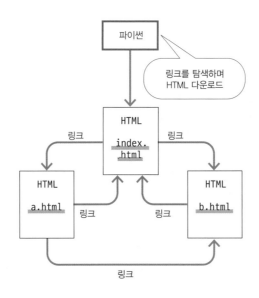

링크를 탐색해 HTML 전부 가져오기

이렇게 링크를 돌아다니면서 다운로드하는 프로그램에서는 순서 1.1과 같이 탐색 범위를 정하는 것이 중요하다. 만약 범위를 지정하지 않으면 무제한으로 외부 웹사이트를 읽어서 시간이 아무리 지나도 끝나지 않을 수 있다.

그리고 순서 1.2와 같이 중복 파일을 걸러내는 장치가 필요하다. 웹사이트에서 HTML 파일은 상호 링크될 수도 있으므로 중복 파일을 체크하지 않으면 프로그램의 효율이 떨어진다. 파이썬 딕셔너리를 이용하면 어떤 페이지를 이미 방문했는지 판정할 수 있다.

파이썬 자습서 내려받기

그렇다면 앞의 순서를 프로그램으로 작성해보자.

src/ch4/get_pydoc.py

```python
import requests, urllib, os, time, re, shutil
from bs4 import BeautifulSoup

# 저장 위치 --- ❶
save_dir = './output/pydoc'
# 기준 URL --- ❷
pydoc_url = 'https://docs.python.org/ko/3/tutorial/'
# 다운로드한 페이지를 저장할 딕셔너리 --- ❸
visited = {}

# 페이지 다운로드 --- ❹
def download_pydoc(input_url):
    # 다운로드할 대상인지 조사 --- ❺
    down_url = prepro_URL(input_url)
    if not down_url : return
    print('=====',down_url,'탐색 =====')
    # 페이지 텍스트 가져오기 --- ❻
    res = requests.get(down_url)
    res.encoding = res.apparent_encoding #--- ❻ⓐ
    html = res.text
    # HTML 파일 다운로드 --- ❼
    save_file(down_url, html)
    # BeautifulSoup 객체 생성 --- ❽
    soup = BeautifulSoup(html, 'html5lib')
    # HTML 찾기  --- ❾
    for a in soup.find_all('a', href =True):
        href = a['href'].strip() #--- ❾ⓐ
        a_url = urllib.parse.urljoin(down_url, href) #--- ❾ⓑ
        download_pydoc(a_url) #--- ❾ⓒ
```

```python
# URL 검사 및 폴더 생성  --- ⑩
def prepro_URL(before_url):
    # URL 전처리 --- ⑪
    pResult = urllib.parse.urlparse(before_url) # --- ⑪a
    path = pResult.path # --- ⑪b
    if os.path.basename(path) =='' : # --- ⑪c
        path+='index.html'
    after_url = urllib.parse.urljoin(before_url, path) # --- ⑪d
    # URL 검사 --- ⑫
    checkResult = check_URL(after_url) # --- ⑫a
    if not checkResult : return False # --- ⑫b
    # 폴더 만들기 --- ⑬
    dirname = save_dir+ os.path.dirname(path) # --- ⑬a
    if not os.path.exists(dirname): # --- ⑬b
        print('[폴더 생성]', dirname)
        os.makedirs(dirname)
    return after_url # --- ⑭


# 다운로드할 URL인지 확인  --- ⑮
def check_URL(url):
    # 형식 검사 --- ⑮a
    if pydoc_url not in url: return False
    # 중복 검사 --- ⑮b
    if url in visited: return False
    # 방문 처리 --- ⑮c
    visited[url] = True
    return True


# 파일 다운로드 --- ⑯
def save_file(url, text):
    # 파일 경로 결정 --- ⑯a
    fname = save_dir + urllib.parse.urlparse(url).path
    # 파일 저장 --- ⑯b
    with open(fname, "wt", encoding="utf-8") as f:
        f.write(text)
    print('[파일 저장] ::' ,fname)
    time.sleep(1) # 대기


if __name__ == '__main__':
    download_pydoc(pydoc_url) # 최초 페이지 탐색 --- ⑰
```

프로그램을 실행하면 다음과 같이 output/pydoc 폴더 하위에 파이썬 ko/3/tutorial 폴더가 생성
되고 그 안에 자습서 HTML이 다운로드된다.

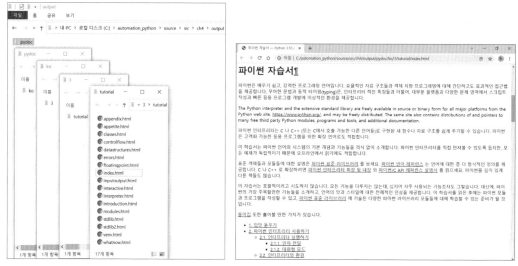

그림 4-5-3 자습서 다운로드

프로그램을 확인해보자. 프로그램의 앞부분에는 설정값들을 작성한다. ❶에서는 저장할 폴더를 지정한다. ❷에서는 다운로드 대상인지 판정하는 기준 URL을 지정한다. ❸에서는 방문 여부를 기록할 딕셔너리 변수 visited를 초기화한다.

❹에서는 URL로 페이지를 가져오는 download_pydoc() 함수를 정의한다. 이 함수에는 프로그램의 전체 흐름이 담겨 있다. ❺~❼은 URL을 판정하고 페이지를 다운로드하는 부분이다. ❽~❾는 페이지 내에 있는 다른 링크를 재귀적으로 탐색하는 부분이다. 순서대로 살펴보자.

❺에서는 URL을 prepro_URL() 함수에 전달해서 방문할 대상인지 조사한다. 방문 대상이 아니라면 down_url에 False가 반환되어 download_pydoc() 함수를 빠져나간다. 만약 첫 번째 URL을 자습서 URL 형식과 다르게 주면 여기서 바로 프로그램이 종료된다.

URL이 방문 대상으로 판정되면 ❻으로 넘어간다. ❻에서는 requests.get() 함수로 HTML 데이터를 가져온다. 그런데 원고 집필 시점에서 res.text으로 텍스트를 가져왔을 때 문자가 깨지는 현상이 발생했다. 이는 서버에서 문자 인코딩을 제대로 반환하지 않아서 발생하는 현상이다. 그래서 ❻a에서 먼저 문자 인코딩을 재설정한다. 그리고 rest.text로 HTML 텍스트를 가져온다. 인코딩 관련 내용은 이 절의 뒷부분에서 다시 설명한다.

❼에서는 save_file() 함수를 호출해서 HTML 파일을 다운로드한다.

❽에서는 HTML 데이터를 전달해 BeautifulSoup 객체를 만든다.

❾에서는 현재 방문한 페이지의 a 요소 목록을 가져와서 for 문의 내용을 반복한다. 이때 find_

all() 함수에 a와 href=True 인수를 함께 넘기면 href 속성이 지정된 a 요소만 검색한다. ❾a에서는 href 속성에 링크된 경로를 가져온다. 이때 href 값에 공백이 포함되면 URL이 제대로 생성되지 않으므로 strip() 함수로 양 끝의 공백을 제거한다. ❾b에서는 현재 URL과 href 값을 결합해 절대 URL로 변환한다. ❾c에서는 절대 URL에 대해 다시 download_pydoc() 함수를 호출한다. 이처럼 현재 페이지에 등장한 URL 목록을 재귀적으로 검사함으로써 연결된 자습서를 빠짐없이 다운로드할 수 있다.

❿의 prepro_URL() 함수를 확인해보자. ⓫에서는 먼저 URL을 검사하기 전에 불필요한 정보를 걸러내는 과정을 거친다. 어째서 이런 과정이 필요한지 이해하기 위해 잠시 URL의 구조를 살펴보자. 파이썬 자습서의 기본적인 URL은 크게 다음과 같이 프로토콜(https), 도메인(docs.python.org), 경로(/ko/3/tutorial/index.html)로 구성된다.

https://docs.python.org/ko/3/tutorial/index.html
→ 프로토콜 　→ 도메인 　　　　　　→ 경로

그런데 URL에는 이외에도 매개변수를 전달하는 쿼리스트링(?key=value)이나 특정 스크롤 위치를 지정하는 프래그먼트(#Somewhere)라는 정보가 붙을 수 있다. 예를 들어 파이썬 자습서에는 다음과 같은 URL이 등장한다.

- https://docs.python.org/ko/3/tutorial/interpreter.html#argument-passing
- https://docs.python.org/ko/3/_static/pydoctheme.css?2021.11.1

URL을 기준으로 방문 여부를 판별하면, 이러한 정보가 붙어 있으면 별개의 URL로 처리된다. 그 결과 같은 내용의 문서가 복수의 파일로 저장된다. 따라서 프래그먼트나 쿼리스트링 부분을 제거하는 전처리 과정이 필요하다.

이를 위해 URL 처리 모듈인 urllib을 사용한다. urllib.parse.urlparse() 함수에 URL을 전달하면 URL을 파싱해 각 부분을 속성으로 접근할 수 있다. 다음 그림에서는 urlparse() 함수에 쿼리스트링과 프래그먼트를 포함하는 URL을 전달했다. 그 결과 ParseResult 객체가 반환된다.

URL 파싱 결과

ParseResult 객체에 scheme(프로토콜), netloc(도메인&포트), path(경로), query(쿼리 스트링), fragment(프래그먼트) 속성을 참조하면 각 부분의 값을 얻을 수 있다.

다시 소스로 돌아가보자. ⑪ⓐ에서는 before_url을 파싱한 pResult를 얻는다. ⑪ⓑ에서는 pResult의 path 속성을 참조해 쿼리 스트링 및 프래그먼트를 제거한 경로를 얻는다. 다만 path는 프로토콜 및 도메인이 포함되지 않은 상대 URL 형태이다. path를 urljoin() 함수로 기존 URL과 결합하면 절대 URL을 얻을 수 있다.

한편 index.html파일은 URL에서 파일 이름이 생략되기도 한다. 그 결과 파일 저장에 문제가 발생하므로 ⑪ⓒ에서는 파일명이 없을 때 path 끝에 index.html을 붙여준다. ⑪ⓓ에서는 before_url과 path를 결합해 path를 절대 URL로 만든다.

⑫에서는 전처리한 URL을 대상으로 검사를 진행한다. ⑫ⓐ에서는 check_URL() 함수에 after_url을 전달한다. check_URL()은 입력 URL의 다운로드 여부를 판정해 불리언 값을 리턴한다. 만약 False가 리턴되면 prepro_URL() 함수도 False를 리턴하고 download_pydoc() 함수가 종료된다.

다운로드할 URL로 판명되면 ⑬에서 폴더를 생성한다. ⑬ⓐ에서는 os.path.dirname(path)로 path에서 파일명을 제외한 경로를 추출한다. 그리고 이를 미리 지정한 save_dir 하위에 붙여서 전체 경로를 만든다. path가 ko/3/tutorial/index.html인 페이지의 저장 경로는 ./output/pydoc/ko/3/tutorial이 된다. ⑬ⓑ에서는 이미 폴더가 있는지 확인하고 없으면 새로 폴더를 생성한다.

폴더 생성까지 마치면 ⑭에서 after_url을 리턴한다.

⑮의 check_URL() 함수는 URL을 다운로드할지 여부를 판별한다. ⑮ⓐ에서는 URL이 지정한 URL 형식에 맞는지 확인하고 그렇지 않으면 False를 리턴한다. ⑮ⓑ에서는 URL을 이미 방문했는지 확인하고 방문했다면 False를 리턴한다. ⑮ⓒ에서는 검사를 통과한 URL을 visited 딕셔너리에 추가하고 True를 리턴한다.

⑯의 save_file() 함수는 URL과 텍스트를 전달받아서 파일을 다운로드한다. URL은 ⑯ⓐ에서 파일 경로를 결정할 때 사용된다. ⑯ⓑ에서는 텍스트를 해당 경로에 파일로 저장한다.

⑰에서는 download_pydoc() 함수에 pydoc_url을 전달해 최초 페이지 탐색을 시작한다. pydoc_url은 prepro_URL에서 https://docs.python.org/ko/3/tutorial/index.html로 변환되므로 자습서의 첫 페이지에서 시작한다.

재귀를 이용해 빠짐없이 링크 순회하기

이 프로그램의 핵심은 download_pydoc() 함수를 재귀적으로 호출하는 부분이다. 이 함수는 페이지를 조사한 뒤에 페이지에서 링크 목록을 구해 다시 자기 자신을 호출한다. 이에 따라 링크를 순회하며 전체 자습서를 누락 없이 다운로드할 수 있다.

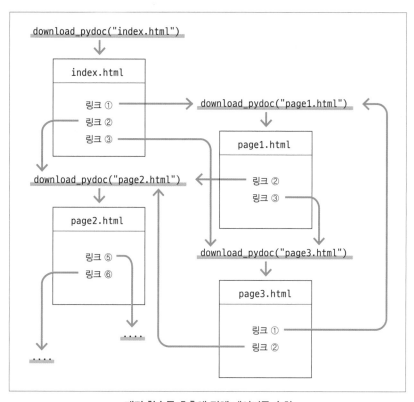

재귀 함수를 호출해 전체 페이지를 순회

하지만 이 페이지의 앞부분에서 소개했듯이 재귀를 사용할 때는 몇 번이나 같은 URL을 가져오지 않도록 방문 관리를 해야 한다. 재귀는 강력한 프로그래밍 기술이지만 잘못 사용하면 기기의 리소스를 잡아먹기 때문에 주의해야 한다.

CSS 파일을 함께 다운로드하기

앞에서는 자습서의 HTML을 다운로드했다. 그런데 파일을 열어보면 스타일 규칙이 적용되지 않아서 보기 불편하다는 문제점이 있다. 여기서는 HTML이 레이아웃을 갖출 수 있도록 CSS 파일을 함께 다운로드하는 프로그램을 만들어보자.

먼저 페이지를 우클릭하고 [페이지 소스 보기]를 눌러 CSS 파일의 URL을 확인해보자. 집필 시점에
는 자습서 페이지에 ../_static/pygments.css와 같은 형식으로 CSS 파일이 지정되어 있다.

```html
<!DOCTYPE html>

<html lang="ko">
  <head>
    <meta charset="utf-8" />
    <meta name="viewport" content="width=device-width, initial-scale=1.0" />
    <title>파이썬 자습서 &#8212; Python 3.10.2 문서</title><meta name="viewport" content="width=device-width, initial-scale=1.0">

    <link rel="stylesheet" href="../_static/pydoctheme.css?2022.1" type="text/css" />
    <link rel="stylesheet" href="../_static/pygments.css" type="text/css" />
```

자습서의 HTML 소스 확인

CSS 파일의 경로는 크롬 개발자 도구에서도 확인할 수 있다. 개발자 도구를 열어서 [Source] 탭의
[Page] 패널을 확인하면 현재 페이지의 리소스와 디렉터리 구조를 확인할 수 있다. 다음과 같이 CSS
파일이 ko/3 디렉터리 하위에 _static 디렉터리에 있음을 확인할 수 있다. 즉 CSS 파일의 URL은
https://docs.python.org/ko/3/_static/xxx.css와 같은 형식이다.

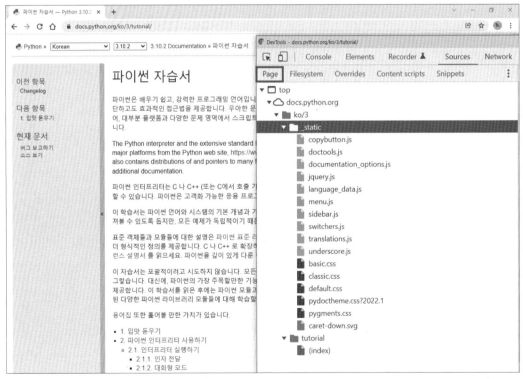

현재 페이지의 리소스와 디렉터리 구조 확인

한편, 페이지에 적용되는 스타일 규칙은 HTML에 링크된 CSS 파일에 한정되지 않는다. 자습서 소스
화면의 _static 디렉터리에 보이는 CSS 파일을 선택해 내용을 확인해보자.

CSS 파일 확인(pydoctheme.css?2022.1)

CSS 상단에 @import 문이 기재되어 있다. 이는 현재 CSS 파일에 default.css의 스타일 규칙을 가져온다는 뜻이다. 이처럼 CSS 파일 내에는 다른 CSS 파일이 링크될 수 있다. 따라서 CSS 파일도 HTML과 같이 재귀적으로 탐색하고 다운로드하는 과정이 필요하다.

HTML에서 다른 HTML 경로를 추출할 때는 뷰티풀 수프를 사용했다. 그렇다면 CSS에 링크된 다른 CSS의 경로는 어떻게 얻을 수 있을까? 파이썬의 정규식(정규 표현식) 라이브러리인 re를 사용하면 경로를 추출할 수 있다. 다만 정규식의 상세한 설명은 4장의 범위를 넘어선다. 6-5절에서 정규식을 학습한 뒤에 다시 이 장의 정규식을 확인해보자.

다음은 파이썬 자습서의 HTML과 CSS를 함께 다운로드하는 프로그램이다.

src/ch4/get_pydoc_css.py

```python
import requests, urllib, os, time, re
from bs4 import BeautifulSoup

# 저장 위치
save_dir = './output/pydoc'
# 기준 URL
pydoc_url = 'https://docs.python.org/ko/3/tutorial/'
static_url = 'https://docs.python.org/ko/3/_static/'
# 다운로드한 페이지를 저장할 딕셔너리
visited = {}

# 페이지 다운로드
def download_pydoc(input_url):
    # 다운로드할 대상인지 조사 --- ❶
    down_url = prepro_URL(input_url)
    if not down_url : return
    print('=====',down_url,'탐색 =====')
    # 페이지 텍스트 가져오기 --- ❷
    res = requests.get(down_url)
    res.encoding = res.apparent_encoding
    html = res.text
    # HTML 파일 다운로드 --- ❸
```

```python
        save_file(down_url, html)
        # BeautifulSoup 객체 생성 --- ❹
        soup = BeautifulSoup(html, 'html5lib')
        # CSS 찾기 --- ❺
        for link in soup.find_all('link', rel="stylesheet", href =True): #--- ❺ⓐ
            css_url = abs_URL(down_url, link['href']) #--- ❺ⓑ
            download_static(css_url) #--- ❺ⓒ
        # HTML 찾기
        for a in soup.find_all('a', href =True):
            a_url = abs_URL(down_url, a['href'])
            download_pydoc(a_url)


# CSS 다운로드  --- ❻
def download_static(input_url):
        # 다운로드할 대상인지 조사 --- ❻ⓐ
        down_url = prepro_URL(input_url)
        if not down_url : return
        # CSS 텍스트 가져오기 --- ❻ⓑ
        text = requests.get(down_url).text
        # CSS 파일 다운로드 --- ❻ⓒ
        save_file(down_url, text)
        # import된 CSS 찾기 --- ❼
        import_urls = re.findall('@import url\(\"([^"]+)\"\)',text) # --- ❼ⓐ
        for url in import_urls:
            css_url =  abs_URL(down_url, url) # --- ❼ⓑ
            download_static(css_url) # --- ❼ⓒ


# 절대 URL 얻기
def abs_URL(cur, rel):
    tmp = rel.strip()
    url = urllib.parse.urljoin(cur,tmp)
    return url


# URL 검사 및 폴더 생성
def prepro_URL(before_url):
    # URL 전처리
    path = urllib.parse.urlparse(before_url).path
    if os.path.basename(path) =='' :
        path+='index.html'
    after_url = urllib.parse.urljoin(before_url, path)
    checkResult = check_URL(after_url)
    if not checkResult : return False
    # 폴더 만들기
    dirname = save_dir+ os.path.dirname(path)
    if not os.path.exists(dirname):
        print('[폴더 생성]', dirname)
        os.makedirs(dirname)
    return after_url
```

```
# 다운로드할 URL인지 확인 --- ❽
def check_URL(url):
    # 형식 검사 --- ❽a
    if not re.match(pydoc_url+'.+\.html',url):
        if not re.match(static_url+'.+\.css', url):
            return False
    # 중복 검사
    if url in visited: return False
    # 방문 처리
    visited[url] = True
    return True

# 파일 다운로드
def save_file(url, text):
    # 파일 이름 결정
    fname = save_dir + urllib.parse.urlparse(url).path
    with open(fname, "wt", encoding="utf-8") as f:
        f.write(text)
    print('[파일 저장] ::' ,fname)
    time.sleep(1) # 대기

if __name__ == '__main__':
    download_pydoc(pydoc_url) # 최초 페이지 탐색
```

프로그램을 실행하면 다음과 같이 HTML과 CSS 파일이 함께 다운로드된다.

HTML과 CSS 파일 다운로드(get_pydoc_css.py 실행 결과)

HTML 파일을 클릭해 열어보면 CSS 스타일이 적용된 모습을 확인할 수 있다.

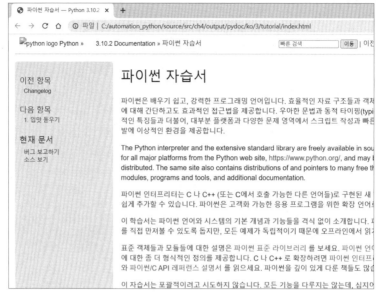

스타일 규칙이 적용된 HTML

소스를 확인해보자. 프로그램의 대부분은 앞에서 살펴본 프로그램과 같다. 앞부분을 빠르게 훑어 보자. 프로그램을 시작할 때 download_pydoc() 함수에 pydoc_url을 전달해 index.html 페이지 부터 탐색을 시작한다. ❶에서 prepro_URL() 함수를 통해 전처리를 거친 URL을 얻는다. ❷에서는 HTML 소스를 가져오고 ❸에서는 파일을 다운로드한다. ❹에서는 BeautifulSoup 객체를 생성한 다.

❺는 HTML에 링크된 CSS 경로를 추출하는 부분이다. ❺ⓐ에서는 soup 객체에서 link 요소를 검색 한다. 이때 CSS 파일만 가져오기 위해 rel 속성이 stylesheet이면서 href 속성이 지정된 link 태 그를 가져온다. ❺ⓑ는 href 값을 절대 URL로 변환하는 과정이다. 코드 내에서 반복되는 내용이므로 abs_URL() 함수로 작성했다. ❺ⓒ에서는 CSS 파일의 URL을 download_static() 함수에 전달한다.

❻의 download_static() 함수는 CSS의 URL을 전달받아 다운로드한다. 전체 구조는 download_ pydoc()와 닮아 있다. ❻ⓐ~❻ⓒ는 URL을 판정하고 CSS를 다운로드하는 부분이다. ❼ 이하는 CSS 내의 다른 CSS를 재귀적으로 탐색하는 부분이다. 순서대로 살펴보자.

❻ⓐ에서는 prepro_URL() 함수에 URL을 전달한다. 이 함수는 check_URL() 함수를 통해 다운로드 여부를 판정하고 다운로드 대상이 아니라면 False를 반환한다. 다운로드 대상이 맞으면 전처리가 끝난 URL을 반환한다. ❻ⓑ에서는 requests.get() 함수를 통해 CSS를 텍스트로 가져온다. ❻ⓒ에서

는 이를 save_file() 함수에 전달해 파일로 다운로드한다.

❼에서는 CSS 내에 임포트된 CSS를 찾는다. ❼a는 정규식을 사용해 CSS에서 '@import url("CSS 경로")'와 같은 패턴의 문자열을 검색한다. 그리고 'CSS 경로' 부분만을 추출해 리스트로 얻는다. ❼b에서는 리스트의 요소를 abs_URL() 함수를 호출해 절대 URL을 얻는다. ❼c에서는 이렇게 얻은 URL에 대해 download_static() 함수를 재귀적으로 호출한다.

❽의 check_URL()에서 변경된 부분을 살펴보자. ❽a에서는 정규식을 사용해 좀 더 엄밀한 판정을 수행한다. 이전 프로그램에서는 검사할 URL에 pydoc_url이 포함되는지를 확인해 다운로드 여부를 결정했다. 하지만 이 방식은 https://docs.python.org/ko/3/tutorial/abc.zip과 같이 HTML이 아닌 URL이나 abc_https://docs.python.org/ko/3/tutorial/과 같이 잘못된 형식의 URL도 다운로드 대상에 포함한다. 다행히 자습서에는 이런 경우가 없었지만, 이러한 URL이 있는 페이지에서 프로그램을 실행하면 에러가 발생한다. ❽a에서는 정규식을 통해 pydoc_url로 시작하고 .html로 끝나는지 검사한다. 만약 이 같은 형식이 아니면 다음 if 문을 내려가서 static_url로 시작하고 .css로 끝나는지 검사한다. 두 형식에 해당하지 않으면 False를 반환하고, 둘 중 하나에 해당하면 다음 행으로 넘어가서 중복 검사를 수행한다.

HTML이 깨져서 보일 때

이 프로그램을 작성한 시점에서 python.org의 웹페이지가 "Content-Type"에 charset을 적절히 반환하지 않아서 HTML의 문자가 깨지는 현상이 발생했다. 사실 웹 서버가 실제 콘텐츠와 다른 인코딩 방식을 반환하는 것은 자주 있는 일이다. 최근 웹 브라우저는 무척 똑똑해서 웹 서버에서 인코딩 정보를 잘못 반환해도 자동으로 올바르게 판정할 수 있다. 따라서 사이트 관리자도 문제를 눈치채기 어렵다.

문자가 깨져서 보일 때는 먼저 Response 객체의 encoding 속성을 조회해보자. 현 시점에서는 ISO-8859-1이 반환되었다. 이 인코딩 방식은 한글을 표현할 수 없기 때문에 text를 출력하면 문자가 깨진다.

encoding 속성 조회

Response 객체의 encoding 속성은 사용자가 변경할 수 있다. 인코딩 방식을 변경하고 text를 출력하면 지정한 방식으로 디코딩한 텍스트를 읽을 수 있다. encoding 속성을 설정할 때는 utf-8과 같이 직접 지정할 수도 있지만 apparent_encoding 속성값을 지정할 수도 있다. apparent_encoding 속성은 문자 인코딩 판정 라이브러리(chardet)을 이용해 판정한 인코딩이 설정된다. 대개의 경우 다음과 같이 인코딩 속성을 작성하면 문자 깨짐을 방지할 수 있다.

```python
# 지정한 url에 접근
res = requests.get(url)

# 문자 인코딩을 프로그램 측에서 재설정
res.encoding = res.apparent_encoding

# 가져온 HTML 출력
print(res.text)
```

인코딩 판정: chardet 라이브러리

문자 인코딩 이야기가 나온 김에 문자 인코딩을 자동으로 판정해주는 chardet 라이브러리를 간단히 살펴보자. Requests 라이브러리를 설치하면 chardet 라이브러리도 함께 설치된다. 따로 설치할 때는 다음의 pip 명령어로 설치한다.

```
pip install chardet
```

문자 인코딩을 판정할 때는 chardet.detect() 함수를 사용한다. 다음은 저작권이 없는 문학 작품을 공개하는 일본의 인터넷 전자도서관 '아오조라 문고青空文庫'에서 다자이 오사무의 고전 작품인 〈달려라 메로스〉를 다운로드해 문자 인코딩을 판정하는 예이다.

src/ch4/test_chardet.py

```python
import chardet, requests
# 아오조라 문고 > 달려라 메로스
url = 'https://www.aozora.gr.jp/cards/000035/files/1567_14913.html'
# 바이너리로 다운로드 --- ❶
bindata = requests.get(url).content
# 문자 인코딩 판정 --- ❷
r = chardet.detect(bindata)
# 결과 출력
print(r)
```

프로그램을 실행하면 다음과 같이 출력된다.

```
{'encoding': 'SHIFT_JIS', 'confidence': 0.99, 'language': 'Japanese'}
```

❶에서는 HTML을 다운로드한다. 다만 text 속성을 사용하지 않고 content 속성을 사용한다.
content 속성을 사용하면 코드 변환을 하지 않은 바이너리 데이터를 그대로 얻을 수 있다. 그리고
❷의 chardet.detect() 함수에 데이터를 전달하면 문자 인코딩을 판정한다. 어느 정도 사이즈가 있
는 데이터를 전달해야만 제대로 판정을 할 수 있다는 점에 주의하자.

마무리

여기서는 HTML 내의 링크 목록을 구해 사이트 내의 페이지를 다운로드하는 프로그램을 작성했
다. 함수를 재귀적으로 호출하면 누락 없이 다운로드할 수 있다. 또한 Requests를 사용할 때 잘못된
인코딩을 가져오는 현상을 확인했다. 만약 가져온 데이터가 깨져 있다면 인코딩 관련 속성을 살펴
보자.

4-6

셀레늄으로 웹 브라우저 조작하기

 윈도우/macOS/리눅스 난이도 ★★☆☆☆

다음으로 **셀레늄**Selenium으로 웹 브라우저를 조작하는 방법을 살펴본다. 셀레늄을 사용하면 사람이 브라우저를 조작할 때와 같은 결과를 얻을 수 있다.

키워드 **브라우저 자동 조작/셀레늄/웹 드라이버/크롬/크롬드라이버**

셀레늄 라이브러리

4-5절까지는 requests 모듈을 이용해 웹에서 데이터를 가져왔다. 하지만 4-4절 끝부분에서 살펴봤듯이 Requests만으로는 브라우저에서 동적으로 생성하는 페이지를 읽을 수 없다. 또한 로그인이나 버튼 클릭 등 사용자와 상호작용이 많은 사이트를 다루기가 불편하다. 이러한 문제를 해결하려면 사람이 브라우저를 사용하는 것과 동일한 방식으로 웹 데이터에 접근할 수 있어야 한다.

셀레늄은 브라우저 자동 조작 라이브러리이다. 셀레늄은 원래 웹 애플리케이션의 테스트를 자동화하려고 개발되었다. 셀레늄을 사용하면 브라우저 조작을 자동화할 수 있을 뿐만 아니라, 브라우저에 동적으로 생성되는 데이터를 스크레이핑할 수 있다.

셀레늄에는 파이썬·자바·C# 등의 프로그래밍 언어에서 사용되는 **셀레늄 웹드라이버**Selenium WebDriver 외에 브라우저 확장 기능으로 구현된 **셀레늄 IDE**, 원격 머신에서 웹 브라우저를 조작하는 **셀레늄 그리드**Selenium Grid도 있다.

이 책에서는 파이썬 셀레늄 웹드라이버를 이용해 브라우저를 자동화한다. 이하 셀레늄 웹드라이버를 줄여서 **셀레늄**이라고 칭한다.

셀레늄 공식 사이트
https://www.selenium.dev/

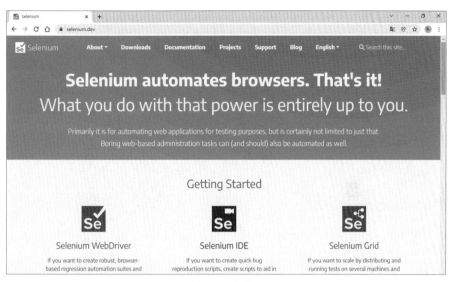

셀레늄 공식 사이트

셀레늄의 주요 기능

셀레늄의 주요 기능은 다음과 같다.

- 특정 URL로 접속

- 뒤로 가기, 앞으로 가기, 새로고침 등의 조작

- 화면 내 요소 얻기, 요소의 상태 얻기

- 요소 클릭, 폼 입력

- 마우스 조작, 키보드 조작

- 쿠키 설정, 얻기, 삭제

- 창 위치와 사이즈 설정

- 지정 조건까지 처리 대기

- 자바스크립트 실행

- 스크린숏 찍기

이처럼 셀레늄을 사용하면 다양한 브라우저 조작을 할 수 있다. 여기서 모든 기능을 소개하는 것은 불가능하므로 자주 사용하는 기능 위주로 확인해보자.

셀레늄 설치하기

셀레늄을 설치해보자. 커맨드라인에서 다음의 pip 명령어를 실행한다.

```
pip install -U selenium==3.141.0
```

셀레늄을 사용할 때는 사용할 브라우저의 드라이버도 함께 설치해야 한다. 여기서는 크롬 브라우저를 중심으로 설명한다.

크롬드라이버 설치하기

> 크롬드라이버 URL
> https://sites.google.com/chromium.org/driver/

드라이버를 다운로드할 때는 현재 사용하는 웹 브라우저와 같은 버전으로 선택해야 한다. 또한 요즘의 웹 브라우저는 자동으로 업데이트되므로 과거에 드라이버를 내려받았더라도 브라우저 업데이트에 맞춰서 최신 버전으로 교체해줘야 한다.[2]

다음 순서에 따라 크롬드라이버ChromeDriver를 설치한다.

사용 중인 크롬 버전 확인하기

먼저 자신의 PC에 설치된 크롬 버전을 확인해보자. 크롬 버전을 확인하려면 주소창 오른쪽 끝에 있는 메뉴 아이콘(점 세 개)을 누르고 [도움말 〉 Chrome 정보]를 클릭한다.

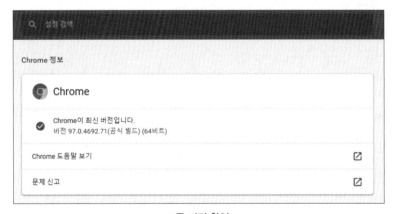

크롬 버전 확인

2　　[옮긴이] 물론 크롬이 업데이트될 때마다 크롬드라이버를 업데이트하는 방법도 있다. 구글에서 '크롬드라이버 자동 업데이트' 등으로 검색해보자.

크롬드라이버 내려받기

이어서 다음의 크롬드라이버 페이지에서 웹 드라이버를 다운로드한다. 크롬 브라우저 버전과 최초 세 개의 숫자인 '(메이저 버전).(마이너 버전).(빌드 번호)'가 일치하는 것을 찾는다. 예를 들어 본인의 크롬 버전이 97.0.4692.71이라면 드라이버도 97.0.4692.71을 택한다. 또한 OS별로 윈도우/macOS/리 눅스용 바이너리가 구분되어 있으므로 자신이 사용하는 기기에 맞게 선택한다.

> **크롬드라이버 다운로드**
> https://sites.google.com/chromium.org/driver/

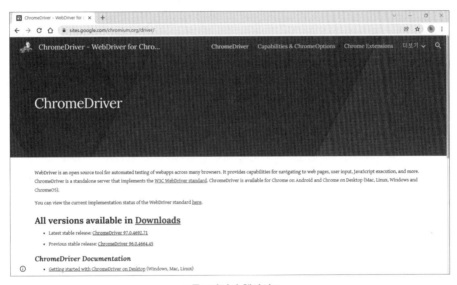

크롬드라이버 웹사이트

드라이버 경로 지정 방법 결정하기

다운로드한 ZIP 파일의 압축을 해제하면 실행 파일이 들어 있다. 셀레늄으로 크롬드라이버를 실행 할 때는 경로를 직접 지정할 수도 있고 전역으로 지정할 수도 있다.

```
from selenium import webdriver

# 경로를 전역으로 지정했을 때
driver = webdriver.Chrome()

# 경로를 직접 지정
driver = webdriver.Chrome(크롬드라이버 경로)

# 경로를 직접 지정하고 옵션 사용하기
driver = webdriver.Chrome(크롬드라이버 경로, options=...)
```

마지막 예에서 '옵션'은 뒤에서 설명한다. 여기에서는 경로를 직접 지정할 경우 경로 다음에 옵션을 쓴다는 것만 기억해두자.

경로를 전역으로 사용하려면 크롬드라이버가 있는 폴더를 환경변수 Path에 등록한다.[3] 또는 파이썬 설치 폴더(python.exe이 있는 폴더)가 Path에 이미 등록되어 있으므로, 파이썬 설치 폴더에 크롬드라이버 실행 파일을 복사해 넣는다.

이 책에서는 전역으로 지정하지 않고 경로를 직접 지정하는 방법을 사용한다. 이 책의 코드를 수정 없이 사용하려면 크롬드라이버를 ch4\input 폴더에 넣기만 하면 된다. 만약 다른 경로를 지정하고 싶다면 해당 폴더에 드라이버를 넣고 ch4_MyPath.py의 DRIVER 변수를 수정한다.

크롬드라이버의 경로를 _MyPath.py에 지정

[macOS] 프로그램 실행 허가하기

macOS에서는 드라이버의 실행을 허가하는 과정이 필요하다. macOS에서는 보안 정책에 따라 웹에서 다운로드한 프로그램을 함부로 실행할 수 없게 되어 있다.

다운로드한 ZIP 파일을 압축 해제하고 파인더에서 크롬드라이버를 우클릭(control + 클릭)하고 메뉴의 [열기]를 클릭한다. 그러면 다음 그림과 같이 경고창이 표시되는데 여기서 [열기]를 클릭한다. 한번 이 방법으로 실행하면 이후에는 문제없이 실행된다.

macOS 프로그램 실행 허가

---

3 Path에 등록된 폴더를 확인하는 방법은 다음과 같다. 윈도우에서는 [제어판 〉 시스템 〉 고급 시스템 설정 〉 환경변수]에서 확인하거나 명령 프롬프트에서 echo %Path%라고 입력한다. macOS에서는 터미널에서 echo $PATH를 입력한다.

셀레늄으로 브라우저 열기

셀레늄 및 크롬드라이버가 설치되었다면 다음 프로그램을 실행해 브라우저를 열어보자.

src/ch4/selenium_open_browser.py

```python
# Selenium 불러오기 --- ❶
from selenium import webdriver
import time
from _MyPath import DRIVER as d

# 크롬 열기 --- ❷
driver = webdriver.Chrome(d)

# 파이썬 페이지 열기 --- ❸
driver.get('https://python.org')

# 3초 뒤에 크롬 닫기 --- ❹
time.sleep(3)
driver.quit()
```

앞의 프로그램을 IDLE에서 실행하면 다음 그림과 같이 크롬 브라우저에서 파이썬 웹사이트에 접속한다. 그리고 3초 대기한 뒤 드라이버를 종료한다.

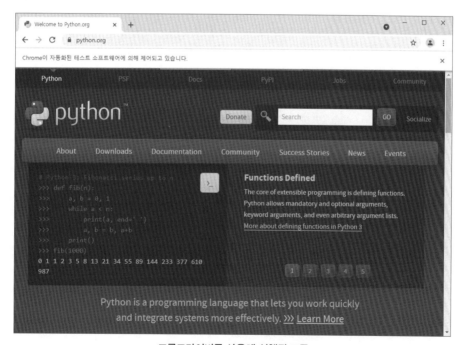

크롬드라이버를 사용해 실행된 크롬

프로그램을 확인해보자. ❶에서는 셀레늄의 웹드라이버를 불러온다. ❷에서는 크롬 WebDriver 객체를 생성해 빈 화면의 크롬을 연다. ❸에서는 dirver.get() 메서드에 URL을 전달해 파이썬 웹사이트에 접속한다. ❹에서는 3초 대기 후 driver.quit() 메서드로 드라이버를 종료한다.

작동하지 않을 때: 크롬 조작 시 자주 있는 에러

만약 크롬이 자동으로 실행되지 않고 에러가 표시된다면 다음 사항을 확인해보자.

먼저 다음과 같이 에러가 표시된다면 크롬드라이버를 찾지 못했다는 뜻이다. 지정한 경로에 크롬드라이버가 들어 있는지(전역으로 사용한다면 Path에 경로가 등록되어 있는지) 다시 확인해보자.

```
selenium.common.exceptions.WebDriverException: Message:
'chromedriver' executable needs to be in PATH.
Please see https://sites.google.com/a/chromium.org/chromedriver/home
```

혹은 다음과 같이 에러가 나왔다면 크롬과 크롬드라이버의 버전이 맞지 않는다는 뜻이다. 크롬 버전을 다시 확인하고 해당하는 크롬드라이버를 다운로드해보자.

```
Message: session not created:
This version of ChromeDriver only supports Chrome version XXX
```

앞에서 언급한 대로 macOS에는 보안 정책 때문에 최초에 드라이버를 한번 실행해야 한다. 윈도우에서도 크롬드라이버를 처음 실행할 때 다음 그림과 같이 PC 보호 대화상자가 뜰 수 있다. 이때는 [실행] 버튼을 클릭하자.

윈도우의 PC 보호 대화상자

셀레늄 사용법 정리하기

요소 가져오기 및 조작하기

화면 요소를 가져올 수 있는 셀레늄의 메서드를 살펴보자. 요소명, 아이디명, 클래스명, CSS 선택자 등으로 검색할 수 있다. 다음은 WebDriver 객체의 요소 검색 메서드를 표로 정리한 것이다. 다음 메서드는 WebElement 객체를 반환한다.

요소 검색 메서드	설명
find_element_by_tag_name(요소명)	요소명을 지정해 검색
find_element_by_id(ID명)	id 속성의 값을 지정해 검색
find_element_by_class_name(클래스명)	class 속성을 지정해 검색
find_element_by_name(name 속성)	폼 등에서 사용하는 name 속성을 지정해 검색
find_element_by_link_text(텍스트)	링크 텍스트를 지정해 검색
find_element_by_partial_link_text(텍스트)	링크 텍스트 일부를 지정해 검색
find_element_by_xpath(XPath)	XPath를 지정해 검색

이 메서드들은 하나의 요소를 구한다. 여러 요소를 한 번에 얻을 때는 find_elements_xxx()와 같이 복수형으로 지정한다. 다음 표에서 확인해보자.

여러 요소를 얻는 메서드	설명
find_elements_by_tag_name(요소명)	요소명을 지정해 검색
find_elements_by_class_name(클래스명)	class 속성을 지정해 검색
find_elements_by_css_selector(CSS 선택자)	CSS 선택자로 검색
find_elements_by_name(name 속성)	name 속성을 지정해 검색
find_elements_by_link_text(텍스트)	텍스트를 지정해 요소 검색
find_elements_by_partial_link_text(텍스트)	텍스트 일부를 지정해 요소 검색
find_elements_by_xpath(XPath)	XPath로 검색

이처럼 셀레늄에서는 다양한 조건을 지정해 요소를 검색할 수 있다. 특히 뷰티풀 수프와 다른 점은 링크 텍스트나 xPath를 지정해 요소를 얻을 수 있다는 부분이다.

다음은 앞의 메서드로 얻은 요소를 조작하는 방법이다. 실제 사용 예는 뒤에 나오는 예제에서 살펴보자.

```
# 문자열 입력
```

```
element.send_keys("some text")

# 키 입력
from selenium.webdriver.common.keys import Keys
element.send_keys(Keys.CONTROL)

# 요소 클릭
element.click()

# 폼 조작
element.clear() # 폼 초기화
element.submit()# 폼 제출
```

옵션 사용하기

다음은 크롬드라이버를 실행할 때 옵션 및 쿠키를 지정해 실행하는 방법이다. 간단히 살펴보고 다음
에 나올 예제에서 사용 예를 익혀보자.

```
# 옵션 객체 생성
options = webdriver.ChromeOptions()

# ❶ 헤드리스 모드 지정
options.add_argument('--headless')

# ❷ 다운로드 폴더 지정
options.add_experimental_option('prefs', {'download.default_directory': save_dir})

# ❸ 창 크기 지정
options.add_argument("--window-size=1920,1080")

# 옵션을 지정해 크롬 실행
driver = webdriver.Chrome(options=options)

# 경로를 직접 지정하고 옵션 사용하기
driver = webdriver.Chrome(크롬드라이버 경로, options=...)
```

쿠키 지정 및 조회는 다음과 같이 실행한다.

```
# 쿠키 추가하기
driver.add_cookie({'name':'mycookie','value':'it is my cookie'})

# 쿠키 가져오기
driver.get_cookies()
```

요소 가져오기

셀레늄 메서드를 사용해 요소를 선택하고 텍스트를 추출해보자. 먼저 책 소개 사이트에서 h1 요소와 id가 cnt인 요소의 텍스트를 추출해보자. 4-4절에서 살펴봤듯이 id가 cnt인 요소의 HTML에는 다음과 같이 임시 데이터가 들어가 있다.

```
# h1 요소
<h1>최근에 펴낸 책</h1>

# id가 cnt인 요소
<div id='cnt'>[[책 권수]]</div>
```

프로그램으로 작성해보자.

src/ch4/selenium_get_text1.py

```python
from selenium import webdriver
import time
from _MyPath import URL, DRIVER as d

# 책 소개 사이트 열기 --- ❶
driver = webdriver.Chrome(d)
driver.get(URL)

# h1 요소의 텍스트 출력하기 --- ❷
ele = driver.find_element_by_tag_name('h1')
print('h1:', ele.text)

# id가 cnt인 요소의 텍스트 출력하기 --- ❸
ele = driver.find_element_by_id('cnt')
print('#cnt:', ele.text)

time.sleep(3)
driver.quit()
```

프로그램의 내용을 먼저 살펴보자. ❶에서는 크롬 웹드라이버 객체를 생성하고 책 소개 페이지에 접속한다. ❷에서는 find_element_by_tag_name() 메서드로 첫 번째 h1 요소를 지정하고 텍스트를 출력한다. ❸에서는 find_element_by_id() 메서드로 id가 cnt인 요소를 지정하고 텍스트를 출력한다.

프로그램을 실행하면 결과는 다음과 같다.

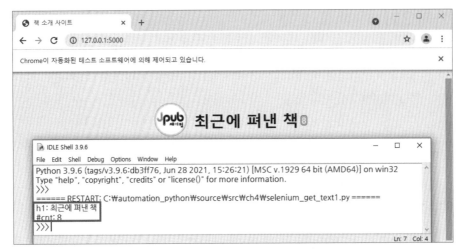

화면에 보이는 요소의 텍스트 얻기 결과

앞의 그림과 같이 h1의 텍스트가 잘 출력되었다. 자바스크립트로 생성되는 #cnt의 텍스트 또한 잘 출력된 모습을 확인할 수 있다.

화면에 보이지 않는 텍스트 출력하기

다음으로 title 요소와 class가 title인 요소의 텍스트를 추출해보자. book_static.html에서 각각의 요소가 가지는 텍스트는 다음과 같다.

```
# title 요소
<title>책 소개 사이트</title>

# class가 title 인 첫 번째 요소
<div class="title">도커, 컨테이너 빌드업!</div>
```

프로그램으로 작성해보자.

src/ch4/selenium_get_text2.py

```
from selenium import webdriver
import time
from _MyPath import URL, DRIVER as d

# 책 소개 사이트 열기 --- ❶
driver = webdriver.Chrome(d)
driver.get(URL)

# title 및 div.title 요소 가져오기 --- ❷
title = driver.find_element_by_tag_name('title')
```

```
div = driver.find_element_by_class_name('title')

# text 속성 출력 --- ❸
print('---------text---------')
print('<title>:', title.text) # 빈 문자열
print('<div>:', div.text) # 빈 문자열

# display 여부 출력 --- ❹
print('---------is_displayed()---------')
print('<title>:', title.is_displayed())
print('<div>:',div.is_displayed())

# innerText 속성 가져오기 --- ❺
print('---------innerText---------')
print('<title>:', title.get_attribute('innerText'))
print('<div>:',div.get_attribute('innerText'))

time.sleep(3)
driver.quit()
```

실행 결과는 다음과 같다. 앞의 프로그램과 양상이 조금 달라 보인다.

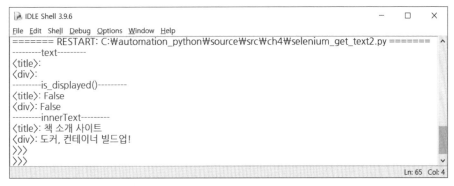

화면에 보이지 않는 요소의 텍스트 얻기 결과

프로그램을 확인해보자. ❶에서는 크롬을 열고 책 소개 사이트에 접속한다.

❷에서는 title 변수에 title 요소를, div 변수에 div.title 요소를 가져왔다.

❸에서는 두 요소의 text 속성을 출력한다. 그런데 이번에는 빈 문자열이 출력되었다. 그 이유는 두 요소가 화면에서 보이지 않기 때문이다. title의 텍스트는 브라우저 상단 탭에 표시되지만 화면에는 표시되지 않는다. 기본적으로 브라우저는 title 요소의 display 값을 None으로 설정한다. div.title이 보이지 않는 이유는 4-2절에서 살펴봤다. CSS에 부모의 스타일이 opacity:0으로 지정되어 있어서 평소에는 보이지 않고, 마우스가 요소에 올라가야 opacity:1이 되어 드러난다.

이 부분에서 셀레늄과 뷰티풀 수프의 차이점을 알 수 있다. 뷰티풀 수프는 HTML 소스를 구문 분석해 Tag 객체를 구성한다. 따라서 스타일에 관계없이 'Tag 객체.string'으로 텍스트를 가져올 수 있다. 하지만 셀레늄은 브라우저에 의해 스타일이 입혀진 WebElement 객체를 조작 대상으로 한다. 따라서 요소의 스타일이 display:none, visibility:hidden, opacity:0과 같이 화면에 표시되지 않았을 때는 'WebElement 객체.text'로 가져올 수 없다.

WebElement 객체의 화면 표시 여부는 is_diplayed() 메서드로 확인할 수 있다. ❹에서는 title과 div의 is_diplayed()의 값을 출력한다. 두 요소 모두 결과는 False이다.

이렇게 화면에 표시되지 않는 텍스트는 어떻게 얻을 수 있을까? get_attribute('innerText') 메서드를 사용하면 태그 사이에 있는 텍스트를 반환해준다. ❺에서는 두 요소의 innerText을 출력했고 각각 '책 소개 사이트', '도커, 컨테이너 빌드업!'으로 정상 출력되었다. 특별히 title 요소의 텍스트는 driver 객체의 title 속성(driver.title)을 통해서도 얻을 수 있다.

요소 조작하기

이번에는 요소를 조작해 폼을 제출하는 예제를 살펴보자. 메서드 테스트 페이지를 사용한다. 다음 프로그램에서는 첫 번째 폼을 작성하고 [GET] 버튼을 클릭한 뒤에 div#gResult에 표시되는 응답 결과를 출력한다. 4-4절 끝에서 살펴봤듯이 Requests로는 메서드 호출 결과를 제대로 가져올 수 없었다. 여기서는 어떤 결과가 나오는지 살펴보자.

src/ch4/selenium_form_submit.py

```
from selenium import webdriver
import time
from _MyPath import URL, DRIVER as d

# 메서드 테스트 페이지 열기 --- ❶
driver = webdriver.Chrome(d)
driver.get(URL+'method')
driver.add_cookie({'name':'mycookie','value':'it is my cookie'})

# 입력박스 찾기 --- ❷
getFir = driver.find_element_by_id('getFir')
getSec = driver.find_element_by_id('getSec')

# 입력박스 초기화 --- ❸
getFir.clear()
getSec.clear()
time.sleep(2)
```

```python
# 키워드 입력 --- ❹
getFir.send_keys('First Value')
getSec.send_keys('Second Value')
time.sleep(2)

# 폼 제출하기 --- ❺
getSec.submit()
time.sleep(2)

# 호출 결과 가져오기 --- ❻
gResult = driver.find_element_by_id('gResult')
print(gResult.text)

time.sleep(5)
driver.quit()
```

프로그램을 먼저 살펴보자. ❶에서는 크롬을 열어서 테스트 페이지에 접속한다. `driver.add_cookie()` 메서드에 `{'name': 키, 'value': 값}`의 형태로 전달하면 메서드를 호출할 때 쿠키를 추가할 수 있다.

❷에서는 각각 id를 사용해서 GET 폼의 입력박스를 찾는다. ❸에서는 요소에 대해 `clear()` 메서드를 호출해 초기 입력값을 제거한다. ❹에서는 `send_keys()` 메서드를 통해 입력박스에 각각 `'First Value'`, `'Second Value'`를 입력한다. ❺에서는 폼 요소에 대해 `submit()` 메서드를 호출해 폼을 제출한다.

❻에서는 호출 결과가 표시되는 #gResult 요소를 가져와서 텍스트를 출력한다.

프로그램 실행 결과는 다음과 같다.

GET 결과 가져오기

그림과 같이 GET 메서드로 쿼리 스트링과 쿠키가 잘 전송되었음을 확인할 수 있다. 그리고 셸 창에 동적으로 표시되는 #gResult의 텍스트 또한 올바르게 출력된 모습을 확인할 수 있다.

헤드리스 모드로 스크린샷 찍기

헤드리스headless 모드로 스크린샷을 찍는 방법을 살펴보자.

헤드리스 모드를 사용하면 브라우저를 실제로 띄우지 않고 백그라운드로 조작할 수 있다. 처음 크롬을 실행할 때 옵션을 전달하면 헤드리스 모드로 실행된다.

```python
# 옵션 객체 생성
options = webdriver.ChromeOptions()
# 옵션에 헤드리스 모드를 설정
options.add_argument('--headless')
# 크롬 실행
driver = webdriver.Chrome(options=options)
```

다음은 헤드리스 모드로 크롬을 실행하고 스크린샷을 찍는 프로그램이다. 스크린샷을 찍을 때는 driver.save_screenshot() 메서드를 사용한다.

src/ch4/selenium_screenshot.py

```python
from selenium import webdriver
from _MyPath import DRIVER as d

# 옵션을 지정해 크롬 실행 --- ❶
options = webdriver.ChromeOptions()
options.add_argument('--headless')
driver = webdriver.Chrome(d, options=options)

# 파이썬 페이지 열기 --- ❷
driver.get('https://python.org')

# 스크린샷 찍기 --- ❸
result = driver.save_screenshot('output/screenshot.png')
if result : print('캡처 성공')

driver.quit()
```

프로그램을 실행하면 크롬 화면을 띄우지 않은 채 스크린샷을 찍는다. 프로그램 종료 뒤에 output 폴더를 확인하면 screenshot.png가 저장되어 있다. screenshot.png를 이미지 뷰어로 확인하면 다음 그림과 같다.

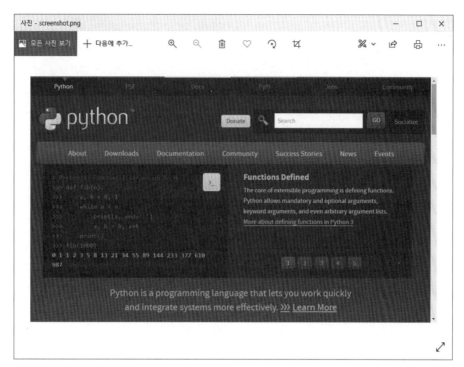

자동으로 스크린숏 찍고 저장하기

프로그램을 확인해보자. ❶에서는 옵션을 지정해 크롬을 실행한다. 여기서는 '--headless'라는 옵션을 지정해 헤드리스 모드로 크롬을 켠다.

다음으로 ❷에서는 파이썬 홈페이지에 접속한다.

❸의 driver.save_screenshot() 메서드는 현재 창의 스크린숏을 찍고 전달받은 경로에 파일로 저장한다. 그리고 불리언 값으로 성공 여부를 반환한다. 여기서는 result가 True이면 '캡처 성공'을 출력했다.

전체 페이지 스크린숏 찍기

앞의 프로그램은 화면에 표시된 영역만 캡처한다. 다음으로 페이지 전체 스크린숏을 찍는 방법을 확인해보자. 이 프로그램에서는 브라우저에서 자바스크립트를 실행하는 방법도 함께 살펴본다.

src/ch4/selenium_screenshot_full.py

```python
from selenium import webdriver
from _MyPath import DRIVER as d

# 캡처할 페이지 URL
```

```
url = 'https://python.org'
# 저장 위치
save_file = 'output/screenshot_full.png'

# 메인 처리 --- ❶
def screenshot_full(url, save_file):
    # 페이지 사이즈 얻기
    w, h = get_page_size(url)
    # 지정 사이즈로 크롬을 실행해서 화면 캡처
    screenshot_size(url, save_file, w, h)

# 페이지 폭과 높이 얻기 --- ❷
def get_page_size(url):
    # 브라우저를 실행해 URL 페이지 접속
    driver = webdriver.Chrome(d)
    driver.get(url)
    # 페이지 폭과 높이 얻기 (JavaScript 실행) --- ❷a
    w = driver.execute_script(
        "return document.body.scrollWidth;")
    h =  driver.execute_script(
        "return document.body.scrollHeight;")
    driver.quit() # 사이즈를 얻고 드라이버 닫기
    print('page_size=', w, h)
    return (w, h)

# 지정 사이즈로 페이지 저장 --- ❸
def screenshot_size(url, save_file, w, h):
    # 옵션 지정
    options = webdriver.ChromeOptions()
    options.add_argument('--headless')
    # 화면 사이즈 지정 --- ❸a
    win_size = 'window-size='+str(w)+','+str(h)
    options.add_argument(win_size)
    # 크롬을 실행해서 페이지를 열고 캡처 --- ❸b
    driver = webdriver.Chrome(d, options=options)
    driver.get(url)
    driver.save_screenshot(save_file)
    driver.quit()

if __name__ == '__main__':
    screenshot_full(url, save_file)
```

프로그램을 실행하면 output 폴더에 screenshot_full.png이라는 이미지 파일이 생성된다. 이미지 뷰어로 열어보면 페이지 전체의 스크린숏이 찍혀 있다.

전체 페이지 스크린샷

이 프로그램은 크롬 브라우저를 두 번 연다. 첫 번째로 열 때는 웹페이지의 사이즈를 구하고 크롬을 닫는다. 두 번째로 열 때는 앞에서 구한 사이즈로 창의 크기를 지정한 뒤에 스크린샷을 찍는다.

이런 과정을 거치는 이유는 집필 시점에 WebDriver 객체의 set_window_size() 메서드가 잘 작동하지 않았기 때문이다. set_window_size()를 사용하면 이미 열린 창의 크기를 변경할 수 있다. 추후 메서드가 잘 작동한다면 프로그램을 좀 더 간결하게 수정할 수도 있다. 하지만 그 덕분에 창 크기를 옵션으로 지정하는 방법을 살펴볼 수 있다.

❶에서는 screenshot_full() 함수에 메인 처리를 넣었다. 먼저 페이지 사이즈를 구한 뒤에 그 사이즈의 크롬 화면을 켜고 스크린샷을 찍는다.

❷의 get_page_size() 함수에서는 페이지의 폭과 높이를 구한다. 셀레늄 자체로는 페이지의 사이즈를 얻을 수 없다. 따라서 ❷ₐ와 같이 자바스크립트를 이용해서 페이지 폭과 높이를 구한다. 페이지 사이즈를 얻을 때는 자바스크립트의 document.body.scrollWidth와 scrollHeight를 사용한다.

❸의 screenshot_size() 함수에서는 지정한 화면 사이즈로 크롬을 연다. 화면 사이즈를 지정할 때는 ❸ₐ와 같이 드라이버 옵션 객체의 add_argument() 메서드에 'windows-size=폭, 높이'를 전달한다. add_argument()을 사용하면 크롬을 켤 때 여러 가지 옵션을 지정할 수 있다. ❸ᵦ 이후로는 앞

에서 만들었던 스크린샷을 찍는 프로그램과 같다.

크롬에서 자바스크립트를 실행하는 방법

앞의 프로그램에서는 페이지 사이즈를 구할 때 자바스크립트를 사용했다. WebDriver 객체의 execute_script() 메서드를 사용하면 현재 화면에서 자바스크립트를 실행할 수 있다.

```
# 자바스크립트를 실행해 결과 얻기
value = driver.execute_script( 'JavaScript 코드' )
```

마무리

이상으로 이 절에서는 웹 브라우저를 자동 조작하는 셀레늄을 소개했다. 그리고 간단한 예를 통해 브라우저 열기, 요소 가져오기, 폼 입력하기, 스크린샷 찍기 등을 연습했다. 다음 4-7절에서는 사용자와 상호작용이 많은 동적인 사이트에서 셀레늄을 활용해보자.

4-7 동적인 책 소개 사이트 조작하기

대응 OS 윈도우/macOS/리눅스   난이도 ★★★☆☆

4-6절에서는 셀레늄 라이브러리의 사용 방법을 소개했다. 이 절에서는 앞에서 배운 라이브러리를 사용해서 사용자와 상호작용이 많은 동적인 책 소개 사이트를 조작하는 방법을 살펴보자.

키워드 셀레늄/Requests/뷰티풀 수프

동적인 책 소개 사이트

앞에서 살펴봤던 책 소개 사이트는 고정된 8개의 책을 보여주는 정적인 사이트였다. 여기서는 책을 새로 추가하고 추가된 책을 갤러리에 반영하는 동적인 책 소개 사이트를 살펴보자. 먼저 [서버]를 실행하고 http://127.0.0.1:5000/book으로 접속한다. 다음 그림과 같이 기존의 UI에서 [CSV 다운로드] 버튼과 [로그인] 버튼이 추가되었다.

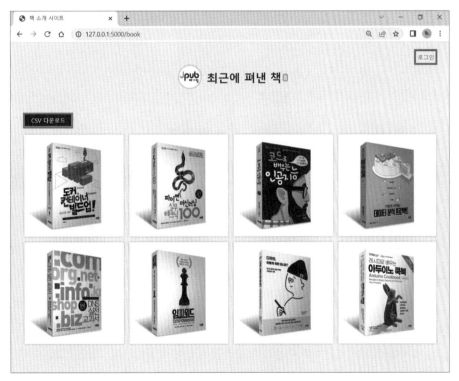

동적인 책 소개 사이트

버튼을 클릭해보면서 사이트의 기능을 확인해보자.

사이트 기능 살펴보기

먼저 [CSV 다운로드] 버튼을 클릭하면 download_booklist.csv 파일이 다운로드된다. 파일을 열어보면 다음과 같이 책의 정보가 CSV 파일로 저장되었다.

download_booklist.csv 내용 확인

로그인 버튼을 클릭하면 로그인 페이지로 넘어간다. 여기서는 별도의 회원 가입은 불가능하고 미리 정해진 아이디와 패스워드로만 로그인할 수 있다. 아이디 입력란에 ID, 패스워드 입력란에 PW를 입력하면 메인 페이지로 돌아간다. 로그인이 된 메인 페이지에는 [책 추가하기] 및 [로그아웃], [초기화] 버튼이 추가된다.

로그인 페이지 및 로그인 후의 메인 페이지

[책 추가하기] 버튼을 누르면 버튼 옆에 입력 폼이 나타난다. 각각 제목, 출간일, 가격, 이미지를 입력할 수 있고, 제목을 입력할 때는 \로 구분하면 줄바꿈이 되어서 들어간다. 그리고 오른쪽의 [업로드] 버튼을 클릭하면 책이 추가된다. 여기서는 다음 예시와 같이 두 개의 책을 추가했다.

| 책 추가하기 | 그림으로 공부하는\TCP/IP 구조 | 2021년 10월 | | 30,000 | | 파일 선택 | book_img2.jpg | 업로드 |
| 책 추가하기 | 유튜브 영상 편집을 위한\파이널 컷 프로 x | 2021년 09월 | | 29,800 | | 파일 선택 | book_img2.jpg | 업로드 |

책 추가하기

그 결과 다음과 같이 두 개의 책이 업로드되며 페이지 제목 옆의 책 숫자는 10을 표시한다.

책 추가 결과

이 상태에서 [초기화] 버튼을 클릭하면 책 목록이 기존의 8개로 초기화된다. [로그아웃] 버튼을 클릭하면 로그인 전 메인 페이지로 돌아간다.

CSV 다운로드하기

이제 셀레늄을 사용해 사이트를 조작해보자. 먼저 CSV 다운로드 버튼을 클릭하고, 파일이 제대로 다운로드되었는지 확인하는 프로그램을 만든다. 파일 다운로드 여부를 체크하기 위해 크롬 옵션에 파일 저장 경로를 다음과 같이 미리 지정한다.

```
options = webdriver.ChromeOptions()
options.add_experimental_option('prefs', {'download.default_directory': 저장 경로})
```

프로그램으로 작성해보자.

```python
from selenium import webdriver
import os, time, datetime
from _MyPath import URL, DRIVER as d

# 접속할 URL 지정 --- ❶
url = URL+'book'

# 저장 경로 및 파일 이름 --- ❷
save_dir = os.path.abspath('./output')
save_file = os.path.join(save_dir, 'download_booklist.csv')

# 크롬 옵션에 저장 경로 설정 --- ❸
options = webdriver.ChromeOptions()
options.add_experimental_option('prefs', {
    'download.default_directory': save_dir})

# 메인 처리 --- ❹
def csv_download():
    # 기존 파일 삭제 --- ❺
    delete_file()
    # [CSV 다운로드] 버튼 클릭 --- ❻
    driver = webdriver.Chrome(d, options=options)
    driver.get(url)
    btn  = driver.find_element_by_partial_link_text('CSV') #--- ❻a
    btn.click() #--- ❻b
    # 파일 다운로드 확인 --- ❼
    if check_file():
        print("다운로드 완료")
        print_file()
    else:
        print("다운로드 실패")
    driver.quit()

# 파일 존재 여부 확인 --- ❽
def check_file():
    for i in range(30):
        if os.path.exists(save_file): #--- ❽a
            return True
        time.sleep(1)
    return False

# 파일 내용 출력
def print_file():
    with open(save_file, 'r', encoding='utf-8') as f:
        text = f.read()
        print(text)
```

```
# 기존 파일 삭제
def delete_file():
    if os.path.exists(save_file):
        os.remove(save_file)
        print('기존 파일 삭제')

if __name__ == '__main__':
    csv_download()
```

프로그램을 실행하면 다음과 같이 output 폴더에 download_booklist.csv 파일이 저장되고 셸 창에 파일 내용이 출력된다.

CSV 다운로드 (1)

프로그램을 살펴보자. ❶에서는 접속할 URL을 지정한다. ❷에서는 크롬 옵션에 지정할 저장 경로 save_dir을 지정한다. 파일이 저장되었는지 확인하기 위해 save_file에는 파일명을 포함한 경로를 지정한다. ❸에서는 크롬 옵션에 저장 경로를 지정한다.

❹는 프로그램의 메인 처리를 서술한다. ❺에서는 먼저 delete_file() 함수를 호출한다. delete_file()은 save_file이 이미 존재하는지 확인하고 만약 존재하면 이를 삭제한다. 파일을 저장할 때 파일명이 중복되면 download_booklist (1).csv과 같이 자동으로 이름이 변경된다. 아래의 check_ file()에서는 파일 저장 여부를 파일명으로 확인하므로 이름이 변경되지 않도록 기존 파일은 미리 삭제한다.

❻에서는 크롬 웹드라이버에 옵션을 지정하고 사이트에 접속한다. 그리고 ❻ⓐ에서 find_element_ by_partial_link_text() 메서드로 'CSV'라는 텍스트가 포함된 a 요소를 찾는다. [CSV 다운로드] 버튼은 a 요소에 스타일을 입힌 것이므로 이렇게 처리할 수 있다. ❻ⓑ에서는 click() 메서드로 가져온 요소를 클릭한다.

❼에서는 check_file() 함수를 호출해 반환값으로 파일 다운로드 여부를 확인한다. 만약 성공했다면 print_file()을 호출해 파일 내용을 출력한다.

❽의 check_file()에서는 파일 존재 여부를 확인한다. for 문을 사용해 반복 확인하는 이유는 네트워크 환경 등의 요인으로 파일이 바로 다운로드되지 않을 수도 있기 때문이다. ❽ⓐ에서는 os.path.exists() 함수를 사용해 save_file 경로에 파일이 있는지 확인한다. 파일이 확인되면 바로 True를 리턴하고, 확인되지 않으면 1초 대기한 후 다시 검사한다. 이를 30번 반복했는데도 파일이 확인되지 않으면 False를 리턴한다.

Requests와 뷰티풀 수프로 구현하기

앞에서는 CSV 다운로드를 하기 위해 셀레늄으로 버튼 요소를 찾아 click() 메서드를 사용했다. Requests와 뷰티풀 수프를 사용해도 같은 작동을 구현할 수 있다. 다만 이때는 HTML에서 버튼 링크를 찾아서 직접 reqeusts.get() 메서드를 호출해야 한다. 다음 프로그램에서 두 라이브러리의 차이점을 살펴보자.

src/ch4/reqbs4_2_CSV

```
import os, time, requests, urllib
from bs4 import BeautifulSoup
from _MyPath import URL

# URL 및 저장 경로 지정 --- ❶
url = URL+'book'
save_file = './output/download_booklist2.csv'

# 메인 처리 --- ❷
def csv_download():
    # BeautifulSoup 객체 만들기 --- ❷ⓐ
    html = requests.get(url).text
    soup = BeautifulSoup(html, 'html5lib')
    # 링크 가져오기 --- ❷ⓑ
    csv_url = get_link(soup, 'CSV')
```

```
        # CSV 다운로드 --- ②c
        if csv_url:
            try_download(csv_url)

# HTML에서 URL 얻기 --- ③
def get_link(soup, text):
    relurl = ''
    # URL 가져오기 --- ③a
    for a in soup.find_all('a', href=True):
        if text in a.text: #--- ③b
            relurl = a['href']
    # URL 가공하기 #--- ③c
    absurl = get_abs(relurl, url, text)
    return absurl

# 절대 URL 가져오기
def get_abs(relurl, url, text) :
    if relurl:
        absurl = urllib.parse.urljoin(url,relurl)
        print('[%s URL] : '%text, absurl)
        return absurl
    else:
        print('[%s URL]이 없습니다.'%text)
        return None

# CSV 다운로드 --- ④
def try_download(csv_url):
    res = requests.get(csv_url)
    res.encoding = res.apparent_encoding
    # 파일 다운로드 --- ④a
    with open(save_file, 'wt', newline='') as fp:
        fp.write(res.text)
        print(res.text)
    print('CSV 다운로드 완료::%s'%save_file)

if __name__ == '__main__':
    csv_download()
```

프로그램을 실행하면 다음과 같이 output 폴더에 download_booklist2.csv 파일이 생성된다.

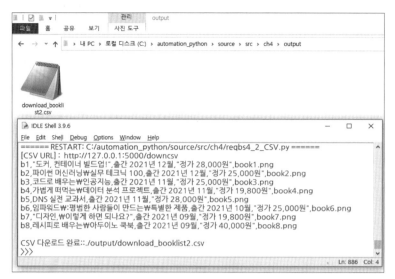

CSV 다운로드 (2)

프로그램을 살펴보자. ❶에서는 url과 파일을 저장할 경로를 지정한다.

❷의 csv_download()에서는 버튼의 URL을 가져와서 파일을 다운로드한다. ❷ⓐ에서는 url로 GET 요청을 보내서 HTML 데이터를 가져온 뒤, 이를 구문 분석해 BeautifulSoup 객체로 만든다. ❷ⓑ에서는 get_link() 함수를 호출해서 버튼의 URL을 가져온다. 어떻게 URL을 가져오는지 먼저 살펴보자.

get_link() 함수는 soup 객체와 링크의 일부 텍스트(text)를 전달받는다. ❸ⓐ에서는 href 속성이 있는 모든 a 요소를 얻는다. ❸ⓑ에서는 a 요소의 텍스트가 text를 포함하는지 확인한다. 만약 포함한다면 href 값을 relurl로 가져온다. ❸ⓒ에서는 get_abs() 함수에 relurl을 전달해 절대 URL을 얻는다.

❷ⓒ에서는 csv_url이 존재하면 try_download() 함수를 호출한다. try_download() 함수에 들어가면 먼저 csv_url로 GET 요청을 보내고, 인코딩 값을 적절히 변경한다.

❹ⓐ에서는 save_file 경로에 응답 데이터를 파일로 저장한다. 그리고 셸 창에 파일에 저장한 내용을 출력한다.

로그인하기

다음으로는 셀레늄으로 로그인을 하는 방법을 살펴본다. 프로그램을 만들기 전에 잠시 로그인 구현에 사용되는 세션session과 쿠키cookie라는 기술에 대해 살펴보자.

로그인과 세션

책 소개 사이트를 예로 들어보자. 이 사이트에서는 로그인을 해야만 '책 추가하기' 기능을 사용할 수 있다. 그래서 서버는 `http://127.0.0.1:5000/book`으로 요청이 들어왔을 때 로그인 상태에 따라 [책 추가하기] 버튼을 보여줄지 말지 결정한다. 그런데 이를 판단하려면 해당 요청을 보낸 사용자가 누구인지 식별할 정보가 필요하다.

사용자 식별을 위해 서버 측에서는 세션을, 클라이언트 측에서는 쿠키를 사용한다. 먼저 사용자가 로그인을 마치면 서버는 세션을 생성하고 사용자 정보를 기록한다. 그리고 응답 헤더 Set-Cookie 값에 세션 ID를 담아서 보낸다. 이 세션 ID는 응답을 받은 브라우저의 쿠키에 보관된다. 쿠키는 브라우저가 웹 서버에 요청을 보낼 때 함께 전달된다. 이에 따라 로그인이 완료된 뒤에는 요청마다 세션 ID가 담겨서 서버에 전달된다. 웹 서버는 전달받은 세션 ID로 세션을 조회하고 해당 사용자의 로그인 여부를 판별할 수 있다.

로그인하기

다음으로 사이트에서 로그인한 뒤에 쿠키에 저장된 세션 ID를 출력하는 프로그램을 만들어보자.

src/ch4/selenium_login.py

```python
from selenium import webdriver
import os, time, datetime
from selenium.webdriver.common.by import By
from _MyPath import URL, DRIVER as d

# URL 및 로그인 정보 지정 --- ❶
url = URL+'book'
user_id, user_pw = ('ID', 'PW')

# 메인 처리 --- ❷
def print_cookie():
    # 사이트 접속하기 --- ❸
    driver = webdriver.Chrome(d)
    driver.implicitly_wait(10) #--- ❸ₐ
    driver.get(url)
    # 로그인 후 쿠키 출력 --- ❹
    result = try_login(driver)
    if result:
        print(driver.get_cookie('session')) #--- ❹ₐ
    # 드라이버 닫기
    time.sleep(5)
    driver.quit()
```

```python
# 로그인하기 --- ❺
def try_login(driver):
    # 로그인 페이지 열기 --- ❺ⓐ
    driver.find_element_by_link_text('로그인').click()
    # 아이디, 패스워드 입력 --- ❺ⓑ
    user = driver.find_element_by_name('id')
    user.send_keys(user_id)
    pw = driver.find_element_by_name('pw')
    pw.send_keys(user_pw)
    pw.submit()
    # 로그인 성공 확인 --- ❻
    for i in range(10):
        if driver.current_url == url: #--- ❻ⓐ
            print("로그인 성공")
            return True
        time.sleep(1)
    print("로그인 실패")
    return False


if __name__ == '__main__':
    print_cookie()
```

프로그램을 실행하면 책 소개 사이트에서 로그인이 되고 다음 그림과 같이 '로그인 성공' 및 session 쿠키가 출력된다.

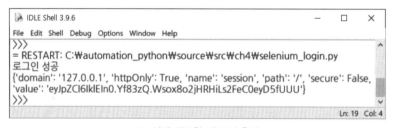

로그인에 성공한 뒤 쿠키 출력

프로그램을 자세히 살펴보자. ❶에서는 책 소개 사이트의 URL 및 로그인 정보를 지정한다.

❷의 print_cookie() 함수에서는 사이트 로그인 후 쿠키를 출력한다. ❸에서 크롬을 실행한 뒤에 사이트에 접속한다. 이때 ❸ⓐ에서는 driver.implicitly_wati(10) 메서드를 호출했다. 페이지가 로드되지 않은 상태에서 find_element_by_xxx() 등을 호출하면 에러가 발생한다. implicitly_wait(n)을 사용하면 페이지가 로드되지 않았을 때 몇 초까지 기다릴지 설정할 수 있다.

❹에서는 try_login() 함수를 호출한다. try_login()은 로그인 완료 후 성공 여부를 불리언 값으로 반환한다. 만약 reuslt가 True라면 ❸ⓐ에서 session 쿠키를 출력한다. driver.driver_ cookie() 메서드에 쿠키의 name 값을 전달하면 쿠키를 딕셔너리 형식으로 반환한다. 실행 결과에 출력된 딕셔너리에서 value의 값이 세션 ID이다. 쿠키를 출력한 뒤에는 5초 대기한 뒤 드라이버를 종료한다.

5의 try_login() 함수를 살펴보자. 먼저 ⑤ⓐ에서는 입력받은 driver 객체에서 '로그인'이라는 텍스트를 가진 링크를 찾아서 클릭한다. 이를 통해 /login 페이지로 이동한다. 로그인 페이지의 소스를 [페이지 소스 보기]로 확인하면 로그인 입력박스의 name 속성이 각각 id와 pw임을 알 수 있다. ⑤ⓑ에서는 find_element_by_name() 메서드에 name 속성을 전달해 요소를 구한다. 그리고 send_keys() 메서드를 사용해 ❶에서 지정한 아이디와 패스워드를 입력한다. 마지막으로 submit() 메서드로 폼을 제출한다.

❻에서는 로그인 성공 여부를 확인한다. 이 사이트는 로그인에 성공하면 메인 페이지로 돌아간다. 또한 driver.current_url 속성을 참조하면 현재 페이지의 URL을 얻을 수 있다. 이를 활용해 ❻ⓐ에서는 현재 URL이 메인 페이지의 URL인지 확인한다. 두 URL이 같으면 '로그인 성공'을 출력하고 True를 리턴한다. 만약 같지 않으면 1초 대기한 후 다시 비교하고 이 과정을 10번 반복한다. for 문을 빠져나가면 '로그인 실패'를 출력하고 False를 리턴한다.

책 추가하기

앞에서 로그인 프로그램을 만들었으니 이제 책 추가 프로그램을 만들어보자. 다음은 로그인 모듈을 사용해 책 소개 사이트에 책 2권을 추가하는 프로그램이다.

src/ch4/selenium_upload.py

```python
from selenium import webdriver
import os, time, datetime
from _MyPath import URL, DRIVER as d
import selenium_login as login # 로그인 모듈 추가--- ❶

# 입력 정보 지정--- ❷
url = URL+'book'
bookinfo1 = {
    'title':'그림으로 공부하는\TCP/IP 구조',
    'date':'2021년 10월',
    'price':'30,000',
    'img':os.path.abspath('./input/book_img1.jpg')
    }
bookinfo2 = {
    'title':'유튜브 영상 편집을 위한\파이널 컷 프로 X',
    'date':'2021년 09월',
```

```python
        'price':'29,800',
        'img':os.path.abspath('./input/book_img2.jpg')
        }
booklist = [bookinfo1, bookinfo2]

# 메인 처리 --- ❸
def mainpro():
    # 사이트 접속
    driver = webdriver.Chrome(d)
    driver.get(url)
    driver.implicitly_wait(10)
    # 로그인 및 책 업로드 --- ❹
    login_upload(driver, booklist)
    # 드라이버 종료
    time.sleep(3)
    driver.quit()

# 로그인 성공하면 업로드 시작 --- ❺
def login_upload(driver, booklist) :
    if login.try_login(driver):
        add_booklist(driver, booklist)

# 책 리스트 추가 --- ❻
def add_booklist(driver, booklist):
    # 책 권수 확인  --- ❻ⓐ
    cnt = count_book(driver)
    cnt_after = cnt + len(booklist)
    # 책 추가하기  --- ❻ⓑ
    for bookinfo in booklist:
        add_book(driver, bookinfo)
        print('<{}> 추가'.format(bookinfo['title']))
        time.sleep(1)
    # 책 권수로 확인   --- ❻ⓒ
    if(count_book(driver)==cnt_after):
        print('책 추가 성공')

# 현재 책 권수 확인 --- ❼
def count_book(driver):
    div = driver.find_element_by_id('cnt') #--- ❼ⓐ
    num = div.text
    print('현재 '+num+'권')
    return int(num) #--- ❼ⓑ

# 책 한 권 추가 --- ❽
def add_book(driver, bookinfo):
    driver.find_element_by_css_selector('label.mainbtn').click() #--- ❽ⓐ
    driver.find_element_by_name('ntitle').send_keys(bookinfo['title']) #--- ❽ⓑ
    driver.find_element_by_name('nprice').send_keys(bookinfo['price'])
```

```
        driver.find_element_by_name('ndate').send_keys(bookinfo['date'])
        driver.find_element_by_name('file').send_keys(bookinfo['img'])
        driver.find_element_by_css_selector('label.subbtn').click() #--- 8c

 if __name__ == '__main__':
         mainpro()
```

프로그램을 실행하면 먼저 로그인을 한 뒤에 책 2권을 추가한다. 제대로 책이 추가되면 갤러리에 책
이 나타나고 셀 창에는 '책 추가 성공'이라고 출력된다.

책 추가하기

프로그램을 살펴보자. ❶에서는 같은 경로에 있는 selenium_login.py 모듈을 login이라는 별칭으
로 추가한다. ❷에서는 URL 및 책 정보를 지정한다. 책 정보는 딕셔너리로 작성한 뒤에 리스트 변수
booklist에 추가한다.

❸의 mainpro() 함수는 메인 처리를 기술한다. 책 소개 사이트에 접속한 뒤에 ❹에서는 login_
upload() 함수로 로그인 및 책 추가 작업을 수행한다. login_upload() 함수가 종료되면 3초 대기
한 뒤 드라이버를 종료한다.

❺의 login_upload() 함수를 살펴보자. 먼저 if 문 안에서 login 모듈의 try_login() 함수를 호출
해 사이트에 로그인한다. try_login()은 로그인에 성공하면 셀 창에 '로그인 성공'이라고 출력하고
True를 리턴한다. 로그인에 성공하면 add_booklist() 함수에 드라이버와 책 리스트를 전달한다.

❻의 add_booklist()에서는 책 리스트를 갤러리에 추가한다. ❻ⓐ에서는 count_book() 함수를 호출한다. 여기서 잠시 ❼의 count_book() 함수를 살펴보자. ❼ⓐ에서 count_book()은 전달받은 driver 객체의 find_element_by_id() 메서드로 id가 cnt인 요소를 찾는다. div#cnt의 텍스트에는 현재 책 권수가 들어 있다. 이를 읽어 셸 창에 출력하고 ❼ⓑ에서는 int로 변환해 반환한다. 다시 ❻ⓐ로 돌아가면, 이 반환된 값을 cnt에 저장한다. cnt_after에는 booklist가 추가된 후의 책 권수를 계산해 저장한다.

❻ⓑ에서는 booklist 내의 각 bookinfo에 대해 add_book() 함수를 호출한다. 여기서 잠시 ❽의 add_book() 함수를 살펴보자. add_book()은 driver와 bookinfo를 전달받는다. 먼저 ❽ⓐ에서 [책 추가하기] 버튼을 클릭한다. 페이지 소스를 확인해보면 이 버튼은 class가 mainbtn인 label 요소로 작성되어 있다. ❽ⓑ 이하에서는 폼에 bookinfo의 값을 입력한다. ❽ⓒ에서는 [업로드] 버튼을 클릭해 책을 추가한다.

❻ⓑ의 for 문이 완료되면 ❻ⓒ에서 책의 권수를 확인한다. 현재 책 권수가 cnt_after의 값과 일치하면 '책 추가 성공'을 출력한다.

Requests와 뷰티풀 수프로 구현하기

이번에도 앞에서 셀레늄으로 구현한 내용을 Requests와 뷰티풀 수프로 다시 작성해보자. 그런데 '책 추가하기' 기능을 사용하려면 로그인 상태를 유지해야 한다. requests 모듈의 세션 객체를 사용하면 같은 세션 내에 추가된 쿠키를 공유할 수 있고, 이를 통해 로그인을 유지할 수 있다.

```
import requests

# 세션 객체 생성
session = requests.Session()

# 로그인 요청 보내기 --- ❶
response = session.post(로그인 URL, data=로그인 데이터)

# 책 추가 요청 보내기 --- ❷
respnse = session.post(책 추가 URL, data=추가할 데이터)
```

즉, ❶과 같이 세션 객체를 통해 로그인 요청을 보내면 서버로부터 받은 쿠키가 세션 객체에 설정된다. 그리고 같은 세션 객체로 ❷와 같이 요청을 보낼 때 이 쿠키가 유지되므로 로그인이 필요한 페이지를 탐색할 수 있다.

다음 프로그램에서 세션 객체를 통해 책을 추가하는 방법을 살펴보자. 함수를 재사용하기 위해 앞에서 작성한 reqbs4_2_CSV.py 모듈을 활용한다.

src/ch4/reqbs4_2_upload.py

```python
import os, time, requests, urllib
from bs4 import BeautifulSoup
from _MyPath import URL
import reqbs4_2_CSV as CSV #--- ❶

# URL 및 로그인 정보 --- ❷
url = URL+'book'
login_data = {'id':'ID', 'pw':'PW'}

# 책 정보 지정 --- ❸
img_file ='./input/book_img1.jpg'
bookinfo = {
    'ntitle':'그림으로 공부하는\TCP/IP 구조',
    'ndate':'2021년 10월',
    'nprice':'30,000',
    }

# 메인 처리 --- ❹
def main_book():
    # Requests 세션 객체 생성 --- ❺
    session = requests.Session()

    # Soup 객체에서 URL 얻기1 --- ❻
    res = session.get(url)
    soup = BeautifulSoup(res.text, 'html5lib')
    login_url = CSV.get_link(soup, '로그인') #--- ❻ₐ
    csv_url = CSV.get_link(soup, 'CSV')
    print('[책 권수]현재 %s 권'%len(soup.select('.item'))) #--- ❻ᵦ

    # 로그인 --- ❼
    res_login = try_login(session, login_url)
    if not res_login : return

    # Soup 객체에서 URL 얻기2 --- ❽
    soup_login = BeautifulSoup(res_login.text, 'html5lib')
    form_url = soup_login.form['action'] # --- ❽ₐ
    add_url  = CSV.get_abs(form_url, url, '책 추가')
    reset_url = CSV.get_link(soup_login, '초기화') # --- ❽ᵦ

    # 책 초기화 후 책 추가 --- ❾
    try_reset(session, reset_url)
    try_add(session, add_url)

    # CSV 다운로드 --- ❿
```

```
        CSV.try_download(csv_url)

# 로그인 및 결과 확인 --- ⓫
def try_login(session, login_url):
    res = session.post(login_url, data=login_data) # --- ⓫ⓐ
    if(res.ok and res.url == url) : # --- ⓫ⓑ
        print('[%s] 로그인 성공'%res.status_code)
        cookie = session.cookies.get('session') # --- ⓫ⓒ
        print('{name=session,: value=%s}'%cookie)
        return res
    else :
        print('[%s] 로그인 실패'%res.status_code)
    return False

# 책 초기화하기 --- ⓬
def try_reset(session, reset_url):
    res = session.get(reset_url)
    if res.ok :
        print('[%s] 책 초기화 성공'%res.status_code)
    else :
        print('[%s] 책 초기화 실패'%res.status_code)

# 책 추가하기 --- ⓭
def try_add(session, add_url):
    res = session.post(add_url, files={'file':open(img_file,'rb')},data=bookinfo)
    if res.ok :
        print('[%s] 책 추가 성공'%res.status_code)
    else:
        print('[%s] 책 추가 실패'%res.status_code)

if __name__ == '__main__':
    main_book()
```

프로그램을 실행하면 셸 창에 다음과 같이 출력된다. 그리고 http://127.0.0.1:5000/book으로
접속하면 초기화 이후 책이 한 권 추가되어 9권이 등록되어 있고, output 폴더를 보면 download_
booklist2.csv 파일을 확인할 수 있다.

책 추가하기2

프로그램을 확인해보자. ❶에서는 reqbs4_2_CSV.py 모듈을 CSV라는 이름으로 불러온다.

❷에서는 URL 및 로그인 정보를 지정하고 ❸에서는 추가할 책 정보를 지정한다. 이때 login_data와 bookinfo 딕셔너리는 {입력박스 name : 입력값} 형식으로 작성한다.

❹의 main_book() 함수에는 메인 처리를 서술한다. ❺에서는 우선 requests 모듈의 세션 객체를 생성한다. 세션 객체를 사용하면 같은 세션 내에 추가된 쿠키를 공유할 수 있다. 즉, 세션 객체를 통해 로그인하면 세션 ID를 담은 쿠키가 세션 객체에 설정된다. 그리고 같은 세션 객체로 HTTP 요청을 보낼 때 이 쿠키가 유지되므로 로그인이 필요한 페이지를 탐색할 수 있다.

❻에서는 세션 객체로 GET 요청을 보내서 HTML 데이터를 가져온다. 그리고 이를 BeautifulSoup 객체로 만든다. ❻ⓐ에서는 CSV 모듈의 get_link() 함수를 사용한다. 각각 '로그인', 'CSV'를 텍스트의 일부로 가지는 a 요소를 검색하고 URL을 가져온다. 그리고 ❻ⓑ에서는 soup 객체에서 class가 item인 요소를 검색해서 현재 책 권수를 출력한다.

❼에서는 로그인을 한다. 여기서 잠시 ⑪의 try_login() 함수를 살펴보자. ⑪ⓐ에서는 session 객체를 통해 login_url로 POST 요청을 보낸다. 데이터는 'data = 딕셔너리' 형식으로 전달한다. ⑪ⓑ에서는 로그인 성공 여부를 판정한다. 판정 기준은 두 가지이다. 먼저 res.ok를 통해 HTTP 요청이 제대로 전송되었는지 확인한다. 그리고 res.url과 url이 동일한지 확인한다. Response 객체의 url 속성에는 요청을 보낸 URL 또는 리다이렉션된 URL이 담긴다. 로그인이 완료되면 메인 페이지로 돌

아가므로 두 값이 같아진다. 로그인에 성공하면 상태 코드와 함께 '로그인 성공'을 출력한다. 그리고 ⓫c에서는 이름이 session인 쿠키가 설정되었는지 확인한다. 정상 로그인이 되었다면 세션 ID가 반환되어 cookie에 담긴다. 로그인에 실패했다면 try_login()은 False를 반환하고, ❼의 if 문에서 main_book() 함수를 빠져나간다.

❽에서는 두 번째로 BeautifulSoup 객체에서 URL을 읽는다. 로그인을 완료하면 책 소개 사이트는 [책 추가하기] 버튼과 입력 폼, [초기화] 버튼이 추가된 HTML을 보여준다. ❽a에서는 soup객체에서 form 요소의 action 속성에서 폼을 제출하는 경로를 가져온다. 그리고 CSV 모듈의 get_abs() 함수를 통해 절대 URL로 변환한다. ❽b에서는 '**초기화**' 텍스트를 포함한 a 요소의 링크를 가져온다.

❾에서는 책을 초기화한 뒤에 책을 추가한다. ⓬의 try_reset() 함수는 reset_url로 GET 요청을 보내고 결과를 출력한다. ⓭의 try_add() 함수는 add_url로 POST 요청을 보내고 결과를 출력한다.

마지막으로 ❿에서는 CSV 모듈의 try_download() 함수로 파일을 다운로드하고 셀 창에 내용을 출력한다. 초기화 후 하나의 책을 추가했기 때문에 총 9권의 책이 출력된다.

동적·정적 스크레이핑 함께 사용하기

이 절에서는 사용자와 상호작용이 많은 동적인 사이트를 조작하는 방법을 살펴봤다. 셀레늄을 사용하면 클릭이나 폼 입력 등의 작동을 구현하기 편리하다. 또한 브라우저에서 동적으로 생성되는 데이터에 접근할 수 있다. 하지만 셀레늄은 브라우저를 직접 조작하므로 메모리 사용량이 많다는 단점이 있다. 또한 크롬 버전이 업데이트될 때마다 드라이버를 변경해줘야 한다.

Requests와 뷰티풀 수프는 정적인 사이트를 스크레이핑할 때 더 적합하다. 동적 기능 구현이 불가능하지는 않지만, HTML에서 링크를 직접 찾아야 하므로 코드가 다소 길어진다. 또한 자바스크립트를 사용한 사이트에서는 데이터를 제대로 가져오지 못할 수 있다. 그렇다고 셀레늄이 항상 더 좋은 선택인 것은 아니다. Requests는 브라우저를 거치지 않고 바로 서버와 통신하므로 셀레늄보다 메모리 부하가 적다. 또한 뷰티풀 수프는 트리 요소를 탐색하는 메서드가 셀레늄보다 훨씬 다양하게 갖춰져 있다.

이처럼 동적·정적 스크레이핑은 각각 장단점이 있다. 스크레이핑할 사이트의 특징에 따라 적합한 라이브러리를 선택하면 더욱 쾌적하게 자동화할 수 있다. 또한 하나의 프로그램에서 영역을 구분해 두 가지 방법을 함께 사용할 수도 있다. 다음으로는 세 가지 라이브러리를 함께 사용하는 예를 살펴보자.

온라인 서점에서 스크레이핑하고 책 추가하기

이번에는 온라인 서점에서 책 정보를 스크레이핑한 다음, 이를 책 소개 사이트에 업로드하는 프로그램을 살펴보자. 다음은 교보문고 사이트에서 '제이펍'을 검색하고 '국내도서'를 클릭한 결과이다.

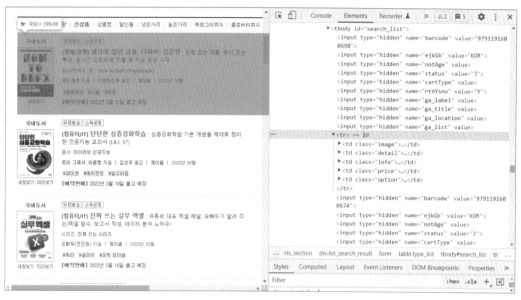

교보문고 사이트 분석

그림과 같이 검색 결과에 책 제목, 이미지, 출간일, 가격이 표시된다. 개발자 도구로 확인하면 각각의 책은 tr 요소로 묶여 있다. 따라서 검색 결과 페이지에서 tr 요소의 목록을 가져오면 원하는 정보를 얻을 수 있다.

src/ch4/selreqbs4_newbook.py

```python
from selenium import webdriver
import os, requests, csv, urllib, time
from bs4 import BeautifulSoup
from _MyPath import URL, DRIVER as d
import selenium_upload as upload # --- ❶

url_store = 'https://search.kyobobook.co.kr/web/search?vPstrKeyWord=제이펍&searchCategory=
국내도서@KORBOOK'
url_book = URL+'book'

# 책 스크레이핑 후 업로드하기 --- ❷
def import_book():
    # 책 리스트 가져오기 --- ❷a
    booklist = get_bookinfo()
    print(booklist)
```

```
    # 책 업로드하기 --- ❷b
    driver = webdriver.Chrome(d)
    driver.get(url_book)
    upload.login_upload(driver, booklist)

# 책 리스트 가져오기 --- ❸
def get_bookinfo():
    html = requests.get(url_store).text
    soup = BeautifulSoup(html, 'html5lib')
    slist = soup.select_one('#search_list') #--- ❸a
    infolist = []
    # tr 요소 4개만 가져오기 --- ❹
    for tr in slist.find_all('tr', limit=4):
        info = {}
        # 책 제목
        title = tr.select_one('.title strong').string.strip()
        info['title'] = title
        # 출간일 --- ❹a
        author = tr.select_one('.author').text.replace("\n","").replace("\t","")
        info['date'] = author.split('¦')[-1]
        # 가격
        info['price'] = tr.select_one('.price .org_price del').string
        # 이미지 --- ❹b
        save_file = './output/{}.jpg'.format(re.sub(r'[/\\?%*:¦"<>]', '', title))
        info['img']= os.path.abspath(save_file)
        # 이미지 파일로 저장 --- ❹c
        src = tr.img['src']
        res = requests.get(src)
        with open(save_file, 'wb') as fp:
            fp.write(res.content)
        time.sleep(1)
        # 리스트에 딕셔너리 추가
        infolist.append(info)
    return infolist

if __name__ == '__main__':
        import_book()
```

프로그램을 실행하면 다음과 같이 셸 창에 스크레이핑한 책 정보가 출력되고 이어서 책 추가 과정의
로그가 출력된다.

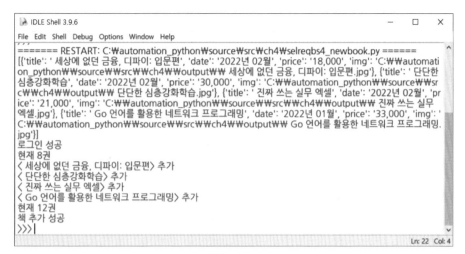

책 추가 결과

그리고 브라우저에서 갤러리를 확인해보면 다음 그림과 같이 4개의 책이 추가되었다.

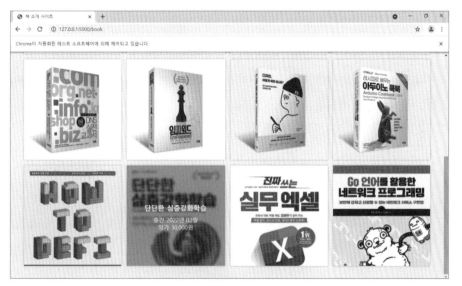

책 추가 결과

프로그램을 간단히 살펴보자. ❶에서는 selenium_upload.py 모듈을 upload라는 이름으로 추가한다.

❷ⓐ에서는 먼저 get_bookinfo() 함수를 호출해서 책 리스트를 가져온다. 그리고 이를 셸 창에 출력한다. get_bookinfo() 함수는 교보문고의 검색 결과 페이지를 분석해 스크레이핑하는 부분이다. 이 내용은 추후 교보문고 사이트 변경에 따라 작동하지 않을 수도 있다. 만약 ❷ⓐ에서 책 리스트가

제대로 출력되지 않는다면 페이지 소스를 보면서 이 함수를 스스로 수정해보자.

❸의 get_bookinfo() 함수도 간략하게 살펴보자. 검색 페이지에서 책 정보는 `<tbody id="search_list">` 하위에 있는 tr 요소 안에 있다. 따라서 ❸ⓐ에서 id가 'search_list'인 요소를 slist로 가져온다. 그리고 ❹에서는 slist 하위에서 tr 요소를 찾되, 개수를 4개로 한정한다. 그리고 차례로 책 제목, 출간일, 가격, 이미지를 추출해 딕셔너리로 만든다.

❹ⓐ에서 출간일은 div.author 요소 안에 '지은이 | 출판사 | 출간일'의 형식으로 지정되어 있어서 split('¦') 함수를 통해 분리하고 마지막 요소를 취했다.

❹ⓑ에서는 로컬에 저장할 이미지 경로를 지정한다. 경로는 output 폴더 하위의 **책 제목**.jpg와 같은 형식으로 지정한다. :이나 ? 등 파일명에 쓸 수 없는 문자는 정규식(6-5절 참고)을 이용해 _로 치환했다. ❹ⓒ에서는 img 요소에서 이미지 URL을 추출하고 GET 요청으로 이미지 데이터를 가져와서 로컬에 저장한다.

마무리

이 절에서는 동적인 책 소개 사이트에서 CSV 파일을 다운로드하거나 책을 추가하는 프로그램을 만들었다. 셀레늄을 사용하면 사람이 직접 링크를 클릭하는 것과 같은 방식으로 브라우저를 사용할 수 있다. 한편 Requests와 뷰티풀 수프를 조합하는 방법으로도 같은 기능을 구현할 수 있었다. 자신의 목적에 맞게 적절한 라이브러리를 선택해보자.

5

메일과 SNS를
자동화해보자

5장에서는 메일, 라인, 트위터 등 커뮤니케이션 툴을 자동화하는 방법을 소개한다. 이러한 애플리케이션은 일상에서뿐만 아니라 비즈니스에서도 자주 사용된다. 파이썬으로 메시지 전송을 자동화해 단순 반복 업무에서 벗어나보자.

5-1 파이썬으로 메일 보내기

대응 OS 윈도우/macOS/리눅스   난이도 ★★★☆☆

다양한 SNS가 등장했지만 현재까지도 메일은 중요한 커뮤니케이션 도구이다. 이 절에서는 파이썬에서 메일을 보내는 방법을 알아본다.

키워드 **메일/지메일/아웃룩/네이버 메일**

메일 자동화

이메일은 처음 등장했던 인터넷 초기부터 지금까지 중요한 커뮤니케이션 수단으로 사용되고 있다. 특히 업무 관련 내용은 다른 SNS보다 메일로 전달하는 것이 관례이다. 이러한 메일을 파이썬으로 조작할 수 있다면 업무 시간을 상당 부분 단축할 수 있다.

예를 들어 매월 고객에게 청구서를 보내는 업무를 자동화할 수 있다. 결산일에 매출 데이터를 집계해 고객별 엑셀 파일을 생성하고, 메일을 전송하는 과정이 클릭 한 번으로 처리된다. 또한 엑셀 고객 명부에서 특정 조건의 고객을 추출해 쿠폰 코드를 보내는 이벤트도 프로그램으로 처리할 수 있다.

자동화로 실수를 방지하자

메일로 업무 관련 소통을 할 때는 발송 착오에 유의해야 한다. 특히 영수증이나 청구서 등 민감한 정보의 정확성을 담보하지 않으면 비즈니스에 차질이 생길 수 있다. 하지만 매번 수작업으로 메일을 보낸다면 자칫 첨부 파일을 깜빡하거나 금액을 잘못 입력하는 등의 실수가 발생하기 마련이다. 메일 발송 업무를 프로그램으로 처리하면 수작업에 따른 실수를 대폭 줄일 수 있다. 손이 많이 가는 작업은 프로그램에 맡기고 꼭 필요한 곳에 주의를 집중해보자.

파이썬에서 메일을 보내는 것은 어려울까?

실제로 메일을 보내는 프로그램 자체는 간단하다. 다만 메일 서비스에 따라 사전 설정 방법이 다르기 때문에 각각 살펴볼 필요가 있다. 지면 한계상 모든 메일 서비스를 다룰 수는 없기에 여기서는 대표적인 메일 서비스인 지메일Gmail, 아웃룩Outlook, 네이버 메일Naver Mail을 예로 살펴본다.

smtplib 라이브러리와 SMTP

이 절에서는 메일을 보낼 때 파이썬 표준 라이브러리인 smtplib을 사용한다. smtplib은 파이썬에서 **SMTP**Simple Mail Transfer Protocol를 통해 메일을 보낼 수 있게 해주는 모듈이다. 여기서 SMTP란 메일을 송신할 때 사용하는 프로토콜을 말한다. 여기서는 사용하지 않지만, 메일을 수신할 때 사용하는 프로토콜로는 POP3와 IMAP이 있다.

메일 전송 과정

SMTP의 이해를 돕기 위해 메일 전송 과정을 간단히 살펴보자. A의 지메일 계정에서 B의 아웃룩 계정으로 메일을 보냈다면 다음과 같은 절차를 거친다.

1. 지메일 앱은 SMTP를 통해 지메일 서버에 메일을 전달한다
2. 지메일 서버는 SMTP를 통해 아웃룩 서버에 메일을 전달한다.
3. 아웃룩 서버는 POP3/IMAP를 통해 아웃룩 앱에 메일을 전달한다.

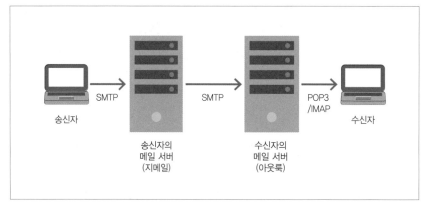

전송 과정

이 절에서 작성하는 프로그램은 앞의 절차에서 1번에 해당하는 부분이다. 즉, 지메일 앱 대신 파이썬 프로그램이 SMTP 클라이언트가 되어서 지메일 서버에 메일 데이터를 전송한다. 이후 2번과 3번은 지메일 앱에서 메일을 보냈을 때처럼 자동화된 시스템으로 처리된다.

SMTP를 사용할 때 필요한 정보

메일을 발송하는 프로그램은 크게 두 부분으로 나뉜다. 첫 번째는 MIME 형식의 메일 데이터를 생성하는 부분이다. 이는 5-2절에서 다시 다룬다. 두 번째는 메일 서버에 데이터를 전달하는 부분이다. 이때 메일 서버에 연결하려면 서버의 호스트명과 포트 번호가 필요하다. 이 정보는 메일 서비스 업체

에 따라 달라지므로 SMTP 관련 안내 페이지를 확인해야 한다.

보통 포트 번호는 보안 방식이 SSL이라면 465를, TLS라면 587을 사용한다. TLS는 SSL의 업데이트 버전으로 대부분의 업체에서는 TLS 사용을 권장한다. 다만 때에 따라 SSL 연결을 해야 할 경우도 있으므로 지메일 파트에서는 두 가지 방식으로 연결하는 방식을 살펴본다(지메일은 TLS를 권장하지만 SSL 포트도 함께 공개하고 있다).

지메일 사용하기

지메일은 구글에서 운영하는 메일 서비스이다. 이 절의 프로그램을 실행하려면 구글 계정이 필요하다.

지메일 웹사이트
https://mail.google.com/

계정이 준비되었다면 먼저 지메일의 SMTP 서버 정보를 확인해보자. '프린터, 스캐너, 앱에서 이메일 보내기'라는 지메일 도움말 페이지에서 서버 정보를 확인할 수 있다.

```
호스트명 : smtp.gmail.com
SSL용 포트 : 465
TLS용 포트 : 587
```

구글 계정 보안 설정

구글은 보안상의 이유로 외부 앱에서 계정에 접근할 때 OAuth 2.0을 사용하도록 권장한다. 이를 지원하지 않는 앱에서 지메일 로그인을 하려면 계정 설정에서 '앱 비밀번호'를 발급받아야 한다.[1] 만약 계정의 보안이 걱정된다면 실습용으로 지메일 계정을 새로 만들어 사용하자.

앱 비밀번호를 설정하려면 먼저 [2단계 인증]을 사용 설정해야 한다. [Google 계정 〉 보안] 페이지의 [Google에 로그인] 패널을 보면 [2단계 인증] 항목이 있다. SMS 인증 등을 통해 이를 사용 설정한 후, 다시 패널을 확인하면 다음 그림과 같이 [앱 비밀번호] 항목이 나타난다.

---

1   옮긴이 원서 코드는 '보안 수준이 낮은 앱의 액세스' 방법을 사용했으나 구글이 2022년 5월 30일부터 이 설정을 중단함에 따라 '앱 비밀번호'를 사용하는 방식으로 내용을 변경했다.

2단계 인증 설정

[앱 비밀번호] 페이지로 들어가면 사용할 앱의 종류를 택할 수 있다. [앱 선택] 항목에서 '기타'를 선택하고, 적당한 앱 이름을 작성한다. 그리고 [생성] 버튼을 클릭하면 16자리 앱 비밀번호가 생성된다. 창을 닫으면 다시 확인할 수 없으므로 잘 저장해두자.

앱 비밀번호 설정

지메일 발송 프로그램

구글 계정에서 보안 설정을 마쳤다면 이제 프로그램을 작성해보자. 앞에서 언급했듯이 smtplib은 파이썬 표준 라이브러리이기 때문에 별도로 설치할 필요 없이 사용할 수 있다.

이 프로그램에서는 발신자의 계정 정보를 파이썬 파일로 작성해 모듈로 활용한다. 다음 파일을 열고 account에는 자신의 지메일 주소를, password에는 앞에서 발급받은 16자리 코드를 지정한다.

src/ch5/my_gmail_account.py

```python
# Gmail 계정 정보
account = 'example@gmail.com'
password = '16자리 코드'
```

다음은 앞에서 작성한 모듈을 불러와서 메일을 보내는 프로그램이다. 여기서는 발신자와 수신자를 모두 자기 계정으로 지정해 메일을 전송하게 했다.

src/ch5/send_gmail.py

```python
import smtplib, ssl
from email.mime.text import MIMEText
import my_gmail_account as gmail # 계정 정보--- ❶

# 메인 처리 --- ❷
def send_test_email():
    # 메일 데이터(MIME) 작성 --- ❷ⓐ
    msg = make_mime_text(
        mail_to=gmail.account,
        subject='메일 송신 테스트',
        body='안녕하세요. 테스트 메일입니다.')
    # 메일 보내기 --- ❷ⓑ
    send_gmail(msg)

# 메일 데이터(MIME) 생성 --- ❸
def make_mime_text(mail_to, subject, body):
    msg = MIMEText(body, 'html')
    msg['Subject'] = subject     # 메일 제목
    msg['To'] = mail_to          # 받는 사람
    msg['From'] = gmail.account  # 보내는 사람
    return msg

# Gmail 보내기 --- ❹
def send_gmail(msg):
    # Gmail 서버에 접속
    server = smtplib.SMTP('smtp.gmail.com', 587)
    server.ehlo()
    server.starttls() # --- ❹ⓐ
    server.ehlo()
    # 로그 출력 --- ❺
    server.set_debuglevel(0)
    # 로그인해 메일 발송 --- ❻
    server.login(gmail.account, gmail.password)
    server.send_message(msg)

if __name__ == '__main__':
    send_test_email()
    print('ok.')
```

프로그램을 실행하고 Gmail을 열어보면 다음과 같이 메일이 제대로 도착한 모습을 확인할 수 있다.

테스트 메일이 도착한 모습(지메일)

메일을 열어보면 앞의 프로그램에서 작성했던 메일 내용이 제대로 들어간 것을 확인할 수 있다.

메일 내용 확인

또한 Gmail의 '보낸편지함'을 확인하면 메일을 발송한 이력을 확인할 수 있다. 파이썬으로 발송해도 보낸편지함에 내역이 남기 때문에 문제가 생겨도 이를 확인해 대응할 수 있다.

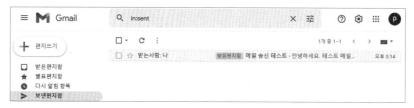

보낸편지함의 발송 내역 확인

이제 프로그램을 살펴보자. ❶에서는 앞에서 작성한 Gmail 계정 정보 모듈을 불러온다.

❷의 send_test_email() 함수에서는 프로그램의 메인 처리를 기술한다. 이 함수에는 메일을 보내는 순서가 나타나 있다. ❷ⓐ에서는 메일 데이터를 MIME 형식으로 작성한다. 그리고 ❷ⓑ에서는 작성한 데이터를 발송한다.

이제 각각의 순서를 살펴보자. ❸에서는 메일 데이터를 생성한다(5-2절 참고). 여기서는 간단한 텍스트를 보내므로 MIMEText 객체를 생성한다. MIMEText 객체의 첫 번째 인수에는 메일 텍스트를 지정한다. 두 번째 인수를 html로 지정하면 텍스트를 HTML 형식으로 보낸다는 뜻이다. 플레인 텍스트를 보내고 싶다면 두 번째 인수에 plain을 지정한다. 객체를 생성한 뒤에는 각각 메일 제목(Subject), 받는 사람(To), 보내는 사람(From)을 설정한다.

❹ 이하 부분은 Gmail 서버에 접속해 메일을 보내는 부분이다. SMTP 클래스는 SMTP 연결을 위한 세션을 정의하는 클래스이다. SMTP 인스턴스를 생성할 때 앞에서 확인한 호스트명 `smtp.gmail.com`과 TLS 포트 587을 전달한다. ❹ₐ에서는 TLS 보안 방식을 사용한다는 의미로 `starttls()` 메서드를 호출한다.

❺에서는 SMTP 통신의 로그 레벨을 지정한다. ❻에서는 앞서 작성한 계정 정보를 가져와서 로그인을 하고 `send_message()` 메서드를 통해 메시지를 전송한다.

다음으로 ❹ 부분을 SSL 방식으로 작성한 프로그램을 살펴보자.

src/ch5/send_gmail_ssl.py

```
…생략…

def send_gmail(msg):
    # Gmail 서버에 접속
    server = smtplib.SMTP_SSL( #--- ❹ₐ
        'smtp.gmail.com', 465)
    # 로그 출력 --- ❺
    server.set_debuglevel(0)
    # 로그인해 메일 송신 --- ❻
    server.login(gmail.account, gmail.password)
    server.sendmail(gmail.account, msg['To'], msg.as_string())
```

❹ₐ에서 SSL로 연결할 때는 SMTP가 아닌 **SMTP_SSL** 클래스를 사용한다. 인스턴스 생성 시 호스트명과 SSL 포트 번호를 전달한다.

❻에서는 메시지를 보낼 때 `sendmail()` 메서드를 사용했다. 이 메서드는 sendmail(**보내는 사람, 받는 사람, 메시지**)와 같은 형식으로 사용한다. 앞에서 사용한 `send_message`는 `sendmail`의 축약형으로, 어느 것을 사용해도 상관없다.

메일 발송 에러가 난다면

앞의 프로그램의 ❺에서는 로그를 표시하지 않도록 디버그 레벨을 0으로 설정했다. 하지만 메일 발송을 할 때 에러가 난다면 다음과 같이 1로 설정해 실행해보자.

```
# 에러의 원인을 조사하고 싶을 때
server.set_debuglevel(1)
```

그러면 IDLE 셸 창에 SMTP 서버와의 통신 내용이 출력된다. 서버 로그는 에러가 났을 때는 항상 그 이유를 표시한다. 에러 메시지가 출력된다면 이를 키워드로 검색해 원인을 찾아보자.

아웃룩 사용하기

다음으로 아웃룩을 사용하는 방법을 소개한다. 아웃룩은 마이크로소프트가 운영하는 메일 서비스이다.

아웃룩 웹사이트
https://outlook.live.com

아웃룩의 SMTP 서버 정보를 확인해보자. 먼저 oulook.live.com의 설정(오른쪽 위 톱니바퀴 버튼)에서 아래쪽에 보이는 [모든 Outlook 설정 보기]를 클릭한다.

아웃룩 메일 환경 설정

설정 창이 열리면 [메일 〉 전자 메일 동기화]를 클릭한다. 그러면 다음과 같이 SMTP 서버 정보 (서버 이름, 포트, 암호화 방법)을 확인할 수 있다. 아웃룩은 TLS 포트를 공개하고 있으므로 TLS를 사용해 연결해보자.

SMTP의 설정 확인

```
호스트명 : smtp.office365.com
TLS 포트 : 587
```

아웃룩 발송 프로그램

아웃룩에서는 특별한 설정 없이도 SMTP를 사용할 수 있다. 대신에 스팸 메일 판정이 다소 엄격하므로 모듈에 계정 정보를 작성할 때 정확히 작성하자.

src/ch5/my_outlook_account.py

```python
# outlook 계정 정보
account = 'example@outlook.kr'
password = '8B8JTMdn03my'
```

이어서 아웃룩에서 메일을 보내는 프로그램을 만들어보자.

src/ch5/send_outlook.py

```python
import smtplib
from email.mime.text import MIMEText
import my_outlook_account as outlook # 계정 정보

# 메인 처리 --- ❶
def send_test_email():
    # 메일 데이터(MIME) 작성
    msg = make_mime_text(
        mail_to=outlook.account,
        subject='메일 송신 테스트',
        body='안녕하세요. 테스트 메일입니다')
    # 메일 보내기
    send_outlook_mail(msg)

# 메일 데이터(MIME) 생성 --- ❷
def make_mime_text(mail_to, subject, body):
    msg = MIMEText(body, 'plain')
    msg['Subject'] = subject       # 메일 제목
    msg['To'] = mail_to            # 받는 사람
    msg['From'] = outlook.account  # 보내는 사람
    return msg

# Outlook 메일 보내기 --- ❸
def send_outlook_mail(msg):
    # Outlook 서버에 접속 --- ❸a
    server = smtplib.SMTP(
        'smtp.office365.com', 587)
    server.ehlo()
```

```
        server.starttls()
        server.ehlo()
        # 로그인하고 메일 발송
        server.login(
            outlook.account,
            outlook.password)
        server.send_message(msg)

if __name__ == '__main__':
    send_test_email()
    print('ok.')
```

프로그램을 실행하고 outlook.com을 열어보자. 그러면 자신에게 보낸 메일이 도착한 모습을 확인할
수 있다.

테스트 메일이 도착한 모습(아웃룩)

프로그램을 확인해보자. ❶에서는 메인 처리를 기술한다. ❷에서는 메일 데이터를 생성한다. ❸에
서는 아웃룩 SMTP 서버를 이용해 메일을 발송한다. 아웃룩은 TLS 방식을 사용하므로 ❸ₐ에서는
SMTP 객체를 생성하고 starttls()를 호출한다.

메일 발송 에러가 난다면

에러가 나서 프로그램이 제대로 실행되지 않았다면 에러 메시지를 확인해보자. 에러 메시지에 SPAM
이라는 문자가 포함되어 있다면, 아웃룩 서버에서 스팸 메일로 간주되어 발송이 차단되었음을 뜻한다.

필자가 테스트해본 결과 처음에 계정 정보를 몇 번 잘못 입력해 인증에 실패하면, 한동안은 계정 정
보를 올바로 넣어도 메일 발송이 되지 않았다. 그럴 때는 다음 날 테스트해보면 발송할 수 있었다.

네이버 메일 사용하기

마지막으로 네이버 메일의 사용 방법을 소개한다. 다음 절차에 따라 사전 설정과 서버 정보를 확
인하자.

> **네이버 메일**
> https://mail.naver.com/

먼저 네이버 메일 하단의 '환경설정'을 클릭한다. [기본 환경 설정] 화면이 나오면 상단에서 [POP3/
IMAP 설정]을 다시 클릭한다. 탭이 두 개가 있을 텐데 [IMAP/SMTP 설정] 탭을 클릭하고 'IMAP/
SMTP 사용' 항목에서 '사용함'을 선택한다. 이때 설정 화면 하단을 보면 SMTP 서버 정보가 나와 있다.

네이버 메일 환경설정

```
호스트명 : smtp.naver.com
TLS 포트 : 587
```

네이버 메일 발송 프로그램

사전 설정을 마쳤다면 네이버 계정을 기술하는 모듈을 작성하자.

src/ch5/my_naver_account.py

```python
# Naver 계정 정보
account = 'example@naver.com'
password = 'KjMYfFopY!e3Y84If'
```

다음은 네이버 메일을 발송하는 프로그램이다.

```python
import smtplib, ssl
from email.mime.text import MIMEText
import my_naver_account as naver # 계정 정보

# 메인 처리 --- ❶
def send_test_email():
    # 메일 데이터(MIME) 작성
    msg = make_mime_text(
        mail_to=naver.account,
        subject='메일 송신 테스트',
        body='안녕하세요. 테스트 메일입니다.')
    # 메일 보내기
    send_naver_mail(msg)

# 메일 데이터(MIME) 생성 --- ❷
def make_mime_text(mail_to, subject, body):
    msg = MIMEText(body, 'plain')
    msg['Subject'] = subject       # 메일 제목
    msg['To'] = mail_to            # 받는 사람
    msg['From'] = naver.account    # 보내는 사람
    return msg

# Naver 메일 보내기 --- ❸
def send_naver_mail(msg):
    # Naver 서버에 접속 --- ❸a
    server = smtplib.SMTP('smtp.naver.com', 587)
    server.starttls()
    # 로그인해 메일 발송
    server.login(naver.account,naver.password)
    server.send_message(msg)

if __name__ == '__main__':
    send_test_email()
    print('ok.')
```

프로그램을 실행하고 네이버 메일의 '받은메일함'을 열어보자. 다음과 같이 메일이 도착한 모습을 확인할 수 있다.

테스트 메일이 도착한 모습(네이버)

프로그램을 간단히 확인해보자. ❶에서는 메인 처리를 기술한다. ❷에서는 메일 데이터를 MIME 형식의 객체로 생성한다. ❸에서는 네이버 메일 서버에 접속해 메일을 발송한다. ❸ⓐ에서는 SMTP()에 네이버 서버 정보를 전달해 객체를 생성한다. 네이버 또한 TLS 방식을 사용하므로 starttls() 메서드를 호출한 뒤, 로그인 인증 후 메일을 송신한다.

> **TIP** **메일 대량 송신에 주의하자**
> 메일 전송이 잘 되지 않을 때 확인해보면 스팸 메일로 분류된 경우가 많다. 내용에 상관없이 메일을 동시에 대량으로 보내면 메일 서비스에서 스팸으로 판단해 메일 발송을 차단한다. 메일을 자동화할 때는 동시에 많은 메일을 보내지 말고 시간 간격을 두고 보내는 편이 안전하다.

마무리

이 절에서는 SMTP를 이용해 메일을 발송하는 절차와 프로그램을 소개했다. 여기서는 지메일과 네이버, 아웃룩과 같은 유명 웹 메일 서비스를 예로 들어 프로그램을 작성했다. 작성한 프로그램에서 서버 설정만 변경하면 다른 메일 서비스에서도 사용할 수 있으므로 이 절의 내용을 참고해 시도해보자.

대응 OS 윈도우/macOS/리눅스	난이도 ★★★☆☆

앞 절에서는 기본적인 텍스트 메일 발송 방법을 살펴봤다. 이 절에서는 첨부 파일과 함께 메일을 보내는 방법을 소개한다.

키워드 **첨부파일/MIME 멀티 파트/HTML 메일**

메일 데이터의 구조

5-1절에서 SMTP를 이용해 MIME 형식으로 메일을 발송했다. 여기서는 MIME 형식에 대해서 알아보자.

MIMEMultipurpose Internet Mail Extensions이란 인터넷 메일을 위한 표준 규격이다. 메일 전송 프로토콜 SMTP는 초기 전자 메일 규격에 따라 7비트로 된 ASCII 코드만 전송할 수 있다. 따라서 8비트 이상으로 표현되는 한글이나 이미지 파일 등을 그대로 전송할 수 없다. MIME은 ASCII 코드로 표현할 수 없는 문자와 바이너리 파일을 ASCII 코드로 변환하는 방법을 정의하는 데이터 규격이다.

MIME 멀티 파트

MIME은 데이터 형식에 따라 타입을 text, image, audio 등으로 구분한다. 만약 메일에 본문을 비롯해 첨부 파일을 포함한다면 MIME 멀티 파트MIME multipart 타입을 이용한다. MIME 멀티 파트는 앞에서 나열한 개별 타입을 여러 개 포함하는 형태이다.

오른쪽 그림은 MIME 멀티 파트의 구조를 나타낸 것이다. MIME 헤더header에는 발신인, 수신인, 제목 등의 정보가 들어간다. MIME 본문body에는 여러 개의 MIME 자식 파트가 속한다. 각각의 파트 또한 헤더와 본문으로 구성된다. 헤더에는 MIME 타입과 파일명 등 데이터에 관한 설명이 기술되고 본문에는 실제 데이터가 들어간다.

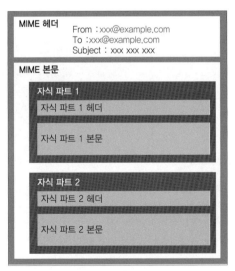

MIME 멀티 파트 구조

첨부 파일 보내기

앞에서는 MIME 멀티 파트의 구조를 간단히 소개했다. MIME의 구조를 파악해두면 프로그램에 문제가 생겼을 때 원인 파악에 도움이 된다. 이제 파이썬에서 첨부 파일을 보내는 프로그램을 만들어 보자.

이미지 파일 첨부하기

다음은 지메일에서 이미지를 첨부해 메일을 보내는 프로그램이다. 지메일 계정과 메일 발송 부분은 5-1절에서 작성한 my_gmail_account.py와 send_gmail.py 모듈을 이용한다. 이때 두 모듈은 실행할 프로그램과 같은 폴더에 있어야 한다. 사용할 이미지는 ch5\input 폴더에 있는 Mountain.jpg이다.

src/ch5/gmail_attach_image.py

```
import smtplib, ssl

from email.mime.multipart import MIMEMultipart
from email.mime.text import MIMEText
from email.mime.image import MIMEImage

import send_gmail # Gmail 송신 모듈
import my_gmail_account as gmail # Gmail 계정 정보

# 메일 데이터 작성 --- ❶
msg = MIMEMultipart()
msg['Subject'] = '풍경 사진'
msg['From'] = gmail.account
msg['To'] = gmail.account

# 본문 텍스트 작성 --- ❷
txt = MIMEText('어제 산에 가서 찍은 사진입니다.\n첨부 이미지를 확인해주세요.')
msg.attach(txt)

# 이미지 첨부 --- ❸
with open('input/Mountain.jpg', 'rb') as fp:
```

```
    img = MIMEImage(fp.read())
    msg.attach(img)

# 메일 송신 --- ❹
send_gmail.send_gmail(msg)
print("ok")
```

프로그램을 실행하면 이미지 파일을 메일에 첨부해 메일을 발송한다. 브라우저에서 지메일을 열어보자. 다음 그림과 같이 이미지 파일이 첨부된 메일을 확인할 수 있다.

이미지 파일이 첨부된 메일

프로그램을 확인해보자. 파일을 첨부해 메일을 보낼 때도 전체 흐름은 send_gmail.py와 같다. 메일 데이터를 MIME 형식으로 작성하고 이를 SMTP로 전송하는 흐름이다.

❶에서는 멀티 파트 MIME 객체를 생성한다. 기본적인 정보로 메일 제목(Subject)과 보내는 사람(From), 받는 사람(To)을 지정한다.

❷에서는 먼저 MIMEText() 함수를 이용해 텍스트 타입의 자식 파트를 작성하고 ❶에서 생성한 멀티 파트 객체에 추가한다. 그리고 ❸에서는 이미지 파일을 MIMEImage() 함수에 전달해 이미지 자식 파트를 생성한 뒤에 멀티 파트 객체에 추가한다.

❹는 멀티 파트 데이터를 메일로 보내는 부분이다. 5-1절에서 작성한 send_gmail.py 모듈에서 정의한 send_gmail() 함수를 호출해 지메일을 발송한다.

ZIP 파일 첨부하기

다음으로 ZIP 파일을 메일에 첨부해보자. ZIP 파일을 첨부할 때는 조금 복잡하다. 먼저 프로그램을 확인해보자. 이 프로그램도 5-1절에서 작성한 모듈을 사용한다.

src/ch5/gmail_attach_zip.py

```python
import smtplib, ssl

from email.mime.multipart import MIMEMultipart
from email.mime.text import MIMEText
from email.mime.base import MIMEBase
from email import encoders

import gmail_send # Gmail 송신 모듈
import my_gmail_account as gmail # Gmail 계정 정보

# 메일 데이터 작성 --- ❶
msg = MIMEMultipart()
msg['Subject'] = 'ZIP 파일 첨부'
msg['From'] = gmail.account
msg['To'] = gmail.account

# 본문 텍스트 작성 --- ❷
txt = MIMEText('ZIP 파일 첨부 테스트입니다.')
msg.attach(txt)

# ZIP 파일 첨부 --- ❸
zip_part = MIMEBase('application', 'zip') # ---❸a
with open('input/test.zip', 'rb') as fp: # --- ❸b
    zip_part.set_payload(fp.read())
encoders.encode_base64(zip_part) # --- ❸c
zip_part.add_header('Content-Disposition',
'attachment', filename='test.zip') # --- ❸d
msg.attach(zip_part) # --- ❸e

# 메일 송신 --- ❹
gmail_send.send_gmail(msg)
print("ok")
```

프로그램을 실행하면 input 폴더에 있는 **test.zip**이라는 ZIP 파일이 메일과 함께 발송된다. 지메일을 확인하면 ZIP 파일이 첨부된 메일을 확인할 수 있다.

ZIP 파일이 첨부된 메일

프로그램을 확인해보자. 프로그램의 흐름은 이미지 첨부와 같다. ❶에서 멀티 파트 MIME 객체를 생성하고 ❷에서 본문 텍스트를 작성한다. ❸에서 ZIP 파일을 첨부하고 ❹에서 메일을 발송한다.

여기서는 ❸의 ZIP 파일 첨부 부분을 자세히 확인해보자. ❸ⓐ의 MIMEBase는 임의의 MIME 데이터를 나타내는 클래스이다. ZIP 데이터를 나타내기 위해 MIMEBase 객체를 생성할 때 ZIP 파일의 MIME 타입을 인수로 전달한다. ZIP 파일의 MIME 타입은 application/zip이다. ❸ⓑ에서는 ZIP 파일을 바이너리 데이터로 읽어서 MIMEBase 객체의 set_payload() 메서드에 전달한다. ❸ⓒ에서는 바이너리 데이터인 ZIP 데이터를 BASE64를 사용해 7비트로 인코딩한다. ❸ⓓ에서는 헤더에 첨부 파일의 이름을 지정한다. 마지막으로 ❸ⓔ에서는 멀티 파트 객체에 ZIP 자식 파트를 추가한다.

TIP **첨부할 수 없는 파일 형식이 있다**

앞에서 ZIP 파일을 첨부한 방식으로 MIMEBase 클래스를 활용하면 대부분의 파일을 첨부할 수 있다. 다만 메일 서비스마다 위험한 파일을 차단하는 기능이 있다 보니 첨부가 되지 않는 파일도 있다.

지메일에서는 다음 형식의 파일이 첨부되지 않는다. 아웃룩에서도 첨부할 수 없는 형식을 명시하는데 대부분의 항목이 겹친다.

.ade, .adp, .apk, .appx, .appxbundle, .bat, .cab, .chm, .cmd, .com, .cpl, .dll, .dmg, .exe, .hta, .ins, .isp, .iso, .jar, .js, .jse, .lib, .lnk, .mde, .msc, .msi, .msix, .msixbundle, .msp, .mst, .nsh, .pif, .ps1, .scr, .sct, .shb, .sys, .vb, .vbe, .vbs, .vxd, .wsc, .wsf, .wsh

HTML 메일 보내기

대부분의 메일 서비스에서는 HTML 메일을 지원한다. 간단한 HTML 데이터를 작성해 메일 본문에 제대로 표시되는지 확인해보자. 조금 전과 마찬가지로 5-1절의 my_gmail_account.py와 send_gmail.py 모듈을 활용한다. 이번에도 두 모듈과 같은 폴더에 다음 프로그램을 저장해서 실행한다.

src/ch5/gmail_html_send.py

```python
import smtplib, ssl
from email.mime.text import MIMEText
import my_gmail_account as gmail # Gmail 계정 정보
import send_gmail # Gmail 발송 모듈

# HTML 데이터 --- ❶
html = '''
    <html><meta charset="utf-8"><body>
    <h1>HTML 메일을 보냅니다</h1>
    <p>업무에 도움이 되는 스티브 잡스 어록</p>
    <ul>
        <li>가장 중요한 결정이란 무엇을 할것인가가 아니라
        무엇을 하지 않을 것인가를 결정하는 것이다</li>
        <li>삶에서 만족을 느끼기 위해선 당신이 위대하다고 생각하는 일을 해야 한다.
        위대한 일을 할 방법은 당신이 하는 그 일을 사랑하는 것이다.</li>
        <li>내가 반복해서 외우는 주문 중 하나는 집중과 단순함이다.
        단순함은 복잡함보다 더 어렵다.</li>
    </ul>
    </body></html>
'''
# HTML 데이터를 MIME 형식으로 작성 --- ❷
msg = send_gmail.make_mime_text(
    mail_to=gmail.account,
    subject='HTML 메일 테스트',
    body=html)

# 메일 송신 --- ❸
send_gmail.send_gmail(msg)
print("ok")
```

프로그램을 실행하고 지메일을 열어보자. 다음 그림과 같이 HTML 메일을 확인할 수 있다.

HTML 메일을 송신한 결과

프로그램을 확인해보자. ❶에서는 간단한 HTML 문서를 작성한다. 앞에서는 서식이 들어가지 않은 메일 텍스트를 보냈는데 여기서는 <h1>, <ul>, <li> 요소를 사용해 제목과 리스트 서식을 나타냈다.

그리고 ❷에서는 MIME 형식의 데이터를 생성한다. ❶에서 작성했던 HTML 데이터를 본문 데이터로 전달한다. ❸에서는 메일을 발송한다. ❷와 ❸에서는 send_gmail.py에 기술해둔 함수를 호출했다. 이처럼 프로그램을 모듈로 작성해두면 다음에 비슷한 기능을 사용하는 프로그램에서 재사용할수 있다.

CC/BCC/Reply-To 등 지정하기

메일에는 **CC/BCC**라는 기능이 있다. 이는 TO에 지정하는 수신인 외에도 메일 내용을 참조할 사람들에게 메일을 보내는 기능이다. 참조인을 공개해 메일을 보낼 때는 **CC**(참조)를 사용하고, 숨겨서 보낼 때는 **BCC**(숨은 참조)를 사용해 보낸다. 한편 보낸 메일 주소와 다른 주소로 답신을 받고 싶을 때는 **Reply-To**를 사용한다.

여기서는 CC와 Reply-To를 지정해 메일을 보내는 프로그램을 소개한다. 앞의 프로그램과 마찬가지로 send_gmail.py와 my_gmail_account.py 모듈을 이용한다.

src/ch5/gmail_header_send.py

```
import smtplib, ssl
from email.mime.text import MIMEText
import send_gmail # Gmail 발송 모듈
import my_gmail_account as gmail # Gmail 계정 정보

# 메일 데이터 작성 --- ❶
msg = MIMEText('안녕하세요. CC 및 Reply-To 테스트입니다')
```

```
msg['Subject'] = 'CC 테스트'
msg['To'] = gmail.account
msg['From'] = gmail.account
msg['Cc'] = gmail.account
# msg['Bcc'] = ''
msg.add_header('reply-to', 'test@example.com') # --- 1a

# 메일 송신 --- 2
send_gmail.send_gmail(msg)
print("ok")
```

프로그램을 실행하면 메일을 발송한다. 지메일을 열어보면 다음 그림과 같이 '참조'와 '답장' 항목이 지정되어 있다.

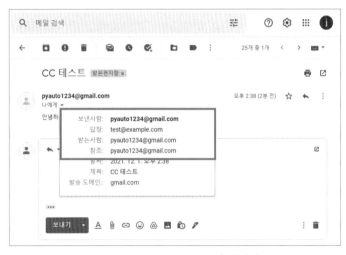

CC와 Reply-To를 지정해 발송된 메일

프로그램을 확인해보자. ❶에서는 메일 데이터를 작성하고 ❷에서는 메일을 발송한다. ❶에서 대괄호로 지정한 내용은 MIME 헤더에 들어가는 내용이다. MIME 헤더를 확인하고 싶다면 프로그램을 실행한 셀 창에서 print(msg)을 입력해보자. 작성한 MIME 데이터가 출력된다. 이때 본문과 헤더는 빈 줄로 구분된다.

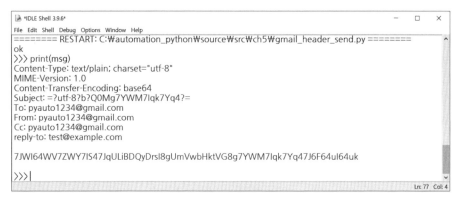

IME의 헤더와 본문

메일을 보낼 때는 다음과 같은 정보를 설정할 수 있다.

필드	설명	용례
Subject	메일 제목	msg['Subject'] = '테스트 메일'
To	수신인	msg['To'] = 'a@example.com'
From	발신인	msg['From'] = 'a@example.com'
Cc	CC(참조)	msg['Cc'] = 'a@example.com, b@example.com'
Bcc	BCC(숨은 참조)	msg['Bcc'] = 'a@example.com, b@example.com'

To, CC, BCC에 메일 주소를 여러 개 지정할 때는 콤마와 스페이스로 주소를 나열한다. 또는 다음과 같이 COMMASPACE.join() 함수를 사용할 수 있다.

```
from email.utils import COMMASPACE
msg['Cc'] = COMMASPACE.join(['a@example.com', 'b@example.com'])
```

Reply to를 지정할 때는 아쉽지만 앞에서 살펴본 표의 형식처럼 msg['reply-to']로 쓸 수 없다. ❶와 같이 add_header() 메서드를 사용해 추가 헤더로 지정해야 한다.

마무리

메일 데이터 규격인 MIME의 구조는 다소 복잡하지만 파이썬의 email 모듈을 사용하면 간단하게 메일을 보낼 수 있다. 사용법을 잘 익혀서 메일 관련 업무를 손쉽게 자동화해보자.

라인 자동 메시지 보내기

라인은 일상에서 자주 쓰이는 메시지 애플리케이션이다. 라인 메시지를 자동으로 보낼 수 있다면 여러 방면으로 편리하다. 이 절에서는 파이썬으로 라인 메시지를 보내는 방법을 소개한다.

키워드 **LINE/LINE Notify**

라인이란?

라인LINE은 유저끼리 친구를 등록해 가볍게 메시지를 교환할 수 있는 애플리케이션이다. 그룹을 만들어서 여러 명이 서로 메시지를 교환할 수도 있다. 스마트폰 중심으로 활용되지만 PC용 클라이언트도 사용할 수 있다.

> **LINE**
> https://line.me/

라인 웹사이트

라인의 자동화 메리트

라인에서는 **LINE Notify**라는 API를 공개한다. 이 API를 사용하면 외부 애플리케이션에서 라인 친구(그룹)에게 메시지를 보낼 수 있다.

파이썬으로 라인 메시지를 보낼 수 있다면 어떤 점이 좋을까? 이메일을 사용해도 특정 상대에게 메시지를 보낼 수 있다. 하지만 라인을 사용하면 실시간으로 메시지를 보낼 수 있다는 메리트가 있다.

예를 들어 회의 10분 전에 참가자 그룹에 리마인드 알림을 보낼 수 있다. 또한 업무가 끝나기 30분 전에 팀원 전원에게 일일 보고 제출을 하도록 공지할 수 있다.

필자가 즐겨 사용하는 방법은 개인 학습용으로 자동 메시지를 사용하는 것이다. 예를 들어 암기하고자 하는 영단어 리스트에서 랜덤으로 10개를 선택해 본인의 라인으로 보내는 프로그램을 만들 수 있다. 이 프로그램을 매일 정기적으로 실행하도록 설정하면 매일 꾸준히 영단어를 외울 수 있어서 편리하다.

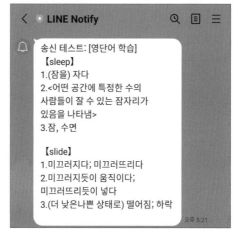

영단어 학습용 LINE

이처럼 라인의 실시간성은 여러 용도로 활용할 수 있다. 또한 자동으로 파이썬 프로그램을 실행하도록 설정해두면 주기적인 루틴을 만들기에 좋다. 정기적으로 파이썬 프로그램을 실행하는 방법은 뒤에서 소개한다. 이 절에서는 라인 메시지를 보내는 방법부터 알아보자.

LINE Notify 사용 방법

파이썬에서 라인 메시지를 보내는 방법은 무척 간단하다. 라인 웹사이트에 들어가서 보낼 사람을 선택해 '토큰'이라는 값을 발행한다. 그리고 파이썬 프로그램에 토큰을 지정하기만 하면 간단히 특정 상대에게 메시지를 보낼 수 있다. 항목으로 정리하면 다음과 같다.

1. LINE Notify 웹사이트에 로그인
2. 송신 상대를 선택하고 토큰 발행
3. 토큰을 지정하고 메시지 보내기

LINE Nofity API를 사용하려면 일단 라인 계정이 필요하다. 스마트폰에 라인 앱을 설치하고 계정을 만든다. 그리고 [설정]에서 [계정 〉 메일 주소]에 메일 주소와 비밀번호를 설정한다. 이렇게 하면 웹에서도 라인에 접속할 수 있다.

그렇다면 각각의 순서를 따라가보자.

LINE Notify 웹사이트에 로그인

LINE Notify 웹사이트에 접속해 화면 오른쪽 위에 있는 [Log in] 링크를 클릭해 로그인한다.

> **LINE Notify**
> https://notify-bot.line.me

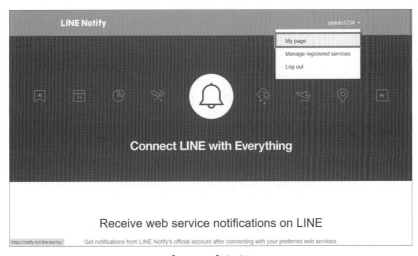

LINE Notify 페이지에 로그인

로그인했다면 자신의 아이디가 표시되는 부분을 클릭해 팝업 메뉴에서 [My page]를 선택한다.

[My page]에 접근

송신 상대를 선택하고 토큰 발행

마이 페이지에서 'Generate access token (For developers)' 제목 아래의 [Generate token] 버튼을 클릭해 토큰을 발행한다.

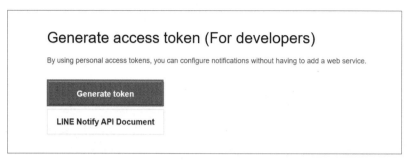

토큰을 발행하는 버튼 클릭

그러면 친구 및 그룹 목록이 표시된다. 여기서는 테스트용으로 자신에게 보낼 예정이므로 [1-on-1 chat with LINE Notify]를 선택한다. 그리고 위에 있는 'token name'을 쓰는 란에 적당히 '송신 테스트'라고 입력하고 아래쪽의 [Generate token] 버튼을 클릭한다.

메시지를 보낼 상대를 선택

그러면 토큰이 발행된다. 해당 토큰은 따로 잘 저장해둔다.

발행된 토큰

토큰을 발행하고 마이 페이지로 돌아가면 'Connected services' 화면에 표시된다. 만약 토큰을 분실했다면 일단 서비스 목록에서 'Disconnect'한 뒤에 새로운 토큰을 발행하는 편이 좋다. 또한 사용하지 않게 된다면 'Disconnect'해두는 편이 좋다.

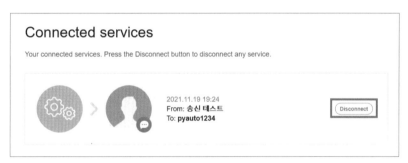

발행된 토큰 확인

토큰을 지정하고 메시지 보내기

토큰을 얻었다면 프로그램을 작성한다. 다음 프로그램에서 ❶의 변수 acc_token을 앞에서 얻은 토큰으로 교체한다.

src/ch5/line_send.py

```
import requests

# 액세스 토큰 설정 --- ❶
acc_token = '발급받은 토큰을 여기 넣습니다'

def send_line(msg):
    # 서버에 보낼 매개변수를 작성 --- ❷
```

```
    url = 'https://notify-api.line.me/api/notify'
    headers = {'Authorization': 'Bearer ' + acc_token}
    payload = {'message': msg}
    requests.post(url, headers=headers, params=payload) #--- 2a

if __name__ == '__main__':
    # 메시지 보내기 --- 3
    send_line('Python에서 메시지를 보냅니다.')
    print('ok')
```

프로그램을 실행하면 다음과 같이 라인에 메시지가 도착한다.

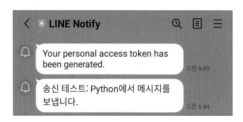

라인 메시지가 도착한 모습

프로그램을 확인해보자. ❶에는 앞에서 각자 발행한 토큰을 지정한다. ❷에서는 매개변수를 작성하고 requests 모듈의 post() 함수를 통해 LINE Notify 서버에 메시지를 보낸다. 이때 ❷ᵃ에서 인증 (토큰) 정보와 메시지를 매개변수로 전달한다. ❸에서는 보낼 메시지를 지정해 send_line() 함수를 호출한다.

TIP 타인에게 메시지를 보낼 때는 LINE Notify를 대화에 초대하자

자신에게 메시지를 보낸다면 앞에서 설명한 순서만으로 메시지를 보낼 수 있지만, 그룹과 타인에게 메시지를 보낼 때는 LINE Notify를 대화에 초대한다.

방법은 다음과 같다. 먼저 대화방을 열어서 화면 오른쪽 위의 메뉴 아이콘(줄 세 개)을 터치하고 [초대]를 선택한다. 그리고 LINE Notify를 찾아 체크박스에 체크하고 화면의 [다음] 버튼을 선택한다.

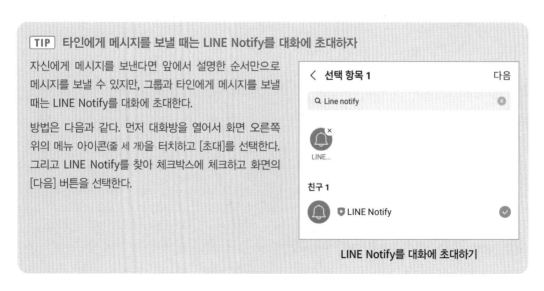

LINE Notify를 대화에 초대하기

라인으로 이미지 보내기

다음으로 이미지 파일을 전송해보자. 라인에서는 이미지를 첨부해 메시지를 보낼 수 있다. 이 기능을 사용하면 인터넷에서 이미지를 다운로드해 전송하거나, PC에 연결된 카메라로 촬영한 이미지를 전송하는 식으로 응용할 수 있다.

이미지를 보낼 때는 post() 메서드에 files 매개변수를 지정한다. 여기서는 input 폴더에 있는 sky.jpg라는 파일을 라인 메시지에 첨부한다. 이때 앞에서와 마찬가지로 다음 프로그램의 ❶ 부분에 각자 발행한 액세스 토큰을 써넣는다.

src/ch5/line_image_send.py

```python
import requests

# 액세스 토큰 설정 --- ❶
acc_token = '발급받은 토큰을 여기 넣습니다'
# 이미지 파일 경로를 지정
image_file = 'input/sky.jpg'

def send_line(msg, image_file):
    # 서버에 보낼 매개변수를 준비 --- ❷
    url = 'https://notify-api.line.me/api/notify'
    headers = {'Authorization': 'Bearer ' + acc_token}
    payload = {'message': msg}
    # 이미지 읽기 --- ❸
    with open(image_file, 'rb') as fp:
        files = {'imageFile': fp}
        # 서버에 송신 --- ❹
        requests.post(url, headers=headers,
            params=payload, files=files)

if __name__ == '__main__':
    send_line('Python에서 메시지와 사진을 보냅니다.', image_file)
    print('ok')
```

프로그램을 실행하면 오른쪽 그림과 같이 라인에 이미지 첨부 메시지를 송신한다.

이미지 첨부 메시지를 송신한 결과

프로그램을 확인해보자. ❶에서는 액세스 토큰을 지정한다. ❷에서는 서버에 송신할 매개변수를 준비한다. ❸에서는 파일에서 이미지 데이터를 읽도록 지정한다. ❹에서는 서버에 이미지를 첨부한 메시지를 송신한다. 참고로 메시지를 ' '와 같이 비워둔 채로 이미지를 송신할 수는 없다.

라인으로 스티커 보내기

LINE Notify에서는 메시지와 이미지 외에 스티커도 보낼 수 있다. 스티커와 함께 메시지를 보내는 프로그램을 만들어보자. 앞의 프로그램과 마찬가지로 다음 프로그램의 ❶에는 각자 발행한 액세스 토큰을 지정한다.

src/ch5/line_sticker_send.py

```python
import requests

# 액세스 토큰 설정 --- ❶
acc_token = '발급받은 토큰을 여기 넣습니다'

def send_sticker_line(msg, package_id, sticker_id):
    # 서버에 보낼 매개변수를 준비 --- ❷
    url = 'https://notify-api.line.me/api/notify'
    headers = {'Authorization': 'Bearer ' + acc_token}
    payload = {
        'message': msg,
        'stickerPackageId': package_id,
        'stickerId': sticker_id,
        }
    # 서버에 송신 --- ❸
    requests.post(url, headers=headers, params=payload)

if __name__ == '__main__':
    send_sticker_line('Python에서 스티커와 메시지를 보냅니다.', 4, 303)
    print('ok')
```

프로그램을 실행하면 오른쪽 그림과 같이 라인에 스티커와 함께 메시지가 전송된다.

스티커와 함께 메시지를 전송한 결과

프로그램을 확인해보자. ❶에서는 액세스 토큰을 지정한다. ❷에서는 라인 서버에 보낼 매개변수를 지정한다. ❸에서는 서버에 송신한다. 이때 송신하는 매개변수에 패키지 ID(stickerPackageId)로 스티커 ID(stickerId)를 지정한다. 이미지를 보낼 때와 마찬가지로 메시지를 비워서 보낼 수는 없다.

사용할 수 있는 스티커 ID는 다음 문서에 기재되어 있다.

> **LINE Developers > Document > List of available stickers**
> https://developers.line.biz/en/docs/messaging-api/sticker-list/

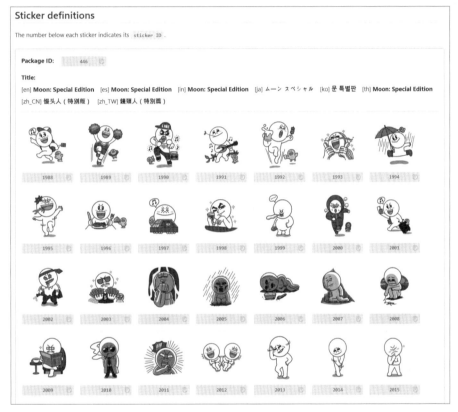

스티커와 ID 목록

마무리

이상으로 LINE Notify를 이용해 파이썬에서 라인 메시지를 보내는 프로그램을 소개했다. LINE Notify를 사용하면 지연을 느낄 수 없는 빠른 속도로 스마트폰 메시지가 전송된다. 이를 활용하면 단어 암기장이나 스케줄 알림 등의 아이디어를 간단히 구현할 수 있다.

5-4 트위터 자동 게시하기

대응 OS 윈도우/macOS/리눅스 **난이도** ★★☆☆☆

많은 사람이 트위터Twitter로 취향에 맞는 정보를 수집한다. 따라서 트위터를 비즈니스에 활용하는 기업도 많다. 트위터를 자동화해 빠르고 쉽게 정보를 게시해보자.

키워드 **트위터/tweepy**

트위터를 자동화하는 이유

트위터Twitter는 짧은 메시지로 정보를 공유하거나 소통하는 인기 SNS이다. 다른 SNS에 비해 실시간으로 정보를 전달하고 수집할 수 있다는 장점이 있다. 최근에는 주요 언론이나 방송에서도 시청자 소감을 모집하는 용도로 트위터를 활용하고 있다.

> **Twitter 웹사이트**
> https://twitter.com/

트위터 웹사이트

파이썬으로 적절한 타이밍에 트윗을 자동 게시할 수 있다면 다양한 용도로 활용할 수 있다. 학습 관련 계정을 운영한다면 미리 학습 내용을 준비해두고 정기적으로 글을 게시해보자. 혹은 사내에 설치된 특정 센서의 값을 주기적으로 보고할 수도 있다. 명암 센서를 통해 전등이 꺼져 있는지 등을 감지해 '회의실이 비었습니다.'와 같은 트윗을 올리는 식이다. 이처럼 유용한 정보를 정기적으로 게시하면 팔로워와의 거리를 한결 좁힐 수 있다.

Twitter API의 기능

트위터는 'Twitter API'를 공개하고 있다. Twitter API를 사용하면 트윗 게시 외에도 '리트윗', '좋아요', '팔로우'를 자동으로 처리할 수 있다. 또한 타임라인을 가져오거나 검색 기능을 활용할 수도 있다.

> **Twitter API 웹사이트**
> https://developer.twitter.com/en/products/twitter-api

Twitter API 웹사이트

Twitter API 사용 방법

그런데 Twitter API는 무제한으로 사용할 수는 없고, 계정마다 사용할 수 있는 횟수가 정해져 있다. 또한 이용하려면 트위터 개발자 사이트에 등록 작업을 해야 한다.

여기서는 Twitter API 사용 방법을 소개한다. 단, 트위터 개발자 사이트는 자주 변경되므로 책에 게 시한 이미지와 실제 화면이 다를 수 있다. 그럴 때는 개발자 사이트의 지시에 맞게 개발자 등록을 하 고, 다음의 정보 4개를 구해서 적어두자.

- API Key

- API Key Secret

- Access Token

- Access Token Secret

트위터 개발자 포털에 접속하기

먼저, 트위터 개발자 포털 웹사이트에서 애플리케이션을 등록한다. 트위터에 로그인하고 다음 사이트에 접속한다. 그리고 오른쪽 위의 [Create an app] 버튼을 클릭한다.

> **트위터 개발자 포털 웹사이트**
> https://developer.twitter.com/en/apps

트위터 개발자 포털 웹사이트

Twitter API 이용 신청하기

버튼을 클릭하면 다음과 같이 API 사용에 필요한 개발자 계정을 신청하라는 팝업이 뜬다. 확인한 뒤 아래쪽의 [Apply] 버튼을 클릭한다.

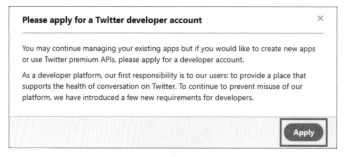

개발자 계정 신청

다음으로 개발자 툴을 이용하는 목적을 선택한다.

개발자 툴 이용 목적 선택

다음으로는 트위터 계정에 전화번호를 등록하도록 하는 내용이 나온다. [Add a valid phone number]를 클릭해 SMS를 수신하고 전화번호를 등록한다.

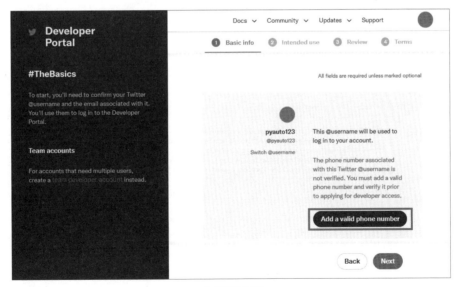

휴대전화 등록

계속해서 거주 국가나 이름 등 기본 정보를 묻는다. 적절히 입력한 뒤에 아래쪽의 [Next] 버튼을 클릭한다.

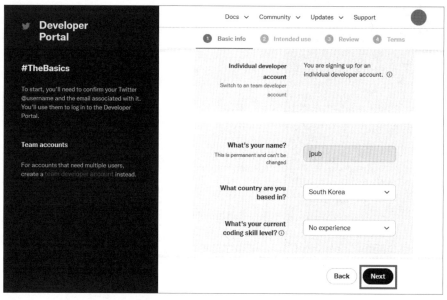

거주 국가와 이름을 등록

이어서 API를 어디에 이용할 것인지 영어로 작성하는 화면이 나온다. 엄격한 심사를 하는 것이 아니라 기계적인 체크만 할 뿐이므로 적당히 써도 괜찮다. 한국어로 작성한 뒤 번역기를 통해 영문으로 번역하면 편하다.

규약에 동의한다는 내용에 체크하고 [Submit] 버튼을 클릭한다.

규약에 동의

이어서 메일 인증이 필요하다. 다음 화면이 나오면, 트위터에 가입할 때 사용한 메일 계정으로 로그인한 뒤 메일 본문의 [Confirm your email] 버튼을 클릭한다. 그러면 '개발자 포털' 화면으로 되돌아온다.

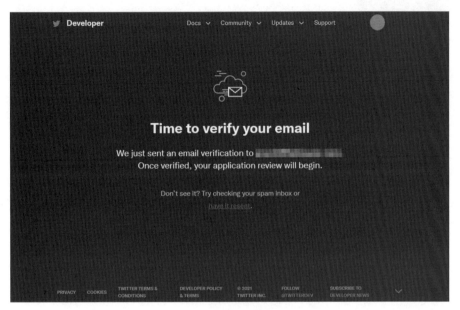

메일 인증 요청

트위터 개발자 포털에서 API 키 얻기

다음과 같이 갱신된 '개발자 포털' 화면에서 앱 이름을 지정한다. 그리고 [Get keys] 버튼을 클릭한다.

#Welcome to the Twitter Developer Platform

Let's get you some keys.

But first, you'll need to name your App. Make sure the name is unique.
Don't take it too seriously, you can always change it later.

App name

Get keys

앱 이름 지정

그러면 다음과 같이 API 키와 API Secret 키가 표시되므로 메모장 등에 저장해둔다.

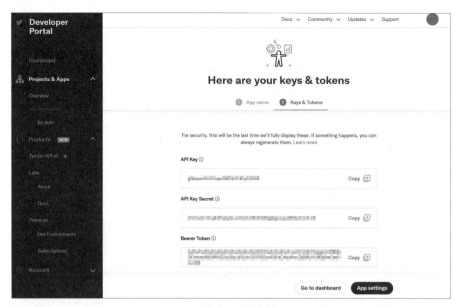

API 키가 표시된 화면

그 후로 간단한 설명 이후에 'Dashboard' 화면이 표시된다. 이후에 트위터에 글을 게시하려면 권한 변경이 필요하다. 화면 좌측의 메뉴에서 [Projects & Apps]를 클릭한다.

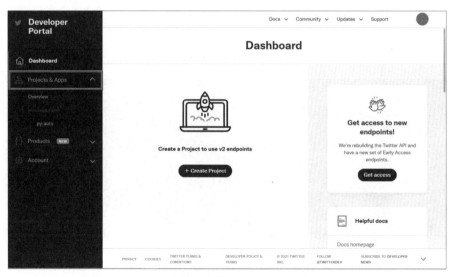

Dashboard 화면에서 [Projects & Apps] 클릭

화면 좌측에 나타나는 앱 이름(앞에서 본인이 지정한 앱 이름)을 클릭한다. 그러면 상세 설정 화면이 나온다. 화면의 항목 중에서 [User authentication settings] 항목을 찾아 [Set up] 버튼을 클릭한다.

User authentication settings 항목을 편집

다음 그림과 같은 화면이 나오면 [OAuth 1.0a]를 활성화하고, 읽고 쓰기를 허가하는 [Read and Write]를 선택한다.

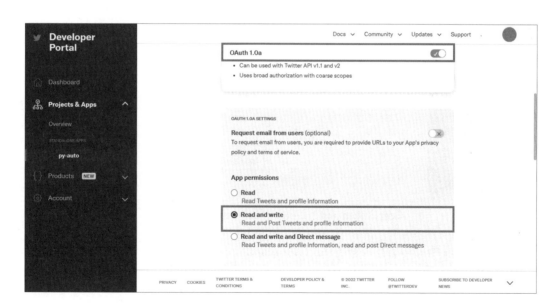

화면 아래쪽의 Callback URI 및 Website URL에는 적당한 주소를 넣는다. 여기서는 트위터 계정 주소를 사용했다. 그리고 화면 오른쪽 아래의 [Save] 버튼을 누른다.

권한을 'Read and Write'로 설정

그 뒤에 다시 화면 위쪽으로 돌아가 [Keys and tokens] 탭을 클릭한다. 그리고 [Access Token and Secret] 항목에서 [Generate] 버튼을 클릭한다. 그리고 표시된 값을 저장한다.

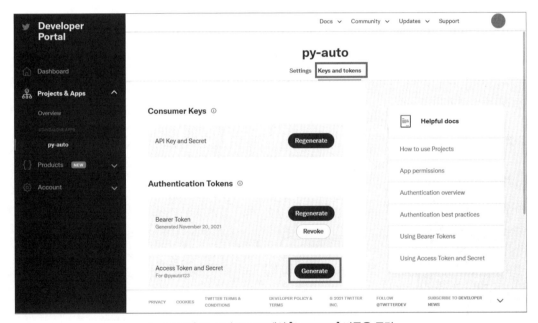

Access Token and Secret에서 [Generate] 버튼을 클릭

이상으로 다음 4개 항목의 값을 구했다. Access token 값과 Secret 값을 잃어버렸다면 같은 값을 얻는 것은 불가능하다. 새롭게 별도의 값을 발행해야 하므로 잘 보관해두자.

- API Key
- API Key Secret

- Access Token

- Access Token Secret

트윗 자동 게시 프로그램

여기서는 파이썬에서 Twitter API를 이용할 수 있는 **tweepy**라는 모듈을 사용한다. 커맨드라인에서 다음 명령어를 실행해 tweepy 모듈을 설치하자.

```
pip install tweepy==3.9.0
```

그리고 다음과 같은 프로그램을 작성한다. API 키를 얻기가 다소 번거롭지만 프로그램 자체는 무척 간단하다. 프로그램에서 ❶ 부분은 각자의 정보로 교체해야 한다.

src/ch5/twitter_post.py

```python
import tweepy

# Twitter API 인증 정보 작성 --- ❶
api_key = '자신의 인증 정보'
api_secret = '자신의 인증 정보'
access_token = '자신의 인증 정보'
access_secret = '자신의 인증 정보'

# 트위터 객체 생성 --- ❷
auth = tweepy.OAuthHandler(api_key, api_secret)
auth.set_access_token(access_token, access_secret)
api = tweepy.API(auth)

# 트윗을 게시 --- ❸
api.update_status('Python으로 트윗 업로드하기')
```

프로그램을 실행하면 자신의 트위터 계정으로 코드에 지정한 트윗이 게시된다.

파이썬에서 트위터에 글을 게시한 모습

프로그램을 확인해보자. ❶에서는 Twitter API 인증 정보를 기술한다. 위에서부터 순서대로 API Key, API secret key, Access token, Access token secret의 값을 각각 지정한다.

❷에서는 tweepy 모듈을 사용해 트위터를 조작하는 객체를 생성한다. 그리고 ❸의 update_status() 메서드를 사용해 특정 메시지를 송신한다.

마무리

이상으로 이 절에서는 Twitter API를 이용해 특정 메시지를 트위터에 게시하는 방법을 소개했다. 인증 설정 과정이 조금 번거롭지만 프로그램 자체는 무척 간단하므로 도전해보자.

COLUMN **프로그램 실행 결과를 저장하는 위치**

자동화 처리에서 실행 결과를 어디에 저장할 것인가는 중요한 문제이다. 자주 사용하는 만큼 쉽고 효율적으로 결과를 확인해야 하기 때문이다. 여기서는 처리 결과를 쉽게 확인할 수 있는 위치 지정 방법을 소개한다.

바탕화면에 파일로 저장

바탕화면은 접근성이 좋은 디렉터리이므로 프로그램 실행 결과를 저장하기에 좋다. 여러 애플리케이션이 실행되고 있어도 단축키(윈도우: Win + D 키, macOS: Fn + F11 키)를 통해 데스크톱을 바로 표시할 수 있으므로 결과를 확인하기 편리하다.

다음은 윈도우/macOS에서 바탕화면 경로를 얻는 프로그램이다.

src/ch5/result_desktop1.py

```
import os
desktop_dir = os.path.expanduser('~/Desktop')
print(desktop_dir)
```

os.path.expanduser() 함수에 ~ 인수를 사용하면 사용자 디렉터리를 얻을 수 있다. ~가 사용자 디렉터리 경로로 치환되므로 desktop_dir에 바탕화면 경로가 저장된다.

만약 환경변수를 이용할 때는 다음과 같이 구한다.

src/ch5/result_desktop2.py

```
import os
if os.name == 'nt':
    home = os.getenv('USERPROFILE')
else:
    home = os.getenv('HOME')
desktop_dir = os.path.join(home, 'Desktop')
print(desktop_dir)
```

이 프로그램에서는 os.name을 이용해 OS를 구분한다. 윈도우라면 환경변수 USERPROFILE의 값을, macOS/리눅스라면 환경변수 HOME의 값을 이용해 바탕화면 디렉터리 경로를 구한다.

클립보드에 복사해서 저장

실행 결과를 파일로 저장하지 않고 클립보드에 저장하는 방법도 있다. 만약 실행 결과를 다른 애플리케이션에서 표시하고 싶다면 클립보드를 이용해 복사&붙여넣기를 하는 것이 일반적이다. 이렇게 하면 결과 파일을 열어서 내용을 복사하는 단계를 줄일 수 있어서 합리적이다.

하지만 클립보드 복사를 사용할 때는 클립보드가 적절한 시점에 제대로 갱신되었는지 눈으로 확인할 수 없다. 따라서 복사할 때 대화상자를 띄우거나 사운드 파일을 울려서 알려주면 좋다.

파이썬에서 클립보드에 데이터를 복사할 때는 pyperclip 모듈을 이용한다. pyperclip 모듈은 pip 명령어를 통해 설치해야 한다. 커맨드라인을 열어서 다음 명령어를 실행하자.

```
pip install pyperclip
```

이 모듈에서는 다음 함수를 사용할 수 있다.

함수명	기능
pyperclip.copy(text)	text를 클립보드에 복사
pyperclip.paste()	클립보드의 값을 읽어 반환

다음은 pyperclip 모듈을 사용해 텍스트를 복사하는 프로그램이다.

src/ch5/result_copy.py

```
import pyperclip

# 클립보드에 복사
pyperclip.copy('클립보드에 복사할 텍스트')

# 클립보드에서 내용 얻기
text = pyperclip.paste()
print(text)
```

프로그램과 같은 폴더에 저장

실행 결과를 프로그램과 같은 폴더에 저장하면 편리하다. 여기서는 실행 프로그램의 폴더명을 조사하는 프로그램을 소개한다.

다음은 프로그램의 절대 경로, 프로그램이 있는 폴더 경로, 프로그램과 같은 폴더의 result.txt 경로 순으로 읽어 출력하는 프로그램이다. 실행 중인 프로그램을 나타내는 글로벌 변수 __file__을 사용한다.

src/ch5/result_programdir.py

```python
import os

# 프로그램의 절대 경로 얻기
script_file = os.path.abspath(__file__)
print('script=', script_file)

# 프로그램이 있는 폴더 경로 얻기
script_dir = os.path.dirname(script_file)
print('script_dir=', script_dir)

# 프로그램과 같은 폴더에 있는 'result.txt' 경로 얻기
result_file = os.path.join(script_dir, 'result.txt')
print('result.txt=', result_file)
```

임시 파일에 저장하고 메모장에서 열기

자동 처리로 실행한 결과는 대부분 확인한 뒤에 삭제하는 경우가 많다. 이럴 때는 임시 파일을 생성해 에디터에서 확인하면 좋다.

다음 프로그램은 윈도우에서 임시 폴더에 적당한 파일을 생성하고 메모장에 내용을 표시하는 프로그램이다.

src/ch5/result_tempdir.py

```python
import tempfile, subprocess, os

# 임시 폴더 생성
with tempfile.TemporaryDirectory() as tmp:
    # 임시 폴더에 임시 파일 생성
    fname = os.path.join(tmp, 'test.txt')
    with open(fname, 'wt') as fp:
        fp.write('안녕하세요.\r\n임시 파일입니다.')
    # 메모장에서 열기
    subprocess.run(['notepad', fname])

# 이 시점에서 임시 폴더는 삭제
print("ok.")
```

프로그램을 실행하면 파일을 생성하고 그 내용을 메모장에 표시한다. 메모장을 닫으면 작성한 임시 폴더가 깨끗하게 사라진다. 결과를 바로 확인할 수 있고 따로 파일 삭제가 필요 없어 무척 편리하다.

```
result_tempdir.py - C:\automation_python\source\src\ch5\result_tempdir.py (3.9.6)
File  Edit  Format  Run  Options  Window  Help

import tempfile, subprocess, os

# 임시 폴더 생성
with tempfile.TemporaryDirectory() as tmp:
    # 임시 폴더에 임시 파일 생성
    fname = os.path.join(tmp, 'test.txt')
    with open(fname, 'wt') as fp:
        fp.write('안녕하세요.\r\n임시 파일입니다.')
    # 메모장에
    subproces

# 이 시점에서
print("ok.")
```

```
test.txt - Windows 메모장
파일(F)  편집(E)  서식(O)  보기(V)  도움말(H)
안녕하세요.
임시 파일입니다.|
```

임시 파일 생성 후 메모장에서 열기

대화상자에 표시

실행 결과를 대화상자에 표시하는 것도 좋다. 대화상자를 사용하는 방법은 6장에서 상세하게 설명하므로 해당 부분을 참고하자.

상황에 따라 적절한 저장 위치를 선택해보자

이 칼럼에서는 프로그램의 결과를 저장하는 위치에 대해서 살펴봤다. 각각 장단점이 있으므로 상황에 따라 적절하게 선택해보자.

필자는 개인적으로 사용할 프로그램이라면 프로그램과 동일 폴더에 저장하거나 클립보드에 저장하는 편을 선호한다. 반면에 다른 사람도 사용하는 프로그램이라면 알기 쉽게 바탕화면에 저장하거나, 다소 품이 들더라도 유저에게 선택하도록 해 저장 위치를 결정한다.

<table>
<tr><td>5-5</td><td colspan="2"><h1>작업 스케줄러로
정기 작업 실행하기(윈도우)</h1></td></tr>
</table>

대응 OS 윈도우   **난이도** ★★★★☆

자동화 프로그램은 정기적으로 실행하는 경우가 많다. 윈도우에서는 작업 스케줄러를 사용해 특정 처리를 특정 시간대에 실행할 수 있다. 여기서는 작업 스케줄러로 파이썬 프로그램을 정기적으로 실행하는 방법을 소개한다.

키워드 | **윈도우 작업 스케줄러/배치 파일**

윈도우 작업 스케줄러란?

윈도우 작업 스케줄러는 작업job 관리 시스템이다. 정해진 시간대에 특정 프로그램을 실행하는 기능이 제공된다. 시간뿐만 아니라 다양한 이벤트에 따라 작업을 실행할 수 있다(이 절에서 다루는 내용은 윈도우 한정한 내용이다. macOS를 사용할 때는 이 절 끝부분의 칼럼을 참고하자).

작업 스케줄러는 다음과 같은 이벤트에 활용할 수 있다.

- 특정 날짜·시간일 경우
- 일정한 간격일 경우
- 특정 이벤트가 로그에 쓰였을 경우
- 시스템이 idle 상태가 됐을 경우
- 로그인 또는 로그아웃했을 경우

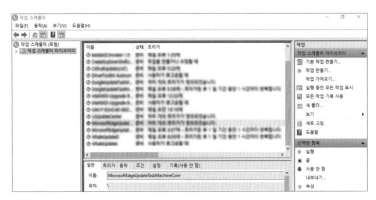

작업 스케줄러 화면

정기 작업 아이디어

다음은 정기적으로 실행할 수 있는 작업의 예시다. 이외에도 아이디어에 따라 다양하게 자동화할 수 있다.

- 정기적인 데이터 수집
- 알림 송신
- 시스템 작동 감시
- 로그 기록
- 백업 처리

예를 들어 정기적으로 특정 웹사이트에 접근해 정보를 수집할 수 있다. 환율 정보나 기상 정보 등은 비즈니스에 직결되는 정보다. 이를 자동으로 구해서 시스템에 입력하는 작업을 자동화할 수 있다.

또한 회의 전에 참가자에게 알림을 보내거나, 팀 멤버에게 업무를 리마인드하는 용도로 사용할 수 있다. 5장에서 소개했던 라인 메신저나 메일 프로그램과 조합하면 좋을 것이다.

그 밖에 시스템이 제대로 작동하는지 감시할 때도 유용하다. 자동화 시스템에 OS 업데이트 등의 이유로 환경변수가 변경되어 에러가 발생했는데, 막상 심각한 문제가 생길 때까지 알아채지 못할 때가 있다. 또한 매일 데이터 백업을 실행하도록 설정했는데, 어느 시점부터 제대로 백업되지 않는 경우도 자주 있다. 평소에 프로그램이 제대로 작동하는지 정기적으로 감시할 수 있다면 많은 사고를 예방할 수 있다.

작업 스케줄러의 메리트와 주의점

작업 스케줄러는 윈도우 환경에서 자주 보았던 위젯 형태로 되어 있어서 간편하게 이용할 수 있다. 그렇지만 경로나 실행 권한 등의 세부적인 부분에서 주의해야 하므로 이런 점을 염두에 두고 사용하자.

작업 스케줄러 사용 방법

먼저 작업 스케줄러의 가장 기본적인 사용법을 확인해보자. 작업 스케줄러를 사용하기 전에 정기적으로 실행할 파이썬 프로그램을 준비한다. 여기서는 기상청 RSS를 통해 당일 전국 기상 정보를 구해 바탕화면에 저장하는 프로그램을 사용한다.

src/ch5/get_weather.py

```
#import urllib.request as urlreq
import requests, os
```

```
from bs4 import BeautifulSoup

# 바탕화면에 저장할 결과 파일
save_file = os.path.expanduser('~/Desktop/날씨.txt')

# XML 데이터 가져오기
url ="https://www.kma.go.kr/weather/forecast/mid-term-rss3.jsp?stnId=108"
text = requests.get(url).text
soup = BeautifulSoup(text, 'html.parser')

# 각 지역 날씨 가져오기
title = soup.item.title.string
forecast = {}
for loc in soup.find_all("location"):
    prov = loc.find("province").string
    if prov not in forecast:
        forecast[prov] = []
    city = loc.find("city").string
    wf = loc.find("wf").string
    forecast[prov].append(city+":"+wf)

# 파일에 저장하기
with open(save_file, 'wt', encoding='utf-8') as f:
    f.write('=='+title+'==\n')
    for prov, wfinfo in forecast.items() :
        f.write('\n-----'+prov+'-----\n')
        for string in wfinfo:
            f.write(string+'\n')
    f.close()
```

프로그램이 실행되는지 확인해보자. IDLE에서 프로그램을 실행하면 바탕화면에 **날씨.txt**라는 파일이 작성된다. 이 파일을 열어보면 오늘의 전국 날씨 정보가 기록된 것을 확인할 수 있다.

날씨 예보를 바탕화면에 저장(날씨.txt)

이 프로그램을 작업 스케줄러에서 정기적으로 실행하도록 해보자.

작업 스케줄러 실행

먼저 작업 스케줄러를 실행한다. 윈도우의 시작 메뉴에서
[Windows 관리 도구 〉 작업 스케줄러]를 실행한다.

작업 스케줄러 실행

신규 작업을 작성

위젯이 실행되면 신규 작업을 작성해보자. 메뉴의 [동작 〉 기본 작업 만들기]를 클릭한다.

신규 작업 작성

작업명 지정

작업 이름에 '오늘의 날씨 취득'이라고 입력하고 설명란에 설명을 작성해 화면 오른쪽 아래의 [다음] 버튼을 클릭한다.

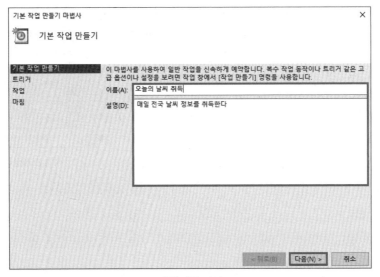

작업 이름 지정

작업 트리거의 실행 빈도를 지정

여기서는 매일 날씨를 얻도록 지정한다. '매일'로 빈도를 택하고 [다음] 버튼을 클릭한다.

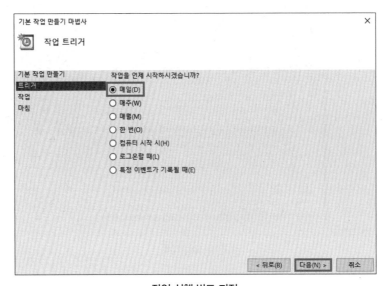

작업 실행 빈도 지정

개시 시간 지정

이어서 개시 시간을 지정한다. 적당한 시간을 지정하고 1일마다 실행하도록 지정한 뒤 [다음] 버튼을 클릭한다.

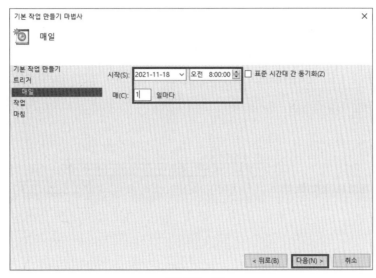

개시 시간 지정

동작 지정

여기서는 파이썬 프로그램을 실행하므로 '프로그램 시작'을 선택하고 [다음] 버튼을 클릭한다.

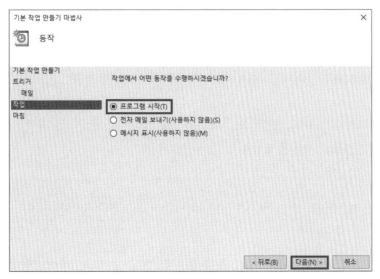

동작 선택

프로그램 지정

어떤 프로그램을 실행할지 지정한다. 여기가 작업 스케줄러의 핵심 부분이다. '프로그램/스크립트'에 파이썬 설치 경로의 파이썬 실행 파일(**pythonw.exe**)를 지정하고, '인수 추가(옵션)'에는 **get_weather.py** 프로그램 경로(3-3절에서 소개한 방법으로, 폴더 경로를 구해 파일명을 추가한 경로)를 지정한 뒤 [다음] 버튼을 누른다. 둘 다 절대 경로로 지정한다. 또한 이번에는 지정할 필요가 없지만 '시작 위치' 항목에는 작업 폴더의 경로를 지정한다.

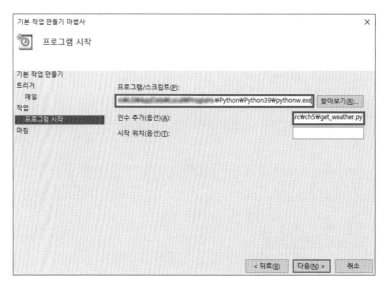

파이썬 실행 파일과 프로그램 파일의 경로 지정

'프로그램/스크립트'에 지정하는 파이썬 실행 파일은 이 책에서 권장했던 파이썬 인스톨러를 통해 설치했다면 다음 경로에 설치되어 있을 것이다.

```
C:\Users\(유저명)\AppData\Local\Programs\Python\Python3x\pythonw.exe
```

설치 경로를 조사하려면 IDLE 셸에서 다음 프로그램을 실행한다. 표준 모듈의 경로를 기준으로 파이썬 실행 파일 경로를 조사하는 방식이다.

```
>>> import os
>>> path = os.path.abspath(os.path.join(os.__file__,'../../pythonw.exe'))
>>> path
```

만약 5-4절의 칼럼을 참고해 **pyperclip** 모듈을 설치했다면, 다음 프로그램을 실행해 경로를 클립보드에 복사할 수 있다.

```
>>> import pyperclip
>>> pyperclip.copy(path)
```

작업 작성 완료

여기까지 진행했다면 신규 작업 작성이 완료되므로 [마침] 버튼을 클릭한다.

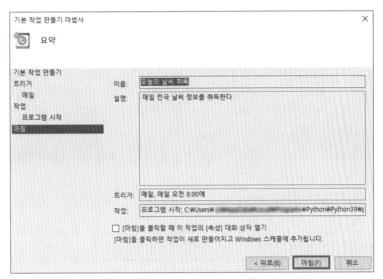

작업 만들기 완료

작업 실행

작업을 작성했으면 목록에 작업이 추가된 것을 확인할 수 있다. 이 작업을 더블클릭하면 작업의 내용을 편집할 수 있다.

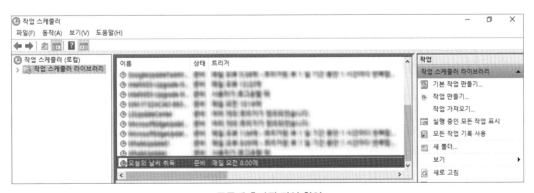

목록에 추가된 작업 확인

그리고 지정한 시간까지 기다리면 프로그램이 실행되는지 알 수 있다. 바로 확인하고 싶다면 작업을 선택해 우클릭하고 팝업 버튼 메뉴에서 '실행'을 선택한다.

이번 경우에는 바탕화면에 **날씨.txt**라는 파일이 작성되고, 파일을 열면 전국 날씨 정보가 기술되어 있다면 제대로 작업이 실행된 것이다.

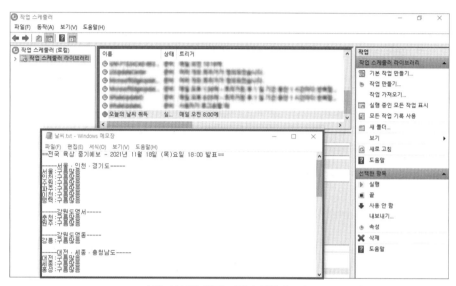

'오늘의 날씨 취득' 작업이 실행된 모습

배치 파일을 만들고 등록하는 방법

1장에서는 배치 파일을 만들고 간단하게 파이썬 프로그램을 실행하는 방법을 소개했다(1-4절 참고). 작업 스케줄러를 활용할 때도 배치 파일을 사용하면 더욱 간단하다.

앞에서는 프로그램의 절대 경로를 2개 지정했다. 하지만 배치 파일을 사용할 때는 배치 파일의 경로를 한 번 지정하는 것으로 끝이다.

배치 파일을 작성해보자. 먼저 바탕화면에 scripts라는 폴더를 만들고 그 안에 get_weather.py를 복사한다. 그리고 다음의 배치 파일(ch5 폴더에 있다)을 같은 폴더에 복사한다.

src/ch5/get_weather.bat

```
rem --- 작업 폴더를 배치 파일의 경로로 설정 --- ❶
cd /d %~dp0

rem --- 프로그램 실행 --- ❷
python %~dp0\get_weather.py
```

그리고 이 배치 파일의 경로를 작업 스케줄러의 '프로그램/스크립트'에 설정한다. 설정한 시간이 되면 해당 배치 파일이 실행된다.

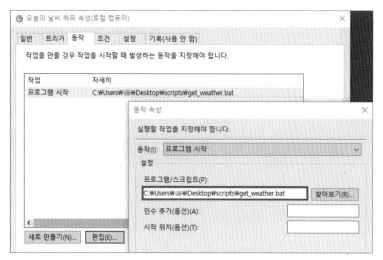

배치 파일을 작업 스케줄러에 등록한 모습

배치 파일의 내용을 확인해보자. ❶에서는 작업 폴더, 즉 현재 작업 디렉터리cwd(3-4절 칼럼 참고)를 배치 파일이 있는 경로로 설정한다. `%~dp0`가 현재 배치 파일의 경로를 나타내고 `cd /d`로 작업 폴더를 이동한다. ❷에서는 지정 프로그램 `get_weather.py`를 실행한다. `%~dp0`가 현재 배치 파일의 경로를 나타내므로 배치 파일과 동일 폴더에 있는 `get_weather.py` 파일이 실행된다.

TIP 배치 파일에서의 주의점

배치 파일 작성은 1장에서도 다룬 바 있다. 다음과 같은 주의점이 있다는 점을 상기하자.

- 배치 파일은 문자 코드를 ANSI, 개행 문자는 CR+LF로 저장한다.
- 네트워크 드라이브상에서는 실행되지 않는다.
- 인터넷에서 다운로드한 배치 파일은 '허가'에 체크해야 실행된다.

경로를 나타낼 때 %~dp0를 사용하는 이유

앞에서 작성한 배치 파일에서는 `%~dp0`를 통해 작업 폴더와 파이썬 프로그램의 경로를 지정했다. 이렇게 지정해두면 `scripts` 폴더를 다른 위치로 이동시켜도 배치 파일을 수정하지 않아도 된다.

또한 처음에 작업 폴더를 **%~dp0**으로 변경해두면 배치 파일 작성이 간결해진다. 배치 파일을 사용할 때는 늘 작업 폴더의 위치가 어디인지 확실히 파악해야 한다. 그렇지 않으면 프로그램 실행 뒤에 결과 파일이 엉뚱한 곳에 저장되거나, 다른 위치에 있는 프로그램이 실행되는 문제가 발생할 수 있다.

마무리

이 절에서는 윈도우의 작업 스케줄러를 사용하는 방법을 소개했다. 작업 스케줄러는 위젯을 통해 간단하게 설정할 수 있다. 정기적으로 실행하는 처리가 있다면 배치 파일 등과 함께 활용해보자.

COLUMN **캘린더 앱에서 정기 처리를 자동 실행(macOS)**

masOS의 캘린더 앱을 사용하면 캘린더의 알림 기능으로 특정 처리를 실행할 수 있다. 여기서는 캘린더 앱을 사용해 특정 타이밍에 파이썬 프로그램을 실행하는 방법을 소개한다.

캘린더 앱이란

캘린더 앱은 macOS의 기본 앱이다. 캘린더에 예정을 추가해 확인할 수 있다. 예정 시간이 되면 OS의 알림 기능을 통해 예정을 알려준다. 정기적으로 반복하는 예정도 지정할 수 있고 필요한 기능을 충분히 갖추고 있다. 특히 이 앱의 편리한 점은 특정 앱을 스케줄과 같이 실행할 수 있다는 점이다.

macOS의 캘린더 앱

캘린더 앱은 파인더 창 왼쪽 사이드바의 [응용 프로그램]에서 찾을 수 있다. 그렇다면 지금부터 특정 날짜와 시간에 파이썬 프로그램을 실행하도록 지정해보자.

'예정'을 추가해 커스텀 알림 생성

먼저, 캘린더에서 실행하고자 하는 시각에 '예정'을 추가한다.

캘린더에 '예정' 추가

'알림' 항목에서 알림 방식을 변경

신규 이벤트의 작성 화면에서 날짜와 시간을 지정했다면 '알림' 항목을 지정한다. 보통은 여기에 몇 분 전에 알릴지를 지정하지만 '사용자화'를 선택하면 알림 방식을 변경할 수 있는 창이 뜬다.

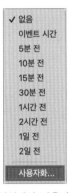

캘린더 알림에서 '사용자화' 선택

알람 설정하고 확정

알림 설정 창에서 첫 번째 항목은 '파일 열기'를 선택한다. 두 번째 항목은 기본으로 '캘린더'로 지정되어 있는데 이를 '기타'로 변경하면 파일을 선택할 수 있는 창이 열린다. 여기서 실행하고 싶은 파이썬 파일을 지정한다(get_ weather.py). 세 번째 항목에는 알림 시간을 '이벤트 시간'으로 지정한다. 그리고 [확인]을 눌러 확정한다.

알림 설정

파이썬 파일을 실행하도록 설정

여기서는 순서 ❸에서 지정한 파이썬 파일(get_weather.py)을 파인더에서 선택해 우클릭(또는 ctrl + 클릭)해 [정보 보기]를 클릭한다. 그리고 '다음으로 열기' 항목에 'Python Launcher.app'을 지정한다(이 파일은 Application 디렉터리의 [Python3.x > Python Launcher.app]에 있다).

Python Launcher를 지정

출처 미확인 에러 해결

다만 이 상태로 파이썬 파일을 실행하면 '확인되지 않은 개발자가 배포했기 때문에 열 수 없습니다'라는 에러가 표시된다.

출처 미확인 에러 발생

이 에러가 표시된 다음 macOS의 [시스템 환경설정 > 보안 및 개인 정보 보호] 창을 연다. 그리고 [일반] 탭 하단의 [다음에서 다운로드한 앱 허용:]을 보면 'get_weather.py 사용을 차단했습니다'라는 메시지가 표시되어 있다. 여기서 [확인 없이 열기] 버튼을 클릭한다.

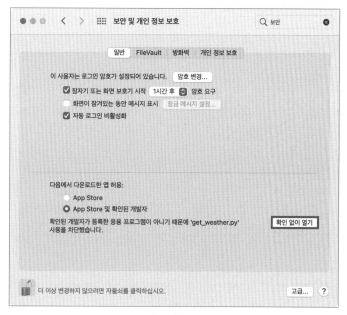

보안 차단을 해제

이 설정을 수행한 다음 캘린더에서 실행할 이벤트 날짜와 시간을 지정한다.

슬립하지 않도록 설정

macOS가 슬립하면 프로그램을 실행할 수 없다. 따라서 macOS가 슬립하지 않도록 설정한다. 그러려면 [시스템 환경설정 > 배터리] 창을 열고 [전원 어댑터] 탭을 클릭해 [디스플레이 끄기]를 [안 함]으로 설정한다.

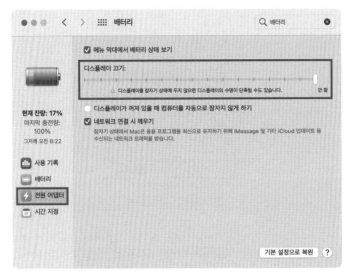

절전을 클릭해 슬립하지 않도록 설정

6

업무에 도움이 되는
자동화 기술을 알아보자

6장에서는 간단한 웹 서버, 데스크톱 앱, 다이얼로그 등 알아두면 편리한 자동화 기술을 소개한다.

간단한 사내 웹 서버 만들기

윈도우/macOS/리눅스 ★★★☆☆

요즘은 PC나 스마트폰, 태블릿 등의 단말기에서 쉽게 인터넷에 접속할 수 있다. 이 절에서는 회사나 집에서 사용할 수 있는 간단한 웹 서버를 만든다.

키워드 **웹 서버/플라스크**

사내 웹 서버를 어떻게 사용할까?

파이썬은 웹 서버를 간편하게 만들 수 있는 라이브러리를 제공한다. 웹 서버를 만들고 같은 네트워크에서만 접근할 수 있도록 설정하면 사내 웹 서버로 사용할 수 있다. 구체적으로는 자료 파일을 올려서 공유하거나 간단한 입력 폼을 만들어서 견적 계산 툴을 만들 수 있다.

또한 브라우저를 서버 PC를 조작하는 컨트롤러처럼 사용할 수도 있다. 예를 들어 사용자가 화면에서 버튼을 클릭하면, 5장에서 배운 메일 발송 스크립트를 실행해 특정 상대에게 메일을 보낸다. 또한 서버 PC에 적외선 리모컨 등을 연결한 뒤 브라우저를 통해 리모컨에 대응하는 기기를 조작할 수도 있다.

웹 서버용 플라스크 라이브러리

먼저 웹 서버 라이브러리를 설치해보자. 파이썬 웹 서버 라이브러리로는 플라스크Flask, 장고Django, 보틀Bottle 등이 있다. 이러한 라이브러리들을 웹 서비스용 기본 틀을 제공한다고 해서 **웹 프레임워크**라고 부른다. 여기서는 가장 간단하게 웹 서버를 만들 수 있는 **플라스크**를 사용한다. 4장에서 플라스크를 설치하지 않았다면 커맨드라인에서 다음 명령어를 실행해 플라스크 모듈을 설치하자.

```
pip install flask==2.1.1
```

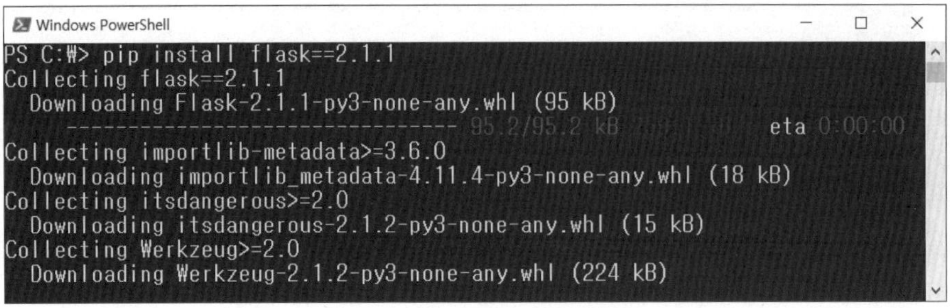

플라스크 설치

가장 간단한 웹 서버 만들기

먼저 가장 간단한 웹 서버를 만들어보자. 다음은 웹 브라우저에 'Hello!'라고 출력하는 프로그램이다.

src/ch6/flask_hello.py

```python
from flask import Flask

# Flask 객체 생성 --- ❶
app = Flask(__name__)

#'/'에 접근했을 때 --- ❷
@app.route("/")
def root():
    return "Hello!"

#'/test'에 접근했을 때 --- ❸
@app.route("/test")
def test():
    return "Test..."

# 웹 서버 실행 --- ❹
if __name__ == "__main__":
    app.run(debug=True, host='0.0.0.0', port=5000)
```

이 프로그램은 IDLE이 아닌 커맨드라인에서 실행하는 것을 권장한다. IDLE에서 프로그램을 실행하면 종료할 때 작업 관리자에서 파이썬 프로세스를 종료해야 한다. 커맨드라인에서 실행하면 Ctrl + C 키로 웹 서버를 종료할 수 있다. 다음 명령어를 커맨드라인에 입력하면 웹 서버가 실행된다. 파일 경로를 얻는 방법은 3-3절을 참고하자.

```
cd (flask hello.py가 있는 경로)
python3 flask_hello.py
```

웹 서버 실행

웹 서버를 실행했다면 브라우저를 열어서 주소창에 localhost:5000이라고 입력한다.

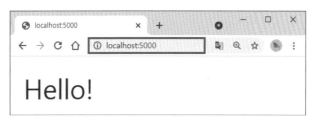

웹 브라우저의 출력 내용 확인

이어서 주소창에 localhost:5000/test라고 입력해보자. URL에 따라 화면이 변경되는 모습을 확인할 수 있다.

웹 브라우저의 화면 변경 확인

프로그램을 확인해보자. ❶에서는 Flask 객체를 생성한다. ❷에서는 웹 서버의 루트에 접근했을 때 root() 함수를 실행하도록 지정한다. 함수 위에 @으로 시작되는 부분은 **데커레이터**라고 부른다. 파이썬 데커레이터는 기존 함수에 추가 기능을 주입하는 기능이다. 플라스크에서 ABC() 함수 위에

@app.route("/abc")라고 작성하면, 브라우저에서 **서버 주소**/abc로 접근했을 때 ABC() 함수를 호출한다. root() 함수는 "Hello!"를 반환하므로 웹 브라우저에서 루트 /에 접근하면 'Hello!'가 표시된다. 이어서 ❸에서는 /test에 접근했을 때 'Test…'가 표시되도록 작성한다.

❹에서는 app.run() 메서드에 host, port, debug 인수를 전달한다. host='0.0.0.0'으로 지정하면 같은 네트워크에 연결된 다른 PC에서 이 웹 서버에 접근할 수 있다. host를 생략하면 기본 localhost로 지정되어 자신의 PC에서만 접근할 수 있는 웹 서버가 된다. port에는 플라스크 기본 포트인 5000를 지정했다. debug에는 True를 설정해 개발 환경으로 플라스크를 실행한다. 값을 생략하면 기본 True로 지정되어 운영 환경으로 실행된다.

플라스크에서 파일 공유하기

다음으로 플라스크로 파일을 공유하는 프로그램을 만들어보자. 그러려면 플라스크의 static 폴더를 사용한다. 플라스크에서 static 폴더는 미리 약속된 폴더로, 앱에 필요한 정적 파일을 보관하는 용도로 사용된다. 플라스크를 가동하면 static 폴더 하위에 있는 파일은 URL로 접근할 수 있기 때문에 파일 공유 용도로 사용할 수 있다. 파일을 공유하는 방법은 무척 간단하다.

1. 플라스크 앱을 생성하는 파일과 같은 경로에 static 폴더를 만든다.
2. 공유할 파일을 static 폴더에 넣는다.
3. 웹 서버를 켠다.
4. **서버 주소**/static/**파일이름**으로 접근한다.

앞에서 작성한 프로그램으로도 이 방법을 테스트할 수 있다. flask_hello.py와 같은 경로에 static 폴더를 만들고 a.txt, b.txt, c.txt라는 파일을 넣는다(이미 ch6 폴더에 생성되어 있다). 그리고 커맨드라인에서 웹 서버를 켠 뒤에 웹 브라우저에서 localhost:5000/static/a.txt에 접근해보자. a.txt의 내용이 브라우저에 표시되는 것을 확인할 수 있다.

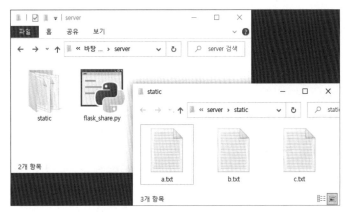

static 폴더에 파일 생성

하지만 이 방법으로는 개별 파일에 URL로 접근할 수 있을 뿐 staic 폴더 내의 파일 목록을 확인할 수는 없다. 다음 프로그램에서는 루트에 접근했을 때 바로 static 폴더 내의 파일을 확인할 수 있게 만들어보자.

src/ch6/flask_share.py

```python
from flask import Flask
import glob

# Flask 객체 생성--- ❶
app = Flask(__name__)

# '/'에 접근했을 때 --- ❷
@app.route("/")
def root():
    # 파일 목록 가져오기 --- ❸
    files = glob.glob('static/*')
    # HTML에 파일 링크 표시 --- ❹
    html = '<html><meta charset="utf-8"><body>'
    html += '<h1>파일 목록</h1>'
    for f in files:
        html += '<p><a href="{0}">{0}</a></p>'.format(f)
    html += '</body></html>'
    return html

# 웹 서버 실행 --- ❺
if __name__ == "__main__":
    app.run(debug=True, host='0.0.0.0', port=5000)
```

커맨드라인에서 다음 명령어를 입력해 프로그램을 실행한다.

```
cd (flask_share.py가 있는 경로)
python3 flask_share.py
```

그리고 웹 브라우저에서 localhost:5000에 접근한다. 화면에 static 폴더의 파일 링크가 표시된다.

static 폴더의 파일 목록 확인

프로그램을 확인해보자. ❶에서는 플라스크 앱을 생성한다. ❷에서는 웹 서버의 루트 /에 접근했을 때 root() 함수가 실행되도록 지정한다. ❸에서는 static 폴더에 있는 파일 목록을 가져온다. glob 모듈의 glob() 함수(3-2절 참고)를 사용하면 특정 경로의 파일 목록을 얻을 수 있다. ❹에서는 for 문을 이용해 파일 링크를 HTML 문자열에 추가한다. ❺에서는 웹 서버를 가동한다.

다른 PC에서 웹 서버에 접근하기

플라스크를 가동할 때 host='0.0.0.0'으로 지정하면 로컬 네트워크에 있는 다른 컴퓨터에서 이 웹 서버에 접근할 수 있다. 그러려면 웹 서버를 가동한 컴퓨터의 IP 주소를 알아야 한다. 먼저 OS별로 IP를 조사하는 방법을 알아보자.

윈도우에서 IP 확인

윈도우에서는 파워셸에서 다음 명령어를 실행한다.

```
ipconfig
```

명령어를 입력하면 파워셸에 주소 목록이 출력된다. 그중 현재 연결된 네트워크의 IPv4 주소 옆에 적힌 주소를 찾는다. 유선랜으로 연결되어 있다면 '이더넷 어댑터 로컬 영역 연결'을, 무선랜으로 연결되어 있다면 '무선 LAN 어댑터 Wi-Fi' 부분을 확인한다.

ipconfig 실행 결과

macOS에서 IP 확인

macOS에서는 터미널에서 다음 명령어를 실행한다.

```
ipconfig | grep 192
```

ipconfig만 입력하면 네트워크 환경의 정보가 모두 표시된다. 따라서 grep 명령어를 이용해 192로 시작하는 정보만 표시한다. 명령어를 입력하면 다음과 같이 출력된다.

```
jpubs-MacBook-Air:~ jpub$ ifconfig | grep 192
        inet 192.168.35.11 netmask 0xffffff00 broadcast 192.168.35.255
jpubs-MacBook-Air:~ jpub$
```

ifconfig 실행 결과

여기서 표시된 정보에서는 192.168.35.11이 이 PC의 IP 주소이다.

IP 주소를 확인할 수 없을 때

한편 앞의 방법으로 IP를 확인할 수 없는 경우도 있다. 이럴 때는 PC가 네트워크에 정상 접속되어 있는지 확인해보자. 또한 네트워크에 따라 LANlocal area network에 접근할 수 없고 광역 통신망 WANwide area network에만 연결할 수 있는 경우도 있다. 그럴 때는 네트워크 관리자에게 설정을 확인해야 한다.

IP 주소를 확인했다면

IP 주소를 확인했다면 같은 네트워크에 연결된 다른 PC를 통해 내 PC에서 가동한 웹 서버에 접근해보자. 다른 PC에서 웹 브라우저를 열고 주소창에 IP 주소와 포트를 입력한다. IP 주소가 192.168.35.179이고 포트 번호가 5000이라면 다음과 같이 입력한다.

```
http://192.168.35.179:5000
```

그러면 다음과 같이 파일 목록을 확인할 수 있다.

IP 주소를 지정해 접근

마무리

이 절에서는 플라스크를 이용해 웹 서버 작성 방법을 소개했다. 플라스크를 사용하면 10행 정도의 코드로 웹 서버를 가동할 수 있다. 이렇게 웹 서버를 올리면 간단하게 파일 공유를 할 수 있을 뿐만 아니라 웹 브라우저를 통해 다양한 처리를 실행할 수 있다.

> **TIP** **외부에서 안전하게 자신의 PC에 접속하려면?**
>
> 코로나 이후 원격 근무가 늘어남에 따라 자택에서 회사 PC로 가동 중인 서버에 접근할 일도 많아졌다. 이 절에서 만든 웹 서버를 사내뿐만 아니라 외부에서도 접속하고 싶다면 어떻게 해야 할까?
>
> 먼저 **VPN**virtual private network을 사용하면 쉽고 안전하다. VPN을 구축하면 그 네트워크에 접속한 PC끼리는 가상으로 같은 네트워크에 있는 것처럼 인식된다. VPN에 접속하면 마치 LAN 내의 머신처럼 접근할 수 있으므로 편리하다.
>
> 혹은 **ngrok**(http://ngrok.com/)를 사용할 수도 있다. ngrok는 자신의 PC를 일시적으로 외부에 공개하고 싶을 때 사용하는 서비스이다. ngrok 클라이언트를 PC에 설치하고 실행하면 랜덤 URL이 발행된다. 이를 통해 일시적으로 외부에서 그 PC에 접근할 수 있다.
>
> 만약 VPS(가상 전용 서버) 등을 이용한다면 SSH 포트포워딩(터널링) 기능을 이용해 ngork와 같은 기능을 구현할 수 있다. 흥미가 있다면 조사해보자.

6-2 대화상자 활용하기

대응 OS 윈도우/macOS/리눅스 **난이도** ★☆☆☆☆

프로그램을 만들다 보면 번호를 입력하거나 파일을 선택하는 등의 인터페이스가 필요할 때가 있다. 이처럼 상호작용이 필요한 작업을 할 때는 대화상자를 활용할 수 있다.

키워드 **대화상자/tkinter/GUI**

대화상자

대화상자dialog(다이얼로그)란 메시지를 표시하거나 파일 및 폴더를 선택할 때 띄우는 작은 창을 말한다.

그중 프로그램의 진행을 막고 정보를 표시하는 대화상자를 모달 대화상자modal dialog라고 한다. 프로그램 진행 중에 경고창을 띄우거나 필수 데이터를 입력받을 때처럼 사용자와의 상호작용이 필요할 때 유용하다. 모달 대화상자를 사용하면 프로그램을 순차적으로 진행할 수 있고 실행 흐름이 간결해지는 장점이 있다.

tkinter 라이브러리

tkinter는 파이썬에서 GUI 프로그램을 만들 때 사용하는 표준 라이브러리이다. tkinter는 Tk interface의 줄임말로, 크로스 플랫폼 GUI 툴킷인 Tcl/Tk에 관한 파이썬 인터페이스이다. tkinter를 사용하면 윈도우에 버튼, 라벨, 메뉴 등의 위젯을 추가해 데스크톱 앱을 만들 수 있다. 파이썬 IDLE 또한 파이썬 tkinter 툴킷으로 만들어진 앱이다.

이 절에서는 tkinter 라이브러리를 활용해 모달 대화상자를 만드는 방법을 소개한다. 구체적으로는 tkinter의 세 가지 모듈인 메시지박스(`messagebox`) 모듈, 심플다이얼로그(`simpledialog`) 모듈, 파일다이얼로그(`filedialog`) 모듈의 사용법을 살펴본다.

메시지박스 모듈

메시지박스 모듈은 정보 및 질문 대화상자를 만드는 함수를 제공한다. 대화상자 종료 시에는 사용자가 선택한 버튼에 따라 `True`, `False`, `OK`, `None`, `Yes`, `No` 중 하나를 반환한다.

정보 대화상자

메시지박스 모듈에서 정보 대화상자를 생성할 때는 show***() 형식의 함수를 사용한다. 종류에 따라 정보·경고·에러 아이콘과 함께 메시지를 보여준다.

함수명	대화상자 종류
messagebox.showinfo(title, message)	
messagebox.showwarning(title, message)	
messagebox.showerror(titile, message)	

정보 메시지를 표시하는 대화상자를 만들어보자.

src/ch6/dialog_showinfo1.py

```python
# tkinter 불러오기 --- ①
import tkinter.messagebox as mb

# 메시지 표시 --- ②
mb.showinfo("격언", "두 번 일어난 일은 세 번도 일어난다")
```

IDLE에서 프로그램을 실행하면 다음과 같이 대화상자가 뜬다. OS마다 모양은 조금씩 다르지만 타이틀과 메시지가 대화상자에 표시된다는 점은 같다.

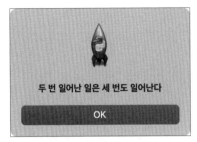

정보 대화상자(macOS)

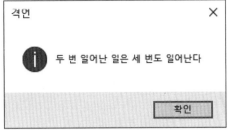

정보 대화상자(윈도우)

프로그램을 확인해보자. ❶에서는 `tkinter` 패키지의 `messagebox` 모듈을 불러온다. ❷에서는 `showinfo()` 함수를 사용해 다이얼로그를 표시한다. 이때 타이틀과 메시지를 인수로 전달한다.

tkinter 창 숨기기

앞의 프로그램을 실행하면 대화상자와 함께 다음 그림과 같은 의미 없는 루트 tkinter 창이 표시된다.[1]

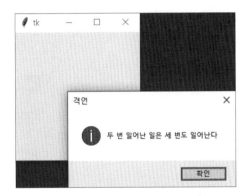

대화상자와 함께 표시되는 tkinter 창

이때 다음과 같이 선언을 추가하면 tkinter 창을 숨길 수 있다.

src/ch6/dialog_showinfo2.py

```
import tkinter as tk
import tkinter.messagebox as mb

# tkinter 창 숨기기 --- ❶
tk.Tk().withdraw()

# 메시지 표시 --- ❷
mb.showinfo("격언", "두 번 일어난 일은 세 번도 일어난다")
```

1 　[옮긴이] 파이썬 3.10 이후로는 루트 창을 명시적으로 호출하지 않으면 자동으로 뜨지 않는다.

프로그램을 살펴보자. ❶에서는 tkinter 창을 숨기도록 지정한다. 그리고 ❷에서 메시지를 표시한다. 한편 이 프로그램의 import 문에는 as tk, as mb와 같이 as를 사용했다. 이렇게 지정하면 모듈명 tkinter를 tk로 간략하게 작성할 수 있어서 간편하다.

질문 대화상자

질문 대화상자는 사용자에게 특정 처리를 실행할지 물어볼 때 유용하게 사용된다. 질문 대화상자를 생성하는 함수는 ask***()와 같은 형식이다. 함수에 따라 버튼 조합이 달라지는데, 함수 이름에서 버튼의 종류를 확인할 수 있다.

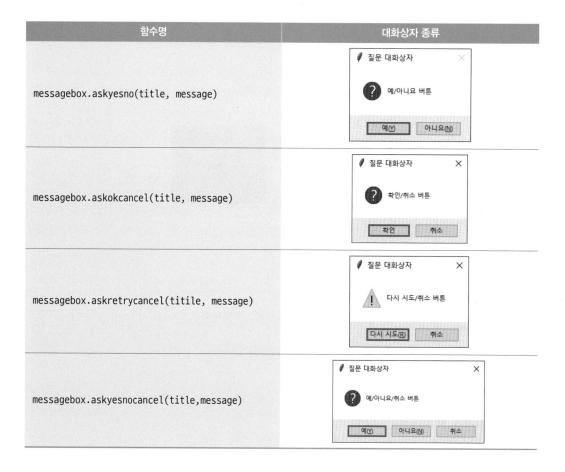

함수명	대화상자 종류
messagebox.askyesno(title, message)	
messagebox.askokcancel(title, message)	
messagebox.askretrycancel(titile, message)	
messagebox.askyesnocancel(title,message)	

다음은 질문 대화상자를 사용해 처리를 실행할지 질문하는 프로그램이다.

src/ch6/dialog_askyesno.py

```
import tkinter as tk
import tkinter.messagebox as mb
```

```
# 창 숨기기 --- ❶
tk.Tk().withdraw()

# 질문 대화상자 표시 --- ❷
yesno = mb.askyesno('질문', '처리를 실행하시겠습니까?')

# 유저의 응답에 따라 다르게 작동한다. --- ❸
if yesno:
    mb.showinfo('예를 선택', '실행 완료')
else:
    mb.showinfo('아니요를 선택', '실행하지 않음')
```

프로그램을 실행하면 다음 그림과 같이 질문 대화상자가 표시된다.

질문 대화상자(윈도우)

macOS에서는 [Yes]와 [No] 버튼이 표시된다.

질문 대화상자(macOS)

프로그램을 확인해보자. ❶에서는 사용하지 않는 창을 숨긴다. ❷에서는 askyesno() 함수를 이용해 질문 대화상자를 표시한다. 그 뒤에는 if 문에서 사용자가 선택한 버튼에 따라 분기해 다른 정보 메시지를 띄운다.

심플다이얼로그 모듈

심플다이얼로그 모듈은 사용자로부터 값을 입력받는 입력 대화상자를 제공한다. 다음 표와 같이 실수, 정수, 문자열을 입력받을 수 있다. 함수를 호출할 때는 타이틀(title), 메시지(message), 초깃값(initialvalue)을 설정한다. 이때 초깃값 인수는 생략할 수 있다.

함수명	대화상자 종류
simpledialog.askfloat(title, message, initialvalue=초깃값)	실수 입력
simpledialog.askinteger(title, message, initialvalue=초깃값)	정수 입력
simpledialog.askstring(title, message, initialvalue=초깃값)	문자열 입력

여기서는 문자열 입력 대화상자를 만들어보자.

문자열 입력 대화상자

심플다이얼로그 모듈의 askstring() 함수를 사용하면 이름이나 아이디 등 문자열을 입력받을 수 있다. 다음은 대화상자에서 이름을 입력받고 인사 메시지를 띄우는 프로그램이다.

src/ch6/dialog_input.py

```
import tkinter as tk
import tkinter.messagebox as mb
import tkinter.simpledialog as sd

# tkinter 창 숨기기
win = tk.Tk().withdraw()

# 문자열 입력 대화상자에서 이름 받기 --- ❶
name = sd.askstring(
    '성명 입력', '성명을 입력해주세요.\n(미입력 시 종료)',
    initialvalue='제이펍')
if name == '' or name == None: quit()

# 이름을 사용해 인사하기 --- ❷
mb.showinfo('인사', name + '님 안녕하세요.')
```

프로그램을 실행하면 다음과 같은 대화상자가 나타난다.

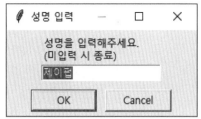
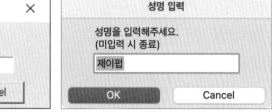

문자열 입력 대화상자(윈도우)	문자열 입력 대화상자(macOS)

프로그램을 확인해보자. ❶에서는 문자열을 입력받는다. 만약 이름을 입력하지 않거나 대화상자를 닫으면 프로그램을 종료한다. 이때 askstring() 함수에서 초깃값을 지정하는 initialvalue는 생략할 수 있다. ❷에서는 입력받은 문자열을 사용해서 인사하는 대화상자를 띄운다.

파일다이얼로그 모듈

파일다이얼로그 모듈을 사용하면 파일 및 폴더를 선택하는 대화상자를 띄울 수 있다. 다음 표에는 대화상자를 생성하는 함수를 정리했다.

평소 사용하던 프로그램을 관찰해보면 다음 함수를 이해하기 쉽다. 메모장에서 [파일 〉 열기] 메뉴를 선택하면 '열기' 대화상자가 뜬다. 반대로 데이터를 새 파일로 저장할 때는 '다른 이름으로 저장' 대화상자가 뜬다. 따라서 파일 선택 함수는 '열기'와 '저장' 두 종류가 제공된다. 그리고 폴더 선택 함수로는 '열기' 함수가 제공된다.

또한, 파일 선택 함수 중에는 파일 객체를 반환하는 함수도 있고 파일 경로를 반환하는 함수도 있다. 폴더 선택 함수는 폴더의 경로를 반환한다. 이 절에서는 파일과 폴더의 경로를 반환하는 함수 위주로 살펴본다. 만약 사용자가 파일·폴더 선택을 취소하면 빈 문자열이 반환된다.

함수 종류	반환 결과	함수명
파일 열기	파일 객체 (읽기 전용)	filedialog.askopenfile()
	파일 경로	filedialog.askopenfilename()
다른 이름으로 저장	파일 객체 (쓰기 전용)	filedialog.asksaveasfile()
	파일 경로	filedialog.asksaveasfilename()
폴더 선택	파일 경로	filedialog.askdirectory()

앞의 함수에 지정할 수 있는 인수는 다음과 같다.

- title: 창 타이틀
- initialdir: 초기 폴더
- initialfile: 초기 선택 파일
- filetypes: 선택할 파일 타입
- defaultextension: 초기 파일 확장자(저장 대화상자)

파일 선택 대화상자

파일 선택 다이얼로그를 표시할 때는 askopenfile() 함수를 사용한다. 이 함수는 사용자가 선택한 파일의 절대 경로(3-4절 칼럼 참고)를 반환한다. 유저가 [취소] 버튼을 눌렀을 때는 빈 문자가 반환된다.

src/ch6/dialog_select_file1.py

```python
import tkinter as tk
import tkinter.messagebox as mb
import tkinter.filedialog as fd

# tkinter 창 숨기기
tk.Tk().withdraw()

# 파일 선택 대화상자 띄우기 --- ❶
filepath = fd.askopenfilename()

# 결과 표시 --- ❷
mb.showinfo('선택 파일', filepath)
```

프로그램을 실행하면 다음과 같이 파일 선택 대화상자가 나타난다. 파일을 선택한 상태에서 더블클릭하면 파일 경로를 알려주는 대화상자가 추가로 뜬다.

파일 선택 대화상자(윈도우)

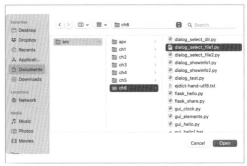

파일 선택 대화상자(macOS)

프로그램을 확인해보자. ❶에서는 askopenfilename를 호출해 파일 선택 대화상자를 띄운다. ❷에서는 '선택 파일'이라는 이름의 정보 대화상자를 띄워서 유저가 선택한 파일의 절대 경로를 표시한다.

파일 선택 대화상자의 초깃값 지정하기

파일 선택 대화상자를 사용할 때는 선택할 폴더와 확장자가 정해져 있는 경우가 많다. 대화상자에서 ch6 폴더의 .py 파일을 선택하려 하는데 매번 바탕화면의 모든 파일을 보여준다면 상당히 번거롭다. 여기서는 대화상자를 띄울 때 나타나는 초기 폴더 및 파일 종류를 지정해보자.

다음은 프로그램이 있는 폴더를 초기 폴더로 삼아 파이썬 파일을 선택하는 프로그램이다.

src/ch6/dialog_select_file2.py

```python
import tkinter as tk
import tkinter.messagebox as mb
import tkinter.filedialog as fd

# tkinter 창 숨기기
tk.Tk().withdraw()

# 초기 폴더 및 확장자 지정 --- ❶
filepath = fd.askopenfilename(
    filetypes=[('Python 파일','*.py')],
    initialdir='./')

# 결과 표시
mb.showinfo('선택 파일', filepath)
```

프로그램을 실행하면 다음과 같은 파일 선택 대화상자가 나타난다. 파일을 하나 선택하면 '파일 이름' 란에 해당 파일명이 표시된다. [열기] 버튼을 누르면 '선택 파일'이라는 이름의 정보 대화상자를 띄워서 유저가 선택한 파일의 절대 경로를 표시한다.

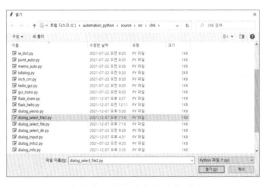

파일 선택 대화상자 초깃값 지정

프로그램을 확인해보자. ❶에서는 `askopenfilename()` 함수를 호출한다. 함수를 호출할 때 `filestypes` 인수를 지정하면 대화상자에 표시될 파일의 확장자를 지정할 수 있다. `filestypes` 인수를 지정할 때는 [(라벨, 패턴), (라벨, 패턴)...]과 같이 튜플(부록 A-3 참고)의 리스트를 부여한다. `initialdir` 인수에는 초기 폴더를 지정한다. 여기서는 실행 프로그램이 있는 폴더를 상대 경로로 지정했다.

폴더 선택 대화상자

다음으로는 폴더를 선택하는 대화상자를 사용해보자.

src/ch6/dialog_select_dir.py

```python
import tkinter as tk
import tkinter.messagebox as mb
import tkinter.filedialog as fd

# tkinter 창 숨기기
tk.Tk().withdraw()

# 폴더 선택 대화상자 띄우기 --- ❶
dirpath = fd.askdirectory(
    title='폴더를 지정해주세요',
    initialdir='./')

# 결과 표시
mb.showinfo('선택 폴더', dirpath)
```

프로그램을 실행하면 폴더 선택 대화상자가 표시된다. 폴더를 선택하고 [폴더 선택] 버튼을 클릭하면 '선택 폴더'라는 이름의 정보 대화상자를 띄워서 폴더의 절대 경로를 알려준다.

폴더 선택 대화상자(윈도우)   폴더 선택 대화상자(macOS)

여러 대화상자를 모듈로 만들기

지금까지 다양한 대화상자의 사용법을 살펴봤다. 그런데 대화상자를 사용할 때마다 tkinter 등 관련 모듈을 임포트해야 하는 점이 다소 번거롭다. 이 과정을 단축시키고자 필자는 자체 모듈을 만들어서 대화상자가 필요할 때 복사해서 사용한다.

src/ch6/dialog_module.py

```python
# 간단히 사용할 수 있는 대화상자를 정리한 모듈
import tkinter as tk
import tkinter.messagebox as mb
import tkinter.filedialog as fd
import tkinter.simpledialog as sd

# tkinter 창 숨기기
tk.Tk().withdraw()

# 정보 대화상자
def info(message, title='정보'):
    mb.showinfo(title, message)

# 경고 대화상자
def warning(message, title='경고'):
    mb.showwarning(title, message)

# 질문 대화상자
def yesno(message, title='질문'):
    return mb.askyesno(title, message)

# 입력 대화상자
def input(message, title='입력', value=''):
    return sd.askstring(
        title, message,
        initialvalue=value)

# 파일 선택 대화상자
def select_file(initdir='./'):
    return fd.askopenfilename(
        initialdir=initdir)

# 파일 저장 대화상자
def select_savefile(initdir='./'):
    return fd.asksaveasfilename(
        initialdir=initdir)

# 폴더 선택 대화상자
def select_dir(initdir='./'):
```

```
        return fd.askdirectory(
            initialdir=initdir)
```

이 모듈을 사용할 때는 메인 프로그램과 같은 폴더에 복사한다. 그리고 메인 프로그램의 선언부에
다음과 같이 import dialog_module를 작성한다.

src/ch6/dialog_test.py

```
import dialog_module as dm

# 입력 대화상자 --- ❶
name = dm.input('성명을 입력해주세요')
if name == None or name=='':
    dm.info('성명 미입력 : 중지했습니다')
    quit()

# 질문 대화상자 --- ❷
if not dm.yesno(name+'님, 파일을 선택하시겠습니까?'):
    dm.info('파일 선택 취소 : 중지했습니다')
    quit()

# 파일 선택 대화상자 --- ❸
dm.info('파일을 선택해주세요')
fname = dm.select_file()
if fname == None or fname=='':
    dm.info('파일 선택하지 않음')
else :
    dm.info('선택 파일:' + fname)
```

이 프로그램을 실행하면 대화상자가 여러 개 표시된다.

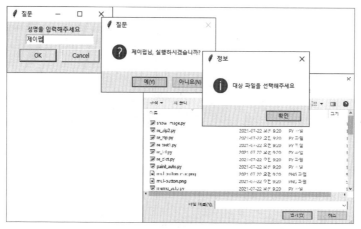

다양한 대화상자 사용하기

프로그램을 확인해보자. ❶에서는 입력 대화상자에서 이름을 입력받는다. 이때 이름을 입력하지 않으면 프로그램이 종료된다. ❷에서는 질문 대화상자로 파일을 선택할지 질문한다. 이때 [아니요]를 선택하면 프로그램이 종료된다. ❸에서는 파일 선택 대화상자를 띄운다. 파일을 선택하면 정보 대화상자로 파일 경로를 띄우고, 선택하지 않으면 정보 대화상자로 '파일 선택하지 않음'이라는 문구를 띄운다.

마무리

이 절에서는 편리한 모달 대화상자에 대해서 소개했다. 보통 tkinter을 사용한 GUI 프로그램은 사용자가 컴포넌트를 조작할 때 이벤트가 발생한다. 따라서 버튼을 클릭했을 때나 에디터에 문자를 입력했을 때처럼 이벤트가 발생할 때마다 처리 함수를 만드므로, 분기 처리 때문에 프로그램이 복잡해진다. 하지만 모달 대화상자를 표시하면 유저의 조작이 완료될 때까지 프로그램의 실행을 중지하기 때문에 프로그램의 흐름이 간결해진다.

특히 마지막에 소개한 dialog_module.py 모듈에서는 기본적인 대화상자를 망라했다. 이 모듈에 다른 함수를 추가하거나 인수를 조정하는 등 각자의 필요에 따라 수정해서 사용해보자. 반복 작업에서 자주 사용하는 함수를 본인 나름대로 정리해두면 작업 효율이 높아진다.

데스크톱 앱 만들기

파이썬을 사용하면 간편하게 데스크톱 앱을 만들 수 있다. **tkinter** 라이브러리와 **PySimpleGUI** 라이브러리를 이용해 크로스플랫폼에 대응하는 앱을 만들어보자.

키워드 **GUI/tkinter/PySimpleGUI**

PySimpleGUI 라이브러리

6-2절에서 살펴본 tkinter 라이브러리만으로도 데스크톱 앱을 만들 수 있지만, **PySimpleGUI** 라이브러리를 함께 사용하면 더욱 간편하게 화면을 만들 수 있다. PySimpleGUI는 tkinter 툴킷을 더욱 편리하게 사용할 수 있도록 래핑한 라이브러리이다. 이 절에서는 PySimpleGUI 라이브러리를 이용해 데스크톱 앱을 만들어보자.

커맨드라인에서 다음 명령을 실행해 PySimpleGUI 라이브러리를 설치한다.

```
pip install pysimplegui
```

다음은 윈도우에서 PySimpleGUI를 설치한 화면이다.

PySimpleGUI 라이브러리 설치

가장 간단한 데스크톱 앱 만들기

먼저 간단한 데스크톱 앱을 만들어보자. 다음은 버튼을 누르면 IDLE 셸 창에 메시지가 출력되는 프로그램이다.

src/ch6/gui_hello.py

```python
import PySimpleGUI as sg

# 화면 레이아웃 구성 --- ❶
layout = [
    [sg.Text('간단한 GUI 앱입니다.')],
    [sg.Text('버튼을 클릭해보세요.')],
    [sg.Button('Hello'), sg.Button('Close')]
]
# 창 생성 --- ❷
window = sg.Window('샘플', layout, size=(200, 100))

# 이벤트 루프 작성 --- ❸
while True:
    # 이벤트에 대한 매개변수 얻기 --- ❸a
    event, values = window.read()
    # 버튼 클릭 이벤트 처리--- ❸b
    if event in ('Exit', 'Quit', None): break # 창 종료 버튼 클릭
    if event == 'Hello': print('Hello 버튼 클릭')
    if event == 'Close': print('Close 버튼 클릭'); break

# 창 닫기 --- ❹
window.close()
```

IDLE에서 프로그램을 실행해보자. 다음과 같은 창이 실행되고 화면에 두 줄의 메시지와 두 개의 버튼이 표시된다. [Hello] 버튼을 누르면 IDLE 셸 창에 'Hello 버튼 클릭'이라고 출력된다. [Close] 버튼을 누르면 IDLE 셸 창에 'Close 버튼 클릭'이라고 출력된 뒤, 창이 닫히고 프로그램이 종료된다.

간단한 GUI 앱(윈도우)　　　　　간단한 GUI 앱(macOS)

프로그램을 확인해보자. 이 프로그램은 크게 '레이아웃 구성, 창 생성, 이벤트 루프 작성'으로 이루어진다. 이 절의 다른 프로그램도 거의 같은 구조로 작성되었다.

❶에서는 창의 레이아웃을 구성한다. 레이아웃을 구성하는 부품들을 **요소**element라고 한다. 여기서는 텍스트 요소(sg.Text('텍스트'))와 버튼 요소(sg.Button('버튼 텍스트'))를 사용했다. 레이아

옷에는 요소들을 2차원 리스트(부록 A-3 참고) 형태로 나열한다. 여기서 나열한 2차원 구조가 그대로 창에 반영된다.

❷에서는 Window() 함수로 창을 생성한다. Window() 함수 인수로는 생성할 창의 타이틀, 레이아웃, 사이즈 등을 지정할 수 있다.

❸에서는 창의 이벤트를 처리하기 위해 while 문(부록 A-2 참고)으로 이벤트 루프를 작성한다. 이벤트가 발생되면 ❸a에서 read() 함수가 호출된다. read() 함수는 길이가 2인 튜플값을 반환하므로 event, values 변수에 값을 저장한다. event 변수에는 발생한 이벤트의 이름이 저장된다(values 변수에 관해서는 다음 프로그램에서 다시 살펴보자). 버튼 클릭 이벤트가 발생하면 event 변수에는 버튼의 키가 전달된다. 이 프로그램처럼 버튼의 키를 별도로 지정하지 않으면 버튼의 텍스트('Hello', 'Close')가 키로 지정된다. 만약 버튼을 생성할 때 sg.Button('버튼 텍스트', key='키')의 형태로 키를 지정했다면 해당 키가 event에 전달된다.

❸b 이하에서는 클릭한 버튼의 종류에 따라 if 문으로 분기해 각각의 처리를 작성한다. [Hello]나 [Close] 버튼을 누르면 둘 다 셸 창에 메시지를 출력하지만, [Hello] 버튼 처리에는 break가 없으므로 루프를 빠져나가지 않는다.

창 종료 버튼이나 [Close] 버튼으로 루프를 빠져나가면 ❺에서 창을 닫는다.

단위 변환 툴 만들기

좀 더 실용적인 툴을 만들어보자. 보통 모니터의 크기를 표시할 때 **인치** 단위를 사용하는데 1인치는 2.54센티미터이다. 두 단위를 변환하는 프로그램을 만들어보자.

src/ch6/gui_inch_cm.py

```python
import PySimpleGUI as sg

# 화면 레이아웃 구성 --- ❶
layout = [
    [sg.Text('인치를 센티미터로 변환하기')],
    [sg.Text('인치'), sg.InputText(key='inch')], #--- ❶a
    [sg.Button('변환')],
    [sg.Text('---', key='info', size=(40,1))],
]
# 창 생성
window = sg.Window('인치→센티미터 변환', layout)

# 이벤트 루프 작성 --- ❷
while True:
```

```
    # 이벤트에 대한 매개변수 얻기 --- ❷ⓐ
    event, values = window.read()
    if event in ('Exit', 'Quit', None): break # 창 종료 버튼
    # 변환 버튼 클릭 --- ❸
    if event == '변환':
        inch = float(values['inch']) #--- ❸ⓐ
        cm = inch * 2.54
        s = '{0}inch = {1}cm'.format(inch, cm)
        # 텍스트 갱신 --- ❸ⓑ
        window['info'].update(s)

# 창 닫기
window.close()
```

IDLE에서 프로그램을 실행하면 다음과 같은 창이 뜬다. 입력란에 숫자를 입력하고 [변환] 버튼을 누르면 버튼 아래에 변환 결과가 표시된다. 화면 오른쪽 위의 [x]를 클릭하면 프로그램이 종료된다.

단위 변환 앱(윈도우)

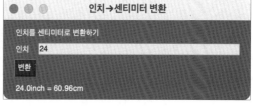

단위 변환 앱(macOS)

프로그램을 확인해보자. ❶에서는 화면 레이아웃을 구성한다. 여기서는 sg.Text(…)로 텍스트를, sg.InputText(…)로 입력박스를, sg.Button(…)으로 버튼을 지정했다.

❷에서는 이벤트 루프를 작성한다. 창 내의 요소에 대해 어떤 조작을 하면 ❷ⓐ의 read() 함수를 통해 event와 values 값을 얻을 수 있다. event에는 이벤트 이름이 반환된다. values에는 창의 입력 요소에 대한 키와 값이 딕셔너리 형태로 반환된다.

❸에서는 [변환] 버튼을 클릭했을 때의 처리를 기술한다. 예를 들어 입력박스에 24를 입력하고 [변환] 버튼을 눌렀다고 가정해보자. event에는 문자열 '변환'이, values에는 딕셔너리 {'inch': '24'} 가 반환된다. ❸ⓐ에서는 values 딕셔너리에서 키를 inch로 지정해 입력값을 얻고 실수로 변환한다. 그리고 2.54를 곱해 센티미터값을 얻고 변환 결과를 문자열로 만든다.

❸ⓑ에서는 키를 info로 지정한 텍스트 요소에 작성한 문자열을 반영한다. window['info']는 창 내에서 info라는 키를 가진 요소에 접근하는 방법이다. 여기서는 텍스트 요소에 대해 update() 함수를 호출해 텍스트 요소의 값을 갱신한다.

다양한 GUI 요소 사용하기

PySimpleGUI 라이브러리에서 제공하는 요소를 조합하면 다양한 GUI 화면을 만들 수 있다. 요소를 생성할 때는 다양한 속성을 지정할 수 있다. 다음은 PySimpleGUI의 공식 문서 중 체크박스 요소의 정의 부분이다.

```
Checkbox(text,
    default = False,
    size = (None, None),
    s = (None, None),
    auto_size_text = None,
    font = None,
    background_color = None,
    text_color = None,
    checkbox_color = None,
    change_submits = False,
    enable_events = False,
    disabled = False,
    key = None,
    k = None,
```

```
        pad = None,
        p = None,
        tooltip = None,
        right_click_menu = None,
        expand_x = False,
        expand_y = False,
        visible = True,
        metadata = None)
```

지정할 수 있는 인수가 상당히 많다. 각 요소마다 개별적인 속성도 있고, 대부분의 요소가 공통적으로 가지는 속성도 있다. 공통적인 속성으로는 key='키 이름', size=(폭, 높이), font=('폰트 명', '폰트 사이즈') 등이 있다. 요소들의 자세한 사용법은 다음 공식 문서를 참조하자.

▌ **PySimpleGUI 공식 문서**
https://pysimplegui.readthedocs.io/

이처럼 인수의 종류가 많지만, 실제로 자주 쓰이는 인수는 앞쪽에 위치한다. 따라서 앞쪽은 위치 인수 방식으로 지정하고, 뒤쪽은 키워드 인수 방식으로 지정하면 편리하다. 다만 위치 인수와 키워드 인수를 섞어서 쓰면 에러가 발생하니 주의하자(부록 A-4 참고).

```
sg.Checkbox('체크박스 텍스트', True, key='cb') # 정상 작동
sg.Checkbox(text='체크박스 텍스트', True, key='cb') # 에러
```

다음은 PySimpleGUI 라이브러리의 주요 요소와 앞쪽에 나오는 인수를 정리한 표이다. …으로 표시한 부분은 뒤에 더 많은 인수가 정의되어 있다는 뜻이다. 또한 표에 표기한 인수 중 초깃값이 설정되지 않은 인수는 반드시 지정해야 한다.

요소	생성 방법	인수의 용도
텍스트	sg.Text(text = "", …)	text: 표시할 텍스트
버튼	sg.Button(button_text = "", …)	button_text: 버튼 텍스트
입력박스	sg.InputText(default_text = "", …)	default_text: 입력박스의 초기 텍스트
체크박스	sg.Checkbox(text, default = False, …)	text: 체크박스 라벨 default: Bool로 표시된 초깃값(체크 여부)
라디오	sg.Radio(text, group_id, default = False, …)	text: 라디오 라벨 group_id: 같은 라디오 그룹을 묶는 ID dufault: Bool로 표시된 초깃값(선택 여부)
스핀	sg.Spin(values, initial_value = None, …)	values: 튜플·리스트로 표현된 데이터 initial_value: 초기 선택 데이터

요소	생성 방법	인수의 용도
리스트박스	sg.Listbox(values, default_values = None, …)	values: 튜플·리스트로 표현된 데이터 default_values: 초기 선택 데이터
콤보박스	sg.Combo(values, default_value = None, …)	values: 튜플·리스트로 표현된 데이터 default_values: 초기 선택 데이터
슬라이더	sg.Slider(range = (None, None), default_value = None, …)	range: 길이가 2인 튜플로 표현된 최댓값, 최솟값(정수 또는 실수) default_value: 초기 시작 지점
프레임	sg.Frame(title, layout, …)	title: 프레임 상단 타이틀 layout: 2차원 리스트로 표시된 데이터
테이블	sg.Table(values, headings = None, …)	values: 2차원 리스트로 표시된 데이터 headings: 리스트로 표현된 테이블 헤딩

간단히 몇 개의 요소를 사용해 화면을 만들어보자. 다음 프로그램에서는 요소를 생성할 때 데이터나 초깃값은 위치 인수 방식으로 작성했다. 그 외의 사이즈 또는 개별 인수는 키워드 인수 방식으로 작성했다.

src/ch6/gui_elements.py

```
import PySimpleGUI as sg
from datetime import datetime

# 화면 레이아웃 구성 --- ❶
layout = [
    [sg.Frame('입력', size= (200, 280), layout=[
        [sg.Text('0'),sg.InputText('초기 텍스트', size=(20,1))],
        [sg.Text('1'),sg.Checkbox('체크박스', True)],
        [sg.Text('2'),sg.Radio('라디오', group_id='gid')],
        [sg.Text('3'),sg.Spin([i for i in range(1, 100)], 5, size=(20, 1))],
        [sg.Text('4'),sg.Listbox(['Listbox'+str(i) for i in range(1,10)],'Listbox1',
                            size=(20,3))],
        [sg.Text('5'),sg.Slider((1,100), 5, orientation='h')],
        [sg.Text('6'),sg.Combo(('Combobox 1', 'Combobox 2'), 'Combox1', size=(20, 1))]
      ]),
    sg.Frame('결과', size= (200, 280), layout=[
        [sg.Text('0. InputText:'), sg.Text('-----', key='re0')],
        [sg.Text('1. Checkbox:'), sg.Text('-----', key='re1')],
        [sg.Text('2. Radio:'), sg.Text('-----', key='re2')],
        [sg.Text('3. Spin:'), sg.Text('-----', key='re3')],
        [sg.Text('4. Listbox:'), sg.Text('-----', key='re4')],
        [sg.Text('5. Slider:'), sg.Text('-----', key='re5')],
        [sg.Text('6. Combobox:'), sg.Text('-----', key='re6')],
      ]),
```

```
    ],
    [sg.Button('값 표시')],
]
# 창 생성
window = sg.Window('다양한 입력 요소', layout)

# 이벤트 루프 작성 --- ❷
while True:
    event, values = window.read()
    if event in ('Exit', 'Quit', None): break
    # 버튼 클릭 시 결과 출력 --- ❸
    if event == '값 표시':
        print(event, values) #--- ❸ⓐ
        for i in range(7):
            window['re'+str(i)].update(values[i]) #--- ❸ⓑ

# 창 닫기
window.close()
```

프로그램을 실행하면 다양한 입력 요소 7개로 구성된 창이 나타난다. [값 표시] 버튼을 클릭하면 오른쪽에 입력 요소의 값이 표시된다.

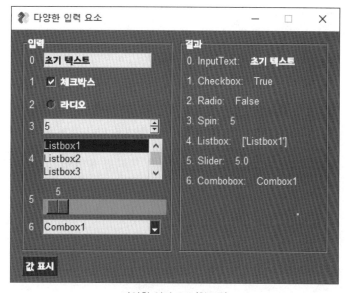

다양한 입력 요소(윈도우)

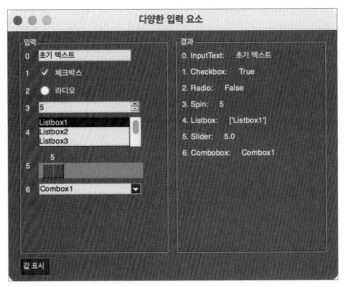

다양한 입력 요소(macOS)

프로그램을 확인해보자. ❶에서는 다양한 요소를 사용한 레이아웃을 지정했다. 프레임 요소의 layout 인수는 Window 객체의 layaout을 지정할 때와 마찬가지로 2차원 리스트가 들어간다. 여기서는 두 개의 Frame을 사용해 입력 요소와 결과를 반영할 요소를 구분했다.

입력 요소마다 앞에 매긴 번호는 각 요소의 키를 표시한 것이다. 이벤트가 발생해 read() 함수가 호출되면 입력 요소의 키와 값이 values 딕셔너리로 반환된다는 점은 앞에서 설명했다. 그런데 만약 입력 요소에 키가 지정되어 있지 않다면 레이아웃에 나타난 순서대로 0부터 정수 키가 지정된다. 그래서 이 창에서는 차례대로 InputText 요소의 키는 0, Checkbox는 1, ⋯ 과 같이 키가 지정된다. 결과 프레임 내의 요소에는 re + 반영할 요소의 정수 키 형태로 키를 지정했다.

❷에서는 이벤트 루프를 작성하고 ❸에서는 버튼 클릭 시 결과를 출력한다. ❸ⓐ에서는 [값 표시] 버튼을 클릭했을 때의 처리를 작성한다. 버튼을 클릭하면 먼저 현재 event와 values 변수를 출력한다. 초깃값을 변경하지 않았다면 결과는 다음과 같다. values를 살펴보면 입력 요소의 순서대로 정수 키가 부여된 것을 확인할 수 있다.

```
값 표시 {0: '초기 텍스트', 1: True, 2: False, 3: 5, 4: ['Listbox1'], 5: 5.0, 6: 'Combox1'}
```

❸ⓑ에서는 values 딕셔너리에서 키를 조회해 각 요소의 값을 가져온다. 그리고 이 값을 re + 숫자 키 형태로 키를 지정한 각 요소에 반영한다.

창의 ⓧ 버튼을 누르면 event 변수가 None이 되고 루프에서 빠져나와 프로그램이 종료된다.

디지털시계 만들기

초마다 화면이 변하는 디지털시계를 만들어보자. GUI 프로그램에는 사용자가 화면을 조작할 때 일어나는 이벤트마다 어떤 처리를 할지 기술한다. 예를 들어 유저가 버튼을 클릭했을 때 텍스트를 변경하는 식이다.

PySimpleGUI에서는 while 문 내의 read() 함수를 사용해 이벤트를 구한다. 유저가 화면을 조작하면 read() 함수에서 이벤트에 관한 정보를 반환한다. 따라서 이벤트가 일어나지 않으면 read() 함수에서 프로그램이 멈춘 채로 대기한다.

하지만 시계처럼 외부 조작 없이 1초마다 화면을 갱신해야 할 때는 이벤트가 일어날 때까지 프로그램이 멈춰있으면 안 된다. 따라서 read() 함수를 호출할 때 timeout 인수를 지정해 이벤트가 일어나지 않아도 read() 함수를 종료하도록 한다.

다음은 디지털시계를 만드는 프로그램이다. 방금 설명한 점에 주목해 프로그램을 확인해보자.

src/ch6/gui_clock.py

```
import PySimpleGUI as sg
from datetime import datetime

# 화면 레이아웃 구성 --- ❶
layout = [
    [sg.Text('디지털시계')],
    [sg.Text('00:00:00',key='clock',font=('Helvetica', 72))]
]
# 창 생성
window = sg.Window('시계', layout)

# 이벤트 루프 작성 --- ❷
while True:
    # 이벤트에 대한 매개변수 얻기 --- ❸
    event, values = window.read(timeout=100)
    if event in ('Exit', 'Quit', None): break
    # 현재 시각을 갱신 --- ❹
    s = datetime.now().strftime('%H:%M:%S')
    window['clock'].update(s)

# 창 닫기
window.close()
```

IDLE 등에서 프로그램을 실행해보자. 프로그램을 실행하면 현재 시각이 표시된다.

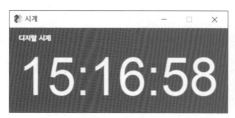

디지털시계 앱(윈도우)   디지털시계 앱 (macOS)

❶에서는 화면 레이아웃을 지정해 창을 생성한다. ❷에서는 이벤트 루프를 작성한다. 보통 ❸의 read() 함수는 이벤트가 일어날 때까지 대기하는데, timeout을 지정하면 그 시간만 대기하고 함수를 빠져나온다. 타임아웃이 되면 read()함수는 event에 __TIMEOUT__을 반환한다. 여기서는 100밀리세컨드(0.1초)마다 루프를 돌도록 timeout에 100을 지정했다. ❹에서는 0.1초마다 현재 시각을 확인해 시계의 텍스트를 갱신한다.

마무리

이상으로 PySimpleGUI 모듈을 이용해 데스크톱 앱을 만드는 방법을 소개했다. tkinter 라이브러리를 사용하면 윈도우/macOS/리눅스에서 작동하는 프로그램을 만들 수 있다. GUI 데스크톱 앱은 직관적인 만큼 개발자가 아니더라도 사용하기 쉽다는 메리트가 있다.

COLUMN   **윈도우에서 pythonw.exe와 python.exe의 차이점**

윈도우에서 파이썬을 설치하고 설치 폴더를 보면 pythonw.exe와 python.exe라는 비슷한 이름의 실행 파일을 확인할 수 있다. 두 파일은 어떤 차이가 있을까?

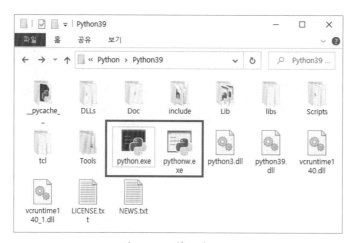

pythonw.exe와 python.exe

두 실행 파일의 차이를 정리하면 다음과 같다. 이를 6장에서 만든 GUI 앱을 통해 비교해보자.

실행 파일	커맨드 창	용도
python.exe	있음	콘솔 앱 용도
pythonw.exe	없음	GUI 앱 용도

6장에서 작성한 gui_hello.py 파일의 속성에 들어가서 연결프로그램을 python.exe로 지정하고 더블클릭해보자. 다음 그림과 같이 GUI 창과 함께 커맨드 창이 뜬다. 또한 이 프로그램에서는 [Hello] 버튼을 누르면 print 문으로 메시지를 출력하도록 작성했기 때문에 버튼을 누르면 커맨드 창에 메시지가 출력된다. 배치 파일(gui_hello1.bat)을 통해 실행해도 커맨드 창과 메시지가 출력된다.

python.exe로 실행했을 때

이제 gui_hello.py의 연결프로그램을 pythonw.exe로 지정하고 더블클릭해보자. 다음과 같이 커맨드 창 없이 앱의 윈도우만 나타난다. 따라서 [Hello] 버튼을 눌러도 메시지를 확인할 수 없다. 배치 파일(gui_hello2.bat)로 프로그램을 실행한 후 버튼을 클릭해도 cmd 창에 메시지가 출력되지 않는다.

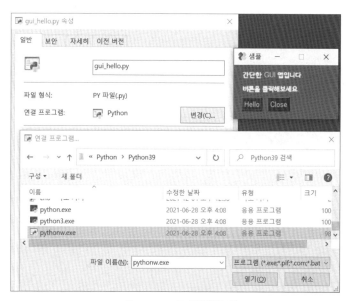

pythonw.exe로 실행했을 때

이처럼 프로그램을 실행할 때 커맨드 창을 띄우고 싶은 프로그램은 python.exe로 실행하고, 커맨드 창을 띄우고 싶지 않을 때는 pythonw.exe로 실행한다. 보통 GUI 프로그램을 실행할 때는 윈도우에서 입출력을 나타낼 수 있으므로 커맨드 창을 띄우지 않는다. 반면에 화면이 없는 콘솔 프로그램은 입출력을 위해 커맨드 창이 필요한 경우가 있으므로 python.exe로 실행한다.

한편 gui_hello.py와 같은 GUI 프로그램에서도 기능을 테스트하거나 로그를 확인하기 위해 커맨드 창을 띄우고 싶을 때도 있다. 그럴 때는 python.exe로 실행하고 실제 사용시에는 pythonw.exe로 실행하는 등 용도를 구분해 사용하면 편리하다.

파이썬 프로그램 배포하기(윈도우)

대응 OS 윈도우   난이도 ★★☆☆☆

파이썬에서 만든 프로그램을 배포할 때, 사용자가 파이썬과 기타 라이브러리를 직접 설치하도록 유도하기는 어렵다. 따라서 프로그램과 실행 환경을 단일 파일로 묶으면 배포할 때 편리하다. 단, 이 절에서 안내하는 방법은 윈도우에만 대응한다.

키워드 **PyInstaller/실행 파일**

PyInstaller 라이브러리

PyInstaller 라이브러리는 파이썬 본체, 라이브러리, 작성한 프로그램을 합쳐서 하나의 실행 파일로 만드는 툴이다. 이를 활용하면 배포 시에 사용자에게 실행 파일 한 개만 전달하면 되므로 무척 간단하다. 사용자는 별도의 귀찮은 설치 없이 실행 파일을 더블클릭하기만 하면 프로그램을 실행할 수 있다.

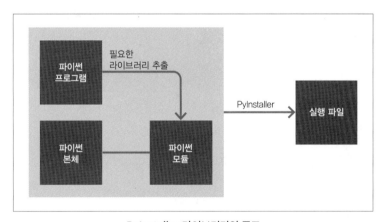

PyInstaller 라이브러리의 구조

PyInstaller 설치

PyInstaller는 pip 명령어를 사용해 설치한다. 커맨드라인에서 다음 명령어를 실행해보자.

```
pip install pyinstaller
```

이 커맨드를 실행하면 다음과 같이 표시된다.

윈도우에서 PyInstaller 설치하기

이 책의 집필 시점에서 최신 PyInstaller 4.7의 작동 대상은 Python 3.6 버전 이상이다. 만약 배포 파일 생성이 잘 되지 않는다면 파이썬 버전을 확인해보자. 또한 PyInstaller 자체에서는 macOS에 대응한다고 명시하고 있다. 하지만 macOS에서는 작동이 불안정해 이 절에서는 윈도우의 사용법만 소개한다.

PyInstaller 사용법

커맨드라인에서 다음과 같은 명령어를 실행한다.

```
pyinstaller (Python 파일) [--onefile] [--noconsole]
```

파이썬 파일 뒤에 있는 [--onefile], [--noconsole] 옵션은 생략할 수 있다. [--onefile]을 지정하면 배포 파일이 하나가 되고, [--noconsole]을 지정하면 콘솔 화면을 표시하지 않는다.

배포 파일 만들기

앞 절에서 작성한 인치·센티미터 변환 프로그램 gui_inch_cm.py를 실행 파일로 변환해보자. 실행 파일을 빌드할 때 다른 파일이 여러 개 생성되므로 여기서는 test 폴더에 배포 결과를 넣는다. 먼저

gui_inch_cm.py가 있는 경로에 test 폴더를 만든다(ch6 폴더에는 이미 생성되어 있다). 그리고 다음 명령어를 실행한다. 이때 파이썬 파일은 상위 폴더에서 찾도록 ../gui_inch_cm.py와 같이 지정한다.

```
cd (gui_inch_cm.py가 있는 경로\test)
pyinstaller ../gui_inch_cm.py --onefile --noconsole
```

빌드가 완료되면 test 폴더 하위에 build와 dist라는 폴더가 생성된다.

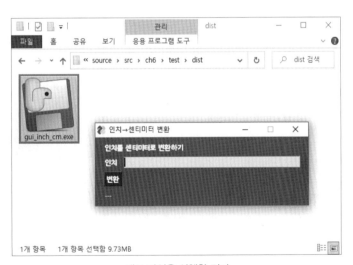

배포 파일 만들기

배포 파일 확인하기

pyinstaller 명령어를 실행한 뒤 dist 폴더를 열어보면 gui_inch_cm.exe라는 실행 파일이 생성되었다. 파일을 더블클릭하면 프로그램이 실행된다. 이 파일을 사용자에게 배포한다.

배포 파일을 실행한 결과

배포 시 압축은 불필요

윈도우에서 생성한 실행 파일의 사이즈는 9.73MB이다. 이 실행 파일은 이미 압축되어 있어서 ZIP 파일로 압축해도 사이즈가 거의 비슷하다. 따라서 압축하지 않고 파일을 그대로 배포해도 된다.

생성한 실행 파일은 OS 의존

파이썬은 멀티 플랫폼에 대응하지만, PyInstaller에서 만든 실행 파일은 OS에 의존한다. 따라서 윈도우에서 만든 실행 파일은 윈도우에서만 이용할 수 있다.

데이터 파일을 함께 배포하기

배포할 파일에 이미지 등의 데이터 파일을 포함하고 싶을 때가 있다. PyInstaller를 사용하면 데이터 파일도 하나의 실행 파일에 담을 수 있다.

그때는 크게 다음의 순서에 따라 프로그램을 수정하고 실행 파일을 생성한다.

1. 데이터 준비: 리소스 폴더에 데이터 파일 넣기
2. 프로그램 작성: 데이터 파일을 리소스 폴더에서 읽기
3. PyInstaller: 첫 번째 실행 파일 만들기
4. PyInstaller: 데이터를 포함하는 실행 파일 만들기

데이터 준비: 리소스 폴더에 데이터 파일 넣기

먼저 리소스 폴더와 데이터 파일을 준비한다. 여기서는 res라는 폴더에 이미지 파일 data.png를 넣었다. 이는 예제 폴더 ch6\res에서 확인할 수 있다.

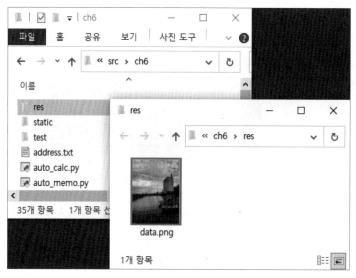

리소스 폴더 준비

프로그램 작성: 데이터 파일을 리소스 폴더에서 읽기

다음으로 프로그램이 실행될 때 데이터 파일을 리소스 폴더에서 읽도록 작성한다. 여기서는 이미지 파일을 윈도우에 표시하는 파이썬 프로그램의 예를 든다.

src/ch6/show_image.py

```
import PySimpleGUI as sg
import sys, os

# 리소스 폴더에 접근하는 함수 --- ①
def get_resource(filename):
    if hasattr(sys, "_MEIPASS"): #--- ①a
        return os.path.join(sys._MEIPASS, filename)
    return filename #--- ①b

# 화면 레이아웃을 창에 지정 --- ②
layout = [
    [sg.Text('이미지를 화면에 표시하기')],
    [sg.Image(get_resource('res/data.png'))]
]
win = sg.Window('리소스 사용 예제', layout)

# 이벤트 루프 --- ③
while True:
    # 이벤트에 대한 매개변수 얻기
    event, val = win.read()
    # 창 종료 버튼을 눌렀을 때
    if event in ('Exit', 'Quit', None): break
win.close()
```

먼저 프로그램을 확인해보자. ①에서 리소스 폴더에 접근하는 함수를 정의한다. sys._MEIPASS는 데이터를 읽을 경로이다. 배포 파일을 실행하면 PyInstaller는 임시 폴더를 생성하고 그 안에 프로그램 실행에 필요한 데이터를 보관한다. _MEIPASS에는 이때 생성된 임시 폴더의 경로가 담긴다.

①a의 hasattr(a, b) 함수는 a 객체에 b 속성이 존재하면 True, 존재하지 않으면 False를 반환한다. ①a에서는 sys에 _MEIPASS가 등록되어 있다면 데이터의 전체 경로를 반환하다. ①b에서는 실행 파일로 변환하기 전에도 프로그램을 테스트할 수 있도록 _MEIPASS가 등록되지 않았을 때는 filename을 반환한다.

②에서는 화면 레이아웃을 지정해 창을 생성한다. 여기서는 텍스트 요소와 이미지 요소를 사용했다.

PyInstaller: 첫 번째 실행 파일 만들기

커맨드라인에서 다음 명령어를 실행해 첫 번째 실행 파일을 생성한다.

```
cd (show_image.py가 있는 경로\test)
pyinstaller ../show_image.py --onefile --noconsole
```

처음 명령을 실행한 모습

다만 여기서 생성한 실행 파일은 리소스 폴더를 포함하지 않는다. 이어서 다음의 순서를 진행한다.

PyInstaller: 데이터를 포함하는 실행 파일 만들기

앞의 명령어를 실행하면 test 폴더에 show_image.spec 파일이 생성된다. .spec 파일에는 PyInsatller가 실행 파일을 생성할 때 필요한 정보가 명시되어 있다. 따라서 이 .spec 파일을 텍스트 편집기로 열어서 리소스 폴더 이하의 파일을 포함하도록 수정한다. 실행 파일을 만들 때는 **EXE()** 함수를 호출하므로 **EXE()** 함수의 다음 부분을 찾는다.

```
…생략…
exe = EXE(pyz,
          a.scripts,
          a.binaries,
          a.zipfiles,
```

이 부분에 res 폴더를 res라는 이름으로 포함하도록 하는 내용을 다음과 같이 한 줄 추가한다. 수정이 완료되면 파일을 저장한다. 이때 res 폴더의 경로는 test 폴더 상위에 있으므로 ..\\res로 지정한다.

```
…생략…
exe = EXE(pyz,
          Tree('..\\res', prefix='res'),
          a.scripts,
          a.binaries,
          a.zipfiles,
```

다음으로는 데이터 파일을 포함하는 두 번째 실행 파일을 만든다. 이때 .spec 파일을 pyinstaller 명령어 인수에 지정한다.

```
cd (show_image.py가 있는 경로\test)
pyinstaller show_image.spec
```

커맨드라인에서 이 명령어를 실행해보자.

PyInstaller에서 .spec 파일을 지정해 실행

그러면 리소스 폴더의 파일을 포함한 실행파일이 생성된다. dist 폴더의 show_image.exe 파일을 더블클릭으로 실행해보자. 다음 그림과 같이 앱에 이미지 파일이 표시되어 데이터 파일이 잘 포함되었음을 알 수 있다.

리소스 폴더가 실행 파일에 포함된 모습

마무리

이상으로 파이썬 프로그램을 실행 파일로 변환하는 방법을 소개했다. PyInstaller를 사용하면 파이썬 실행 환경과 프로그램을 하나의 파일로 배포할 수 있다. 여타의 과정 없이 사용자가 바로 프로그램을 사용할 수 있어서 무척 편리하다.

6-5 활용도가 높은 정규식 사용하기

 대응 OS 윈도우/macOS/리눅스 · 난이도 ★★☆☆☆

정규식은 배워두면 활용도가 무척 높은 텍스트 처리 기법이다. 특히 텍스트 검색이나 치환에 능해서 프로그래밍뿐만 아니라 일반 텍스트를 다룰 때도 유용하다. 정규식 엔진에 따라 다소간의 문법 차이가 있지만, 기본 문법에 익숙해지면 다른 프로그램 언어나 에디터에서도 응용해 사용할 수 있다.

키워드 **정규식**

정규식이란?

정규식regular expression이란 특정 규칙으로 문자열의 패턴을 표현하는 기법이다. 정규 표현식이라고도 한다. 정규식에서는 문자 집합을 나타내는 메타 문자를 사용한다. 대표적으로 * 또는 ? 등이 있다. 파일 검색 등에 사용되는 와일드카드와 비슷한 면이 있지만, 정규식은 와일드카드보다 더 강력한 매칭 기능을 제공한다.

메타 문자를 조합한 정규식 패턴은 다양한 문자열을 함축하므로 기계적인 검색 및 치환 작업을 대체할 수 있다. 예를 들어 정규식에서 .는 하나의 문자를 나타낸다. 따라서 t로 끝나고 길이가 3인 문자열은 ..t와 같이 기술한다. 이에 매칭되는 문자열에는 cat, pot, 11t 등이 있다.

이처럼 정규식을 사용하면 고도의 텍스트를 처리할 수 있으므로 많은 텍스트 편집기와 프로그래밍 언어에서 사용한다. 이 절에서는 파이썬에서 정규식을 사용하는 방법을 살펴보자.

파이썬에서 정규식 사용하기: re 모듈

파이썬에서 정규식을 사용할 때는 파이썬 표준 라이브러리인 re 모듈을 사용한다. re 모듈의 함수를 사용하면 대상 문자열과 패턴이 매치되는지 확인할 수 있다. 다음은 re 모듈의 주요 함수를 정리한 표이다.

함수 코드	설명
m = re.match(패턴, 타깃 문자열)	타깃 시작 지점부터 패턴과 매치되면 Match 객체 반환 시점 지점이 패턴과 매치되지 않으면 None을 반환
m = re.search(패턴, 타깃 문자열)	타깃 전체에서 패턴과 매치되는 첫 번째 Match 객체 반환 어느 위치도 패턴과 매치되지 않으면 None을 반환

함수 코드	설명
`li = re.findall(패턴, 타깃 문자열)`	타깃에서 패턴과 매치되는 부분을 리스트로 반환
`it = re.finditer(패턴, 타깃 문자열)`	타깃에서 패턴과 매치되는 부분을 이터레이터로 반환

또한 검색과 동시에 치환과 분할을 수행하는 함수가 있다.

함수 코드	설명
`li = re.split(패턴, 타깃 문자열)`	타깃을 패턴으로 분할하고 리스트로 반환
`s = re.sub(패턴, 치환 문자열, 타깃 문자열)`	타깃에서 패턴과 매치하는 부분을 치환 문자열로 변경하고 문자열로 반환

간단한 정규식 사용해보기

그렇다면 간단하게 사용할 수 있는 `re.findall()` 함수를 사용해보자. `re.findall()` 함수는 `re.findall(패턴, 타깃)`과 같은 형태로 사용한다. 다음 프로그램에서는 타깃 문자열에서 패턴 `a..`에 매치되는 부분을 전부 찾아서 출력한다.

src/ch6/re_test.py

```python
import re

# 정규식으로 문자열 검색하기
target = r'all dog art pot apple' # --- ❶
pattern = r'a..' # --- ❷
a = re.findall(pattern, target)

# 결과 출력
print(a)
```

프로그램을 실행해보자. `re.findall()` 함수는 리스트를 출력하므로 다음과 같은 결과가 출력된다.

```
['all', 'art', 'app']
```

프로그램을 살펴보자. 정규식에서 `.`는 문자 하나를 의미하므로 ❷의 `a..` 패턴은 a로 시작하는 세 자리 문자열에 대응한다. 이 패턴을 ❶의 타깃 문자열에서 검색하면 all, art 및 apple의 일부인 app가 출력된다.

역슬래시와 raw 문자열

파이썬의 문자열 리터럴에서 역슬래시(\)는 이스케이프 시퀀스를 나타내는 용도로 쓰인다. 따라서 역슬래시를 표기하려면 이스케이프 시퀀스(\\)를 사용해야 한다(부록 A-1 참고).

만약 문자열에서 이스케이프 시퀀스 기능이 필요 없다면 raw 문자열 방식(r'...')을 사용할 수 있다. raw 문자열을 사용하면 문자열 내에 역슬래시를 문자 그대로 표기할 수 있다. 이는 특히 윈도우 경로를 나타낼 때 유용하다. 기존 문자열에서 C 드라이브 경로를 C:\\로 표기했다면 raw 문자열에서는 r'C:\'와 같이 표기할 수 있다.

한편 정규식에서도 raw 문자열이 자주 사용된다. 정규식에서 역슬래시는 메타 문자로 기능하며 역슬래시를 표현할 때는 \\를 사용한다. 이는 파이썬 문자열의 역슬래시 규칙과는 별개이다. 그 결과 텍스트에서 \abc라는 부분을 찾을 때 re 모듈 함수에 전달하는 패턴은 \\\\abc가 된다. 이러한 복잡도를 줄이기 위해 raw 문자열을 사용한다. 이 패턴은 r'\\abc'와 같이 표기할 수 있다. 앞 프로그램의 ❶과 ❷에서처럼 역슬래시를 사용하지 않으면 r을 붙이든 안 붙이든 같은 결과가 나온다.

정규식으로 영단어 검색 프로그램 만들기

정규식 연습을 위해서 영단어 데이터 **ejdict-hand**를 이용해보자. 이는 필자가 웹사이트에 공개한 퍼블릭 도메인 데이터로, 65,600개의 영단어와 그 의미를 일본어로 기재한 영일사전이다. 이 영일사전은 다음 웹사이트에서 다운로드할 수 있다. 이 절에서 사용할 데이터는 ch6\input 폴더의 **ejdict-hand-utf8.txt** 파일로 준비했다.

> **퍼블릭 도메인 영일사전(ejdict-hand)**
> https://kujirahand.com/web-tools/EJDictFreeDL.php

이 영단어 데이터를 활용해 정규식 연습 프로그램을 만들어보자. 다음은 정규식을 입력하면 그 패턴에 매치되는 영단어가 검색되는 프로그램이다.

src/ch6/re_dict.py

```
import re

# 사전 파일 경로
dict_file = 'input/ejdict-hand-utf8.txt'

# 반복해 실행 --- ❶
while True:
    # 정규식 입력받기 --- ❷
    print('정규식을 입력해주세요. (q 입력시 종료)')
```

```
    re_str = input()
    if re_str == '': continue
    if re_str == 'q': break
    # 영어 사전에서 정규 표현에 대응하는 단어 검색 --- ❸
    with open(dict_file, 'rt', encoding='utf-8') as f:  #--- ❸ⓐ
        cnt = 0
        while True: #--- ❸ⓑ
            # 한 행 읽기
            line = f.readline()
            if not line: break #--- ❸ⓒ
            # 영단어 얻기
            word, mean = line.split('\t')
            # 정규식 매치 --- ❹
            if re.search(re_str, word):
                print(word) # 매치하면 출력
                cnt += 1
                if cnt > 50: break # 최대 50건
```

IDLE에서 프로그램을 실행해보자. 정규식 패턴을 입력하면 그에 매치하는 영단어를 표시한다. 만약 c.oker라고 입력해 Enter 키를 누르면 choker와 cooker 등의 영단어가 표시된다. q 키를 입력하면 프로그램이 종료된다.

정규식을 입력하면 합치하는 영단어를 표시

프로그램을 확인해보자. ❶에서는 while 문을 이용해 반복해서 정규식 패턴을 읽는다. ❷에서는 input() 함수를 통해 문자열을 입력받는다. 만약 빈 문자열이 입력되면 다시 패턴을 입력받는다. q를 입력받으면 while 문을 빠져나가서 프로그램을 종료한다.

❸은 사전 파일에서 단어를 검색하는 부분이다. 먼저 ❸ⓐ에서 사전 파일을 열고, 매칭된 단어의 수를 의미하는 cnt를 0으로 초기화한다. 그리고 ❸ⓑ의 while 문 내에서 '파일 한 행 읽기 → 영단어 가져오기 → 정규식과 매치하기' 과정을 반복한다. ❸ⓒ에서는 행이 끝나면 while 문을 빠져나간다.

읽은 행에서 영단어를 word에 담으면 ❹에서 정규식에 매치한다. re.search() 함수는 word에서

re_str에 매치하는 첫 번째 부분을 Match 객체로 반환한다. 이때 if 문이 True가 되므로 word를 출력한다. 패턴이 매치되지 않으면 None을 반환하고 if 문을 빠져나가서 다음 행을 읽는다.

다양한 메타 문자로 검색하기

앞에서 만든 프로그램에서 다양한 조건으로 검색해보자. 앞에서 패턴 a..가 a로 시작하는 세 글자를 나타냄을 배웠다. 영단어 사전에서도 a..를 입력해보자. 그러면 a..를 포함한 단어가 최대 50건 출력된다.

이 프로그램에서는 re.search() 함수를 사용하므로 꼭 a..으로 시작하지 않아도 타깃 문자열의 어딘가가 패턴과 일치하면 매치된다고 간주한다.

```
🔲 *IDLE Shell 3.9.6*
File  Edit  Shell  Debug  Options  Window  Help
정규식을 입력해주세요. (q 입력시 종료)
a..
a,an
a.c.
a cappella
a fortiori
A frame
a.m.,A.M.
a.p.
a posteriori
a priori
a vaunt
A.W.O.L.,a.w.o.l.
A/O,a/o
```
a.. 패턴을 검색한 결과

문자열의 처음과 끝을 나타내는 ^와 $

정규식에서 ^는 문자열의 첫 부분을 뜻하고 $는 마지막 부분을 뜻한다. 즉 ^와 $는 각각 문자열이 어떤 패턴으로 시작해야 하는지, 어떤 패턴으로 끝나야 하는지 알려준다. 영단어 사전에서 a로 시작하는 세 글자 단어만 출력하려면 ^a..$ 패턴으로 검색한다.

이 패턴을 입력하면 act, add, age, aim, air 등 세 글자로 된 영단어가 표시된다.

```
🔲 *IDLE Shell 3.9.6*
File  Edit  Shell  Debug  Options  Window  Help
정규식을 입력해주세요. (q 입력시 종료)
^a..$
ab.
abo
act
add
ado
aft
age
ago
aha
aid
ail
aim
```
^a..$ 패턴을 검색한 결과

문자의 반복을 나타내는 *와 +

다음으로 문자의 반복 횟수를 명시할 수 있는 *와 +에 관해 알아보자. *는 직전 문자가 0번 이상 반복됨을 의미하고 +는 1번 이상 반복됨을 의미한다.

예를 들어 fe*라는 패턴에는 f, fe, fee가 매치하고 fe+라는 패턴에는 fe, fee가 매치한다. 즉, *를 사용할 때는 직전 문자가 포함될 수도 있고 포함되지 않을 수도 있다. 반면 +를 사용할 때는 반드시 직전 문자가 포함된다. 또한 .* 또는 .+와 같이 .과 함께 사용하면 임의의 문자의 반복을 나타낼 수 있다.

따라서 패턴을 ^f.*d$와 같이 지정하면 f에서 시작해 d로 끝나는 단어에 매치한다. 실제로 사전을 검색해 보자. 그러면 fed, feed, field, fated 등의 단어가 출력된다.

```
*IDLE Shell 3.9.6*
File  Edit  Shell  Debug  Options  Window  Help
정규식을 입력해주세요. (q 입력시 종료)
^f.*d$
fabled
faced
fad
faded
fag end
fagged
fainthearted
fair-haired
fair-minded
fairground
fairyland
false-hearted
```

^f.d$ 패턴을 검색한 결과

메타 문자 정리

지금까지 간단히 메타 문자를 조합해 영단어를 검색해봤다. 정규식에서 사용되는 메타 문자는 총 다음 14개이다.

정규식 메타 문자

. ^ $ * + ? { } [ ] \ ¦ ( )

만약 메타 문자를 패턴으로 표현하고 싶다면 '역슬래시+메타 문자'의 형식으로 이스케이프 처리한다. 즉, 물음표를 쓰고 싶다면 \?이라고 쓰고 역슬래시를 쓰고 싶다면 \\이라고 쓴다. 또한 역슬래시는 문자 하나와 결합해 특수 시퀀스를 나타낼 때도 쓴다.

특수 시퀀스 중 일부는 자주 사용하는 문자 집합을 나타낸다. 예를 들어 모든 영숫자의 문자 집합을 메타 문자로 표현하면 [a-zA-Z0-9_]이다. 이를 예약된 특수 시퀀스 \w로 대체할 수 있다. 다만 앞에서 살펴봤듯이 정규식 패턴에서 역슬래시가 등장할 때는 파이썬의 이스케이프 시퀀스 규칙과 겹치지 않도록 r…의 형태로 쓰는 편이 좋다.

다음 표는 정규식의 주요 메타 문자이다.

메타 문자	매치 대상, 의미
.	개행 문자 \n를 제외한 모든 문자에 매치
^	문자열 시작 지점에 매치
$	문자열 끝 지점의 매치
*	직전 문자 0개 이상에 매치
+	직전 문자 1개 이상에 매치
?	직전 문자 0개 또는 1개에 매치
{m}	직전 문자 m개에 매치
{m, n}	직전 문자 m개 ~ n개에 매치
[...]	대괄호 내의 문자 한 개와 매치
[^ ...]	대괄호 내의 문자가 아닌 문자와 매치
(...)	괄호 내의 정규식과 매치, 그룹의 시작과 끝을 나타냄
X ¦ Y	X 또는 Y 패턴에 매치
\	메타 문자 이스케이프 처리, 특수 시퀀스 표현

\로 시작하는 특수 시퀀스는 다음과 같다.

특수 시퀀스	매치 대상	동일한 표현
\d	모든 십진 숫자	[0-9]
\D	모든 숫자 이외의 문자	[^0-9]
\s	모든 공백 문자	[\t\n\r\f\v]
\S	모든 공백 문자 이외의 문자	[^\t\n\r\f\v]
\w	모든 영숫자	[a-zA-Z0-9_]
\W	모든 영숫자 이외의 문자	[^a-zA-Z0-9_]

이들 표를 참고해 영일사전에서 패턴을 검색하고 예상한 대로 결과가 출력되는지 확인해보자.

주소록에서 우편번호 추출하기

re 모듈의 findall() 함수와 finditer() 함수는 텍스트 안에 있는 특정 패턴의 문자열을 전부 추출한다. 이를 활용하면 주소록 파일에서 우편번호만을 가져오는 프로그램을 만들 수 있다.

다음과 같은 주소록 파일이 있다고 해보자.

src/ch6/input/address.txt

```
[주소록]
------------
☻06090
서울특별시 강남구 학동로 01234
김철수
------------
☻10881
경기도 파주시 회동길 56789
이영희
------------
*☻는 우편번호를 의미합니다
```

이 파일에서는 우편번호가 ☻ 기호 뒤에 숫자 5개 형식으로 되어 있다. 이 패턴을 정규식으로 표현하면 ☻\d{5}와 같다. 이 패턴으로 파일의 텍스트를 검색해보자.

src/ch6/re_zipcode1.py

```python
import re

# 데이터 파일 읽기 --- ❶
with open('input/address.txt', 'rt', encoding='utf-8') as f:
    text = f.read()

# 정규식으로 텍스트 얻기 --- ❷
a = re.findall(r'☻\d{5}', text)
print(a)
```

address.txt를 이 파일과 같은 폴더 아래의 input 폴더에 배치해 프로그램을 실행하면 다음과 같은 결과가 나온다. 우편번호만 구한 결과가 잘 출력되었다.

```
['☻06090', '☻10881']
```

프로그램을 확인해보자. ❶에서는 데이터 파일에서 텍스트를 읽는다. ❷에서는 re모듈의 findall() 함수를 통해 텍스트에서 우편번호를 검색하고 결과를 리스트로 반환한다.

매치 문자열의 위치 및 그룹 출력하기

텍스트에서 검색한 문자열의 정보를 더 상세하게 출력해보자. 여기서는 매치된 문자열에 관한 상세 정보가 담겨 있는 Match 객체를 읽어 매치 문자열의 위치를 출력한다. 또한 우편번호에서 우편 기호와 다섯 자리 숫자를 분리해서 추출하고자 한다. 이를 위해 정규식 패턴에는 그룹을 나타내는 메타 문자를 사용한다.

src/ch6/re_zipcode2.py

```python
import re

# 데이터 파일 읽기
with open('input/address.txt', 'rt', encoding='utf-8') as f:
    text = f.read()

# 정규식으로 텍스트 얻기 --- ❶
pattern = r'(㉾)(\d{5})'
for m in re.finditer(pattern, text): # --- ❷
    print('------------')
    print('매치 위치:', m.span())
    print('매치 문자열:', m.group(0))
    print('첫 번째 그룹:', m.group(1))
    print('두 번째 그룹:', m.group(2))
```

프로그램을 실행하면 다음과 같이 출력된다.

```
------------
매치 위치: (19, 25)
매치 문자열: ㉾06090
첫 번째 그룹: ㉾
두 번째 그룹: 06090
------------
매치 위치: (63, 69)
매치 문자열: ㉾10881
첫 번째 그룹: ㉾
두 번째 그룹: 10881
```

프로그램을 확인해보자. ❷의 반복문의 re.finditer() 함수는 Match 객체에 대한 이터레이터를 반환한다. Match 객체의 span() 메서드는 매치 문자열의 인덱스를 (시작, 끝+1)의 형태로 반환한다. 즉 m.span()의 결과로 출력된 (19, 25)는 '㉾06090'이 text 문자열에서 인덱스 19~24에 있음을 뜻한다.

한편 ❶의 정규식에는 우편 기호와 다섯 자리 숫자를 괄호로 각각 묶어서 그룹으로 만들었다. 이처럼 매치된 문자열에 그룹이 있을 때는 Match 객체의 group() 메서드를 사용하면 각 그룹을 참조할 수 있다. group()의 인수가 0이면 전체 매치 문자열을, 1이면 첫 번째 그룹을, 2이면 두 번째 그룹을 출력한다. 이때 m.group(1)은 m[1]과 같이 간략하게 사용할 수도 있다.

전화번호 형식 치환하기

다음으로는 re.sub() 함수를 사용해 전화번호의 형식을 치환해보자. 다음 프로그램은 '000-1111-2222'와 같은 번호를 '(000) 1111-2222'와 같이 변경한다.

src/ch6/re_tel.py

```python
import re
# 타깃 문자열
tel = r'[전화] 000-1111-2222'

# 검색 패턴
pattern = r'(\d+)-(\d+)-(\d+)' #--- ❶

# 치환 문자열
rep = r'(\1) \2 - \3' #--- ❷

# 치환하기
print(re.sub(pattern, rep, tel)) #--- ❸
```

프로그램을 실행하면 다음과 같이 표시된다.

```
[전화] (000) 1111 - 2222
```

프로그램을 확인해보자. re.sub() 함수를 사용하면 정규식을 이용해 치환할 수 있다. ❶의 검색 패턴에서는 전화번호를 세 개로 그룹화했다. ❷의 치환 문자열에서는 검색 패턴에서 그룹화한 문자열을 \1, \2, \3의 방식으로 역참조할 수 있다. 치환 문자열에서는 첫 번째 그룹만 괄호로 표시하도록 지정한다. 그리고 앞에서 지정한 세 개의 인수를 re.sub() 함수에 전달하면 치환된 문자열이 반환된다.

COLUMN	re.search와 re.match 함수의 차이

> re.search()와 re.match()는 모두 패턴을 검색해 매치 객체를 반환하는 함수이다. 하지만 re.search()가 타깃 문자열 전체에서 매치되는 부분을 찾는 반면에 re.match()는 문자열의 첫 부분부터 패턴과 매치되는지를 조사한다는 점이 다르다. 다만, 둘 다 ^와 $가 포함된 패턴으로 검색할 때는 메타 문자의 위치 지정과 결합해 검색한다.

마무리

여기서는 정규식에 관해 기본적인 패턴의 기술 방법과 파이썬에서의 사용 방법을 중심으로 소개했다. 정규식에 익숙해지면 텍스트 처리를 무척 간단하게 기술할 수 있다. 정규식도 프로그램과 같이 실제로 여러 가지를 시험하고 작동을 확인하다 보면 어느새 손에 익는다. 여기서 소개한 영단어 추출 프로그램으로 가볍게 연습해보는 것도 좋다. 정규식은 깊이 있는 흥미로운 분야이므로 이 절의 내용을 발판으로 삼아 더 자세한 내용을 알아봐도 좋다.

마우스와 키보드 자동화하기

마우스와 키보드를 자동 조작할 수 있다면 단순 반복 업무를 처리할 때 강력한 도구가 된다. PyAutoGUI 모듈을 사용해 평소에 사용하던 애플리케이션을 자동화해보자.

키워드 **마우스·키보드 자동화/PyAutoGUI**

PyAutoGUI 라이브러리

PyAutoGUI는 마우스·키보드 자동화 모듈로 윈도우, macOS, 리눅스에서 작동한다. 만약 정해진 순서에 따라 앱을 조작하는 반복 업무가 있다면 PyAutoGUI를 통해 자동화해보자. PyAutoGUI 모듈의 주요 기능은 다음과 같다.

- 앱의 창을 클릭하거나 입력란에 키 입력하기
- 앱의 UI를 스크린숏으로 찍은 뒤 이미지 인식을 통해 해당 UI 찾기
- 앱의 창을 최대화, 최소화, 크기 조정 등 조작하기(윈도우 한정)
- 대화상자 띄우기

더 자세한 기능은 다음 공식 문서를 참고해보자.

PyAutoGUI 공식 문서
https://pyautogui.readthedocs.io/

PyAutoGUI 설치

먼저 PyAutoGUI를 설치해보자. PyAutoGUI 내부적으로 사용하는 OpenCV, Pillow 모듈도 함께 설치한다. 커맨드라인을 열어서 다음 명령어를 입력한다.

```
pip install pyautogui
pip install opencv_python
pip install pillow
```

PyAutoGUI 설치 화면

키보드 자동화하기

먼저 윈도우의 메모장(macOS에서는 텍스트 편집기)을 열고 'Hello, Python!'이라는 문자를 입력하는 프로그램을 만들어보자.

src/ch6/auto_memo.py

```python
import time, subprocess, platform
import pyautogui as pa
import pyperclip

# Windows에서 메모장 열기 --- ❶
if platform.system() == 'Windows':
    subprocess.Popen(r'c:\Windows\notepad.exe')
    time.sleep(2) # 2초간 대기
    pa.write('Hello, Python!') # 영문 입력--- ❶a
    pa.press('enter')
    pyperclip.copy("[Windows]에서 실행") # 한글 입력--- ❶b
    pa.hotkey('ctrl', 'v')

# macOS에서 텍스트 편집기 열기 --- ❷
if platform.system() == 'Darwin':
    subprocess.Popen(['open',
        '/System/Applications/TextEdit.app'])
    time.sleep(2) # 2초간 대기
    pa.write('Hello, Python!\n') # 영문 입력--- ❷a
    pa.press('enter')
    pyperclip.copy("[macOS]에서 실행") # 한글 입력--- ❷b
    pa.hotkey('command', 'v')
```

프로그램을 실행하면 메모장이 열리고 다음과 같이 두 줄의 문자열이 입력된다.

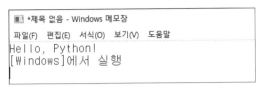

메모장에 텍스트 입력(윈도우)

텍스트 편집기에 텍스트 입력(macOS)

프로그램을 확인해보자. ❶에서는 if 문을 사용해 OS를 판별한다. platform.system()을 사용하면 OS 이름을 얻을 수 있다. 반환값은 'Windows', 'Linux', 'Darwin'(macOS) 등이다. OS가 윈도우라면 메모장(notepad.exe)을 실행한다. subprocess.Popen()는 자식 프로세스를 실행하는 함수로, 여기에 메모장 실행 파일의 경로를 전달하면 프로그램이 실행된다. 메모장이 실행된 뒤에는 2초간 대기한다.

❶ⓐ에서는 pa.write() 함수를 이용해 메모장에 문자열을 입력한다. 그런데 pa.write()로는 한글입력이 되지 않는다. 한글 입력을 하려면 ❶ⓑ와 같이 pyperclip 모듈을 사용해 내용을 복사한다. 그리고 pa.hotkey('ctrl', 'v')를 사용해 붙여넣기 단축키를 입력한다. pa.hotkey()를 사용하면 동시에 여러 키를 입력할 수 있다.

❷에서는 macOS의 텍스트 편집기(TextEdit.app)를 실행한다. macOS에서 확장자 .app은 실행 파일이 아닌 디렉터리를 가리킨다. 따라서 .app 앱을 켤 때는 Popen()에 open 명령어를 포함한 인수 시퀀스를 전달해야 한다. 앱이 실행되면 2초간 대기한다. ❷ⓐ와 ❷ⓑ에서는 각각 영문과 한글을 입력한다.

앱을 실행하고 키를 입력하는 프로그램의 특성상 실행하는 PC 환경이나 성능에 영향을 받을 수 있다. 만약 잘 작동하지 않는다면 time.sleep() 함수의 시간을 조정해보자.

키보드 자동화 함수

다음은 PyAutoGUI의 키보드 조작 함수를 정리한 것이다.

함수 코드	기능
pa.write(문자열)	문자열 입력(한글은 입력되지 않음)
pa.press(키)	키 입력(Shift, Ctrl, F1 등)
pa.keyDown(키)	키를 누른 상태로 유지하기
pa.keyUp(키)	누른 상태의 키를 떼기
pa.hotkey(키1, 키2, 키3...)	키 조합 입력하기

입력할 수 있는 키는 다음과 같다.

```
\t, \n, \r, (스페이스 키) , !, ", #, $, %, &, ', (, ), *, +, ,, -, ., /, 0, 1, 2, 3, 4, 5,
6, 7, 8, 9, :, ;, <, =, >, ?, @, [, \\, ], ^, _, `,a, b, c, d, e, f, g, h, i, j, k, l, m,
n, o, p, q, r, s, t, u, v, w, x, y, z, {, ¦, }, ~, accept, add, alt, altleft, altright,
apps, backspace, browserback, browserfavorites, browserforward, browserhome,
browserrefresh, browsersearch, browserstop, capslock, clear, convert, ctrl, ctrlleft,
ctrlright, decimal, del, delete, divide, down, end, enter, esc, escape, execute, f1,
f10, f11, f12, f13, f14, f15, f16, f17, f18, f19, f2, f20, f21, f22, f23, f24, f3, f4,
f5, f6, f7, f8, f9, final, fn, hanguel, hangul, hanja, help, home, insert, junja, kana,
kanji, launchapp1, launchapp2, launchmail, launchmediaselect, left, modechange,
multiply, nexttrack, nonconvert, num0, num1, num2, num3, num4, num5, num6, num7, num8,
num9, numlock, pagedown, pageup, pause, pgdn, pgup, playpause, prevtrack, print,
printscreen, prntscrn, prtsc, prtscr, return, right, scrolllock, select, separator,
shift, shiftleft, shiftright, sleep, space, stop, subtract, tab, up, volumedown,
volumemute, volumeup, win, winleft, winright, yen, command, option, optionleft,
optionright
```

마우스 자동화하기

다음으로 마우스 조작을 자동화해보자. 여기서는 페인트 툴에서 간단한 도형을 그리는 프로그램을 소개한다. 윈도우에서는 OS 표준 그림판을 사용한다.

macOS에는 기본 페인트 툴이 없으므로 브라우저에서 구글 킵Google Keep에 접속하는 방법을 활용한다. 구글 킵의 그리기 기능을 활용하면 마우스로 그림을 그릴 수 있다. 프로그램을 실행하기 전에 크롬 브라우저에서 구글 로그인을 미리 해두어야 한다.

IDLE 셸 등에서 다음 프로그램을 실행하면 윈도우에서는 그림판 앱이, macOS에서는 구글 킵이 실행되고 창이 최대화된다. 만약 이 부분에서 문제가 생기면 대화상자가 나온다. 페인트 툴 실행이 잘

되지 않았다면 먼저 대화상자를 닫은 뒤, 10초 이내에 직접 페인트 툴을 실행하고 창을 최대화한다. 그 상태에서 마우스를 움직이지 않고 기다리면 그림이 그려진다.

src/ch6/auto_paint.py

```python
import webbrowser, time, platform, subprocess
import pyautogui as pa

try:
    # Windows 그림판 열기  --- ①
    if platform.system() == 'Windows':
        subprocess.Popen(r'C:\Windows\System32\mspaint.exe')
        time.sleep(2) # 2초간 대기
        pa.hotkey('Alt', 'Space', 'X',interval=0.25)

    # macOS 구글 킵 열기 --- ②
    if platform.system() == 'Darwin':
        path = 'open -a /Applications/Google\ Chrome.app %s'
        webbrowser.get(path).open('https://keep.google.com/') #--- ②a
        time.sleep(3)
        pa.hotkey('command','ctrl','f',interval=0.25)
        btn=pa.locateCenterOnScreen('input/brush.png') # --- ②b
        print(btn)
        time.sleep(1)
        pa.click(btn.x/2,btn.y/2) # 레티나가 아니면 pa.click(btn) --- ②c
        time.sleep(1)
except:
    # 대화상자 띄우기  --- ③
    pa.alert('페인트 툴이 실행되지 않았다면\n페인트 툴을 직접 실행해주세요.')
    time.sleep(10)
finally:
    # 그림을 시작할 좌표와 사각형 폭 지정 --- ④
    bx = 300
    by = 300
    val = 300

    # 마우스 조작 --- ⑤
    pa.moveTo(bx, by) # 지정한 위치로 마우스 이동
    pa.dragTo(bx+val, by+val, 2, button='left') # 2초 동안 그리기
    pa.drag(-val,0, 2, button='left') # 상대 좌표를 지정해 그리기
    pa.drag(0,-val, 2, button='left') # 상대 좌표를 지정해 그리기

    # 반복해 마우스 조작 --- ⑥
    sec = 0.1
    for i in range(5):
        d = i * 10 + 10
        pa.moveTo(bx+d, bx+d)
```

```
    pa.drag(0, val+d, sec, button='left')
    pa.drag(val+d, 0, sec, button='left')
    pa.drag(0, -val-d, sec, button='left')
    pa.drag(-val-d, 0, sec, button='left')
```

만약 모니터 해상도가 낮은 PC에서 실행하면 마우스 조작이 화면에서 벗어나갈지도 모르므로, 그럴 때는 ❹에서 변수 시작 좌표 bx, by를 작게 하거나 사각형의 폭인 val 값을 더 작은 값으로 변경해 실행해보자.

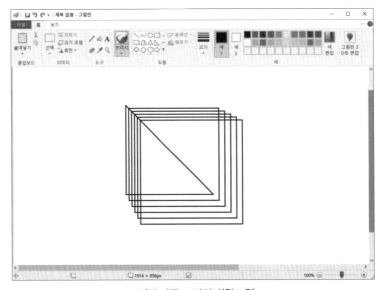

그림판 자동 조작하기(윈도우)

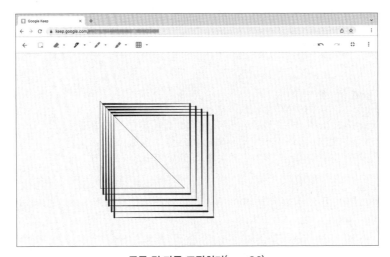

구글 킵 자동 조작하기(macOS)

프로그램을 살펴보자. 윈도우일 때는 ❶의 내용을 실행한다. subprocess.Popen()을 사용해 그림판을 연다. 그림판이 활성화되면 단축키를 입력해 창을 최대화한다.

macOS일 때는 ❷의 내용을 실행한다. ❷ⓐ에서는 webbrowser 모듈을 사용해서 구글에서 구글 킵을 연다. 구글 킵에서 '그림이 있는 새 메모'를 새로 만들 때는 화면에 브러쉬 모양의 아이콘을 클릭한다. ❷ⓑ에서는 input 폴더의 brush.png와 모양이 일치하는 아이콘을 클릭한다. 다만 PC 환경에 따라 이미지 인식이 잘 되지 않을 수 있다. btn 값이 None으로 나온다면 직접 아이콘을 캡처해서 시도해보자. 혹은 이미지를 캡처하는 팁을 뒤에서 자세히 설명하므로 뒷부분을 학습한 뒤 다시 시도해보는 것도 좋다. ❷ⓒ에서는 찾은 위치를 클릭한다. 단, 레티나 디스플레이일 때는 화면 UI 해상도와 실제 해상도가 다르므로 좌표를 2로 나눠준다. 레티나 디스플레이가 아니라면 이 부분을 pa.click(btn)으로 변경한다.

❸에서는 페인트 툴이 열리지 않았을 때를 대비해 메시지를 띄우고 대화상자가 닫히면 10초간 대기한다. 대화상자는 pg.alert(text='메시지',title='제목', 'button='버튼 텍스트')와 같이 사용한다.

❹에서는 그림을 시작할 좌표를 bx, by에 지정하고 사각형의 폭을 val에 지정한다. 페인트 툴에 따라 캔버스의 시작 위치가 다르고 PC의 해상도가 너무 작거나 크면 적합한 위치가 다를 수 있다. 제대로 그려지지 않을 때는 이 값을 적당한 수치로 바꿔보자.

❺에서는 마우스 조작을 수행한다. pa.moveTo() 함수로 마우스를 (bx, by)의 좌표로 이동한다. pa.dragTo()와 pa.drag() 함수는 마우스 버튼을 누른 채로 지정한 좌표로 이동한다. 둘의 차이점은 pa.dragTo()는 절대 좌표를, pa.drag()는 상대 좌표를 인수로 받는다는 점이다. button 인수에는 어떤 마우스 버튼으로 드래그할지 지정한다.

❻에서는 for 문과 조합해 연속으로 정사각형을 그린다. 동일하게 pa.moveTo() 함수로 시작 좌표를 정하고 pd.drag() 함수로 상대적으로 좌표를 지정해 드래그 조작을 수행한다.

마우스 자동화 함수

다음은 PyAutoGUI의 마우스 조작 함수를 정리한 것이다.

함수 코드	기능
pa.size()	화면 사이즈를 구해 튜플로 반환
pa.position()	마우스 커서의 현재 위치를 튜플로 반환
pa.moveTo(x, y)	마우스 커서의 좌표를 (x, y)로 이동 (절대 좌표)

함수 코드	기능
pa.move(x, y)	현재 좌표에서 (x, y) 픽셀만큼 이동 (상대 좌표)
pa.dragTo(x, y, sec, button='left')	좌표 (x, y)까지 sec초 동안 드래그
pa.drag(x, y, sec, button='left')	현재 좌표에서 (x, y) 픽셀만큼 sec초 동안 드래그
pa.click()	현재 위치에서 클릭
pa.click(x=X, y=Y)	좌표 (X, Y)를 클릭
pa.click(button='right')	마우스 오른쪽 버튼 클릭
pa.click(clicks=2)	더블클릭
pa.doubleClick()	더블클릭
pa.mouseDown()	마우스 버튼 누르기
pa.mouseUp()	마우스 버튼 떼기
pa.scroll(N)	N만큼 수직 방향으로 스크롤
pa.hscroll(N)	N만큼 수평 방향으로 스크롤

이미지 인식으로 자동화하기

여기까지 마우스와 키보드를 자동 조작 방법을 소개했다. 하지만 키보드와 마우스로 앱을 조작할 때 불편한 점이 하나 있다. 해당 앱이 제대로 실행되었는지 알 수 없다는 점이다. 만약 PC가 다른 처리를 하고 있다면 앱이 늦게 실행될 수도 있다. 그래서 앞의 프로그램에서는 앱을 실행한 뒤에 `time.sleep()` 함수로 특정 초를 기다린 다음 자동화를 수행했다. 하지만 예상보다 앱이 늦게 작동한다면 조작 타이밍을 놓치게 되고 결과가 제대로 나오지 않는다. 이처럼 결과를 보장할 수 없다면 업무에 도입하기가 어려워진다.

PyAutoGUI에서는 이 문제에 대처하기 위해 **이미지 인식** 방법을 사용한다. 조작할 앱의 캡처 이미지를 미리 준비해두고 실제로 화면에 표시되는지 확인한다. 이처럼 조작 대상의 실행 여부를 확인한 뒤에 자동 처리를 실행할 수 있으므로 훨씬 안정적인 결과를 얻을 수 있다. 또한 이미지 인식과 마우스 자동화를 결합하면 특정 이미지를 찾아 클릭하는 작업도 할 수 있다.

이렇게 이미지 인식을 활용하는 예로 '계산기' 앱을 조작하는 프로그램을 만들어보자. 이러한 프로그램은 PC 화면 등 실행하는 환경에 의존하므로 범용 프로그램으로 만들기는 어렵다. 지금부터 안내하는 단계에 따라 조작할 앱의 화면을 스스로 준비해 실습해보자.

계산기 화면 캡처하기

먼저 계산기 앱을 실행하고 다음 요령을 참고해 앱 화면을 캡처한다.[2] 캡처한 뒤에는 이미지에 배경이 포함되지 않도록 그림판 등으로 편집한 뒤 calc.png이라는 이름으로 저장한다.

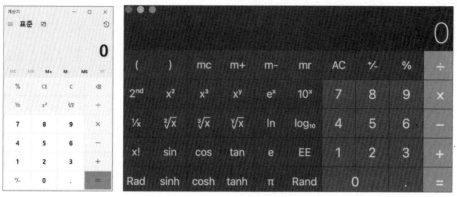

| 계산기 캡처(윈도우) | 계산기 캡처(macOS) |

그리고 계산기 버튼 중에서 키보드로 입력하기 어려운 버튼을 하나 선택해 따로 캡처한다. 여기서는 다음과 같이 루트값을 계산하는 버튼을 잘라 calc_root.png로 저장했다. macOS에는 루트값을 구하는 버튼이 공학용 계산기에 있다. 계산기를 열고 command + 2 키를 누르면 공학용 계산기로 전환된다.

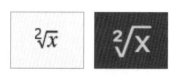

계산기 버튼 캡처

다음은 화면을 캡처하는 요령이다.

- 윈도우 계산기의 UI는 뒷배경이 약간 비치므로 깨끗한 배경에서 캡처하는 편이 좋다.
- 캡처할 때는 마우스 커서가 계산기 버튼에 마우스 오버되지 않도록 한다. 앱에 따라 마우스 오버 상태가 되면 UI의 색이나 모양이 달라진다.
- 대상 앱을 실행했을 때 활성화된 그대로의 상태를 캡처한다. 실행한 뒤에 창 사이즈를 변경하거나 다른 창이 활성화된 채로 캡처하면 화면 인식이 실패할 수 있다.

---

2   윈도우에서는 Win + Shift + S 또는 Win + PrtSc 키로 스크린숏을 찍을 수 있다. macOS에서는 command + Shift + 4 키로 범위를 선택하여 캡처할 수 있다.

- 그림판 등으로 화면을 잘라서 저장할 때 이미지의 사이즈를 변경하거나 감색하지 않도록 주의한다. JPEG나 GIF로 저장하면 화소나 색상 수 등의 정보가 적어지므로 풀컬러의 PNG 형식으로 저장한다.

- 캡처 테두리에 배경(바탕화면이나 다른 창)을 포함하지 않도록 한다. 캡처할 대상의 상하좌우 모서리가 잘려도 상관없으니 배경 화면이 들어가지 않도록 주의한다.

실제 실행하는 앱과 이미지가 다르면 제대로 작동하지 않으므로 캡처를 준비하는 부분이 중요하다.

프로그램 작성하기

여기서는 계산기를 실행해 3 * 3의 루트값을 계산하는 프로그램을 작성해보자.

src/ch6/auto_calc.py

```python
import time, subprocess, platform
import pyautogui as pa

# 조작할 앱의 화면 이미지(자신이 캡처한 이미지를 지정) --- ❶
calc_png = 'input/calc.png'
calc_root = 'input/calc_root.png'

# Windows 경로 지정하고 실행 --- ❷
if platform.system() == 'Windows':
    app = [r'c:\Windows\System32\calc.exe']
    subprocess.Popen(app)
# macOS 경로 지정하고 실행 --- ❸
elif platform.system() == 'Darwin':
    app = ['open',
           '/System/Applications/Calculator.app']
    time.sleep(3)
    subprocess.Popen(app)
    time.sleep(3)
    pa.hotkey('command', '2', interval=0.25)

# 계산기가 실행될 때까지 대기 --- ❹
pos = None
for i in range(10):
    pos = pa.locateOnScreen(calc_png,
        grayscale=True, confidence=0.8)
    if pos is None: # --- ❹ₐ
        time.sleep(1)
        print('찾고 있습니다')
        continue
    break
if pos is None:
```

```
    pa.alert('찾지 못했습니다')
    quit()
print('찾았습니다! 계산기:', pos) # --- ④b

# 키를 입력해 계산 수행하기 --- ❺
pa.write('3*3=', interval=0.3)
r_btn=pa.locateCenterOnScreen(calc_root,
        grayscale=True, confidence=0.8) #--- ❺a
print('버튼:',r_btn)
time.sleep(3)
if platform.system() == 'Windows':
    pa.click(r_btn) #--- ❺b
else:
    pa.click(r_btn.x/2, r_btn.y/2) #--- ❺c 레티나가 아니라면 pa.click(r_btn)

print('키 입력 완료')
```

이 프로그램을 IDLE 등에서 실행해보자.

[macOS]파이썬에서의 화면 기록을 허가하자

macOS에서는 화면 기록을 허가해야 한다. [시스템 환경 설정 〉 보안 및 개인 정보 보호]으로 들어가서 [개인 정보 보호] 탭의 [화면 기록] 항목에 추가된 Python.app에 체크한다.

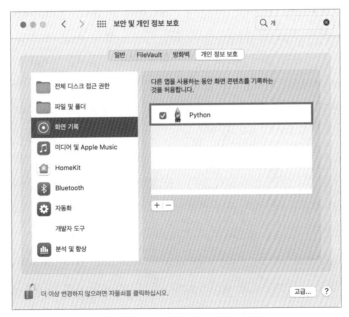

파이썬에서 화면 기록을 할 수 있도록 체크

실행 결과 확인

프로그램이 제대로 실행되면 3 * 3의 루트값인 3이 표시된다.

계산기 실행 결과(윈도우)   계산기 실행 결과(macOS)

IDLE 셸에 '찾지 못했습니다'라고 표시되면 화면 인식에 실패한 것이므로 ❶로 돌아가서 화면 캡처 작업을 다시 해보자.

프로그램의 내용을 확인해보자. ❶에서는 앞에서 캡처한 PNG 파일을 지정한다. 환경에 따라 계산기의 창 사이즈가 다르기 때문에 반드시 자신의 환경에서 생성한 것으로 지정하자. 윈도우는 ❷에서, macOS는 ❸에서 OS에 맞는 계산기 경로를 지정하고 실행한다.

❹는 계산기가 실행될 때까지 대기하는 부분이다. 실행 여부를 판단할 때는 pa.locateOnScreen() 함수를 사용한다. pa.locateOnScreen()의 첫 번째 인수로 캡처 이미지를 전달하면, 현재 화면에서 이미지와 일치하는 부분을 찾아 Box 객체로 반환한다. 반환 결과가 'Box(left=831, top=258, width=407, height=666)'와 같다면 (831, 258)에서 시작해 가로 407, 세로 666만큼의 면적이 이미지와 일치하는 부분이다. 두 번째로 전달한 grayscale에는 그레이스케일로 화면을 비교할지 여부를 지정한다. True로 지정하면 인식이 빨라진다. 만약 이미지 인식에서 화면의 색상이 중요할 때는 이 부분은 False로 지정한다. 세 번째 인수로는 confidence=0.8을 전달했다. 여기에는 이미지 인식의 정확도를 지정한다. 이 키워드를 사용하기 위해서 앞에서 OpenCV 라이브러리를 함께 설치했다. confidence를 낮게 지정하면 화면과 지정 이미지가 조금 달라져도 같은 이미지로 인식할 수 있다. 이미지와 화면이 완전히 일치해야 한다면 이 인수를 지정하지 않는다.

pa.locateOnScreen()에서 인식이 성공하면 ❹b에서 좌표를 출력한다. ❹a에서 인식하지 못하면 pos 값이 None이 되고, for 문의 처음으로 돌아가 다시 인식을 수행한다. 만약 10번을 반복해도 인식에 실패했다면 for 문을 빠져나와서 대화상자를 띄운다.

❺에서는 pa.write() 함수를 사용해 3 * 3을 입력한다. 그리고 ❺a에서는 pa.locateCenterOn

Screen() 함수에 루트 버튼 이미지를 전달한다. pa.locateCenterOnScreen() 함수는 전달된 이미지와 일치하는 화면에서 중앙의 좌표를 구해서 반환한다. 이 좌표를 pa.click() 함수에 전달하면 마우스가 해당 버튼의 중앙을 클릭한다. 윈도우라면 ⑤ⓑ에서 r_btn을 클릭하고, macOS라면 ⑤ⓒ에서 좌푯값을 1/2해 클릭한다. 만약 레티나 디스플레이가 아니라면 그대로 r_btn을 전달한다.

마무리

이상으로 PyAutoGUI 모듈을 사용해 앱을 자동 조작하는 방법을 살펴봤다. 키보드·마우스 자동화를 사용하면 복잡한 앱 조작이 필요한 업무를 대폭 줄일 수 있다. 예를 들어 데이터를 일일이 입력해야 하는 앱을 사용할 때는 데이터 파일과 키보드 조작을 조합해 데이터를 자동 입력할 수 있다. 융통성이 없는 GUI 앱을 다룰 때 무척 도움이 되는 기술이다.

또한 자동 조작의 문제점 중 하나가 조작을 수행한 뒤 처리가 완료되는지 알 수 없다는 점이었다. 이를 해결하는 방법에는 time.sleep() 함수를 사용해 작동 완료를 기다리는 방법이 있다. 또한 locateOnScreen() 함수를 사용해 특정 화면이 표시될 때까지 작동의 완료를 기다리는 방법도 있다. 필요에 따라 적절한 방법을 선택해보자.

COLUMN   자동화 실수의 기억

필자는 지금까지 다양한 자동화 프로그램을 개발해왔다. 하지만 프로그램을 만들다 보면 가끔 실수를 하기 마련이다. 부끄럽지만 과거 실수했던 경험을 하나 소개한다.

언젠가 경리 팀을 위해 보고서 작성 프로그램을 만든 적이 있다. 데이터를 넣으면 일정 서식에 따라 깔끔한 보고서를 PDF 형태로 출력하는 프로그램이었다. 이 프로그램은 몇 개월 동안 문제없이 작동했다.

하지만 어느 날 '금액이 맞지 않는다'고 담당자로부터 연락이 왔다. 이에 필자는 '입력 데이터가 잘못되었음에 틀림없다.'라고 생각했다. 그래서 담당자와 함께 몇 번이고 원본 자료와 입력 데이터를 비교하며 차이가 없는지 확인했다. 하지만 아무 문제도 없었다.

그래서 마지막으로 하나하나 계산기를 두드려가며 모든 항목을 다시 계산하고 프로그램 결과와 비교했다. 이럴 수가, 계산이 맞지 않았다. 필자는 파랗게 질린 채로 프로그램 코드를 재빨리 확인했다. 조건 판정 부분에서 실수가 발견되었다. 프로그램 쪽이 잘못되었던 것이다. 이 사건으로 인해 담당자에게 자동 계산은 신뢰할 수 없다는 인상을 주게 되었다. 결국 한동안 경리 팀 직원들은 보고서를 손으로 작성해야 했다.

계산기를 사용해도 실수를 하듯 프로그램 역시 인간이 만들다 보니 실수가 있을 수 있다. 오랫동안 깔끔한 보고서를 생성해온 프로그램도 한 순간 중요한 계산을 틀리면 본전도 찾지 못한다. 처음부터 프로그램을 의심했다면 담당자와 관계도 나빠지지 않고 좀 더 현명하게 대처할 수 있었을 것이라는 후회가 남았다. 이 사건을 계기로 업무에서는 늘 겸허한 자세를 잃지 말아야 한다는 점을 배웠다.

프로그래밍을 하다 보면 당연하다고 생각했던 부분에서 예상치 못한 착오가 수시로 발생한다. 그래서 프로그램의 출력 결과를 확인할 때는 다양한 입력 조건으로 테스트해보는 과정이 중요하다.

파이썬 기본 문법

마지막으로 파이썬 기본 문법을 정리한다. 본문을 학습하다가 모르는 내용이 나오면 관련 부록을 참고해 보자.

A-1 기본 문법과 사칙연산

문자 출력 방법, 변수 작성법, 문자열 다루는 법, 사칙연산 등을 살펴본다.

파이썬 언어 개요

파이썬은 심플하고 쉬운 문법이 특징이다. 객체 지향을 채택하며 코드 블록을 표현할 때는 들여쓰기를 사용한다.

화면에 문자 출력

파이썬에서 화면에 문자를 출력할 때는 print() 함수를 사용한다.

src/apx/a1_hello.py

```
print("Hello, Python!")
```

주석 작성

프로그램 안에는 주석을 쓸 수 있다. 프로그램상 의미는 없고 설명을 덧붙일 때 사용된다. #부터 행의 끝까지 주석에 해당한다.

```
# 한 줄 주석
```

여러 줄의 블록을 주석 처리할 때는 다음과 같이 따옴표를 사용한다.

```
"""
여러 줄 주석1
"""
'''
여러 줄 주석2
'''
```

한 행에 여러 문장 작성 & 한 문장을 여러 행에 작성

보통은 한 행에 한 개의 문장을 쓰지만, 문장과 문장을 세미콜론으로 구분하면 한 행에 여러 개의 문장을 쓸 수 있다. 반대로 한 개의 문장을 여러 행에 나눠서 쓰고 싶을 때는 행 끝에 역슬래시(\)를 쓴다.

src/apx/a1_sentences.py

```python
# 세미콜론으로 구분해 한 행에 여러 문장을 작성
a = 30; b = 21; print(a + b) # 결과 → 51

# 역슬래시를 사용해 한 문장을 여러 행으로 작성
a = 100 \
  + 200 \
  + 300
print(a) # 결과 → 600
```

연산자

연산자로 다양한 계산식을 작성할 수 있다. 사용할 수 있는 연산자는 다음과 같다.

연산자	의미	활용 예	계산 결과
+	덧셈	3 + 5	8
-	뺄셈	8 - 3	5
*	곱셈	2 * 3	6
/	나눗셈(실수)	9 / 4	2.25
//	나눗셈(정수. 소수점 이하는 버림)	9 // 4	2
%	나머지	9 % 4	1
**	계승	2 ** 3	8

변수와 대입

변수에 값을 대입하려면 **변수명 = 값**과 같이 작성한다. 다음은 apple과 banana라는 변수를 사용해 물건의 금액을 계산하는 프로그램이다.

src/apx/a1_shopping.py

```python
apple = 210
banana = 140
price = apple * 3 + banana * 5
print(price) # 결과 → 1330
```

변수명으로는 알파벳 대문자와 소문자, 밑줄(_), 숫자, 한글, 한자 등을 사용할 수 있다. 다만 관례적으로 변수명과 함수명은 소문자와 밑줄 문자로 표현한다. 또한 변수명은 숫자로 시작할 수 없으며, 파이썬에서 예약된 다음 키워드는 사용할 수 없다.

```
False    await      else      import    pass
None     break      except    in        raise
True     class      finally   is        return
and      continue   for       lambda    try
as       def        from      nonlocal  while
assert   del        global    not       with
async    elif       if        or        yield
```

대입 연산자를 사용하면 대입문을 간결하게 기술할 수 있다.

연산자	의미	같은 의미를 나타내는 식
a += b	a에 b를 더한 값	a = a + b
a -= b	a에서 b를 뺀 값	a = a – b
a *= b	a에 b를 곱한 값	a = a * b
a /= b	a를 b로 나눈 값(실수)	a = a / b
a //= b	a를 b로 나눈 값(정수)	a = a // b
a %= b	a를 b로 나눈 나머지	a = a % b

문자열 리터럴

문자열 리터럴은 다음 네 가지 방법으로 작성할 수 있다. 네 가지 방법 모두 변수 s에는 문자열 hello를 대입한다. 따옴표 3개를 사용할 때는 여러 줄에 걸쳐서 문자열을 작성할 수 있다.

```
s = 'hello'
s = "hello"
s = '''hello'''
s = """hello"""
```

문자열 리터럴에서 역슬래시(\) 뒤에 문자나 숫자가 오면 특수한 의미를 나타낸다. 이를 이스케이프 시퀀스escape sequence라고 한다.

이스케이프 시퀀스	의미
\\	역슬래시(\)를 나타냄
\(문자)	문자를 나타냄
\n	개행(LF)
\r	커서를 행의 앞으로 이동(CR)
\t	탭 문자
\xHH	16진수 HH의 ASCII 문자를 나타냄
\uXXXX	16비트 16진수 XXXX의 유니코드 문자

비트 연산

비트 자릿수끼리 연산할 때는 비트 연산자를 사용한다.

연산자	의미	활용 예	계산 결과
~a	비트 반전(NOT)	~9	-10
a & b	논리곱(AND)	bin(0b1111 & 0b0011)	0b11
a ¦ b	논리합(OR)	bin(0b1100 ¦ 0b0011)	0b1111
a ^ b	배타적 논리합(XOR)	bin(0b1111 ^ 0b0011)	0b1100
a << b	a를 b비트만큼 왼쪽으로 이동	bin(0b0001 << 1)	0b10
a >> b	a를 b비트만큼 오른쪽으로 이동	bin(0b0010 >> 1)	0b1

다음은 비트 연산과 함께 사용하면 편리한 수치 변환 함수이다.

수치 변환 함수	의미
hex(수치)	16진수로 변환
oct(수치)	8진수로 변환
bin(수치)	2진수로 변환

또한 파이썬에서는 접두어를 활용해 16진수(0x), 8진수(0o), 2진수(0b)를 표현할 수 있다. 10진수 240을 16진수로는 0xF0, 8진수로는 0o360, 2진수로는 0b11110000으로 표현한다. 간단하게 몇 개의 표현 예를 확인해보자.

10진수	16진수	8진수	2진수
255	0xFF	0o377	0b11111111
100	0x64	0o144	0b1100100
43981	0xABCD	0o125715	0b1010101111001101

이러한 표기는 컴퓨터에 관한 수치를 다룰 때 편리하므로 기억해두면 좋다. 또한 8진수는 파일 권한(3-4절 칼럼 참고)을 지정할 때 사용한다.

A-2 제어 구문

파이썬에서는 코드 블록을 들여쓰기로 표현한다. 들여쓰기할 때는 탭 및 공백을 사용할 수 있다. 다만 파이썬 스타일 가이드는 공백 4개 사용을 권장한다.

if 문: 조건 분기

if 문을 사용하면 조건에 따라 프로그램의 흐름을 바꿀 수 있다. 조건이 거짓일 때의 처리(else 이하)는 생략할 수 있다. 또한, 조건이 참일 때의 처리를 생략하고 싶으면 처리를 기술하는 부분에 pass를 작성한다.

```
if 조건식:
    # 조건이 참일 때의 처리
else:
    # 조건이 거짓일 때의 처리
```

다음은 숫자 n이 짝수인지 홀수인지 판정하는 프로그램이다.

src/apx/a2_if.py

```
n = 35
# 짝수인지 홀수인지 판정
if n % 2 == 0:
    print(n, ":짝수")
else:
    print(n, ":홀수")

# 결과 → 35:홀수
```

if 문은 중첩해 기술할 수도 있다.

```
if n%2==0:
    print("짝수")
    if n%4==0:
        print("4의 배수")
```

또한 여러 조건으로 분기하고 싶을 때는 if/elif/else 문을 사용한다.

```
if 조건식1:
    # 조건식1이 참일 때의 처리
elif 조건식2:
    # 조건식2가 참일 때의 처리
```

```
elif 조건식3:
    # 조건식3이 참일 때의 처리
else:
    그 외의 처리
```

비교 연산자와 논리 연산자

if 문의 조건식에는 다음의 비교 연산자를 이용할 수 있다.

비교 연산자	의미
a == b	a가 b와 같음
A != b	a가 b와 다름
a > b	a가 b보다 큼
a < b	a가 b보다 작음
a >= b	a가 b 이상
a <= b	a가 b 이하
a is b	a가 b와 같음
a is not b	a가 b와 다름
x in s	x가 s에 포함됨*
x not in s	x가 s에 포함되지 않음*

* s는 시퀀스 또는 딕셔너리 자료형과 같은 반복 가능한(iterable) 객체

또한 다음과 같은 논리 연산자를 이용할 수 있다.

논리 연산자	의미
a and b	논리곱(AND): a 그리고 b
a or b	논리합(OR): a 또는 b
not a	부정(NOT): a가 아님

while 문: 조건을 만족하는 동안 반복

특정 조건을 만족하는 동안 반복을 수행하고 싶을 때는 while 문을 사용한다.

```
while 조건식:
    # 반복해 수행할 처리
```

다음은 변수 i가 3 이하라는 조건을 만족할 때 반복 처리를 수행하는 프로그램이다.

src/apx/a2_while.py

```
i = 0
while i <= 3:
    print(i)
    i+=1
# 결과
# 0
# 1
# 2
# 3
```

for 문: 이터러블 객체에 대해 반복

이터러블iterable 객체(2-5절 [TIP] 참고)에 대한 반복을 수행할 때는 for 문을 사용한다. 다음 코드와 같이 지정하면 for 문의 변수에 이터러블 객체의 요소가 순차적으로 대입된다. for 문과 자주 어울리는 이터러블 객체에는 리스트, 범위, 튜플 등이 있다.

```
for 변수 in 이터러블 객체:
    # 반복해 실행할 처리
```

다음은 print() 함수를 반복해 0부터 2까지 출력하는 프로그램이다. ❹와 ❺의 두 for 문은 같은 결과를 출력한다.

src/apx/a2_for.py

```
# 리스트 요소만큼 반복 --- ❹
a_list = [0,1,2]
for i in a_list:
    print(i)
# 결과
# 0
# 1
# 2

# 범위 함수(range)를 사용해 반복 --- ❺
for i in range(3):
    print(i)
# 결과
# 0
# 1
# 2
```

for 문과 함께 사용하는 range() 함수(2-4절의 칼럼 참고)는 세 가지 방법으로 인수를 지정할 수 있다. 먼저 range(n)와 같이 쓰면 0부터 (n-1)까지의 범위를 생성한다. 그리고 다음 프로그램의 **Ⓐ**와 같이 range(start, stop)로 쓰면 start에서 stop-1까지의 범위를 생성한다. 마지막으로 **Ⓑ**의 range(start, stop, step)과 같이 쓰면 범위 내에서 증가분을 지정할 수 있다.

src/apx/a2_for2.py

```
# 3부터 5까지 반복 --- Ⓐ
for i in range(3,6):
    print(i)
# 결과
# 3
# 4
# 5

# 0부터 5까지 2간격으로 반복 --- Ⓑ
for i in range(0, 6, 2):
    print(i)
# 결과
# 0
# 2
# 4
```

A-3 리스트, 튜플, 딕셔너리

파이썬에서 자주 사용하는 자료형으로 리스트, 튜플, 딕셔너리가 있다. 이러한 자료형은 하나의 변수에 여러 개의 값을 대입할 수 있다는 특징이 있다.

리스트

리스트list 자료형을 사용하면 하나의 변수에 여러 개의 값을 저장할 수 있다. 인덱스(요소 번호)를 지정함으로써 저장된 값을 참조할 수 있다. 리스트를 생성할 때는 크게 다음 세 가지 방법을 사용한다.

- 대괄호에 항목을 쉼표로 나열하기: [a, b, c]
- 리스트 컴프리헨션: [식 for 항목 in 이터러블 객체]
- 리스트 타입 생성자: list(이터러블 객체)

다음은 리스트의 초기화와 값을 변경 및 참조하는 프로그램이다.

src/apx/a3_list.py

```
# 리스트 초기화
a_list = [0, 1, 2]

# 값 변경
a_list[2] = 22

# 값 참조
print( a_list[2] ) # 결과 → 22
```

리스트에 값을 추가 및 삭제하거나 특정 부분을 추출할 때는 다음과 같이 지정한다.

src/apx/a3_list2.py

```
# 리스트 초기화
a_list = [0, 1, 22]

# 끝에 값 추가
a_list.append(3)
print( a_list ) # 결과 → [0,1,22,3]

# 다른 리스트의 요소를 끝에 추가
a_list += [4, 5]
print( a_list ) # 결과 → [0,1,22,3,4,5]

# 특정 부분을 추출
print( a_list[3:5] ) # 결과 → [3,4]
```

```
# 리스트 길이 조사
print( len(a_list) ) # 결과 → 6

# 리스트 요소 삭제
del a_list[2]
print( len(a_list) ) # 결과 → 5
```

리스트 요소에 리스트를 넣으면 2차원 리스트가 된다. 2차원 리스트는 표 형식의 데이터를 나타낼 때 사용할 수 있다. 다음 프로그램은 2차원 리스트의 초기화, 변경, 참조를 수행한다.

src/apx/a3_list3.py

```
# 2차원 리스트 초기화
a = [
    [" 김철수", 30, 50, 80],
    [" 이영희", 80, 20, 40],
    [" 박은지", 80, 30, 40]
]

# 2차원 리스트 변경
a[2][1] = 55

# 2차원 리스트 참조
print(a[2]) # 결과 → [' 박은지', 55, 30, 40]
```

튜플

튜플tuple은 괄호 안에 쉼표로 항목을 나열하는 자료형이다. 사용법은 기본적으로 리스트와 비슷하지만 튜플은 값을 변경할 수 없다. 튜플의 값을 변경하려고 하면 에러가 발생한다.

src/apx/a3_tuple.py

```
# 튜플 초기화
a_tuple = (0, 1, 2)

# 튜플 참조
print( a_tuple[2] ) # 결과 → 2

# 튜플 길이 조사
print( len(a_tuple) ) # 결과 → 3

# 2차원 튜플
b_tuple = ((7, 8), a_tuple)
print(b_tuple[1][0]) # 결과 → 0
```

```
# 튜플은 변경할 수 없음
# a_tuple[2] = 22 # 에러
```

딕셔너리

딕셔너리dictionary 자료형 또한 하나의 변수에 여러 개의 값을 대입할 수 있다. 딕셔너리의 특징은 하나의 요소에 키와 값을 세트로 저장한다는 점이다. 또한 리스트나 튜플은 정수 인덱스로 요소에 접근하는데, 딕셔너리는 문자열 키를 지정해 값을 참조한다.

다음 프로그램에서 딕셔너리 초기화 및 데이터 설정 방법 등을 확인해보자.

src/apx/a3_dict.py

```
# 딕셔너리 초기화
a_dict = {'apple': 280, 'banana': 150, 'orange': 220}

# 값 추가 및 변경
a_dict['grape'] = 400
a_dict['apple'] = 300

# 값 참조
print( a_dict['apple'] ) # 결과 → 300

# 길이 조사
print( len(a_dict) ) # 결과 → 4

# 데이터 삭제
del a_dict['banana']
print( 'banana' in a_dict ) # 결과 → False
```

다음은 딕셔너리에서 데이터를 조회하거나 다른 딕셔너리를 추가하는 방법이다.

src/apx/a3_dict2.py

```
# 딕셔너리 초기화
a_dict = {'apple': 280, 'banana': 150, 'orange': 220}

# 키 포함 여부 확인
print( 'banana' in a_dict ) # 결과 → True
print( 'mango' in a_dict ) # 결과 → False

# 키의 목록 조회
print( a_dict.keys() )
# 결과 → dict_keys(['apple', 'banana', 'orange'])
```

```
# 키와 값 목록 조회
print(a_dict.items())
# 결과 → dict_items([('apple', 280), ('banana', 150), ('orange', 220)])

# 딕셔너리에 다른 딕셔너리 데이터를 추가
a_dict.update({'grape': 900, 'pear': 450})
print(a_dict['grape']) # 결과 → 900

# 2차원 딕셔너리
b_dict = {'딕셔너리1': a_dict, '딕셔너리2': {'grape': 900, 'pear': 450}}
print(b_dict['딕셔너리2']['pear']) # 결과 → 450
```

A-4 함수

함수란 일련의 처리를 블록으로 묶어서 이름을 붙인 것을 말한다. 함수에 인수를 전달하면 그 값에 대한 결과를 반환한다. 함수를 사용하면 반복되는 처리를 한곳에 정리해둘 수 있어서 편리하다.

함수 작성법

함수는 다음과 같은 코드로 정의한다.

```
def 함수명(인수1, 인수2, 인수3, ...):
    # 처리 내용
    return 반환값
```

다음은 덧셈 함수를 정의한 프로그램이다.

src/apx/a4_plus.py

```
# 덧셈을 하는 함수 정의
def plus(a, b):
    return a + b

# 함수 호출
print( plus(3, 5) ) # 결과 → 8
print( plus(30, 25) ) # 결과 → 55
```

지역 변수와 전역 변수

보통 함수 안에서 사용되는 변수는 지역 변수이다. 지역 변수란 그 함수 안에서만 유효한 변수를 말한다. 따라서 지역 변수는 해당 함수 바깥에서는 사용할 수 없다.

다음 프로그램은 인수에 2를 곱하는 two_mul() 함수를 정의한다. 결과에서 알 수 있듯이 함수 내에서 사용하는 지역 변수는 함수 외부에 영향을 주지 않는다.

src/apx/a4_local.py

```
# 인수에 2를 곱하는 함수
def two_mul(n):
    x = 2
    return x * n

x = 200
print(two_mul(5)) # 결과 → 10
print(x) # 결과 → 200
```

함수 two_mul()에서는 변수 x에 2를 대입했다. 이때의 변수 x는 지역 변수로 기능한다. 따라서 함수 안에서 설정한 변수 x은 함수 외부의 변수 x의 값에 영향을 주지 않는다.

다만 함수 외부에서도 내부에서도 같은 변수를 사용하고 싶을 때는 함수 안에서 전역 선언을 해준다.

src/apx/a4_global.py

```python
# 이름을 설정하는 함수
def set_name(new_name):
    global name
    name = new_name

# 인사를 출력하는 함수
def say_hello():
    global name
    print(name, '님 안녕하세요!')

# 함수 사용하기
set_name('제이펍')
say_hello()

# 결과 → 제이펍 님 안녕하세요!
```

위치 인수와 키워드 인수

위치 인수positional argument란 함수에 정의된 순서에 맞게 인수를 전달하는 방식으로, 가장 일반적으로 사용하는 인수 전달 방식이다.

키워드 인수keyword argument란 키워드를 지정해 인수를 전달하는 방식이다. 키워드 인수를 사용하면 정의된 순서와 상관없이 인수를 전달할 수 있고, 해당 인수가 무엇을 뜻하는지 쉽게 알 수 있다.

다음 프로그램에서 두 가지 인수 전달 방식의 예를 살펴보자.

src/apx/a4_keyarg.py

```python
# 주문을 출력하는 함수
def print_order(item, quantity, price, name, address):
    print('제품:',item, '¦ 수량:',quantity,'¦ 단가:',price,'¦ 이름:',name,'¦ 주소:',address)

# 위치 인수 사용 --- ❶
print_order('감귤', 15, 500, '김철수', '서울')

# 키워드 인수 사용 --- ❷
print_order(name='이영희', address='부산', item='사과', quantity=10, price=1000)

# 위치 인수와 키워드 인수를 함께 사용: 정상 작동 --- ❸
```

```
print_order('딸기', 20, name='박현주', address='대구', price=1500)

# 위치 인수와 키워드 인수를 함께 사용: 에러 --- ❹
# print_order('단감', 30, price='2000', name='강민규', '경기')
```

프로그램의 print_order() 함수는 주문 정보를 전달받아 문자열을 출력한다. ❶에서는 위치 인수를 사용해 인수가 정의된 순서에 맞게 주문 정보를 전달했다. ❷에서는 키워드 인수를 사용한다. 키워드 인수를 사용하면 인수들의 순서에 상관없이 전달할 수 있다.

❸과 ❹에서는 위치 인수와 키워드 인수를 함께 사용했다. 이때 ❸에서는 앞의 두 개의 인수는 위치 인수 방식으로 사용했고, 뒤의 세 개의 인수는 키워드 인수 방식을 사용했다. 이때 위치 인수 내에서는 정의된 순서를 지켜야 하고, 키워드 인수 내에서는 순서를 지키지 않아도 된다. 단, 주의할 점은 키워드 인수는 항상 위치 인수의 뒤에 와야 한다는 점이다.

❹의 주석을 풀고 프로그램을 실행해보자. 다음과 같은 에러가 발생한다.

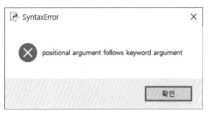

키워드 인수 에러

❹에서는 키워드 인수(price='2000', name='강민규')가 위치 인수('경기')보다 먼저 왔기 때문에 에러가 발생한다.

모듈

자주 사용하는 함수를 모듈로 정의해두면 이를 다른 프로그램에서 재사용할 수 있다.

스스로 만든 모듈을 간단히 임포트할 때는 실행 프로그램과 같은 폴더에 배치하는 편이 편하다. 다른 경로에 배치한다면 경로를 맞추는 등의 추가 작업이 필요하다. 파이썬을 설치할 때 같이 설치된 모듈이나 pip 명령어로 설치한 모듈은 사용자가 파일 위치를 의식하지 않고 사용할 수 있다.

또한 모듈로 사용하고 싶다면 모듈의 실행 부분을 수정해야 한다. 만약 앞에서 정의한 파일 a4_plus.py의 plus() 함수를 재사용하고 싶다면 import a4_plus.py라고 선언하고 a4_plus.plus(2,3)와 같이 호출한다. 그런데 import 문으로 모듈을 불러오는 시점에 해당 파이썬 파일이 실행되므로, 모듈의 print() 함수까지 실행된다.

src/apx/a4_plus_test.py

```
# 모듈 불러오기
import a4_plus as f

# 모듈 내의 함수 이용하기
print(f.plus(2, 3))

# 결과
# 8
# 55
# 5
```

따라서 모듈로 사용할 프로그램은 특수한 전역 변수 __name__ 값을 기준으로 분기한다. 만약 __name__의 값이 __main__이라면 메인 프로그램으로 사용되었다는 뜻이다. 반대로 __name__의 값에 a4_plus와 같이 파일 이름이 들어간다면 모듈로 사용되었다는 뜻이다. 이 점을 이용해 모듈로 불러올 때 print() 함수가 실행되지 않도록 a4_plus.py를 수정해보자.

src/apx/a4_plus2.py

```
# 인수 a와 b를 더하는 함수
def plus(a, b):
    return a + b

if __name__ == '__main__':
    # 함수 테스트
    print( plus(3, 5) )  # 결과 → 8
    print( plus(30, 25) )  # 결과 → 55
```

다음은 수정한 모듈을 사용하는 프로그램이다.

src/apx/a4_plus2_test.py

```
# 모듈 불러오기
import a4_plus2 as f

# 모듈 내의 함수 이용하기
print(f.plus(2, 6))  # 결과 → 8
print(f.plus(100,5))  # 결과 → 105
```

PyPI 패키지

PyPIPython Package Index는 사용자가 등록한 파이썬 모듈을 관리하는 저장소이다. pip 명령어를 사용하면 PyPI에 등록된 모듈을 설치하거나 현재 설치된 모듈 목록을 확인할 수 있다.

PyPI(Python Package Index)
https://pypi.org/

자주 사용하는 pip 명령어는 다음과 같다.

명령어	설명
pip install 패키지명	패키지 설치
pip uninstall 패키지명	패키지 삭제
pip list	설치된 패키지 목록을 표시